Der erste Weltkrieg

Der erste

Klaus Dorst · Wolfgang Wünsche

Weltkrieg

Erscheinung und Wesen

MV

Militärverlag
der
Deutschen
Demokratischen
Republik

Und endlich ist kein andrer Krieg für Preußen-Deutschland mehr möglich, als ein Weltkrieg, und zwar ein Weltkrieg von einer bisher nie geahnten Ausdehnung und Heftigkeit. Acht bis zehn Millionen Soldaten werden sich unter einander abwürgen und dabei ganz Europa so kahl fressen, wie noch nie ein Heuschreckenschwarm. Die Verwüstungen des dreißigjährigen Kriegs zusammengedrängt in drei bis vier Jahre und über den ganzen Kontinent verbreitet; Hungersnoth, Seuchen, allgemeine, durch akute Noth hervorgerufene Verwilderung der Heere wie der Volksmassen; rettungslose Verwirrung unsres künstlichen Getriebs in Handel, Industrie und Kredit, endend im allgemeinen Bankerott; Zusammenbruch der alten Staaten und ihrer traditionellen Staatsweisheit, derart, daß die Kronen zu Dutzenden über das Straßenpflaster rollen und Niemand sich findet, der sie aufhebt; absolute Unmöglichkeit, vorherzusehn, wie das alles enden und wer als Sieger aus dem Kampf hervorgehen wird; nur Ein Resultat absolut sicher: die allgemeine Erschöpfung und die Herstellung der Bedingungen des schließlichen Siegs der Arbeiterklasse. — Das ist die Aussicht, wenn das auf die Spitze getriebene System der gegenseitigen Ueberbietung in Kriegsrüstungen endlich seine unvermeidlichen Früchte trägt.

1

Der europäische Krieg, den die Regierungen und bürgerlichen Parteien aller Länder jahrzehntelang vorbereitet haben, ist ausgebrochen. Das Anwachsen der Rüstungen, die äußerste Zuspitzung des Kampfes um die Märkte in der Epoche des jüngsten, des imperialistischen Entwicklungsstadiums des Kapitalismus in den fortgeschrittenen Ländern, die dynastischen Interessen der rückständigsten, der osteuropäischen Monarchien mußten unvermeidlich zu diesem Krieg führen und haben zu ihm geführt. Territoriale Eroberungen und Unterjochung fremder Nationen, Ruinierung der konkurrierenden Nation, Plünderung ihrer Reichtümer, Ablenkung der Aufmerksamkeit der werktätigen Massen von den inneren politischen Krisen in Rußland, Deutschland, England und anderen Ländern, Entzweiung und nationalistische Verdummung der Arbeiter und Vernichtung ihrer Vorhut, um die revolutionäre Bewegung des Proletariats zu schwächen – das ist der einzige wirkliche Inhalt und Sinn, die wahre Bedeutung des gegenwärtigen Krieges.

2

1 Friedrich Engels, Einleitung zu Sigismund Borkeims Broschüre »Zur Erinnerung für die deutschen Mordspatrioten 1806-1807«, Marx/Engels, Werke, Bd. 21, S. 350 f.
2 W. I. Lenin, Der Krieg und die russische Sozialdemokratie, Bd. 21, S. 13

Inhalt

Vorbemerkung

Mehr als 70 Jahre sind seit dem Ende des ersten Weltkriegs vergangen. Trotzdem ist dieser Krieg nicht aus dem Gedächtnis der europäischen Völker verschwunden. Seine Lehren sind bedeutend und von großer Aktualität. Und nachhaltig sind seine Hinterlassenschaften, nicht zuletzt in der Literatur. Es sei nur auf Arnold Zweigs »Erziehung vor Verdun« verwiesen.

Es ist daher kein Zufall, daß aus verschiedenen gesellschaftlichen Kreisen unseres Staates dem Militärverlag der DDR der Vorschlag unterbreitet wurde, der mehrfach aufgelegten Bildgeschichte des zweiten Weltkrieges eine des ersten Weltkrieges folgen zu lassen – verstanden als Anklage gegen den imperialistischen Krieg, als Gedenken an seine Opfer und als Mahnung zur Wachsamkeit gegen die heutigen Kräfte des Krieges.

Der erste Weltkrieg hat in der jüngeren Geschichte des deutschen Volkes und der deutschen Arbeiterbewegung tiefe Spuren hinterlassen. Außerdem führten die Folgerungen, die die deutschen Imperialisten aus ihrer Niederlage 1918 zogen, direkt in den zweiten Weltkrieg und seinen für das deutsche Volk katastrophalen Ausgang. Deshalb wurde eine Gesamtschau des Krieges in Wort und Bild angestrebt, aber der Darstellung der Politik der herrschenden Klassen des imperialistischen Deutschlands, der militärischen Entscheidungen seiner Führungskräfte, der Lage der deutschen Volksmassen und den Aktivitäten der deutschen Antikriegskräfte besondere Aufmerksamkeit geschenkt.

Lenin hat mehrfach die Triebkräfte, die zum ersten Weltkrieg führten, analysiert und eine gültige Bestimmung seines politischen Charakters gegeben. Das ist das sichere wissenschaftliche Fundament für die Wertung aller grundsätzlichen Ereignisse dieses Krieges. Die Darstellung der politischen und wirtschaftlichen Vorgänge und Prozesse des Vorkrieges und des Krieges beruht auf dem vom Zentralinstitut für Geschichte der Deutschen Akademie der Wissenschaften zu Berlin herausgegebenen dreibändigen Geschichtswerk »Deutschland im ersten Weltkrieg«, das trotz weiterführender Forschungsergebnisse als Standardwerk der marxistisch-leninistischen Geschichtswissenschaft der DDR über den ersten Weltkrieg gilt. Für die Darstellung der Kampfhandlungen wurde auf eine Vielzahl marxistisch-leninistischer Veröffentlichungen sowie amtlicher kriegsgeschichtlicher Werke und die Memoirenliteratur zurückgegriffen. Für die Bildauswahl wurden neben Archiven zahlreiche zeitgenössische Bilddokumentationen genutzt.

Die Bloßlegung des Wesens und die Illustrierung der Erscheinung dieses Krieges geschah allein in der Absicht, allen, die ihre Tat dem Frieden widmen, bei diesem edlen Streben zu nützen.

Die Autoren

Vorkrieg

Kriegsvorbereitung, Antikriegskräfte und Entfesselung des Krieges

1871 bis Ende Juli 1914

Als Rosa Luxemburg den Ereignissen und Triebkräften nachging, die zum 4. August 1914 geführt hatten, verwies sie darauf, daß es zwei Linien waren, die schnurgerade zum Weltkriege geführt hatten. Die eine sei mit der Annexion Elsaß-Lothringens begonnen worden und habe, wie schon Karl Marx am 1. September 1870 voraussagte, Frankreich in die Arme Rußlands getrieben, Deutschland mit Österreich-Ungarn verkoppelt und Europa auf die abschüssige Bahn des Wettrüstens gestoßen. Die andere Linie sah Rosa Luxemburg in der imperialistischen Entwicklung seit den 90er Jahren, die auch das nach 1871 entstandene deutsch-französische Verhältnis mit einem neuen Inhalt erfüllt habe.

Der Übergang zum Imperialismus

Zwischen 1871 und 1914 entwickelte sich Deutschland von einem Agrar-Industriestaat zu einem Industriestaat. Seine Industrieproduktion vervierfachte sich, wodurch sich das ökonomische Kräfteverhältnis zwischen den kapitalistischen Ländern besonders in Europa gravierend veränderte. Seinem Anteil an der Weltindustrieproduktion nach rückte Deutschland hinter den USA an die zweite Stelle vor, nachdem es die seit 1845 führende Industriemacht England zwischen 1900 und 1910 überholt hatte.

Der Prozeß der Konzentration, der Monopolisierung und der Herausbildung des Finanzkapitals ging seit 1890 beschleunigt vonstatten, so daß um 1900 das Monopolkapital dominierte und bis 1914 bedeutende Bereiche der Wirtschaft erfaßte. Deutschlands Überlegenheit zeigte sich bei jenen Industrien, die eng mit dem wissenschaftlich-technischen Fortschritt verbunden waren, bei der elektrotechnischen, der chemischen und der metallverarbeitenden Industrie sowie bei der Stahlproduktion, während England seinen Platz in den traditionellen Industriezweigen (Kohlebergbau, Textilindustrie) auch weiter behaupten konnte. Die deutsche Chemie- und Elektroindustrie lagen technisch mit an der Weltspitze.

Die monopolistische Entwicklung des Kapitalismus in Deutschland ging in einer Gesellschaft vonstatten, die nicht durch eine siegreiche bürgerliche Revolution umgestaltet worden war, in der die junkerlichen Großgrundbesitzer Preußens entscheidende gesellschaftliche Machtpositionen innehatten. In Deutschland seien moderne Technik und großkapitalistische Wirtschaftsorganisation einem junkerlich-bürgerlichen Imperialismus unterstellt, definierte Lenin treffend die spezifisch deutsche Form der Klassenherrschaft im Imperialismus, wie sie bis Ende des ersten Weltkrieges existierte. Das war ein Herrschaftssystem, das bei ständigen Reibungen zwischen Junkertum und Bourgeoisie die Ausbeutungs- und Expansionsinteressen des Monopolkapitals unter der politischen Herrschaft einer konservativ-feudalorientierten regierenden Kaste sicherte.

Rohstoffabhängigkeit und starke Orientierung auf Export, monopolistische Konkurrenz und Fusion ließen den Expansionsdrang der hochentwickelten deutschen Industrie immer mächtiger, das Streben der Monopole und Großbanken, den Außenhandel zu forcieren, sich neue Rohstoffquellen und Absatzmärkte sowie profitversprechende Kapitalanlagesphären zu erschließen, immer intensiver werden. Jedoch besaß der deutsche Kapitalismus als Spätentwickler nicht mehr jene Expansionsmöglichkeiten, die die bürgerlichen Nationalstaaten mit früher kapitalistischer Entwicklung nutzen konnten. Als sich Deutschland 1884 anschickte, Kolonien zu erobern, ging die Aufteilung der Welt unter die älteren kapitalistischen Mächte gerade zu Ende. Seine kolonialen Eroberungen waren deshalb ebenso zerstreut wie bescheiden. Hieraus erklärt sich besonders sein Streben nach einem großen geschlossenen Kolonialreich in Afrika – unter seinen Kriegszielen eines der bevorzugtesten. Besaßen die USA, wo die Industrialisierung ebenfalls recht spät begann, im eigenen Land sowie auf dem amerikanischen Kontinent uneingeschränkte Möglichkeiten der Expansion, verfügte Deutschland über keine vergleichbare Umgebung. Seine großen Nachbarn Frankreich und Rußland verbündeten sich zu Beginn der 90er Jahre politisch und militärisch gegen Deutschland. Es konnte nicht die Integrität seiner kleinen Nachbarn antasten, ohne damit sogleich

Umwälzung der Produktion durch wissenschaftlich- technischen Fortschritt in der Chemie, Elektrotechnik im Maschinenbau und in der Metallurgie

1 Badische Anilin- und Sodafabriken (BASF) in Ludwigshafen um 1900
2 Anlage zur Chlor-Alkali-Elektrolyse 1913
3 Erstes Bessemer-Stahlwerk in Europa bei Krupp 1862
4 Stapellauf des damals größten Passagierschiffs der Welt, der »Imperator«, in Anwesenheit von Wilhelm II. und dem Großreeder Ballin
5 Der erste bei Krupp 1861 in Betrieb genommene Dampfstielhammer

1

2

3

4

5

1

2

3

4

5

6

7

8 

9 

10

Umwälzung der Produktion durch wissenschaftlich-technischen Fortschritt in der Chemie, Elektrotechnik, im Maschinenbau und in der Metallurgie

1 Konstruktionsbüro des Elektrokonzerns AEG, Berlin 1906
2 1913: Das Luftschiff »Sachsen« landet auf dem Flugplatz Mockau bei Leipzig
3 16. 8. 1894: Otto Lilienthal bei einem Gleitversuch vom Fliegerberg in Lichterfelde-Ost
4 Lackiererei der Daimler-Motoren-Gesellschaft in Untertürkheim 1904
5 Militärflugzeug über dem Flugplatz Leipzig-Lindenthal 1911
6 Kesselschmiede der Maffei-AG München 1900
7 Transformator der AEG 1912
8 Kabelfabrik der Siemens-Halske AG Berlin 1891
9 Produktion von Drehstrom-Generatoren bei der AEG
10 Exportoffensive der AEG 1907
11 Zeiss-Werke Jena 1904
12 Montage-Halle der AEG in Berlin-Schöneweide 1911

11 

12

1
2

3
4

5

6
7

1 Werner von Siemens (1816–1892), Begründer der Starkstromtechnik und Urheber zahlreicher elektrotechnischer Erfindungen

2 Nikolaus August Otto (1832–1891), der Erfinder des Viertaktmotors

3 Justus von Liebig (1803–1873), der Mitbegründer der deutschen Agrarchemie

4 Karl Zeiss (1816–1888), der Begründer des feinmechanischen und optischen Gerätebaus in Deutschland

5 Telefonzentrale der AEG 1906

6 Robert Bosch (1861–1942), Erfinder des Hochspannungszündmagneten für Benzinmotoren

7 Ende der 90er Jahre des 19. Jahrhundert tritt die Schreibmaschine ihren Siegeszug an

8 So sollte die abschließende Etappe der deutschen strategischen Offensive entsprechend dem Schlieffenplan verlaufen

9 Alfred Graf von Schlieffen (1833–1913), Generalfeldmarschall und Chef des Großen Generalstabes 1891–1906

die Interessen der anderen Großmächte zu verletzen.

1879 sagten Deutschland und Österreich-Ungarn in einem Bündnisvertrag einander militärische Unterstützung zu, falls einer der beiden Partner von Rußland angegriffen werde. Im Falle des Angriffs durch eine andere Macht sollte sich der nicht angegriffene Partner neutral verhalten. 1882 wurde das Bündnis zwischen Deutschland und Österreich-Ungarn durch einen Dreibundvertrag zwischen Deutschland, Österreich-Ungarn und Italien ergänzt.

Aufrüstung und strategische Planung

In Anbetracht der von ihm selbst heraufbeschworenen Gefahr des Zweifrontenkrieges begann Deutschland nach 1871 seine Rüstungen zu forcieren. Es wollte seinen Vorsprung Frankreich gegenüber wahren und übernahm die Führung im Wettrüsten. Seine Rüstungen konzentrierten sich bis Ende der 90er Jahre auf das Heer. Die Kriegsvorbereitung war zunächst gegen Frankreich gerichtet. Sie mußte jedoch dann den Zweifrontenkrieg gegen Frankreich und Rußland in Betracht ziehen, der für Deutschland ein außerordentlich ungünstiges Kräfteverhältnis ankündigte, so daß der Zweifrontenkrieg gegen eine Übermacht bis 1914 das Kardinalproblem der deutschen Strategie blieb. Bereits in den 80er Jahren lag den strategischen Planungen des sogenannten Großen Generalstabes eine Präventivkriegskonzeption zugrunde. Seine führenden Vertreter kamen zu der Auffassung, daß man aus der Zwickmühle des Zweifrontenkrieges nur herauskäme, wenn man den Gegner mit der Kriegseröffnung überrasche, die Mobilmachung und strategische Entfaltung schneller als er durchführe, so daß schon in der Anfangsperiode des Krieges entscheidende Erfolge möglich würden.

In den 90er Jahren kam es mit dem Übergang zur imperialistischen Politik auch zu grundlegenden Veränderungen in der strategischen Planung. Schlieffen als Nachfolger Moltkes d. Ä. im Amt des Generalstabschefs entwickelte eine Blitzkriegsstrategie, die auf der offensiven Militärdoktrin des deutschen Imperialismus fußte und der folgende Überlegungen zu Grunde lagen. Militärische Unterlegenheit im kommenden Krieg, Abhängigkeit von Rohstoff- und Nahrungsmittelimporten und damit überseeischen Verbindungen, Unterhaltungskosten eines Millionenheeres, Schwäche der Verbündeten und revolutionäre Potenzen der Arbeiterbewegung seien Gründe, aus denen Deutschland keinen lang andauernden Zweifrontenkrieg führen könne. Der

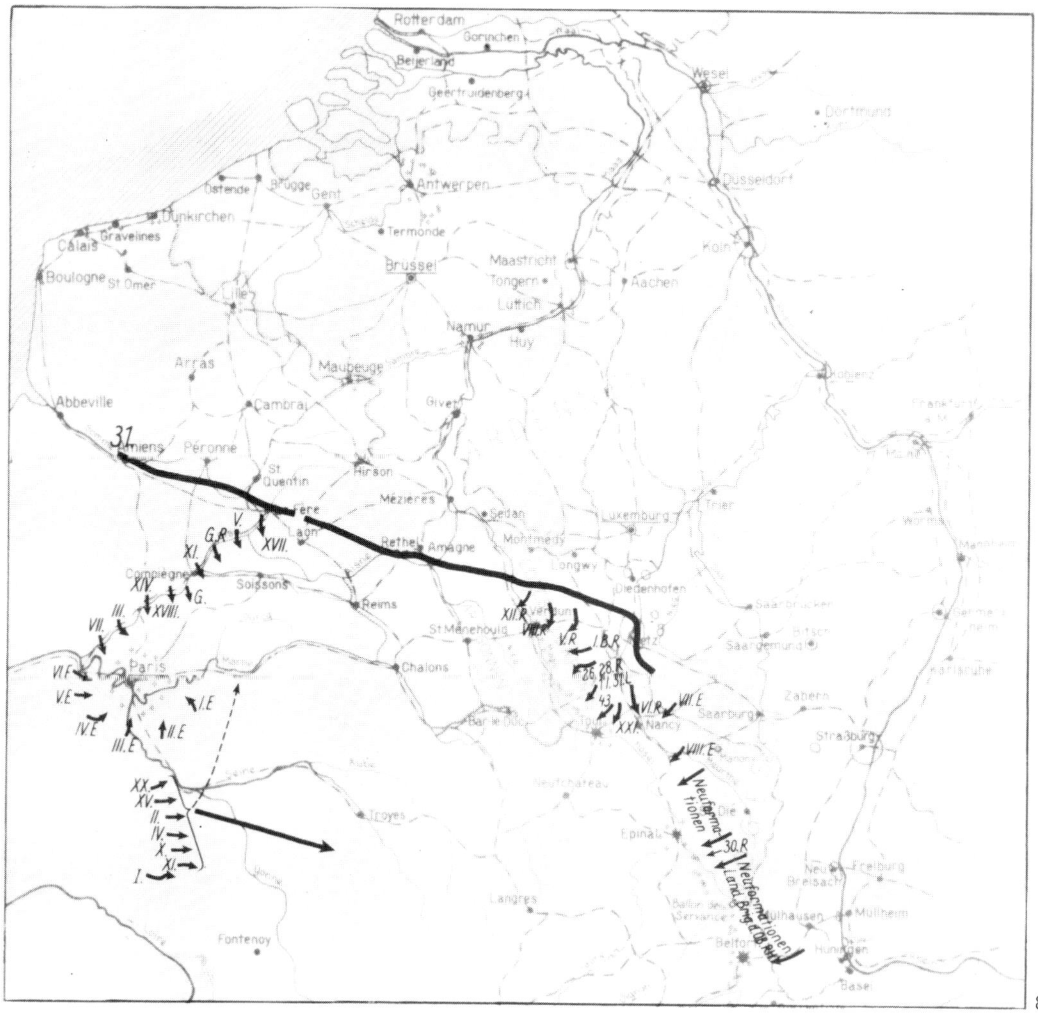

8

9

Gegner müsse schnell niedergeworfen und vernichtet werden. Der Vorteil der inneren Operationslinie müsse mit Hilfe des leistungsfähigen deutschen Eisenbahnsystems dazu genutzt werden, die Gegner nacheinander mit der Masse des Heeres zu schlagen. Überlegene Führungskunst, höhere Qualität der Truppen, rücksichtsloser Offensivgeist, äußerste Risikobereitschaft und größere Beweglichkeit müßten die Unterlegenheit an Kräften und Mitteln ausgleichen.

Für diese Strategie waren Überschätzung der eigenen Möglichkeiten und des militärischen Faktors, Unterschätzung des Gegners und des Einflusses von Wirtschaft und Technik auf den Kriegsverlauf sowie Anwendung völkerrechtswidriger Methoden der Kriegführung kennzeichnend.

General Schlieffen verlegte die erste entscheidende Offensive von Osten nach Westen gegen Frankreich, dem stärksten und gefährlichsten Gegner. Gegen Rußland sollte der Krieg zunächst strategisch defensiv geführt werden, wobei in Rechnung gestellt wurde, daß dessen Heer erst später operationsbereit wäre. Der sogenannte Große Ostaufmarsch wurde zwar bis 1913 jährlich neu bearbeitet, jedoch nur für den wenig wahrscheinlichen Fall, daß Frankreich anfangs neutral bliebe.

In Planung und Vorbereitung der strategischen Offensive gegen Frankreich ging man an den Aufbau einer schweren Heeresartillerie, mit der man die französische Festungsfront aufbrechen wollte, sowie an den Ausbau der strategischen Eisenbahnlinien im Westen. Seit 1898 wurde in den Aufmarsch- und Operationsplänen von der Verletzung der Neutralität Luxemburgs und Belgiens ausgegangen, obgleich dies dazu führen mußte, daß sich England gegen Deutschland entscheiden würde. Da die stark befestigte französische Grenze von Belfort bis Verdun einen raschen Durchbruch ausschloß, sollte die Masse des französischen Heeres durch eine Offensive durch diese Länder und Nordfrankreich westlich Verdun strategisch umfaßt werden.

Die Kriegsvorbereitung beschränkte sich nicht auf die strategische Planung. Seit den 80er Jahren wurden die Friedens- und Kriegsorganisation des Heeres verstärkt ausgebaut und seine Aggressionsbereitschaft und Kampfkraft erhöht. Mit dem Wehrgesetz von 1887 wurde die erste große Rüstungswelle ausgelöst, mit der zugleich eine neue Etappe des europäischen Wettrüstens begann. Die Friedensstärke des Heeres stieg auf 616000 Mann im Jahre 1900 und die Kriegsstärke auf 3,1 Millionen Mann.

Die Kriegsorganisation des Heeres umfaßte die aktiven Truppen, die Reserve, die Landwehr und die Ersatzreserve, zu der auch der Landsturm herangezogen werden konnte. Jede Heeresverstärkung brachte profitable Rüstungsaufträge. Mit dem Wehrgesetz von 1888 wurde das System der Wehrpflicht erweitert, was für den Ausbau der Kriegsorganisation von großer Tragweite war. Die Dienstpflicht in der Landwehr wurde um sieben Jahre verlängert, was dem Heer im Kriegsfalle einen Zuwachs von 700000 Mann brachte. Die Dienstpflicht im Landsturm wurde vom 42. auf das 45. Lebensjahr erweitert. Er konnte jetzt zur Ergänzung des Heeres und zum Einsatz außerhalb Deutschlands verwendet werden. Durch den Übergang von der drei- zur zweijährigen aktiven Dienstzeit im Heer wurden mehr Wehrpflichtige ausgebildet und die Reserven vergrößert. Schließlich wurden die periodischen Heeresaufstockungen nicht mehr alle sieben (Septenat), sondern bereits alle fünf Jahre (Quinquenat) vorgenommen.

Kolonialpolitik und Aufrüstung zur See

Als Deutschland in die imperialistische Epoche eintrat, versuchte es, sich in den zu Ende gehenden Prozeß der Aufteilung der Welt einzuschalten und hier und dort noch koloniale Besitzungen zu erwerben.

Seit Mitte der 90er Jahre forderten Discontogesellschaft und die Firma Krupp, die Waffenexporte nach China betrieben, daß an der chinesischen Küste ein Stützpunkt zu erobern sei, um deutschen Unternehmern eine günstige Ausgangsposition für die Ausbeutung der Bodenschätze zu sichern sowie die deutsche Kriegs- und Handelsflotte in Ostasien von englischen Versorgungsbasen unabhängig zu machen. China war als »das größte Profitreservoir, das die Welt je gekannt hat« bevorzugtes Objekt der Politik aller Großmächte. Nachdem Tirpitz 1896 die Bucht von Kiautschou als für einen Stützpunkt besonders geeignet rekognosziert hatte, wurde China 1897 gezwungen, diese Bucht auf 99 Jahre an Deutschland zu verpachten. Außerdem mußte es akzeptieren, daß die Provinz Schantung, in der es reiche Kohle- und Erzlager gab, deutsche Einflußsphäre wurde.

China, Persien und die Türkei waren Länder, in denen noch keine der Großmächte vorherrschenden Einfluß gewonnen hatte. Als »Halbkolonien« waren sie einem verschärften Konkurrenzkampf

„Es ist ein feierlicher Akt, dem wir soeben beigewohnt, als wir ein neues Stück schwimmender Wehrkraft des Vaterlandes seinem Elemente übergeben konnten. Ein jeder, der ihn mitgemacht, wird wohl von dem Gedanken durchdrungen gewesen sein, daß das stolze Schiff bald seinem Berufe übergeben werden könne. Wir bedürfen seiner dringend, und bitter not ist uns eine starke deutsche Flotte .... Gerade hier, inmitten dieses mächtigen Handelsemporiums, empfindet man die Fülle und Spannkraft, welche das deutsche Volk durch seine Geschlossenheit seinen Unternehmungen zu verleihen imstande ist. Aber auch hier weiß man es am höchsten zu schätzen, wie notwendig ein kräftiger Schutz und die unentbehrliche Stärkung unserer Seestreitkräfte für unsere auswärtigen Interessen sind."

dieser Mächte ausgesetzt. 1899 wurde Spanien gezwungen, die Karolinen-, Palau- und Marianeninseln gegen Entschädigung an Deutschland abzutreten, womit weitere militärische Stützpunkte für Vorstöße in den pazifischen Raum gewonnen waren. Im selben Jahr wurden die Samoainseln unter Deutschland und den USA aufgeteilt, wobei England gegen Kompensation auf seinen ehemaligen Anteil verzichten mußte.

Drahtzieher bei diesen drei »weltpolitischen« Vorstößen war auch die Flottenführung, die dabei war, den Aufbau der Kriegsflotte zu forcieren, der von Beginn an gegen England abzielte. Die Kriegsflotte hatte an den kolonialen Eroberungen teil und nahm 1897 unter den Kriegsflotten der Welt den fünften Platz ein. Von strategischer Bedeutung war die Fertigstellung des Kaiser-Wilhelm-Kanals 1895, der eine unbehinderte Verlegung von Flottenkräften vom östlichen auf den westlichen Seekriegsschauplatz und umgekehrt ermöglichte. Für eine Neuorientierung und Maximalisierung der Flottenrüstung sorgte Tirpitz. Er wurde dabei von der Schwerindustrie unterstützt, 1

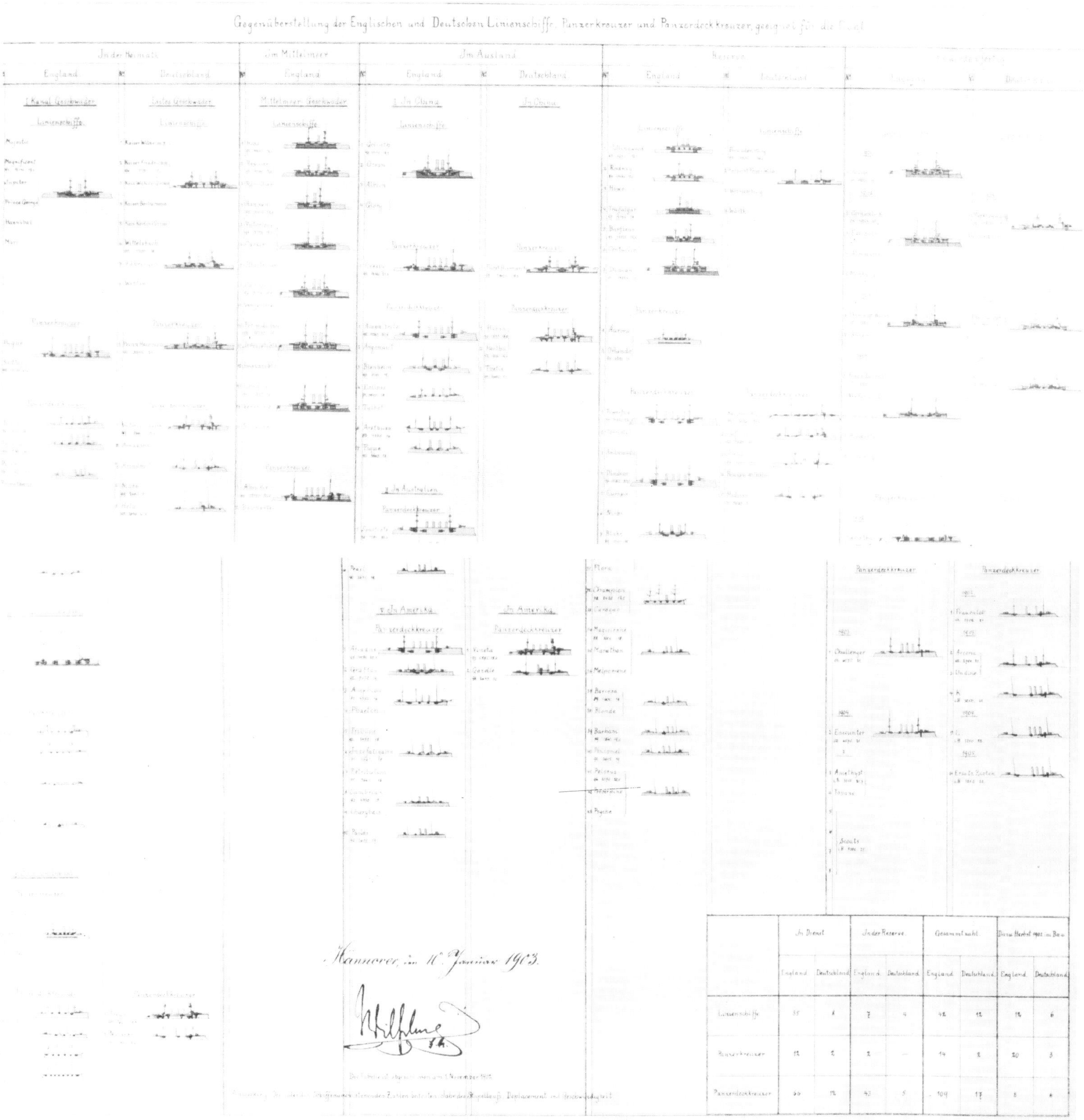

Gegenüberstellung der Englischen und Deutschen Linienschiffe, Panzerkreuzer und Panzerdeckkreuzer, geeignet für die Front

In der Heimat | Im Mittelmeer | Im Ausland | Reserve

England | Deutschland

	In Dienst		In der Reserve		Gesammtzahl		Bis zu Herbst 1902 in Bau	
	England	Deutschland	England	Deutschland	England	Deutschland	England	Deutschland
Linienschiffe	35	8	7	4	42	12	12	6
Panzerkreuzer	12	2	2	—	14	2	20	3
Panzerdeckkreuzer	60	12	43	5	109	17	8	4

Hannover, den 10. Januar 1903.

1 Wilhelm II. anläßlich des Stapellaufs des Linienschiffs »Kaiser Karl der Große« am 18. 10. 1899
2 Wilhelm II. – Initiator und Förderer der Flottenrüstung

1

2

3

4

5

Der deutsche Imperialismus rüstet zur See

1 Wilhelm II. mit den Offizieren des Flaggschiffs der deutschen Hochseeflotte »Deutschland«

2 Essen 1900: Krupp produziert schwere Schiffsartillerie und Geschütztürme

3 Der Kreuzer »Moltke« verläßt die Werft von Blohm und Voss zur Probefahrt

4 Deutsches Schlachtschiff im Kaiser-Wilhelm-Kanal

5 Alfred von Tirpitz (1849–1930), Großadmiral und Staatssekretär des Reichsmarineamtes 1897–1916

6

7

8

9

die aus den Flottenbauaufträgen Höchstprofite ziehen wollte.

Als Chef des Stabes des Oberkommandos der Marine legte Tirpitz 1894 in der »Dienstschrift IX« die theoretischen Grundsätze des Aufbaus einer starken Hochseeflotte dar, die in einer Seeschlacht zwischen Helgoland und der Themsemündung die Seeherrschaft erringen sollte. Dadurch wollte er einer Blockade der Einfuhrhäfen, das heißt dem »wirtschaftlichen Erstickungstod« Deutschlands, vorbeugen. Damit stellte Tirpitz neben die noch dominierende und auf Küstenverteidigung und Kreuzerkrieg ausgerichtete Konzeption des Zweifrontenkrieges gegen Frankreich und Rußland die des strategisch offensiven Seekrieges gegen England, zu dem man einer starken Flotte von Linienschiffen bedurfte. Den Kreuzerkrieg gegen England – d.h. gegen dessen Seeverbindungen auf den Weltmeeren – hielt er aus Mangel an Stützpunkten für unwirksam. Diese Denkschrift wurde zum Ausgangspunkt der Seekriegsdoktrin des deutschen Imperialismus und war bis 1914 für den Auf- und Ausbau der deutschen Flotte richtungweisend. Auf sie stützte sich Tirpitz, als er als Staatssekretär des Reichsmarineamtes das Flottengesetz von 1898 begründete, das im selben Jahr vom Reichstag angenommen wurde und bis 1903 den Bau von sieben Linienschiffen, zwei großen und sieben kleinen Kreuzern vorsah.

Das zweite Flottengesetz vom 14. Juli 1900 sah vor, die Hochseeflotte bis 1917 zu verdoppeln, womit Deutschland die zweitstärkste Flotte besessen hätte, die es nach Tirpitz dank einer besseren Ausbildung und Führung sowie eines rascheren Mobilmachungstempos auch mit der englischen als der stärksten Flotte hätte aufnehmen können. Auch in den USA, Japan, Rußland und Frankreich vergrößerte man die Hochseeflotten. Aber nirgendwo war dies so eindeutig gegen die Seeherrschaft Englands gerichtet und die Steigerungsrate so hoch wie in Deutschland.

6/7 Flottenmanöver
8 Deutsche Marineinfanterie bei der Übung
9 Schulschiff der kaiserlichen Marine

Expansionsrichtungen und Expansionsziele

England als die führende Großmacht hatte, gestützt auf Seeherrschaft und Weltreich, bisher die Politik verfolgt, in Europa keine Bündnisse einzugehen. Es war nur dann dazu bereit, wenn eine europäische Macht sich anschickte, die Vorherrschaft in Europa zu erringen und damit das Gleichgewicht der Kräfte zu stören. Die Einnahme Port Arthurs durch Rußland, bevorstehende Zusammenstöße mit Frankreich in Afrika und die forcierte Flottenrüstung Deutschlands ließen einflußreichen Kreisen in England es angeraten erscheinen, von der bisherigen Politik der »splendid isolation« abzugehen und sich entweder mit Deutschland oder mit Frankreich und Rußland zu verständigen.

Nachdem Anfang 1898 eine Einigung mit Rußland über die Aufteilung Chinas und der Türkei

1

2

3

4

gescheitert war, schlug Kolonialminister Joseph Chamberlain im März dem deutschen Botschafter in London ein Abkommen über die Festlegung der Einflußsphären beider Länder in China vor. Dieses Abkommen war vor allem gegen das Vordringen Rußlands in China gerichtet. Im November 1899 legte Chamberlain ein Bündnis nahe, in das auch die USA einbezogen werden sollten. Deutschland sollte Englands Politik in Afrika und Asien akzeptieren und sich dafür an der Aufteilung Marokkos beteiligen. Finanzkreise Englands wollten an der Finanzierung des Baus der Bagdadbahn mitwirken. 1901 ließ Chamberlain schließlich wissen, um aus seiner weltpolitischen Isolierung herauszukommen, stehe England vor der Alternative, sich entweder dem russisch-französischen Zweiverbund oder dem deutsch–österreichisch–ungarischen–italienischen Dreibund zuzuwenden.

Realistische Einsicht in das gegebene Kräfteverhältnis hätte nun folgern müssen, daß eine weltpolitische Isolierung für Deutschland unvergleichlich gefährlicher als für das immer noch überlegene England war und daß in Anbetracht der Gegnerschaft des russisch-französischen Zweiverbunds eine Annäherung an England mit antirussischer Ausrichtung am nächstliegendsten erschien. Jedoch einer solchen Einsicht waren die Vertreter der politischen und ökonomischen Expansion, der Flottenrüstung und Weltpolitik bar. Die Vertreter der Sammlungspolitik von Großindustriellen und Großagrariern lehnten das Verständigungs- und Bündnisangebot ab und orientierten auf die Expansion gegen die kapitalistische Hauptmacht England. Hinzu kam, daß eine gleichzeitige Erhöhung der Agrarzölle eine Anlehnung an das auf Agrarexport angewiesene Rußland ausschloß. Nachdem vorläufig keine weiteren Möglichkeiten der Eroberung von Kolonien in Aussicht standen, wählten die Vertreter eines deutschen Alleingangs den Balkan und Nahen Osten als Hauptexpansionsrichtung.

Triebkräfte der Balkan- und Nahostexpansion waren die Banken, die ertragreichen Geschäften in Österreich-Ungarn und in den Balkanländern nachgingen, die schwerindustriellen Monopole, die Schienen, rollendes und anderes Material für den Bau der Bagdadbahn lieferten, die Monopole der Rüstungsindustrie, die Kriegsmaterial aller Art absetzten, Kolonialpolitiker, die Auswanderer in den unbewohnten Gebieten entlang der Bahn ansiedeln wollten, und nicht zuletzt die Militärs, denen es darum ging, günstige Voraussetzungen für die Kriegführung gegen Rußland und England zu schaffen.

Ende der 80er Jahre drang deutsches Kapital in die Türkei ein. Militärmissionen, die zugleich Agenturen der Rüstungsmonopole waren, sicherten von 1885 bis 1895 Bestellungen an Kriegsmaterial in Höhe von 100 Millionen Mark, die zum größten Teil in die Taschen von Krupp flossen. Das Hauptinteresse von Schwerindustrie, Banken

5

6

7

8

und Militär konzentrierte sich auf den Bau der Bahnlinie Konstantinopel–Bagdad–Persischer Golf. Im Oktober 1888 konzessionierte die türkische Regierung einer Finanzgruppe unter Leitung der Deutschen Bank den Bahnbau bis Kania und 1899 den Bau der Strecke Kania–Bagdad–Basra. Wilhelm II. hatte sich auf seiner Orientreise 1898 persönlich der Bahnpläne angenommen. Diese Reise sollte die Verwandlung der Türkei in eine deutsche Halbkolonie einleiten, damit sich die Großbanken und die Schwerindustrie der gewaltigen Verdienstmöglichkeiten am Bahnbau sicher waren. Darüber hinaus hatten vor allem Militärs die strategische Bedeutung der Türkei für die Beherrschung des östlichen Mittelmeers als Ausgangsraum eines Angriffs auf den nördlichen Eingang des Suezkanals im Auge wie auch für die Kontrolle des Bosporus und der Dardanellen, wodurch der russischen Schwarzmeerflotte der Zugang in das Mittelmeer verwehrt werden konnte.

Deutsche Politik bedrohte somit das britische Imperium wie auch das Zarenreich und erzwang geradezu deren Zusammenschluß gegen Deutschland. Andererseits war die Balkan- und Nahostexpansion ein Musterbeispiel für die Methode der »friedlichen Durchdringung« (penetration pacifique), bei der die Selbständigkeit der Länder, die zum Objekt der Kapitalverwertung und Kriegsvorbereitung wurden, formal erhalten blieb. Dies wurde genutzt, um einen »friedlichen« Charakter der deutschen Politik vorzutäuschen, die mit einer Politik der Eroberung und Annexion nichts gemein haben sollte. So sehr die Wahl der Hauptstoßrichtung Balkan–Nahost den deutsch-englischen und deutsch-russischen Gegensatz vertiefte, so festigte sie andererseits das Bündnis zwischen Deutschland und Österreich-Ungarn. Die beträchtlichen Investitionen im Vorderen Orient und auf dem Balkan erheischten, daß die Linie Berlin–Bagdad auch in ihrem europäischen Abschnitt arbeitsfähig war. Dieses Interesse verlangte weitgehende Unterstützung der österreichisch-ungarischen Aktionen auf dem Balkan, die auf Grund der politischen Lage zwangsläufig gegen Rußland gerichtet waren.

Gegen das Vordringen Rußlands in China gerichtet, vereinbarte im Januar 1902 England mit Japan, China vorwiegend als englische und Korea als japanische Interessensphären zu behandeln. Von größter Tragweite jedoch war für den deutschen Imperialismus die Annäherung Englands an Frankreich. Auf Revanche für 1870/71 aus, eröffnete das Scheitern der englisch-deutschen Verhandlungen der französischen Politik die Möglichkeit, England auf die Seite Frankreichs zu ziehen. Insbesondere Finanzkreise waren für eine Annäherung an England, weil sie die Sicherheit ihrer russischen Anlagen in der beträchtlichen Höhe von 10 Milliarden Francs durch innerrussische Krisen und die Zurückhaltung Rußlands gegenüber europäischen Angelegenheiten infolge seiner Fernostexpansion beeinträchtigt sowie das russisch-französische Bündnis im Wert gemindert sahen.

1 Großer Kreuzer »Hansa«
2 Kleiner Kreuzer »Berlin«
3 Kleiner Kreuzer »Magdeburg«
4 Linienschiff »Friedrich der Große« und Marineluftschiff »Hansa«
5 Torpedoboot in See
6 Offiziersmesse auf einem großen Kreuzer
7 U-Boot-Abteilung im Kieler Hafen
8 Schwerstarbeit an den Feuerungsstellen

Nach dem Scheitern der Verhandlungen mit Deutschland war der englische Imperialismus interessiert, gegen den immer gefährlicher werdenden deutschen weltpolitischen Hauptkonkurrenten Unterstüzung zu finden. Der Ausbruch des russisch-japanischen Krieges beschleunigte die englisch-französische Annäherung. Am 8.4. 1904 wurde in London ein Vertrag (Entente cordiale) abgeschlossen, der die Einflußsphären Englands und Frankreichs in Afrika abgrenzte. Die französische Seite akzeptierte das englische Protektorat über Ägypten und die englische ließ der französischen freie Hand in Marokko. Eben dieser Umstand sollte sich in der internationalen Politik noch besonders auswirken, weil bis dahin Marokko von Kolonialmächten noch nicht fest vereinnahmt worden war, jedoch wegen seiner beträchtlichen Bodenschätze großes »Interesse« hervorrief.

1

2

3

4

Am Anfang der Weltpolitik

1 1889, Wilhelm II. an Bord eines Panzerschiffes auf der Fahrt nach Konstantinopel

2 Nikolaus II. und der französische Präsident Faure (1841–1899) beschließen am 23. 8. 1897 mit dem Vertrag von Kronstadt das französisch-russische Bündnis

3 Alfred Graf von Waldersee (1832–1904), Generalfeldmarschall, Chef des Großen Generalstabes 1888–1891, Oberbefehlshaber der internationalen Interventionstruppen bei der Niederschlagung des chinesischen Ihotuan-Volksaufstandes 1900/1901

4 16. 12. 1900: Wilhelm II. empfängt das aus China zurückgekehrte Kommando des deutschen Interventionskorps im Lichthof des Zeughauses

5 Bulgarische Gebirgsbatterie im 2. Balkankrieg 1913

6 1. Marokkokrise: Wilhelm II. als Interessenvertreter der deutschen Schwerindustrie am 31. 03. 1905 in Tanger

7 April 1914. Staatsbesuch des englischen Königs Georg V. beim französischen Präsidenten Poincaré

8 2. Marokkokrise: Das deutsche Kanonenboot »Panther« am 01. 07. 1911 im Hafen von Agadir

9 Orgie des Chauvinismus anläßlich der Feierlichkeiten zum 40. Jahrestag des Sieges bei Sedan am 01. 09. 1910 in Berlin

5

6

7

8

9

1 

 2

3 

 4

Als Anfang 1905 Rußland durch zunehmende Schwierigkeiten im Krieg gegen Japan (Fall von Port Arthur im Januar; Niederlage bei Mukden Ende Februar/Anfang März) sowie durch die bürgerlich-demokratische Revolution im Lande vorübergehend als Machtfaktor in Europa ausfiel, trugen sich deutsche führende Politiker und Militärs mit der Absicht, diese ihrer Meinung nach für den deutschen Imperialismus günstige Lage auszunutzen und einen Präventivkrieg gegen Frankreich zu führen, womit das sich zwischen Frankreich, Rußland und England anbahnende Bündnis verhindert und auch die französische Konkurrenz in Marokko ausgeschaltet werden könnte.

Nicht zuletzt dieser Haltung war die Neufassung des Kriegsplans des deutschen Imperialismus durch den Chef des Generalstabs, Schlieffen, Ende 1905/Anfang 1906 geschuldet, der seit Beginn des russisch-japanischen Krieges wiederholt auf die Gelegenheit zu einem Überfall auf Frankreich aufmerksam gemacht hatte. In seiner Denkschrift »Krieg gegen Frankreich« (Schlieffenplan) ersetzte er die bisher geplante kleinere Umfassung um Verdun durch die des ganzen französischen Feldheeres und des englischen Expeditionskorps, die auch die Verletzung der Neutralität Hollands einbegriff. Er plante die strategische Entfaltung des gesamten deutschen Feldheers gegen Frankreich. Das Kräfteverhältnis zwischen dem rechten Schwenkungsflügel und dem linken Flügel der Front setzte er mit 7 : 1 fest. Die Kräfte auf dem starken rechten Flügel sollten in einer strategischen Umfassungsoperation durch Luxemburg, Belgien, Südholland und Nordfrankreich vorstoßen und westlich von Paris einschwenken, um dieses einzuschließen, den französischen Armeen in den Rücken zu fallen, diese gegen den eigenen Festungsgürtel und die Schweizer Grenze zu drücken und sie auf diese Weise zu zerschlagen. Den schwachen Kräften des linken Flügels wurde die Aufgabe gestellt, starke französische Kräfte zu binden, indem sie in Richtung Nancy angreifen und bei einem französischen Gegenangriff auf Metz zurückgehen sollten.

Im März 1905 landete Wilhelm II. als Herold der Interessen der Krupp, Mannesmann, Ballin und dergleichen in Tanger. Die französische Regierung hatte sich anfänglich geweigert, der deutschen Forderung zuzustimmen, auf einer internationalen Konferenz die deutschen und französischen Ansprüche auszuhandeln. Dann ließ sie sich zu einer Zusage erpressen und demissionierte, wie von deutscher Seite gefordert, ihren Außenminister Delcassé, der ein Eingehen auf die deutsche Forderung ablehnte. Dennoch sollte die Rechnung der aggressivsten Kreise des deutschen Imperialismus nicht aufgehen. Wilhelm II. hatte in Björkö nicht vermocht, Rußland auf die Seite Deutschlands zu ziehen. Das russisch-französische Bündnis hatte sich stabil erwiesen. Die profranzösische Haltung Englands im Kriegsfall und die Massenkämpfe der deutschen Arbeiterklasse unter Einfluß der Volksrevolution in Rußland veranlaßten die Holstein, Bülow, Schlieffen und andere Kriegstreiber von der Kriegsentfesselung abzusehen, zu der es, wie Lenin später feststellte, »um ein Haar« gekommen wäre. Es war ebenfalls der englischen Haltung zuzuschreiben, daß auch die Marokkokonferenz den deutschen Vertretern keinen Erfolg bescherte.

Da das Auftreten Englands den Ausgang der Marokkokrise entschieden hatte, bestätigte sich

5

6

7

Der russisch-japanische Krieg 1904/1905 – Vorbote des ersten Weltkrieges

1 Russische Kavallerie wird über die Transsibirische Eisenbahn in die Mandschurei verlegt
2 Japanische Marineoffiziere während der Blockade von Port Arthur
3 Kosaken-Ordonanzen
4 Japanische Kavallerie auf dem Marsch
5 Japanische Truppen werden an der Küste Südkoreas angelandet, um Seoul zu besetzen
6 Russische Einheiten auf dem Marsch zur Front bei Harbin
7 Der Maschinengewehrzug des 4. Bataillons des Ostsibirischen Schützenregiments in Kirin

1

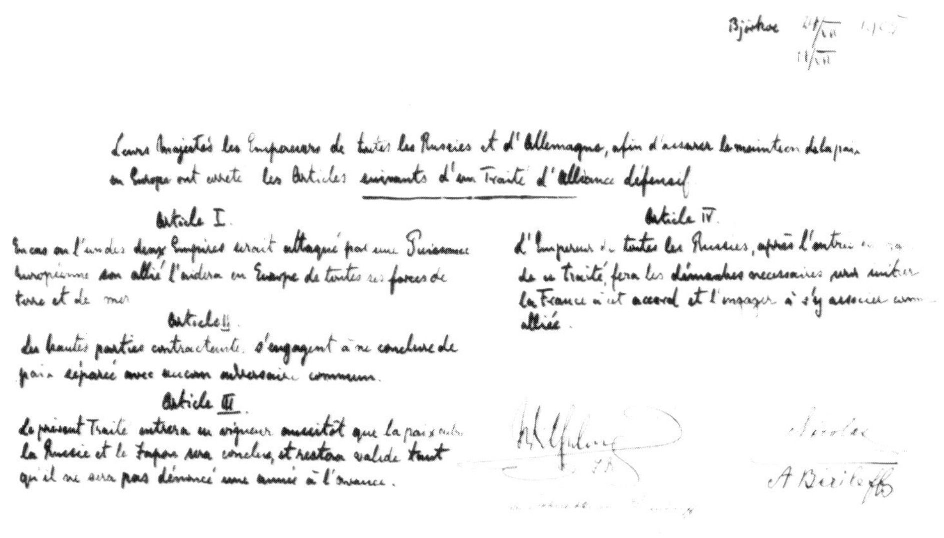
Björkoe 24/VII 1905
11/VII

Leurs Majestés les Empereurs de toutes les Russies et d'Allemagne, afin d'assurer le maintien de la paix en Europe ont arrêté les Articles suivants d'un Traité d'Alliance défensif

Article I.
En cas où l'un des deux Empires serait attaqué par une Puissance européenne son allié l'aidera en Europe de toutes ses forces de terre et de mer

Article II.
Les hautes parties contractantes s'engagent à ne conclure de paix séparée avec aucun adversaire commun.

Article III.
Le présent Traité entrera en vigueur aussitôt que la paix entre la Russie et le Japon sera conclue, et restera valide tant qu'il ne sera pas dénoncé une année à l'avance.

Article IV.
L'Empereur de toutes les Russies, après l'entrée en vigueur de ce Traité, fera les démarches nécessaires pour initier la France à cet accord et l'engager à s'y associer comme alliée.

A Birileff

2

1 Ein russisches Geschwader auf der Reede vor Port Arthur
2 Am 24. 07. 1905 unterzeichneten Wilhelm II. und Nikolaus II. auf einem Schiff in der Bucht des finnischen Hafens Björkö ein Abkommen über ein deutsch-russisches Militärbündnis, das das russisch-französische Bündnis lockern sollte, aber in der Endkonsequenz scheiterte
3 Admiral Alexjejew nimmt eine Parade in Port Arthur ab
4 Russische Küstenartillerie bei Port Arthur
5 Verstärkungen nach Port Arthur werden verladen

erneut, daß der Gegensatz zwischen dem deutschen und dem englischen Imperialismus zum Hauptgegensatz geworden war. Aber die erste Marokkokrise hatte auch den deutsch-französischen Gegensatz zugespitzt und war ein Markstein am Wege in den Weltkrieg.

Die Umwandlung der Okkupation Bosniens und der Herzegowina von 1878 in eine förmliche Annexion durch Dekret Kaiser Franz Josephs am 5. Oktober 1908 mit Beistand Deutschlands beendete die relativ normalen Beziehungen zwischen Österreich-Ungarn und Rußland, denn sie lief der Mürzsteger Vereinbarung von 1903 über die Erhaltung des Status quo auf dem Balkan zuwider.

Im strategischen wie auch im Interesse der getreideexportierenden Gutsbesitzer im Süden Rußlands strebte der Zarismus eine Öffnung der Meerengen an. Dieses Vorhaben wie auch seine Expansionsinteressen auf dem Balkan überhaupt im Auge, trat er als Beschützer der slawischen Unabhängigkeitsbewegung auf dem Balkan auf. Meinungsverschiedenheiten mit den westeuropäischen Verbündeten in der Meerengenfrage, ungenügende Rüstung und noch andauernde Erschöpfung

3

4

5

aus dem Krieg mit Japan sowie Angst vor der revolutionären Bewegung im Lande hielten die zaristische Regierung von einem offenen Einschreiten gegen Österreich-Ungarn jedoch ab.

Da die Wiener Regierung Italien die ihm laut Dreibundvertrag zustehende Kompensation bei Veränderung des Status quo auf dem Balkan, wie sie durch die Annexion gegeben war, verweigerte, schloß die italienische Regierung Oktober 1909 ein Geheimabkommen mit Rußland, indem sich die Vertragspartner, gegen Österreich-Ungarn gerichtet, verpflichteten, auf dem Balkan eine gemeinsame Politik zu betreiben. Italien versprach, die russischen Absichten bezüglich der Meerengen, und Rußland, die italienischen Absichten bezüglich Tripolis und der Cyrenaika zu unterstützen. Der Zerfall des Dreibunds schritt weiter voran.

Im Mai 1911 ließ die französische Regierung unter Bruch der Algeciras-Akte Fez, die Hauptstadt Marokkos, besetzen. Die Gebrüder Mannesmann, die 1908/09 vom Sultan von Marokko Erzkonzessionen erworben hatten, sahen deren ungehinderte Nutzung durch das französische Vorgehen gefährdet. Am 1. Juli 1911 machte im Hafen Agadir, dem Zugang zum Erzgebiet von Sus das Kanonenboot »Panther« fest, um die »deutschen« Ansprüche zu demonstrieren. Der Staatssekretär des Auswärtigen Kiderlen-Wächter verlangte die Abtretung von Französisch-Kongo an Deutschland und machte damit ein weiteres Mal auf das Kriegsziel »geschlossenes afrikanisches Kolonialreich« aufmerksam. Wie bereits in der ersten Marokkokrise griff England erneut und noch deutlicher zugunsten seines Verbündeten Frankreich ein. Die im November 1911 unterzeichneten beiden Abkommen brachten der deutschen Seite weniger Zugeständnisse, als von ihr angestrebt worden waren.

Seit der zweiten Marokkokrise rissen die sich von Mal zu Mal verschärfenden internationalen Zusammenstöße und kriegerischen Konflikte bis zur Entfesselung des Weltkrieges nicht ab. Es ging dabei neben Marokko auch um den afrikanischen und europäischen Besitz der Türkei – um Gebiete also, die Streitobjekte werden konnten, ohne das internationale Kräfteverhältnis und die Interessen einer der großen Mächte derart zu berühren, daß daraus ein Krieg zwischen Triple-Entente und Dreibund zwangsläufig folgen mußte.

Italien eroberte 1911, gestützt auf Abkommen mit Frankreich und Rußland, Tripolitanien und die Cyrenaika. Angesichts der hierbei zutage getretenen Schwäche der Türkei, verbündeten sich 1912 Serbien, Bulgarien, Griechenland und Montenegro gegen diese und eröffneten Anfang Oktober die Kriegshandlungen, mit denen die bürgerlich-nationalistischen Regierungen neben berechtigten nationalen auch eigensüchtige Expansionsinteressen verfolgten. Anfang November ersuchte die türkische Regierung die Großmächte um Friedensvermittlung.

Als die serbische Regierung sich um einen Zugang zur Adria bemühte, um von Österreich-Ungarn wirtschaftlich unabhängig zu werden, quittierten Ende November 1912 die Verantwortlichen in Wien die Aussicht auf solchen Machtgewinn Serbiens mit Mobilmachungsmaßnahmen an der serbischen und russischen Grenze. In Berlin war man sich darüber klar, daß ein österreichisch-serbischer Konflikt zwangsläufig den Mechanismus des Bündisvertrages auslösen würde. Wilhelm II. schloß daher zu Recht: »Es kann der europäische Krieg werden und für uns eventuell ein Existenzkampf mit drei Großmächten.« Jedoch so, wie die eine Seite ohne die Unterstützung Deutschlands handlungsunfähig war, so die andere ohne die Rußlands. Die Entscheidung wurde in Berlin getroffen, wo man den gegebenen Zeitpunkt für die Kriegsentfesselung nicht für den geeignetsten hielt. Man wollte die Ergebnisse der neuen Rüstungen abwarten.

Die englische Regierung hatte umgehend wissen lassen, daß sie Rußland und Frankreich gegenüber ihre Beistandspflichten wahrnehmen werde. Ebenso wie diese Warnung hatte der Friedensappell der Sozialisten in Basel seine Wirkung nicht verfehlt. Als im Sommer 1913 im zweiten Balkankrieg Serbien, Griechenland, Rumänien und die Türkei gegen Bulgarien antraten, versagte die deutsche Regierung noch einmal aus rein taktischen Gründen der Neigung Österreich-Ungarns, sich einzumischen und den Weltkrieg zu entfesseln, die hierfür entscheidende Unterstützung. Der Gegensatz zwischen Österreich-Ungarn und Serbien hatte sich jedoch derart zugespitzt, daß jeder Zusammenstoß zwischen ihnen zwangsläufig den Bündnismechanismus und damit den Weltkrieg auslösen konnte.

1

Die militärische Kriegsvorbereitung

Während der ersten Marokkokrise 1905/06 hatten verantwortliche politische und militärische Führer des deutschen Reiches dem Rivalen Frankreich offen und mit Entschiedenheit gedroht, ihre Weltpolitik, wenn es sein müsse, mit Krieg fortzusetzen. Seitdem richteten sie besonderes Augenmerk darauf, daß die militärische Kriegsvorbereitung verstärkt weitergeführt wurde.

Die Beschaffungsorgane der deutschen Streitkräfte konnten sich auf eine der größten und modernsten Rüstungsindustrien stützen, wobei die Rüstungsproduzenten aus Profitgründen ihrerseits auf eine ständige Verstärkung der Kriegsmaschinerie drängten. Das kaiserliche Heer nahm Krupp ein Drittel der Gesamtproduktion ab. Die kaiserliche Flotte bezog von ihm alle Geschütze und Panzerungen sowie die ersten U-Boote. Die AEG war der Hauptlieferant für die elektrotechnische Ausrüstung von Heer und Flotte.

Die erreichten Fortschritte in den Naturwissenschaften, in der Industrie und in der Technik führten auch zu tiefgreifenden Veränderungen in der materiell-technischen Basis des Militärwesens. Seine Mechanisierung und Motorisierung zeichneten sich in den allerersten Anfängen und als Tendenz ab. Heere und Flotten wurden mit neuen Waffen und technischen Kampfmitteln ausgestattet, die ihre Feuerkraft und Beweglichkeit mehrten. Der wissenschaftlich-technische Fortschritt im Militärwesen äußerte sich im Aufkommen und in der Einführung von verbesserten Schützenwaffen, Maschinengewehren und Schnellfeuergeschützen mit Rohrrücklauf, Geschützen schwerster Kaliber, hochbrisanten Sprengstoffen und stärkeren Panzerungen der Großkampfschiffe, in der zunehmenden Verwendung des Verbrennungsmotors, in der Einführung von funktechnischen Mitteln zur Nachrichtenübermittlung und Truppenführung auf große Entfernungen, die neben den Telegrafen und das Telefon traten, und nicht zuletzt im Aufkommen des U-Bootes sowie des Kampfflugzeu-

2

3

4

5

1 Der Kaiser und sein Generalstabschef üben den Krieg
2 Exerzierausbildung nach preußischer Vorschrift
3 Marschkolonne während eines Manövers
4 Feldartillerie auf dem Eisenbahntransport
5 Nachrichtenverbindung mittels Feldtelefon

ges und Luftschiffes, welche die Kriegführung in neuen Dimensionen ermöglichten. Damit war verbunden, daß sich teilweise neue Waffengattungen entwickelten. Fortschritte im Verkehrswesen sowie dessen weiterer Ausbau ermöglichten den schnellen Transport von Massenheeren über große Entfernungen. Da die Vervollkommnung von Waffen und Kampfmitteln unaufhörlich vorangetrieben wurde, war bis zur Entfesselung des Krieges für die Streitkräfte der europäischen Großmächte eine ständige Umrüstung charakteristisch.

Der russisch-japanische Krieg 1904/05 hatte offenbart, daß Krieg komplexen Charakter annahm, was sich vor allem in der entscheidenden Abhängigkeit des militärischen Potentials vom ökonomischen und im engen Zusammenhang beider zeigte. Es bildeten sich enge Wechselbeziehungen zwischen Front und Hinterland heraus, die zur Folge hatten, daß die politische Haltung der Volksmassen zum Krieg nicht nur die Kampfmoral der Streitkräfte entscheidend beeinflußte, sondern auch die verantwortlichen Politiker und Militärs dem in Politik und Strategie Rechnung tragen mußten. Hierin sah Lenin die neuen Merkmale der Kriege in der Epoche des Imperialismus, die er Anfang Januar 1905 aus dem Fall von Port Arthur resümierte.

Aber auch der Charakter des bewaffneten Kampfes selbst begann sich zu verändern. Einsatz von Massenheeren, enorme Steigerung ihrer Feuerkraft und Verwendung vielfältiger technischer Kampfmittel bewirkten nicht nur eine räumliche Ausdehnung der Kampfhandlungen, sondern auch das Entstehen von Verteidigungsstellungen, die auf die bisherige Art und Weise kaum zu durchbrechen waren. Es zeichnete sich ab, daß sich die Kampfhandlungen in die Länge ziehen und an die Stelle einer schnellen Vernichtung des Gegners im Bewegungskrieg ein langwieriger erschöpfender Stellungskrieg mit gewaltigen Menschen- und Materialverlusten treten würde.

Die maßgeblichen Militärs des deutschen Imperialismus vermochten wesentliche Seiten des künftigen Krieges und bewaffneten Kampfes nicht oder nur teilweise zu erkennen. Dies betraf besonders die Dauer des Krieges, die Abhängigkeit des militärischen Potentials vom ökonomischen, die neue Rolle der Technik, das Verhältnis von Bewegungs- und Stellungskrieg sowie die Bedeutung der Reserven. Die Erfahrungen des russisch-japanischen Krieges wurden von ihnen ignoriert oder nur ungenügend berücksichtigt. Ähnlich verhielten sich die führenden Militärs der anderen schon bald miteinander kriegführenden imperialistischen Mächte, wie sich 1914 herausstellen sollte.

Das Reichsmarineamt nutzte die deutsch-englischen Spannungen nach der ersten Marokkokrise für eine weitere Flottenverstärkung aus. 1906 hatte die englische Marine mit der »Dreadnought« einen neuartigen Schiffstyp eingeführt, der die bisherigen Linienschiffe an Wasserverdrängung, Bewaffnung und Panzerung erheblich übertraf. Die deutsche Flottennovelle vom Mai 1906 legte den Bau von sechs Schiffen dieses Typs sowie die daraus notwendig werdende Erweiterung des Nordostseekanals, der Hafeneinrichtungen und Docks fest. Die Flottennovelle vom März 1908 zielte darauf

1

2

3

4

5

ab, mit dem Bau von vier anstatt von drei Großkampfschiffen bis 1911 (»Vierertempo«) England im Bau von solchen Kampfschiffen einzuholen. Auf englischer Seite machte man jedoch diese Absicht zunichte, indem das Parlament 1909 den Bau von zehn Großkampfschiffen bewilligte. Das Flottenwettrüsten erreichte damit seinen vorläufigen Höhepunkt.

Spätestens jetzt wurde deutlich, daß die Seekriegsdoktrin des deutschen Imperialismus auf falschen politischen und militärischen Voraussetzungen beruhte. Erstens hatte die Flottenrüstung die Bündnissituation für Deutschland nicht gebessert, sondern zu dessen Isolierung beigetragen. Zweitens ging England seit dem Bündnis mit Frankreich im Jahre 1904 daran, seine Hochseeflotte in den Häfen seiner Nordseeküste zu basieren. Damit war es gegenüber Deutschland, dessen Neubauten eingerechnet, in der Nordsee überlegen. Seekriegstheoretiker zogen hieraus die Schlußfolgerung, daß die Hauptmethode des Seekrieges der Kampf gegen die englischen Seeverbindungen mit Kreuzern, Torpedobooten, Unterseebooten und Minenlegern sein müsse, zumal sich die vielfältigen Einsatzmöglichkeiten für kleine Über- und für Unterwasserschiffe immer deutlicher abzeichneten. Hierin deutete sich ein anderer und sogleich neuer Trend der Entwicklung der Seekriegstechnik an, der den Vorrang der schweren Überwasserkräfte als überholt auswies.

Deutschland begann mit U-Boot-Versuchsbauten aber erst, als England, Frankreich und Rußland schon eine größere Anzahl von U-Booten in Dienst gestellt hatten. Obgleich Tirpitz wie auch der deutsche Admiralstab in Anbetracht des Zuwachses der deutschen Flotte bereits 1907 bzw. 1910 damit rechneten, daß England von einer engen zur weiten Blockade, das heißt zur Sperrung der Nordseeausgänge zwischen Nordschottland und Norwegen übergehen werde, die zu durchbrechen die deutsche Flotte zu schwach war, hielt die deutsche Marineführung weiterhin am Leitgedanken der entscheidenden Seeschlacht in der Deutschen Bucht zur Durchbrechung einer engen Blokkade fest.

Bis 1914 setzte sich im Admiralstab die Ansicht durch, daß nur unter besonders günstigen Bedingungen eine solche Schlacht eingegangen werden dürfe. Andernfalls müsse die englische Blockadeflotte zunächst durch Kleinkriegführung hinlänglich geschwächt werden. Neben der entscheidenden Schlacht zum Gewinn der Seeherrschaft galt der Handelskrieg als die andere seestrategische Aufgabe zur Niederringung Englands. Da die kaiserliche Marine weder über die erforderlichen Kräfte und Mittel noch über die entsprechenden seestrategischen Positionen verfügte, beide Aufgaben zu lösen, war das spätere Scheitern dieser Seekriegsdoktrin im Krieg bereits vorgezeichnet.

Das Zustandekommen der Triple-Entente 1907 ließ aus der Gefahr eines Zweifrontenkrieges die eines Drei- bzw. Vierfrontenkrieges werden. Moltke, der Schlieffens strategische Grundkonzeption des Zweifrontenkrieges beibehielt, sah sich nunmehr vor das Problem gestellt, einen Krieg gegen eine überlegene Koalition Frankreichs, Englands und Rußlands vorzubereiten und zu führen. Ein Maximum an Kräften sollte zur raschen Niederwerfung Frankreichs eingesetzt werden, so daß im Osten nur ein Minimum verblieb. Eine völlige Entblößung der Ostfront, wie sie Schlieffen 1912 vorschlug, wollte er angesichts des Wiedererstarkens Rußlands nach dem russisch-japanischen Krieg nicht akzeptieren. Im Gegensatz zu Schlieffen lehnten Moltke und Ludendorff als Chef der Aufmarschabteilung des Generalstabes eine Verletzung der Neutralität Hollands ab, das als »Luftröhre«, das heißt für unverzichtbare Einfuhren gebraucht werde. Ein Handstreich auf die Festung Lüttich sollte das »Nadelöhr« zwischen Aachen und holländischer Südgrenze freihalten, durch das die 1. deutsche Armee hindurch mußte. Da Moltke mit einer Offensive erheblicher französischer Kräfte gegen Elsaß-Lothringen rechnete, plante er dort stärkere Kräfte einzusetzen, so daß sich das Kräfteverhältnis zwischen rechtem und linkem Flügel von 7 : 1 auf 3 : 1 veränderte.

Moltke und sein Generalstab gingen davon aus, daß der Krieg zu Lande entschieden werde. Die aus einem Eingreifen Englands entstehenden Schwierigkeiten wurden gröblich unterschätzt und die Rolle eines englischen Expeditionskorps auf dem westlichen Kriegsschauplatz gering bewertet, obgleich England 1906 eine Heeresreform eingeleitet hatte.

Mit der strategischen Planung gingen entsprechende Rüstungsforderungen des Generalstabes einher. Bis 1911 zielten die Rüstungsanstrengungen darauf ab, das nach der Mobilmachung sofort einsatzfähige Feldheer zahlenmäßig zu vergrößern sowie organisatorisch und technisch zu stärken. Um nach der Mobilmachung soviel Kräfte wie möglich für den ersten Schlag zu haben, wurde unter anderem die Anzahl der Reservedivisionen bzw. Reservekorps erhöht.

Seit 1907 wurde bei Krupp unter strengster Geheimhaltung ein 42-cm-Mörser gebaut, mit dem die großen belgischen und französischen Festungen niedergekämpft werden sollten. Diese Waffe ging als wichtiger Faktor in die Operationsplanung ein. Seit 1910 wurde der 30,5-cm-Mörser verbessert und in das Heer eine leichte Feldhaubitze vom Kaliber 105 mm eingeführt.

Ab 1911 setzte eine neue Phase intensivster Kriegsvorbereitung und Rüstung ein. Die Regierung brachte eine Heeres- und eine Marinevorlage als Doppelvorlage ein, die am 14. Juni 1912 Gesetzeskraft erlangten, nachdem sie vom Reichstag, vorbereitet und begleitet von der Stimmungsmache der chauvinistischen Presse sowie des Wehr- und Flottenvereins, angenommen worden waren. Es wurden zwei neue Armeekorps aufgestellt und jeweils eines an der Ost- und Westgrenze disloziert. Die Entwicklung der neugeschaffenen Fliegertruppe wurde mit dem Ziel vorangetrieben, Frankreich im Bau und Einsatz von Militärflugzeugen einzuholen. An der Ostgrenze wurde mit dem Ausbau der Befestigungsanlagen begonnen.

Am 3. Juli 1913 erlangte die größte Heeresverstärkung seit 1871 Gesetzeskraft. Die Friedenspräsenzstärke sollte um 4000 Offiziere, 15000 Unteroffiziere sowie 117267 Mann vermehrt und bei allen Waffengattungen und Diensten sollten neue Truppenteile gebildet werden. Bei der Infanterie wollte man 135 Maschinengewehrkompanien aufstellen, wodurch deren Feuerkraft spürbar gesteigert werden konnte. Die Heeresverstärkungen von 1912 und 1913 beliefen sich insgesamt auf 140000 Mann. Damit wurde die Friedenspräsenzstärke um 25 Prozent oder auf 800000 Mann gesteigert. Die Durchführung des Heeresgesetzes von 1912 brachte mit 200 Millionen Mark die bis dahin höchsten Kosten, die sich im Vergleich zu denen des Gesetzes von 1913 mit einer Milliarde Mark geradezu gering ausnehmen mußten.

Frankreich und Rußland reagierten auf die deutschen Heeresverstärkungen mit Gegenmaßnahmen. Das Jahr 1913 brachte die bis dahin größte Steigerung des Wettrüstens zu Lande.

Bis Frühjahr 1914 hatte das Kräfteverhältnis folgende Dimensionen angenommen: Den deutschen und österreichisch-ungarischen Streitkräften in Friedensstärke von 1,204 Millionen Mann standen die Frankreichs, Rußlands, Englands, Serbiens und Montenegros mit 2,508 Millionen Mann gegenüber. Diese Stärkezahlen sollten in den kommenden vier Jahren bei den Mittelmächten auf lediglich 1,31 Millionen Mann, dagegen bei der Entente auf 2,9 Millionen Mann erhöht werden.

---

1 Speisesaal für Soldaten
2 Fesselballon für die Artillerieaufklärung
3 Putz- und Flickstunde
4 Infanterie leistet Vorspanndienste
5 Taktische Ausbildung der Infanterie. Die Stellung besteht nur aus einem durchgehenden Graben

1

2

1 Infanterie übt den Angriff in linearer Gefechtsordnung
2 Infanterie bezieht in dichter Schützenkette die Sturmausgangsstellung
3 Wilhelm II. beim Kriegsspiel stets dabei
4 Abgesessene Kavallerie in Feuerlinie
5 Reitausbildung im Gelände
6 Maschinengewehrzug in Feuerstellung
7 Wasserversorgung im Manöver
8 Aufstellung zur Feldparade

3

4

5

6

7

8

Die wirtschaftliche, innenpolitische und ideologische Kriegs-vorbereitung

Die Epoche des Imperialismus kündigte sich auch in der Kriegführung mit tiefgreifenden Veränderungen an. Der von den imperialistischen Großmächten vorbereitete Krieg mußte, wie der Russisch-Japanische Krieg 1904/05 bereits vor Augen geführt hatte, von Massenheeren mit einer enorm vermehrten und verbesserten Bewaffnung und technischen Ausrüstung geführt werden. Noch bis gegen Ende des 19. Jahrhunderts konnte Krieg vorbereitet und geführt werden, ohne daß die Produktion von Waffen, Munition und Ausrüstung die Volkswirtschaft wesentlich berührt hatte. Der in Aussicht genommene Krieg hingegen erforderte eine umfassende, sich auf alle Bereiche des gesellschaftlichen Lebens erstreckende ökonomische, politische und ideologische Vorbereitung. Wenn auch Walter Rathenau und führende Militärs gelegentlich auf das Erfordernis der ökonomischen Vorbereitung hingewiesen hatten, kam es bis 1914 nicht zur Vorbereitung der Volkswirtschaft auf den Krieg. Hieran ändert auch die Tatsache nichts, daß die Rüstungsindustrie in den zwei Jahrzehnten vor dem Krieg einen beträchtlichen Aufschwung genommen und ihren politischen Einfluß spürbar gesteigert hatte.

1

Mobilmachungsanweisung für die Gemeindevorsteher.

Berlin 1913 • Gedruckt in der Reichsdruckerei

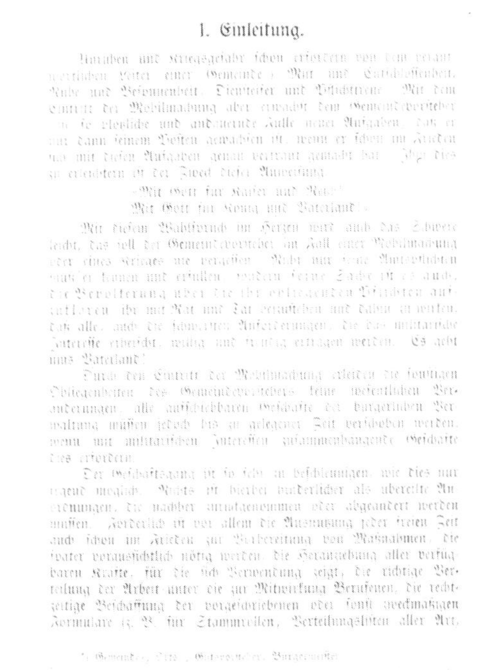

1. Einleitung.

Unruhen und Kriegsgefahr schon erfordern von dem verantwortlichen Leiter einer Gemeinde¹) Mut und Entschlossenheit, Ruhe und Besonnenheit, Diensteifer und Pflichttreue. Mit dem Eintritt der Mobilmachung aber erwächst dem Gemeindevorsteher eine so plötzliche und andauernde Fülle neuer Aufgaben, daß er nur dann seinem Posten gewachsen ist, wenn er schon im Frieden sich mit diesen Aufgaben genau vertraut gemacht hat. Ihm dies zu erleichtern ist der Zweck dieser Anweisung.

»Mit Gott für Kaiser und Reich!
Mit Gott für König und Vaterland!«

Mit diesem Wahlspruch im Herzen wird auch das Schwere leicht, das soll der Gemeindevorsteher im Fall einer Mobilmachung oder eines Krieges nie vergessen. Nicht nur seine Amtspflichten muß er kennen und erfüllen, sondern seine Sache ist es auch, die Bevölkerung über die ihr obliegenden Pflichten aufzuklären, ihr mit Rat und Tat beizustehen und dahin zu wirken, daß alle, auch die schwersten Anforderungen, die das militärische Interesse erheischt, willig und freudig ertragen werden. Es geht ums Vaterland!

Durch den Eintritt der Mobilmachung erleiden die sonstigen Obliegenheiten des Gemeindevorstehers keine wesentlichen Veränderungen, alle aufschiebbaren Geschäfte der bürgerlichen Verwaltung müssen jedoch bis zu gelegener Zeit verschoben werden, wenn mit militärischen Interessen zusammenhängende Geschäfte dies erfordern.

Der Geschäftsgang ist so sehr zu beschleunigen, wie dies nur irgend möglich. Nichts ist hierbei hinderlicher als übereilte Anordnungen, die nachher zurückgenommen oder abgeändert werden müssen. Förderlich ist vor allem die Ausnutzung jeder freien Zeit auch schon im Frieden zur Vorbereitung von Maßnahmen, die später voraussichtlich nötig werden, die Heranziehung aller verfügbaren Kräfte, für die sich Verwendung zeigt, die richtige Verteilung der Arbeit unter die zur Mitwirkung Berufenen, die rechtzeitige Beschaffung der vorgeschriebenen oder sonst zweckmäßigen Formulare (z. B. für Stammrollen, Verteilungslisten aller Art,

¹) Gemeinde-, Orts-, Gutsvorsteher, Bürgermeister.

2
3

Ganz anders war es um die innenpolitische Kriegsvorbereitung bestellt. Von maßgebenden Vertretern der politischen Führung wurde wohl erkannt, daß der Krieg nur mit der aktiven Unterstützung von Millionen geführt werden konnte. In bezug auf die Maßnahmen jedoch, die gegen die sozialistische Arbeiterbewegung zu ergreifen waren, die prinzipiell gegen imperialistischen Krieg war, die den Militarismus mit Wort und Tat auf das schärfste bekämpfte und in den Vorkriegsjahren immer größeren Einfluß auf das Volk gewann, gab es unter den herrschenden Kreisen sehr gegensätzliche Auffassungen. Gewaltmaßnahmen hatten sich bereits in der Zeit des Sozialistengesetzes als untauglich erwiesen. Versuche ihrer Wiederbelebung in den 90er Jahren waren gescheitert. Zwar wurde unter Reichskanzler Bülow versucht, die Arbeiterbewegung durch Akte der Sozialgesetzgebung zu korrumpieren, jedoch bedeutete das keineswegs, daß man auf Gewalt grundsätzlich verzichten wollte. Besonders die führenden Militärs bestanden auf drakonischen Unterdrückungsmaßnahmen gegen die Sozialdemokratie im Kriegsfalle. Bei der Erklärung des Kriegszustandes soll-

4

5

6

1 Staatsbesuch des Bundesgenossen Franz Joseph II. am 04. 05. 1900 in Berlin
4–6 Militärisches Zeremoniell im Dienst der ideologischen Kriegsvorbereitung
7 Staatsbesuch des vermeintlichen Bundesgenossen Victor Emanuel III. von Italien (1869–1947) am 28. 08. 1902 in Berlin

7

1

2

3

4

1914 – ein gewöhnliches Jahr?
2 Der deutsche Kronprinz beim Spazierritt im Tiergarten
3 Die Presse meldet: Der berühmte Naturforscher Ernst Häckel feiert seinen 80. Geburtstag
4 Das Passagierschiff »Vaterland« der Hamburg-Amerika-Line bei der ersten Ausfahrt
6 Die Frau eines englischen Ministers kämpft um das Wahlrecht der Frauen
7 1. Mai-Demonstration Leipziger Arbeiter
9 U-Bahnbau in der Berliner Friedrichstraße

ten führende Sozialdemokraten, deren Namen man aufgelistet hatte, verhaftet und die sozialdemokratische Presse verboten werden. Im Korpsbefehl des Generals Bissing zum »Verhalten bei inneren Unruhen«, dessen Inhalt der »Vorwärts« 1910 in die Öffentlichkeit bringen konnte, hieß es: Trete die Notwendigkeit des Gebrauchs der Schußwaffe ein, dann sei es besser, frühzeitig den aufrührerischen Elementen den festen Willen zu zeigen, alle revolutionären Gelüste im Keim zu ersticken.

Besonders in Anbetracht dessen, daß der vorbereitete Krieg das Volk bewaffnen würde, ließ die geschilderte Frontstellung der konservativen Kräfte gegen den »inneren Feind« Einsichtigere unter den Herrschenden um den Bestand des imperialistischen Staatswesens fürchten. Diese registrierten die innere Wandlung der Sozialdemokratie, besonders das Wuchern des Revisionismus, den sie für eine »positive Mitarbeit« auszunutzen gedachten.

Lenin verwies bereits 1905 darauf, daß die Zeiten unwiederbringlich dahin waren, da die Kriege von Söldnern oder den Angehörigen einer vom Volk halb losgelösten Kaste geführt wurden. Die Kriege würden jetzt von den Völkern geführt, und deshalb trete eine Eigenschaft des Krieges besonders deutlich hervor. Er decke vor den Augen von Millionen und aber Millionen Menschen handgreiflich das Mißverhältnis von Volk und Regierung auf. Eben das wollten die herrschenden Kreise verhindern, d. h., man wollte dem Volk die Erkenntnis des Gegensatzes zwischen seinen Lebensinteressen und den Interessen der herrschenden Ausbeuterklasse versperren. Es sollte glauben, es ginge im Krieg um seine Sache.

Seit Eintritt in die imperialistische Phase hatte man ein System der Massenbeeinflussung aufgebaut, das die politisch-moralische Einheit des Volkes in bezug auf die Unterstützung der imperialistischen Kriegspolitik schmieden sollte, was kurzzeitig durch Irreführung und chauvinistische Verhetzung auch gelang. An der Spitze der Propagandaorganisationen stand der 1891 gegründete Alldeutsche Verband. Mit nur 20000 Mitgliedern übte er eine große Breitenwirkung aus, weil hierfür Angehörige der bürgerlichen Intelligenz, Militärs, Lehrer, Professoren, Geistliche, Beamte, Junker und Monopolkapitalisten unter seinen Mitgliedern sorgten. Die Alldeutschen hatten auf die Kriegspolitik erheblichen Einfluß und vertraten in innenpolitischen Fragen einen extrem reaktionären und in außenpolitischen Fragen einen extrem chauvinistischen Standpunkt. Die Deutsche Kolonialgesellschaft war neben dem Alldeutschen Verband die andere Eliteorganisation des deutschen Imperialismus, die ebenfalls enge Beziehungen zu Regierung, Heeresleitung und Kaiser unterhielt. Die Kriegervereine, im Deutschen Kyffhäuserbund zusammengefaßt, waren 1910 mit 2,5 Millionen Mitgliedern die zahlenmäßig größte militaristische Massenorganisation, die militaristische Ideologie und militaristisches Brauchtum auch in

Maxim Gorki

veröffentlicht seinen großen autobiographischen Roman „Meine Kindheit" in der

Vossischen Zeitung

Abonnements nehmen in Berlin alle Filialen des Verlages Ullstein & Co. außerhalb alle Postanstalten für 2.50 Mark monatlich entgegen. Neuhinzutretende Abonnenten erhalten den Romananfang kostenlos.

5

6

7

Berliner Illustrirte Zeitung

NEUE SUFFRAGETTEN-KÄMPFE IN LONDON

Festnahme der Suffragetten, die versucht hatten, in den Königspalast einzudringen.

8

Berliner Illustrirte Zeitung

ENGLISCHE REDEFREIHEIT

Rudyard Kipling, der berühmte Dichter,

10

1

2

3

4

die kleinste Ortschaft trug. Der 1898 für Flottenpropaganda gegründete und von führenden Monopolkapitalisten finanzierte Deutsche Flottenverein zählte mehr als eine Million Mitglieder hauptsächlich aus kleinbürgerlichen Kreisen. Als sein Pendant fungierte der allerdings erst 1912 als Sprachrohr der Militärbehörden und der Rüstungsindustrie für die Propagierung der Heeresvermehrung gegründete Wehrverein. Der 1904 als Massenorganisation gegründete und von Junkern und Monopolkapitalisten finanzierte Reichsverband gegen die Sozialdemokratie hatte sich zum Ziel gesetzt, den wachsenden Einfluß der Partei der deutschen Arbeiterklasse einzudämmen. Der sozialistischen Arbeiterjugendbewegung wollte man mit dem 1911 von Militärs und der preußischen Regierung gegründeten Jungdeutschland-Bund entgegenwirken.

Die von den genannten und zahlreichen ähnlichen Organisationen ausgehende ideologische Tätigkeit basierte auf pseudowissenschaftlichen und reaktionären theoretischen und weltanschaulichen Grundlagen, zu denen Neomalthusianismus, Neodarwinismus, Lebensphilosophie, Rassenlehre und Geopolitik gehörten. Von besonderer Tragweite war die philosophische Verklärung der imperialistischen Kriegsideologie in Preußen-Deutschland durch Friedrich Nietzsche, der seinen Zarathustra sprechen ließ: Ihr sagt, die gute Sache sei es, die sogar den Krieg heilige? Ich sage euch: der gute Krieg ist es, der jede Sache heiligt. Der Krieg und der Mut haben mehr große Dinge getan als die Nächstenliebe. So lebt euer Leben des Gehorsams und des Krieges!

Krieg und Gewalt wurden auch von den Kirchen geheiligt, besonders von den evangelischen, die vor allem den Mittelschichten, den Handwerkern, kleinen Gewerbetreibenden und Bauern Unterstützung der Gewaltpolitik des Imperialismus nach innen und außen predigten.

Am Vorabend des Krieges

Am Vorabend des Weltkrieges spitzte sich der Kampf der Großmächte um den politischen und ökonomischen Einfluß in den Balkanländern und in der Türkei weiter zu, bei dem es stets auch darum ging, Bundesgenossen für den bevorstehenden großen Krieg zu gewinnen. Jede Seite war bestrebt, den größten Vorteil aus dem rasch voranschreitenden Verfall des osmanischen Reiches zu ziehen.

Im November 1913 wurde zwischen Deutschland und der Türkei ein Abkommen unterzeichnet, welches die Entsendung einer Militärmission unter General Sanders vorsah. Sie sollte das türkische Heerwesen von Grund auf reorganisieren. Sanders selbst sollte Mitglied des obersten Kriegsrates der Türkei und Befehlshaber des in Konstantinopel stationierten I. türkischen Armeekorps werden. Das Abkommen löste eine internationale Krise aus und führte dazu, daß sich vor allem die

5

1 Schachweltmeisterschaft in Petersburg: Lasker gegen Capablanca
2 Kreuzer »Karlsruhe« fährt nach Mexiko
3 Krieg USA – Mexiko
5 Streikposten der Bergarbeiter in Gelsenkirchen

Beziehungen zwischen Deutschland und Rußland zuspitzten. Rußland sah seine expansiven Ziele an den Meerengen sowie den freien Verkehr durch diese bedroht, wenn sein Hauptgegner Deutschland sich dort festsetzte. Dem russischen Protest schloß sich Frankreich an, weil französische Rüstungsindustrielle ihre profitablen Waffenlieferungen an die Türkei durch die Firma Krupp gefährdet sahen, für die die Sandersmission dem Zweck diente, noch mehr und noch einträglicher zu verkaufen. Als Deutschland auf den russischen Protest hin davon absah, daß Sanders das Kommando am Bosporus erhielt, trat eine gewisse Entspannung ein, aber der Streit unter den beteiligten Großmächten war damit keineswegs beigelegt.

Ende Mai 1914 verwies die Deutsche Bank als Hauptträger der Bagdadbahn in einer Denkschrift darauf, daß die mit einem kurzfristigen Ausbau des Bahnnetzes der Bagdadbahn für den militärischen Aufmarsch verbundenen enormen Kosten ihre Finanzierungsmöglichkeiten bei weitem überstiegen und ihr Zusammenbruch drohe, falls der Forderung der Militärs stattgegeben werde. Zur selben Zeit wurde durch den Vormarsch des französischen Finanzkapitals in einigen Balkanländern die deutsche Position immer stärker bedroht.

Der deutsche Imperialismus war an die Grenzen seiner Möglichkeiten gelangt, die Politik der friedlichen Durchdringung fortzusetzen. Unter den Regierenden festigte sich die Überzeugung, daß nunmehr der Zeitpunkt gekommen sei, die deutsche Politik mit den Mitteln des Krieges durchzusetzen.

Friedenskräfte und Friedensbewegung

Seit der Jahrhundertwende war die Beseitigung der Herrschaft des Imperialismus und Militarismus, deren Inhaber darangingen, große Teile des Volkes ins Elend und Massengrab zu stürzen und auf den verhängnisvollen Weg der Unterdrückung fremder Völker zu treiben, im wahrsten Sinne des Wortes zur nationalen Lebensfrage geworden, die letztenendes nur durch die sozialistische Revolution gelöst werden konnte. Der Kampf gegen die Vorbereitung des imperialistischen Krieges wurde zu einem wichtigen Bestandteil des allgemeinen Kampfes der Arbeiterklasse um ihre Emanzipation. Sie hatte im Friedenskampf eine große Tradition fortzusetzen.

1868 hatte die I. Internationale auf ihrem Kongreß in Brüssel die Arbeiter zum entschiedenen Kampf gegen den Krieg aufgerufen und darauf

1 

 2

3 

 4

1 Lohnzahlung in einem AEG-Betrieb 1911
2 Werksiedlung der 90er Jahre
3 Essenempfang an der Werkküche (1895)
4 Unter Tage

verwiesen, daß die herrschende Gesellschaftsordnung eine ständige Kriegsursache sei, die nur durch eine grundlegende soziale Reform beseitigt werden könne. Jedoch sei die Arbeiterklasse in der Lage und verpflichtet, schon vorher gegen den Krieg zu kämpfen. Es war Karl Marx, der die Arbeiterbewegung zugleich als Friedensbewegung begriff, als er programmatisch forderte, daß die Arbeiterklasse der Welt zu beweisen habe, daß sie sich ihrer eigenen Verantwortlichkeit bewußt und imstande sei, Frieden zu gebieten, wo diejenigen, die ihre Herren sein wollen, Krieg schreien.

Auf allen Kongressen der II. Internationale nahm der Kampf gegen Militarismus und Krieg einen wichtigen Platz ein. Auf ihrem Gründungskongreß 1889 in Paris wurde der Friede zur ersten und unerläßlichen Bedingung jeder Arbeiteremanzipation erhoben. Der Kongreß verurteilte den Krieg als das Produkt der ökonomischen Verhältnisse, von den herrschenden Klassen zur Plünderung und Eroberung geführt. Er forderte die Abschaffung der stehenden Heere ebenso wie die Einführung der allgemeinen Volksbewaffnung, das Recht eines jeden Volkes, seine Unabhängigkeit und Freiheit mit Waffengewalt zu schützen.

Paul Singer gab auf dem Berliner Parteitag 1892 die Parole aus: Dem Militarismus, dem herrschenden Militärsystem keinen Mann und keinen Groschen. Er unterstrich damit, daß die revolutionäre deutsche Sozialdemokratie gewillt war, den internationalistischen Verpflichtungen nachzukommen. Der Parteitag erhob Paul Singers Parole zum Beschluß, der der antimilitaristischen Bewegung Richtung und Ziel wies.

Auch die Forderung nach Abrüstung spielte im Kampf gegen Militarismus, Aufrüstung und Kriegsvorbereitung eine wichtige Rolle. Friedrich Engels hatte in der Artikelserie »Kann Europa abrüsten« ein Programm vorgeschlagen, das jede derzeitige Regierung ohne Gefährdung der Landessicherheit annehmen konnte, denn es sah eine schrittweise Verkürzung der Militärdienstzeit und schließlich den Übergang zum Milizsystem vor. Eine solche Abrüstungsinitiative sollte als praktischer Beweis seines Friedenswillens von Deutschland ausgehen. Ihr könne sich auch die französische Republik nicht verschließen, wolle sie nicht in den Ruf eines Kriegstreibers auf dem europäischen Kontinent geraten. In Engels' Programm sollte die Demokratisierung der Armee zugleich der Demokratisierung Deutschlands dienen.

Angesichts des bevorstehenden imperialistischen Krieges war die Stellung der Sozialdemokratie zur Vaterlandsverteidigung eine erstrangige Frage ihrer nationalen Politik. Was die politisch-ideologische Auseinandersetzung in der deutschen Arbeiterbewegung anging, spielte die Verfälschung des Grundsatzes der Vaterlandsverteidigung im letzten Jahrzehnt vor dem Krieg eine große Rolle, erlangte bei Kriegsentfesselung erstrangige Bedeutung und wurde, als es um die Beendigung des Krieges ging, zur Kernfrage. Von seiten der Sozialdemokratie war wiederholt erklärt worden, daß im Falle einer Bedrohung Deutschlands die Arbeiterklasse das Vaterland verteidigen werde, wobei man einen nationalen Verteidigungskrieg gegen einen Angriff des zaristischen Rußlands im Auge hatte. August Bebel hatte auf dem Erfurter Parteitag 1891 dargelegt, der deutsche Boden gehöre den Massen ebenso gut und mehr als den Herrschenden. Greife Rußland als Hort der Grausamkeit und Barbarei mit dem Ziel an, Deutschland zu zerstückeln, so werde die Arbeiterklasse an der Seite derer kämpfen, die heute ihre Gegner seien, nicht um deren Staatsmacht und Gesellschaftsordnung zu retten, sondern als Endresultat die Herrschaft des Sozialismus wenigstens in Deutschland zu erstreben.

Später billigte Lenin ebenfalls diese sozialdemokratische Haltung zur Vaterlandsverteidigung. Er resümierte, daß 1891 ein Krieg Frankreichs und Rußlands gegen Deutschland ein reaktionärer Krieg gewesen wäre, da er darauf abgezielt hätte, Deutschland von der nationalen Einheit in die Zersplitterung zurückzuführen. Ebenso wenig wie es derzeit ein revolutionäres Rußland gegeben habe, habe es auch kein imperialistisches Deutschland gegeben, weshalb ein Krieg von dessen Seite kein imperialistischer Krieg gewesen wäre, da der Imperialismus erst 1898 bis 1900 entstanden sei.

Die Haltung der deutschen Sozialdemokratie zu Frieden und Krieg entsprach somit im vorimperialistischen Stadium vollauf den Forderungen, die diesbezüglich an eine revolutionäre Partei des Proletariats zu stellen waren.

Militarisierung und Kriegsvorbereitung lösten auch unter bürgerlichen Schichten Sorge und Unruhe aus. 1888 hatte Bertha von Suttner mit ihrem Roman »Die Waffen nieder« das Gewissen der bürgerlichen Kriegsgegner wachgerüttelt. In Österreich, der Schweiz, Frankreich und Deutschland formierte sich eine bürgerliche Friedensbewegung. Bürgerliche Friedensanhänger in Deutschland gründeten 1892 die Deutsche Friedensgesellschaft, deren Mitglieder Krieg aus humanistischen, ethischen oder religiösen Gründen ablehnten. Die bürgerliche Friedensbewegung sah ihre Mission in der Propagierung des Friedensgedankens. Seit 1889 tagten Weltfriedenskongresse, und seit 1891 arbeitete in Bern ein internationales Friedensbüro, das die Tätigkeit der nationalen pazifistischen Organisationen koordinieren sollte. Insofern Anhänger dieser Bewegung soziale Veränderungen als Voraussetzung einer Welt ohne Krieg erkannten und akzeptierten, beschränkten sich diese auf Reformen, die die bestehende Ordnung bessern sollten.

Da die Sozialdemokratie, geleitet von dem Zusammenhang des Kampfes um den Frieden mit dem Kampf um den Sozialismus, weit über die Bestrebungen der Friedensgesellschaft hinausgehende Ziele verfolgte, hielt es die Partei im Interesse beider Friedensorganisationen für richtiger, im Friedenskampf zwar getrennt, jedoch nebeneinander zu marschieren und die besonderen Standpunkte selbständig zu vertreten.

Mit dem Übergang zum Imperialismus bildete sich in der internationalen und auch deutschen Arbeiterbewegung der Opportunismus als Ideologie und politische Strömung heraus. In der deutschen Sozialdemokratie breitete er sich in vielfältigen Erscheinungsformen aus und spaltete die Partei ideologisch. Die Opportunisten verzichteten auf den revolutionären Kampf gegen das imperialistische System. Eine besonders verderbliche Rolle spielte der Zentrismus, der sich pseudomarxistisch und pseudorevolutionär gab. Der Opportunismus widerspiegelte sich auch in der Haltung zur imperialistischen Kriegsvorbereitung und zum Antikriegskampf. Die Opportunisten brachten nach und nach alle wichtigen Führungsfunktionen und Publikationsorgane an sich und schränkten den Einfluß der Linken auf die Politik der Partei zunehmend ein. Die Linken traten als konsequente Verfechter der marxistischen Position im Kampf gegen Imperialismus, Militarismus und imperialistischen Krieg entschieden gegen jeden Opportunismus auf. Sie vermochten jedoch nicht zu verhindern, daß die Kräfte des Opportunismus die deutsche Sozialdemokratie in eine reformistische Arbeiterpartei verwandelten.

Die demokratische Revolution in Rußland 1905 machte augenscheinlich, daß sich das revolutionäre Zentrum dorthin verlagert hatte. War Rußland bis dahin Hauptbollwerk der europäischen Reaktion, so ging diese Vormachtstellung in der europäischen Politik mit dem innenpolitischen, militärischen und wirtschaftlichen Bankrott der Selbstherrschaft verloren. Die Rolle des konterrevolutionären Bollwerks war auf das halbabsolutistische militaristische Regime in Deutschland übergegangen.

Trotz dieser veränderten Situation vertrat man in der Sozialdemokratie immer noch die These vom nationalen Verteidigungskrieg gegen den Zarismus. Außerdem verkannte man, daß der deutsche Imperialismus der Hauptinteressent an der Neuaufteilung der Welt war und von ihm die Hauptgefahr für den Frieden ausging.

Die Linken studierten und verbreiteten die Erfahrungen der russischen Revolution, die in der Arbeiterbewegung begrüßt wurde und diese in ihrem Kampf beflügelte. Die Opportunisten hielten die in der russischen Revolution erprobten neuen Kampfformen für Deutschland untauglich. Vor allem lehnten sie den politischen Massenstreik ab. Angesichts der drohenden Gefahr eines imperialistischen Krieges zwischen Deutschland und Frankreich wurde auf dem Parteitag in Jena 1905 der Kampf gegen den Krieg zur Hauptaufgabe erklärt. Karl Liebknecht forderte eine klare Stellungnahme gegen den Militarismus und planmäßige antimilitaristische Agitation unter den jungen Männern vor ihrer Einberufung zum Wehrdienst. Die Parteiführung jedoch lehnte eine Stellungnahme gegen den Militarismus ab, da sie eine Verschärfung der Strafrechtsbestimmungen gegen die Sozialdemokratie befürchtete.

Auf dem Höhepunkt der Marokkokrise versicherte August Bebel Anfang Dezember 1905 vor dem Reichstag den Regierenden, daß sie ohne Arbeiterklasse keinen Krieg führen könnten. Als zur selben Zeit das Internationale Sozialistische Büro zu Solidaritätskundgebungen zum Jahrestag des Beginns der russischen Revolution aufforderte, wurde Deutschland von einer Massenbewegung erfaßt. Die revolutionären Aktivitäten der Arbeiterbewegung zu dieser Zeit übten auf die Herrschenden einen so nachhaltigen Einfluß aus, daß sich Wilhelm II. veranlaßt sah, von dem im Generalstab erwogenen Präventivkrieg gegen Frankreich Abstand zu nehmen.

Auf dem Parteitag in Essen 1907 setzten sich die Linken mit den Auffassungen Gustav Noskes auseinander und enthüllten das Einschwenken des Opportunismus zum bürgerlichen Nationalismus. Noske erklärte wie schon vor dem Reichstag, daß im Falle eines zaristischen Angriffskrieges der imperialistische Staat verteidigt werden müsse. Die Linken lehnten eine Unterscheidung des Krieges in Angriffs- und Verteidigungskrieg als politisch unzulänglich ab und erhoben die Interessen des Proletariats zum alleinigen Kriterium für dessen Stellung zum Krieg.

Im Oktober 1907 fand vor dem Reichsgericht in Leipzig ein Prozeß gegen Karl Liebknecht statt. Er hatte in seinem Buch »Militarismus und Antimilitarismus unter besonderer Berücksichtigung der internationalen Jugendbewegung« den Militarismus im Zeitalter des Imperialismus analysiert, daraus das antimilitaristische Kampfprogramm der Linken sowie die Notwendigkeit abgeleitet, besonders unter der Jugend eine breite antimilitaristische Propaganda zu treiben, denn wer die Jugend habe, habe die Armee. Der preußische Kriegsminister ließ das Buch nach Erscheinen sofort verbieten und gegen Liebknecht einen Hochverratsprozeß eröffnen. Karl Liebknecht jedoch machte das Gericht, das seiner Klassenfunktion gemäß ein Gesinnungsurteil gegen ihn fällte, zum Forum der Anklage gegen den Militarismus. Der Kern und die Konsequenz seines Buches sei, an die Stelle der Kriegsbegeisterung eine höchstintensive Friedensbegeisterung zu setzen. Er wolle damit die Entscheidung über Krieg und Frieden aus dem Dunkel der Kabinette und Diplomatenschleichwege herausholen und an das Licht der Öffentlichkeit ziehen und sie dem Willen des ganzen Volkes unterstellen. Das Proletariat sei friedensfreundlich, denn es wisse, daß die Tatsachen, die zum Kriege führen, nichts gemein haben mit den Interessen des Proletariats.

Im September 1910 tagte in Kopenhagen der Internationale Sozialistenkongreß. Er hatte den Kampf gegen die Kriegsgefahr ebenfalls auf die Tagesordnung gesetzt. In den von den Delegierten angenommenen Resolutionen wurde festgestellt, daß die organisierte Arbeiterklasse aller Länder der einzige zuverlässige Bürge des Weltfriedens sei. Die Parlamentsfraktionen der sozialistischen Parteien seien verpflichtet, alle Mittel für Rüstung

1

2

3

Kann Europa abrüsten?

Von

Friedrich Engels.

Separat-Abdruck aus dem „Vorwärts"

1893.

4
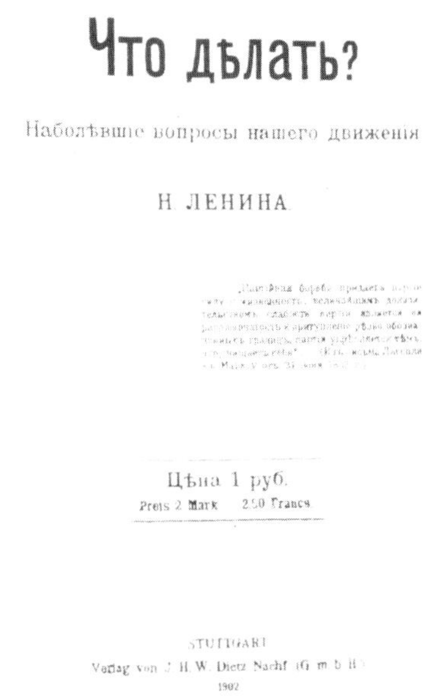
Что дѣлать?

Наболѣвшіе вопросы нашего движенія

Н. ЛЕНИНА

Цѣна 1 руб.
Preis 2 Mark 2.50 Francs

STUTTGART
Verlag von J. H. W. Dietz Nachf. (G. m. b. H.)
1902

5

6

7

Militarismus und Antimilitarismus

unter besonderer Berücksichtigung der internationalen Jugendbewegung

von

Dr. Karl Liebknecht

Leipzig 1907
Leipziger Buchdruckerei Aktiengesellschaft

8

Sozialreform

oder

Revolution?

Miliz und Militarismus.

Von

Rosa Luxemburg.

Leipzig 1899

9

10

Die

Voraussetzungen des Sozialismus

und die

Aufgaben der Sozialdemokratie

Von

Ed. Bernstein

Stuttgart
Verlag von J. H. W. Dietz Nachf. G. m. b. H.

11

12

Donnerstag, 9. Februar, abends 8 Uhr,
finden in Berlin und den Vororten
21 Volks-Versammlungen
in folgenden Lokalen statt:

I. Kreis: Frankes Festsäle, Sebastianstraße 38/39.
II. Kreis: Hofjäger-Palast, Hasenheide 52/53.
III. Kreis: Märkischer Hof, Admiralstr. 18c.
IV. Kreis (Ost): **Elysium**, Landsberger Allee 40.
Schernch, Rüdersdorferstr. 45.
IV. Kreis (Süd-Ost): **Urania**, Wrangelstr. 10/11.
V. Kreis: Lipps (Brauerei Friedrichshain), Am Friedrichshain Nr. 28/29.
VI. Kreis: Berliner Prater, Kastanien-Allee 7/9.
Weimanns Volksgarten, Badstraße 56.
Eiskeller, Chausseestr. 88.
Peters Gesellschaftshaus, Wiclefstr. 24.
Boxhagen-Rummelsburg: Weigels Salon, Türrschmidt-, Ecke Goethestraße.
Lichtenberg: Kronprinzen-Garten, Frankfurter Chaussee 86.
Pankow: Gesellschaftshaus Roezicki, Kreuzstr. 3/4.
Weißensee: Vereinshaus, Charlottenburgerstraße 150.
Reinickendorf-Ost: Kirsch (Seepark), Marktstr. 1/2.
Rixdorf: Viktoria-Säle, Hermannstr. 49.
Thiels Festsäle, Bergstraße 152.
Schöneberg: Obsts Festsäle, Meiningerstraße 8.
Nowawes: Godglück, Priesterstr. 8.
Tempelhof: Tivoli, Berlinerstr. 50.

Tages-Ordnung:
Die Revolution in Rußland.

Referenten: Genossen **Albrecht, Bebel, Dietz, R. Fischer, Goldstein, Grenz, Heine, Ad. Hoffmann, Kaliski, Ledebour, Liebknecht, Lipinski, Molkenbuhr, Schöpflin, Singer, Stadthagen, Stolle, Ströbel, Wurm, Zetkin, Zubeil.**

Da diese Versammlungen als Protest der Berliner Arbeiterschaft gegen die Greuel des Zarismus und als Sympathie-Erklärung für die russischen Freiheitskämpfer gelten sollen, erwarten wir, daß Mann für Mann erscheint.

Die sozialdemokratischen Vertrauensleute
Berlins und der Umgegend.

13

14

15

16

abzulehnen, das Wettrüsten zu bekämpfen, für allgemeine Abrüstung einzutreten und die Forderung nach Schiedsgerichten zu erheben, die pazifistisch überbewertet wurde. Die Resolution sah keine außerparlamentarischen Maßnahmen vor und orientierte einseitig auf den parlamentarischen Kampf.

Als das Internationale Sozialistische Büro die Einberufung einer Konferenz der europäischen sozialistischen Parteien beabsichtigte, um die Arbeiterbewegung gegen die Kriegsgefahr zu mobilisieren, die von der im Sommer 1911 vom deutschen Imperialismus ausgelösten zweiten Marokkokrise ausging, hielt der Parteivorstand eine Teilnahme in Anbetracht der bevorstehenden Reichstagswahlen für unangebracht. Er glaubte berücksichtigen zu müssen, daß ein Frontmachen gegen die Marokkopolitik des deutschen Imperialismus die Partei bei den Wählern dem Verdacht aussetzen würde, nicht patriotisch zu sein.

Marxistische Streitschriften gegen Militarismus, imperialistischen Krieg und Revisionismus
9 Eduard Bernstein (1850–1932)
10 Die Geburtsurkunde des Revisionismus
11 August Bebel (1840–1913)
12 Paul Singer (1844–1911)
14 Franz Mehring, Rosa Luxemburg und Clara Zetkin auf dem Jenaer Parteitag der SPD 1905
15 Petersburger Blutsonntag. 22. 01. 1905
16 Karl Liebknecht auf einer Kundgebung gegen das Dreiklassenwahlrecht im Treptower Park 1905

Die Kritik der Linken und Druck der Massen bewirkten schließlich, daß der Parteivorstand im August 1911 zu Friedensdemonstrationen aufrief, unter denen die im Treptower Park mit mehr als 200000 Teilnehmern die bis dahin größte in der Geschichte der Arbeiterbewegung war. Angesichts der wachsenden Kriegsgefahr, die die im Mai 1912 gegen die Stimmen der Sozialdemokraten vom Reichstag als Doppelvorlage verabschiedete Heeres- und Flottenvorlage erneut vor Augen führte, wurde es immer dringender, sich mit dem vom Imperialismus ausgehenden Krieg und Wettrüsten auseinanderzusetzen. Die Linken begannen, die ökonomischen und politischen Erscheinungen des Imperialismus intensiver zu untersuchen. Der im September nach Chemnitz einberufene Parteitag befaßte sich ausführlich mit dem Imperialismus. Dabei traten grundsätzliche Meinungsverschiedenheiten zutage. Revisionisten und Zentristen hegten die Illusion von einer friedlichen Entwicklung des Imperialismus. Die Revisionisten leugneten, daß Gewaltpolitik und Wettrüsten notwendige Erscheinungen des Imperialismus sind. Der Parteivorsitzende Haase gelangte gar zu der Auffassung, die imperialistische Entwicklung führe zu einer organisierten kapitalistischen Weltwirtschaft ohne Krisen und Kriege. Die Linken kennzeichneten, wenn auch im einzelnen aus recht unterschiedlicher theoretischer Einsicht, die neue Phase des Kapitalismus als dessen letzte Etappe, an deren Ende mit historischer Notwendigkeit die proletarische Revolution stehe.

Die Bedeutung einer richtigen Beantwortung dieser Fragen für den Friedenskampf der Arbeiterklasse ließ der Konflikt der Balkanstaaten mit der Türkei offenbar werden, der die Politik aller europäischen Großmächte berührte und in einen Weltkrieg umzuschlagen drohte. Die II. Internationale rief zu einer gemeinsamen Friedensdemonstration am 17. November 1912 in allen europäischen Hauptstädten auf, die auf höchst eindrucksvolle Weise den Friedenswillen der Werktätigen manifestierte. Auch Deutschland wurde von einer mächtigen Bewegung zur Erhaltung des Friedens erfaßt.

Der Außerordentliche Internationale Sozialistenkongreß am 24. November in Basel hatte »Die internationale Lage und die gemeinsamen Aktionen gegen den Krieg« zum einzigen Tagesordnungspunkt. Der Kongreß unterstrich die große Verantwortung der Arbeiter Deutschlands, Frankreichs und Englands. Sie sollten ihre Regierungen zwingen, Österreich-Ungarn bzw. Rußland jede Unterstützung zu verweigern. Der Widerhall der Baseler Friedensmanifestation bei den Völkern Europas beeindruckte die imperialistischen Machthaber.

Die opportunistischen Führer hatten zwar dem Baseler Friedensmanifest zugestimmt, um sich nicht noch mehr von den Massen zu isolieren, zeigten aber nicht die Absicht, seinen Forderungen nachzukommen.

Im Gegensatz zu den Opportunisten nutzten die Linken das Parlament zum Kampf gegen Militarismus, Imperialismus und Kriegsvorbereitung. Karl Liebknecht enthüllte in der Debatte zur Heeresvorlage die Beziehungen der Rüstungsindustrie zum bürgerlich-junkerlichen Staat. Er wies nach, daß die Firma Krupp jahrelang Militärangestellte bestechen ließ, um Kenntnis über Waffenkonstruktionen und militärische Geheimnisse zu erlangen. Liebknechts Enthüllungen unterstützten den Kampf gegen die Heeresvorlage und erregten auch im Ausland großes Aufsehen.

Die Deutsche Friedensgesellschaft hatte sich mit einer Denkschrift an den Reichskanzler gewandt, in der sie das ruinöse System des bewaffneten Friedens anprangerte, zumal der ständige latente Kriegszustand niemals den Frieden erhalten könne. Sie rief alle Einsichtigen auf, gegen das Wettrüsten zu protestieren, bis die Regierungen sich entschlössen, den Frieden auf festere Grundlagen zu stellen. Hierin zeigte sich, daß die bürgerliche Friedensbewegung und die proletarische Antikriegsbewegung viele Einsichten und Forderungen teilten.

Der Parteitag in Jena im Herbst 1913 machte das ganze Ausmaß der opportunistischen Durchdringung der Parteigremien offenkundig. Die Linken verlangten vom Parteivorstand eine offensive, entschlossene und konsequente Taktik im politischen Kampf. Die Partei sollte sich bewußt hinter die Massenaktionen zur Sicherung des Friedens stellen. Die opportunistische Mehrheit des Parteitages verwarf die revolutionäre Taktik der Linken. Die deutsche Sozialdemokratie hatte sich in eine reformistische Arbeiterpartei verwandelt. Angesichts der Krise, in der Deutschland und Europa steckten, einer Krise, die sich immer mehr zu einem bewaffneten Konflikt der Großmächte zuspitzte, bedurften die deutsche Arbeiterklasse und die Antikriegsbewegung der Massen dringend einer konsequent revolutionären Arbeiterpartei, die es jedoch nicht mehr gab.

Julikrise und Kriegsentfesselung

Die Ermordung des österreichischen Thronfolgers am 28. Juni 1914 schien den maßgeblichen Politikern und Militärs sowohl in Wien als auch in Berlin als Kriegsanlaß außerordentlich geeignet. In beiden Hauptstädten waren es insbesondere die hohen Militärs, die mit Nachdruck und Entschiedenheit zum Kriege trieben. »Krieg, Krieg, Krieg!« forderte der österreichische Generalstabschef Hötzendorff. Er wollte sofort gegen Serbien mobilisieren, obwohl es keinerlei Anhaltspunkte oder Beweise gab, die serbische Regierung für das Attentat verantwortlich zu machen. Wie der sächsische Militärbevollmächtigte aus dem Großen Generalstab in Berlin berichtete, habe er den Eindruck gewonnen, daß man es dort als ganz günstig ansähe, wenn es jetzt zu einem Krieg käme. Besser würden die Verhältnisse und Aussichten nicht werden.

Am 5. Juli empfing Wilhelm II. im Neuen Palais den Botschafter Österreich-Ungarns, Szögyény, der ein Handschreiben Kaiser Franz Josephs und ein Memorandum der Wiener Regierung übergab. Franz Joseph betonte in seinem Handschreiben, seine Regierung müsse bestrebt sein, Serbien zu isolieren und zu verkleinern und als Machtfaktor auszuschalten. Wilhelm II. ermächtigte Szögyény, Kaiser Franz Joseph mitzuteilen, Österreich-Ungarn könne im Ernstfalle auf die volle Unterstützung Deutschlands rechnen. Sollte es zu einem Krieg zwischen Österreich-Ungarn und Rußland kommen, so werde Deutschland in gewohnter Bundestreue an der Seite Österreich-Ungarns stehen. Um unnötiges Aufsehen zu vermeiden, trat der Kaiser am 6. Juli seine alljährliche Nordlandreise an, und die Chefs des Generalstabs und des Admiralstabs setzten ihren Urlaub fort, nachdem sie über die Lage unterrichtet worden waren. Dies war insofern ohne weiteres möglich, weil, wie der Oberquartiermeister Waldersee bestätigte, die planmäßigen Mobilmachungsarbeiten bereits am 31. März abgeschlossen waren und das Heer wie immer bereit war. Bevor der Kaiser seine Nordlandreise antrat, lud er Krupp zu sich, um ihn über die österreichischen Absichten und seine Zusagen zu informieren.

Am 7. Juli berief der Außenminister Österreich-Ungarns, Berchtold, eine Sitzung des Ministerrates ein, um die nächsten Schritte gegen Serbien zu erörtern. An dieser Sitzung nahm auch der deutsche Botschafter Tschirschky teil. Im Sitzungsprotokoll heißt es, alle Anwesenden mit Ausnahme des königlich-ungarischen Ministerpräsidenten seien der Ansicht, daß ein rein diplomatischer Erfolg, wenn er auch mit einer eklatanten Demütigung Serbiens enden würde, wertlos wäre. Es müßten daher solche weitgehenden Forderungen an Serbien in Form eines Ultimatums gestellt werden, die eine Ablehnung voraussehen ließen, damit eine radikale Lösung auf dem Wege militärischen Eingreifens angebahnt würde. Auch in Wien hatte man eindeutig den Kurs auf Krieg eingeschlagen.

Die deutsche Regierung erhielt am 22. Juli vom Wortlaut des Ultimatums Kenntnis und billigte diesen. Um Österreich-Ungarn bei seinen bevorstehenden Schritten politische Rückendeckung zu geben und die Kriegsauslösung außenpolitisch vorzubereiten, lancierte der Staatssekretär des Auswärtigen Amtes, Jagow, bereits am 19. Juli die Mitteilung in die Presse, deutscherseits hege man die Hoffnung, daß durch rechtzeitiges Einlenken

1

2

3

1 Ein Mord – nicht die Ursache, sondern der Anlaß zum Krieg
2 Das russische Parlament, die Duma, tagt – die Mobilmachung läuft bereits
3 20.–23. 7. 1914. Französischer Staatsbesuch in Petersburg. Nikolaus II. und Poincaré schreiten die Front ab

der serbischen Regierung das Entstehen einer ernsten Krise vermieden werde. Das solidarische Interesse Europas ließe es erwünscht erscheinen, daß die Auseinandersetzungen, die zwischen Österreich-Ungarn und Serbien entstehen könnten, lokalisiert blieben. Eine solche Eröffnung mußte die diplomatischen Vertreter der Ententemächte in Berlin hellhörig machen, zumal niemand von ihnen annahm, daß ein kriegerischer Konflikt zwischen Österreich-Ungarn und Serbien lokalisiert werden könnte.

Eine wichtige Rolle spielte in diesem Konflikt die Haltung Italiens. Daß es auf der Seite der Mittelmächte aktiv würde, war nicht mehr zu erwarten. Ebensowenig stand fest, ob es neutral bliebe.

Die deutsche Regierung hatte Kenntnis erhalten, daß seit Mai in London geheime Vorbesprechungen über ein englisch-russisches Marineabkommen liefen und war von dessen politischer Bedeutung außerordentlich beunruhigt. Als der Großreeder Ballin, von Jagow darum ersucht, bezüglich dieses Abkommens bei dem englischen Außenminister Grey vorsprach, versicherte dieser, daß ein solches Abkommen nicht bestünde, was der Wahrheit entsprach, und auch nicht bevorstünde, was nicht der Wahrheit entsprach. Damit blieb für die deutsche Regierung zum Zeitpunkt der Übergabe des Ultimatums die Kardinalfrage, welche Haltung England bei der weiteren Entwicklung der Dinge beziehen würde, nach wie vor offen, obwohl realistisch denkenden Politikern klar war, daß man auf Neutralität Englands nicht mehr bauen durfte.

Die Beschlüsse des österreichisch-ungarischen Ministerrats vom 7. Juli und die darauffolgenden Aktivitäten zwischen Wien und Berlin zur Ausarbeitung des Ultimatums bis zum 23. Juli waren vor der Öffentlichkeit sorgfältig geheimgehalten worden. Als am 24. Juli die diplomatischen Vertreter Österreich-Ungarns in Petersburg, Paris, London, Rom und Konstantinopel offiziell über den Schritt ihrer Regierung und den Wortlaut des Ultimatums unterrichteten, waren bereits 16 von 48 Stunden jener Frist vergangen, innerhalb der eine vorbehaltlos zustimmende Antwort der serbischen Regierung auf die österreichisch-ungarischen Forderungen erfolgen sollte. So war die Zeit erheblich geschrumpft, in der andere Regierungen zwischen Österreich-Ungarn und Serbien vermitteln konnten. Da die politischen und militärischen Führer in Berlin und Wien Krieg wollten, waren die Termine absichtlich so gehalten worden, daß für ernsthafte Friedensbemühungen kaum noch Zeit blieb.

Dem Besuch des französischen Präsidenten und seines Außenministers in Petersburg kam in bezug auf die Frage: Wollte auch Frankreich Krieg? besondere Bedeutung zu. Es kann als gesichert gelten, daß von französischer Seite den russischen Gesprächspartnern weitgehende Zusicherungen für den Fall eines militärischen Konflikts Rußlands mit Österreich-Ungarn und Deutschland gegeben wurden. Offenbar waren auch die französischen Imperialisten auf Krieg aus.

Aber auch die maßgebenden russischen Politiker und Militärs waren zum Krieg entschlossen. Vor allem die Militärs wollten die durch das österreichisch-ungarische Ultimatum geschaffene Si-

1
2
3

Oeffentliche politische Versammlungen.

Große Protest-Versammlungen

Dienstag, den 28. Juli, abends 8½ Uhr

Berlin:
Arminhallen
Bock-Brauerei
Gewerkschaftshaus
Urania
Konzert- und Festsäle
Pharus-Säle
Moabiter Gesellschaftshaus

Neukölln: Ad. Gerlich
„Deutsches Wirtshaus"
Schöneberg: Gesellschaftshaus des Westens
Charlottenburg: „Volkshaus"

Cöpenick: „Stadttheater"
Britz: „Gesellschaftshaus"
Treptow-Baumschulenweg: „Neues Gesellschaftshaus"
Tempelhof-Mariendorf: „Stadt Dresden"
Steglitz-Friedenau-Wilmersdorf: „Eichenwäldchen"
Lichtenberg-Friedrichsfelde-Stralau: „Schwarzer Adler"
Oberschöneweide: „Wilhelminenhof"
Pankow-Niederschönhausen-Buchholz:
Reinickendorf-Ost und -West: „Schabenhaus"
Weißensee: „Schloß Weißensee"

Gegen den Krieg.

4

1 Karl Max Fürst Lichnowsky, deutscher Botschafter in London
2 Sir Edward Grey, englischer Außenminister
3 Leopold Graf Berchtold, österreichisch-ungarischer Außenminister
4 Der SPD-Parteivorstand ruft zum Kampf gegen den drohenden Krieg auf – die rechten Führer bereiten den Verrat vor
5 Die unmittelbaren Kriegsvorbereitungen laufen – Wilhelm II. aber macht seine jährliche Nordseereise auf der Jacht »Hohenzollern« und täuscht die Öffentlichkeit

tuation für die Kriegsentfesselung genutzt wissen.

Hatte in vergangenen internationalen Krisen die Erklärung englischer Entschlossenheit im Falle eines bewaffneten Konflikts auf dem Kontinent an der Seite Frankreichs zu stehen, die deutschen Imperialisten ernüchtert, so blieb eine solche Erklärung diesmal aus, womit von seiten Englands der Kriegstreiberei Deutschlands und Österreichs freier Lauf gelassen wurde. Nach Auffassung von Außenminister Grey war der Zeitpunkt gekommen, wo die Gegensätze zwischen Entente und Dreibund nur noch durch Krieg entschieden werden konnten, an dem England nicht unbeteiligt bleiben könne.

Andererseits waren einflußreiche Kreise der englischen Bourgeoisie und mit ihnen liierte Kabinettsmitglieder für die Neutralität Englands. Sie fanden die Weltmachtstellung Englands am besten gewahrt, wenn die Kontinentalmächte sich gegenseitig schwächten. Unter diesen Bedingungen hielt es Grey für angezeigt, eine Festlegung Englands im Sinne einer Kriegsteilnahme solange wie möglich hinauszuschieben. Dadurch wurde bei den Verantwortlichen in Berlin die Illusion genährt, England werde neutral bleiben, was sie in ihren Aktivitäten, die Lage unumkehrbar zuzuspitzen, noch anstachelte.

Außenminister Grey empfing am 24. Juli den deutschen Botschafter in London Lichnowsky und ersuchte ihn seiner Regierung folgenden Vorschlag zu unterbreiten: Erstens möge sich die deutsche Regierung in Wien für eine Verlängerung des Ultimatums verwenden. Zweitens sollten die vier am Konflikt nicht unmittelbar beteiligten Staaten England, Deutschland, Frankreich und Italien zwischen Österreich-Ungarn und Rußland vermitteln, falls eine gefährliche Spannung zwischen beiden entstünde. Wilhelm II. lehnte einen Tag später den Vorschlag einer Vermittlung kategorisch ab. Jagow übermittelte die Vorschläge Greys an Tschirschky in Wien mit dem Hinweis, da das Ultimatum am gleichen Tage abliefe, glaube er nicht, daß eine Fristverlängerung möglich wäre. Wenn die deutsche Regierung Greys Vorschläge schon nicht offen zurückweisen konnte, behandelte sie diese so, daß keine Chance ihrer Realisierung blieb.

Der serbische Prinzregent Alexander hatte am 24. Juli in einem Telegramm den Zaren um Hilfe gebeten. Noch am selben Tage telegrafierte Sasonow an den russischen Geschäftsträger in Belgrad, die Serben sollten im Falle einer österreichischen Invasion gar nicht erst versuchen, Widerstand zu leisten, sondern sich zurückziehen und einen feierlichen Appell an die Mächte richten. Damit sollte Rußland ermöglicht werden, seinen Krieg gegen Österreich-Ungarn als Hilfsaktion für ein unschuldig überfallenes kleines Volk auszugeben. Am 25. Juli überreichte kurz vor Ablauf der Frist der serbische Ministerpräsident Pašic die entgegenkommend abgefaßte serbische Antwort. Darin wurde allerdings die mit dem Völkerrecht und der serbischen Souveränität nicht zu vereinbarende Forderung nach Mitwirkung österreichisch-ungarischer Regierungsorgane an gerichtlichen Untersuchungen auf serbischem Boden über die Hintergründe des Attentats abgelehnt. Der österreichische Gesandte in Belgrad teilte dem serbischen Ministerpräsidenten kurze Zeit nach Überreichung der serbischen Antwort in einer Note mit, daß diese nicht befriedige und er mit seinem Personal noch am selben Tag Belgrad verlassen werde.

In Berlin ging man davon aus, daß auf eine abweisende Antwort Serbiens sofort der Krieg erklärt und mit Angriffsoperationen begonnen werden müsse, weil jede Verzögerung von anderen Mächten zu Vermittlungsvorschlägen genutzt werden könne, die man dann aus wenig überzeugenden Gründen ablehnen müsse. In der Tat unterbreitete der englische Außenminister Grey am 26. Juli den Vorschlag, daß unter seinem Vorsitz die Botschafter Italiens, Deutschlands und Frankreichs in London über einen Ausweg aus der Situation beraten sollten. Während die Regierungen Frankreichs und Italiens zustimmten, lehnte die deutsche diesen Vorschlag ab.

Am 28. Juli erklärte Österreich-Ungarn Serbien den Krieg. Die nächsten Tage waren in allen beteiligten Ländern mit vielfältigen diplomatischen, militärischen und innenpolitischen Aktivitäten ausgefüllt. Generalstabschef Moltke übergab am 26. Juli dem Auswärtigen Amt eine Note, die über den deutschen Gesandten in Brüssel der belgischen Regierung dann zugestellt werden sollte, wenn der Einmarsch deutscher Truppen in Belgien unmittelbar bevorstünde. Bethmann Hollweg war bemüht, die im Mobilmachungsfall erforderlichen Gesetze bereits soweit vorbereiten zu lassen, daß sie bei dessen Eintreten dem Reichstag sofort zur Beschlußfassung vorgelegt werden konnten.

Am 29. Juli berieten Bethmann Hollweg, Jagow und Kriegsminister Falkenhayn, ob Deutschland infolge der russischen Teilmobilmachung vom 24. Juli ebenfalls mobilmachen müsse. Bethmann Hollweg verneinte dies, da der Bündnisfall nicht gegeben sei, bevor Rußland den Krieg erklärt habe. Die Kriegserklärung Rußlands aber müsse abgewartet werden, wolle man im Lande wie auch in England die öffentliche Meinung auf seiner Seite haben. Am selben Tage spätabends empfing Bethmann Hollweg den englischen Botschafter in Berlin, um ihm mitzuteilen, daß seine Regierung auf Neutralität Englands in einem europäischen Konflikt hoffe. Bethmann Hollweg hatte derzeit noch keine Kenntnis davon, daß bereits am Nachmittag Außenminister Grey Botschafter Lichnowsky zu sich gebeten und noch einmal eine Konferenz zu viert angeregt hatte. Außerdem hatte er dem Botschafter freundschaftlich und privat folgendes mitgeteilt: Die englische Regierung möchte die bisherige Freundschaft weiter pflegen. So lange sich der Konflikt auf Österreich und Rußland beschränke, könne sie abseits stehen. Würden aber Deutschland und Frankreich in diesen einbezogen, könne sie nicht mehr länger abseits stehen und sehe sich zu schnellen Entschlüssen gedrängt. Dies bedeutete, England würde gegen Deutschland in den Krieg eintreten und zugleich damit das Ende aller Illusionen einer Neutralität Englands.

Kanzler Bethmann Hollweg wies Botschafter Tschirschky noch in der Nacht vom 29. zum 30. Juli telegrafisch an, dem Wiener Kabinett anheimzustellen, den englischen Vermittlungsvorschlag anzunehmen und Gespräche mit der russischen Regierung aufzunehmen. Die deutsche Regierung sei zwar bereit, ihre Bündnispflichten zu erfüllen, müsse es aber ablehnen, sich von der Wiener leichtfertig und ohne Beachtung der deutschen Ratschläge in einen Weltbrand hineinziehen zu lassen. Selbst wenn diese Weisung als ehrlich unterstellt wird, kam diese, nachdem durch deutsche Politik der Krieg ausgebrochen war, zu spät. Außerdem hatte zwei Tage zuvor Jagow den österreichisch-ungarischen Botschafter in Berlin streng vertraulich wissen lassen, wenn die deutsche Regierung die englischen Vermittlungsvorschläge weiterleite, bedeute das nicht, daß sie sich mit diesen identifiziere. Vielmehr sei sie entschieden gegen deren Berücksichtigung. Damit waren Doppelzüngigkeit und Täuschung zum Prinzip der deutschen Politik erhoben worden.

Die Regierung in Wien dachte nicht daran, dem Ansinnen Bethmann Hollwegs Folge zu leisten. Der österreichisch-ungarische Militärattaché in Berlin telegrafierte über eine Unterredung mit Moltke am 30. Juli: Lage werde kritisch, wenn Österreich-Ungarn nicht sofort gegen Rußland mobilmache. Durch die in Rußland angeordnete Mobilmachung sei Österreich-Ungarn zu Gegenmaßnahmen gezwungen. Ein europäischer Krieg sei letztes Mittel zur Erhaltung Österreich-Ungarns. Deutschland gehe unbedingt mit.

Als Außenminister Berchtold das Telegramm zur Kenntnis genommen hatte, fragte er berechtigt: Wer regiert, Moltke oder Bethmann? Nach Moltkes Zusicherung war die österreichisch-ungarische Führung bereit, von der Teilmobilmachung gegen Serbien zur Generalmobilmachung überzugehen, was zwangsläufig Krieg mit Rußland nach sich ziehen mußte. Damit hatte Moltke die Regierung in Wien dazu getrieben, den letzten und entscheidenden Schritt zur Auslösung des Krieges unter den europäischen Großmächten zu tun.

Erst mit der Veröffentlichung des österreichisch-ungarischen Ultimatums am 24. Juli erfuhr die Öffentlichkeit von der akuten Kriegsgefahr. Die offene Kriegsdrohung löste unter den werktätigen Massen einen Sturm der Empörung aus.

Angesichts dieser Antikriegsstimmung verurteilte der sozialdemokratische Parteivorstand am 25. Juli in einem Aufruf die Kriegsprovokation und forderte die Arbeiter darin auf, ihren Friedenswillen in Massenversammlungen zum Ausdruck zu bringen. Inhalt des Aufrufs war: Das klassenbewußte Proletariat Deutschlands fordere gebieterisch von der deutschen Regierung, daß sie ihren Einfluß auf die österreichische Regierung zur Aufrechterhaltung des Friedens ausübe und, falls der schändliche Krieg nicht zu verhindern sei, sich jeder kriegerischen Einmischung enthalte. Kein Tropfen Blut eines deutschen Soldaten dürfe dem Machtkitzel der österreichischen Gewalthaber, den imperialistischen Profitinteressen geopfert werden. Eine ernste Stunde sei gekommen, ernster als irgendeine der letzte Jahrzehnte. Gefahr sei im Verzuge! Der Weltkrieg drohe!

Auch die Führung der Sozialdemokratie hatte also die Gefahr erkannt. Die Verurteilung des Krieges entsprach der Stimmung der Arbeiterklasse, die bereit war, für die Erhaltung des Friedens einzutreten. So richtig die Rolle der österreichisch-ungarischen Regierung als Kriegsprovokateur eingeschätzt wurde, so sehr wurde die Rolle der deutschen Regierung als Kriegstreiber verkannt.

Der Aufruf des Parteivorstandes löste eine Welle von Versammlungen und Demonstrationen aus, an denen vom 25. bis zum 30. Juli fast eine halbe Million Menschen teilnahmen. Das kämpferische und vorwärtsdrängende Element dieser Protestbewegung waren die sozialdemokratischen Arbeiter. Sie waren nicht nur zu den polizeilich genehmigten geschlossenen Kundgebungen, sondern auch zu Straßendemonstrationen bereit. Die opportunistischen Funktionäre und der Parteivorstand versuchten, die Antikriegsaktionen der Arbeiter in für die herrschende Klasse ungefährliche Bahnen zu lenken, indem sie ihnen Einhaltung der gesetzlichen Bestimmungen und Befolgung der polizeilichen Anordnungen predigten.

5

Konnten die organisierten Arbeiter 1905/06 und auch 1912 den Kriegstreibern in den Arm fallen und den Frieden erhalten, gelang dies im Juli 1914 vor allem deshalb nicht, weil sie von den geheimen Kriegsvorbereitungen der Imperialisten keine Kenntnis hatten und auch nicht ahnten, daß hinter ihrem Rücken ihre Führer im Begriff waren, mit den Imperialisten direkt zusammenzuarbeiten. Dies geschah erstmals am 26. Juli, als die Parteivorsitzenden Friedrich Ebert und Hugo Haase in das preußische Innenministerium bestellt wurden. Für den im Urlaub befindlichen Ebert nahm Otto Braun an der Unterredung teil, deren Gegenstand die vom Parteivorstand angekündigten Protestversammlungen gegen den drohenden Krieg waren. Man habe nicht die Absicht, diese Versammlungen zu unterdrücken, vielmehr möchte man die Geladenen über die politische Lage aufklären, damit nicht aus den von ihnen zur Erhaltung des Friedens initiierten Versammlungen Gefahr für den

Frieden erwüchse. Sozialdemokratische Redner sollten deshalb auf solchen Versammlungen unter allen Umständen vermeiden, durch unvorsichtige Bemerkungen zur Politik der deutschen Regierung der russischen Kriegspartei in die Hände zu arbeiten. Auf leider allzuvielen Versammlungen wurde aus vermeintlicher Friedensliebe eben dieser »Rat« befolgt.

Am 28. Juli legte Bethmann Hollweg dem sozialdemokratischen Reichstagsabgeordneten Albert Südekum nahe, keine Aktionen zu unternehmen, die über Versammlungsproteste hinausgingen. Südekum erteilte dem seine Zustimmung und unterrichtete den Parteivorstand hiervon. Noch am selben Tage unterrichtete er Bethmann Hollweg, daß aus dem Wunsche heraus, dem Frieden zu dienen, keinerlei wie immer geartete Aktion geplant oder auch nur zu befürchten sei.

Am 29. und 30. Juli beriet das Internationale Sozialistische Büro Brüssel die politische Lage. Dabei herrschte ebenso die Illusion vor, daß es nicht zu einem Weltkrieg kommen werde wie auch der Zweifel an der eigenen Kraft, diesen durch Massenaktionen verhindern zu können. Es erwies sich, daß die II. Internationale in entscheidender Stunde ihrer Aufgabe nicht gewachsen war.

1

2

3

4

5

6

7
8

9

0
1

Die Staatsoberhäupter der wichtigsten kriegführenden Staaten

1 Wilhelm II. (1859–1941), deutscher Kaiser und König von Preußen (1888–1918)
2 Franz Joseph I. (1830–1916), Kaiser von Österreich (seit 1848) und König von Ungarn (seit 1867)
3 Karl I. (1887–1922), Kaiser von Österreich und König von Ungarn (1916–1918)
4 Raymond Poincaré (1860–1934), französischer Staatspräsident (1913–1920)
5 Georg V. (1865–1936), König von England (1910–1936)
6 Thomas Woodrow Wilson (1856–1924), Präsident der USA (1913–1921)
7 Victor Emanuel III. (1869–1947), König von Italien (1900–1943)
8 Nikolaus II. (1868–1918), Zar von Rußland (1894–1917)
9 Muhammad V. (1844–1918), Sultan des Osmanischen Reiches (1909–1918)
10 Peter I. (1844–1921), König von Serbien (1903–1921)
11 Ferdinand I. (1861–1948), König von Bulgarien (1908–1918)

Die erste Periode des Weltkrieges

August bis Dezember 1914

Die geschichtliche Wahrheit ist, daß – trotz mancher Bedenken einzelner – die führenden Kreise Deutschlands, Österreich-Ungarns, Rußlands, Frankreichs und Englands im Juli 1914 imperialistischer Interessen halber bereit waren, Krieg zu führen. Jede Regierung verfolgte ihre eigene politische Taktik, um nicht als Kriegsschuldiger zu erscheinen. Den maßgeblichen Einfluß bei der Entfesselung des Krieges übten jedoch die regierenden Kreise Deutschlands aus, denn seine herrschenden Klassen und Führungskräfte bereiteten den Krieg am intensivsten vor.

Am 28. Juli erklärte die Doppelmonarchie Serbien den Krieg. In den folgenden Tagen versuchten die am Konflikt beteiligten Regierungen ihre außenpolitische Situation zu verbessern und ließen Mobilmachungsmaßnahmen – soweit sie nicht schon gedeckt liefen – durchführen.

Die Mobilmachung beider Seiten

Serbien begann am 25. Juli – unmittelbar nach Ablauf des Ultimatums der österreichisch-ungarischen Regierung – mit der Mobilmachung. In Belgrad erwartete man die Kriegserklärung Österreich-Ungarns für die nächsten Stunden oder Tage. Dem Wesen der Sache nach begannen auch Deutschland, Rußland und Österreich-Ungarn an diesem Tage mit der Mobilmachung. Daß die offizielle Verkündung der Mobilmachung erst später erfolgte – Rußland und Österreich-Ungarn am 31. Juli und Deutschland am 1. August – hatte propagandistische Gründe. Jede Seite bemühte sich als »Angegriffener« zu erscheinen und der anderen die Schuld an der Entfesselung des Krieges zuzuschieben.

Deutschland, das am stärksten zum Kriege drängte und die expansivsten Ziele hatte, war besonders daran interessiert, eine solche Position einzunehmen. Die Diplomatie des deutschen Kaiserreiches bemühte sich, Rußland in die Rolle des Kriegsschuldigen zu drängen und war entschlossen, Kriegseintritt und Mobilmachung erst nach den entsprechenden Schritten der zaristischen Regierung zu verkünden. Tatsächlich setzte Reichskanzler Bethmann Hollweg bereits am 26. Juli wichtige Maßnahmen der Mobilmachung gedeckt in Gang. Die führenden Politiker und Militärs des deutschen Imperialismus ließen sich dabei von der Überzeugung leiten, daß Deutschlands Mobilmachung an Gründlichkeit und Organisation der anderer Staaten überlegen sei, so daß durch ein Verzögern der offiziellen Verkündung der Mobilmachung keine Nachteile für die geplante strategische Entfaltung der Streitkräfte erwartet wurden.

Dementsprechend überließ man Rußland am 31. Juli den Vortritt beim Verkünden der Mobilmachung, um am gleichen Tage für Deutschland den »Zustand drohender Kriegsgefahr« zu erklären. Damit traten weitere Maßnahmen der Mobilmachung – Übergang vom polizeilichen zum militärischen Grenz-, Eisenbahn- und Küstenschutz, Einstellung des Güterverkehrs in den östlichen und westlichen Grenzgebieten u. a. – in Kraft. Einen Tag später erklärte die deutsche Regierung dem zaristischen Rußland den Krieg und machte die Streitkräfte offiziell mobil.

Österreich-Ungarn ließ die Mobilmachung unmittelbar nach derjenigen Rußlands verkünden, d. h. noch am 29. Juli. Die französische Regierung erließ den Mobilmachungsbefehl am 1. August, dem der deutsche 30 Minuten später folgte. Obwohl bereits umfangreiche Mobilmachungsmaßnahmen liefen, war seitens der Mittelmächte alles darauf angelegt, die Entente als »Friedensbrecher« bezeichnen zu können.

Der 1. August gilt als der Beginn des ersten Weltkrieges. Tatsächlich befanden sich am 31. Juli bereits Serbien, Österreich und Rußland im Kriegszustand. Die Kriegserklärung Deutschlands an Rußland am 1. August war jedoch der letzte Schritt in den Weltkrieg. Das und die folgenden Maßnahmen – am 2. 8. die Okkupation des Großherzogtums Luxemburg, am 3. 8. die Kriegserklärung an Frankreich und am 4. 8. der Einfall in Belgien – machten eine Lokalisierung unmöglich. Damit war entschieden, daß Deutschland einen Zweifrontenkrieg führen mußte und daß früher oder später zahlreiche europäische und außereuropäische Staaten am Krieg teilnehmen würden. Während Italien noch am 4. August seine Neutralität verkündete (die jedoch nicht von langer Dauer war), erklärte sich Großbritannien am gleichen Tag als im Kriegszustand mit Deutschland befindlich.

Der Friedensbestand der deutschen Landstreitkräfte umfaßte 25 Armeekorps (50 Infanteriedivisionen) und 1 Kavalleriedivision. Durch Mobilmachung, die im wesentlichen Mitte August realisiert war, erreichte die Kriegsstruktur 96 Infanteriedivisionen und 11 Kavalleriedivisionen. Auf ihrer Basis wurden 8 Feldarmeen, 1 Armeeabteilung und 4 Kavalleriekorps gebildet.

Der Friedensbestand der Landstreitkräfte Österreich-Ungarns umfaßte 49 Infanteriedivisionen und 10 Kavalleriedivisionen. Als Ergebnis der Mobilmachung waren 52 Infanteriedivisionen und 11 Kavalleriedivisionen einsatzbereit.

Der Friedensbestand der Landstreitkräfte Rußlands umfaßte 79 ½ Infanteriedivisionen und 28 Kavalleriedivisionen. Nach der Mobilmachung verfügte das russische Oberkommando über 114 ½ Infanteriedivisionen und 28 Kavalleriedivisionen.

Der Friedensbestand der französischen Landstreitkräfte betrug 1914 44 Infanteriedivisionen und 10 Kavalleriedivisonen, als Ergebnis der Mobilmachung gab es 83 Infanteriedivisionen und 10 Kavalleriedivisionen.

Mobilmachungsmaßnahmen wurden auch in Großbritannien und Belgien durchgeführt. Die Türkei erklärte am 2. August die Mobilmachung, trat jedoch auf Grund verschiedener Umstände (mangelhafte Vorbereitung der Streitkräfte auf den Krieg, gegensätzliche Auffassungen in den herrschenden Kreisen über die Kriegsteilnahme) erst später in den Krieg ein.

Die Mobilmachung betraf nicht nur die Streitkräfte, sondern auch die Industrie, die Landwirtschaft, das Verkehrs- und Nachrichtenwesen. Mehrere Millionen Arbeitskräfte und Hunderttausende von Pferden wurden in die Streitkräfte eingezogen. Allerdings wurden keine Maßnahmen zur sprunghaften Steigerung der Produktion von Waffen, Munition und anderen für die Kriegführung nötigen materiellen Mitteln ergriffen.

In allen am Krieg beteiligten Staaten verlief die offizielle Mobilmachung in einer Atmosphäre zügelloser nationalistischer Propaganda. Hatte man sich in der Periode der gedeckten Mobilmachung in dieser Beziehung etwas zurückgehalten, so feierte die imperialistische Propaganda von der Vaterlandsverteidigung wahre Orgien. Tatsächlich ging es jedoch um imperialistische Kriegsziele. Lenin schrieb deshalb zu Recht: »Die Phrasen von der Verteidigung des Vaterlandes, von der Abwehr eines Überfalls, vom Defensivkrieg usw. sind auf beiden Seiten reiner Volksbetrug.«

Die Kriegsziele der Mittelmächte und der Ententestaaten

In der Vorkriegsperiode waren die Ziele, die die herrschenden Klassen Deutschlands, Österreich-Ungarns, Rußlands, Frankreichs und Großbritanniens im heranreifenden Krieg verfolgen wollten, in den außenpolitischen Aktivitäten dieser Staaten sichtbar geworden. Die Spannungsperiode, die Entfesselung des Krieges und die Ergebnisse der Kampfhandlungen der ersten Kriegsperiode zwangen die Führungskräfte der am Krieg beteiligten Staaten, diese Problematik intensiv zu erörtern. In diesen Prozeß schalteten sich andere Vertreter der herrschenden Klassen ein – Monopolherren, Aufsichtsratsvorsitzende, Führer politischer Parteien und anderer Interessenverbände des Monopolkapitals und des Großgrundbesitzes. Bei öffentlichen Äußerungen über die Kriegsziele bemühte man sich, ihnen den Charakter von gerechten, im Interesse des Volkes liegenden Zielen zu verleihen. Es waren aber ausnahmslos – sieht man von dem Ziel Serbiens ab, seine nationale Unabhängigkeit zu verteidigen – imperialistische Ziele. Es ging um Annexionen fremder Territorien, neue Kolonialgebiete, Rohstoffquellen, neue Möglichkeiten für Kapital- und Warenexport, billige Arbeitskräfte – kurzum um ökonomische Expansion im Interesse des Profits. Davon war allerdings in den offiziellen Verlautbarungen keine Rede.

Die Kriegsziele des imperialistischen Deutschlands in der ersten Kriegsperiode

In der ersten Kriegsperiode kam es in den herrschenden Klassen Deutschlands zu einer – vorwiegend intern geführten – umfassenden Kriegszieldiskussion. Alle Monopolgruppen (Stahlindustrie, Kohleindustrie, Chemieindustrie, Elektroindustrie, Maschinenbau, Schiffbauindustrie), Großbanken und auch die Interessenvertreter des Großgrundbesitzes erarbeiteten ihre Auffassungen, was im Ergebnis eines siegreichen Krieges gegen die Entente für das imperialistische Deutschland und speziell für die jeweilige Gruppierung der herrschenden Klassen zu erreichen sei. Auch führende Vertreter der Obersten Heeresleitung (OHL) und der Marineführung entwickelten Vorstellungen von den Kriegszielen. Alles das fand seinen Niederschlag in Denkschriften, Protokollen diesbezüglicher Beratungen, Aktennotizen und anderen Aufzeichnungen. Die verschiedenen Erwägungen faßte Bethmann Hollweg am 9. 9. zu einem Dokument zusammen, das die Bezeichnung »Vorläufige Aufzeichnung über die Richtlinie unserer Politik beim Friedensschluß« erhielt. Es kann als das Regierungsprogramm über die Kriegsziele des imperialistischen Deutschlands in der ersten Kriegsperiode gelten.

Obwohl dieses Programm nicht alle Vorschläge der verschiedenen Interessengruppen über die Kriegsziele berücksichtigte, zeigt es in vollem Maße den aggressiven Charakter der imperialistischen deutschen Kriegspolitik und den expansiven und räuberischen Charakter der Kriegsziele. Es wurde während der Marneschlacht erarbeitet, als die deutschen Imperialisten noch mit einer schnellen Niederlage Frankreichs rechneten, einen schnellen militärischen Sieg über Großbritannien aber nicht für möglich hielten.

Das von allen Interessengruppen angestrebte zentrale Kriegsziel bestand darin, dem deutschen Imperialismus solche politischen, ökonomischen, militärischen und territorialen Voraussetzungen zu verschaffen, die es ihm ermöglichen sollten, die Vorherrschaft in Europa und eine führende Rolle in der Welt auszuüben. Das bedeutete, die Macht- und Einflußsphären Großbritanniens (als dem imperialistischen Hauptkonkurrenten Deutschlands), Frankreichs (als der stärksten Militärmacht Westeuropas) und Rußlands (als dem Haupthindernis für die Expansion des deutschen Imperialismus nach Osten) entscheidend zu schwächen sowie in die Einflußsphären der USA und Japans einzudringen. Das erforderte, Frankreich und Rußland militärisch niederzuwerfen. Die strategische Konzeption dafür war im Schlieffen-Plan festgelegt.

Was Großbritannien betraf, so gingen die Auffassungen, ob und in welchen Zeiträumen es militärisch zu besiegen sei, auseinander. Solche Industriellen und Politiker wie Walther Rathenau und Bethmann Hollweg hielten es militärisch nicht für möglich und politisch nicht für zweckmäßig, Großbritannien im Krieg niederzuringen. Sie wollten nach dem Sieg über Frankreich und Rußland eine Art Wirtschaftsunion mit jenen Staaten Europas schaffen, die dann von Deutschland abhängig waren bzw. unter seinem Einfluß standen. Dieser sogenannte mitteleuropäische Wirtschaftsverband unter deutscher Führung sollte Großbritannien von seiner führenden ökonomischen (und damit politischen) Position in Europa und der Welt verdrängen.

Dem zentralen Ziel der Vorherrschaft in Europa und der Welt entsprachen die Teilziele:

1. Frankreich sollte im Ergebnis der angestrebten militärischen Niederlage so geschwächt werden, »daß es als Großmacht nicht neu entstehen kann«. Geplant wurde die Annexion ostfranzösischer Gebiete (vor allem Lothringen auf

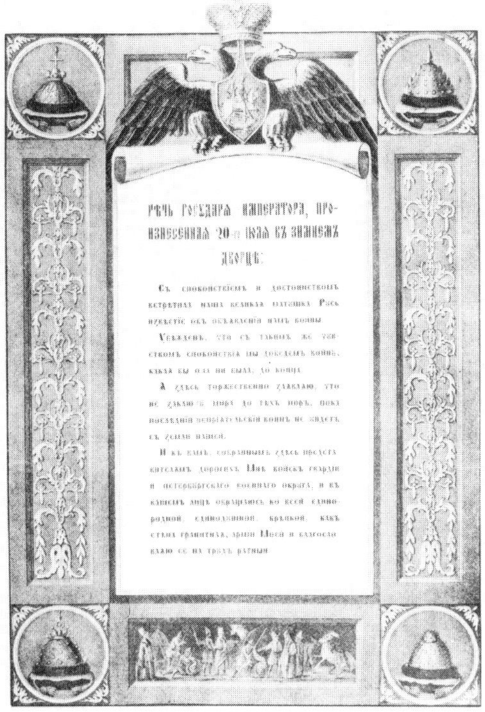

РѢЧЬ ГОСУДАРЯ ИМПЕРАТОРА, ПРОИЗНЕСЕННАЯ 20-го ІЮЛЯ ВЪ ЗИМНЕМЪ ДВОРЦѢ.

Съ спокойствіемъ и достоинствомъ встрѣтила наша великая матушка Русь извѣстіе объ объявленіи намъ войны.

Убѣжденъ, что съ такимъ же чувствомъ спокойствія мы доведемъ войну, какая бы она ни была, до конца.

Я здѣсь торжественно заявляю, что не заключу мира до тѣхъ поръ, пока послѣдній непріятельскій воинъ не уйдетъ съ земли нашей.

И къ вамъ, собраннымъ здѣсь представителямъ дорогихъ Мнѣ войскъ гвардіи и Петербургскаго военнаго округа, и въ вашемъ лицѣ обращаюсь ко всей единородной, единодушной, крѣпкой, какъ стѣна гранитная, арміи Моей и благословляю ее на трудъ ратный.

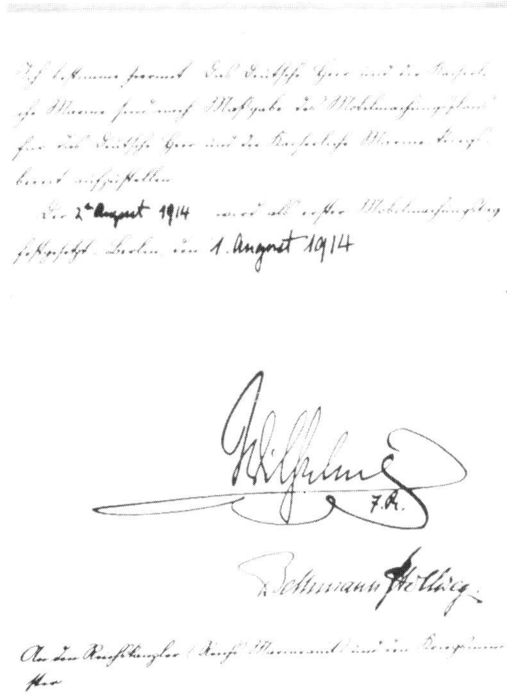

Ich bestimme hiermit: Das Deutsche Heer und die Kaiserliche Marine sind nach Maßgabe des Mobilmachungsplans für das Deutsche Heer und die Kaiserliche Marine kriegsbereit aufzustellen.

Der 2. August 1914 wird als erster Mobilmachungstag festgesetzt. Berlin, den 1. August 1914

Wilhelm I.R.

Bethmann Hollweg

An den Reichskanzler (Reichs-Marineamt) und den Kriegsminister

1
2

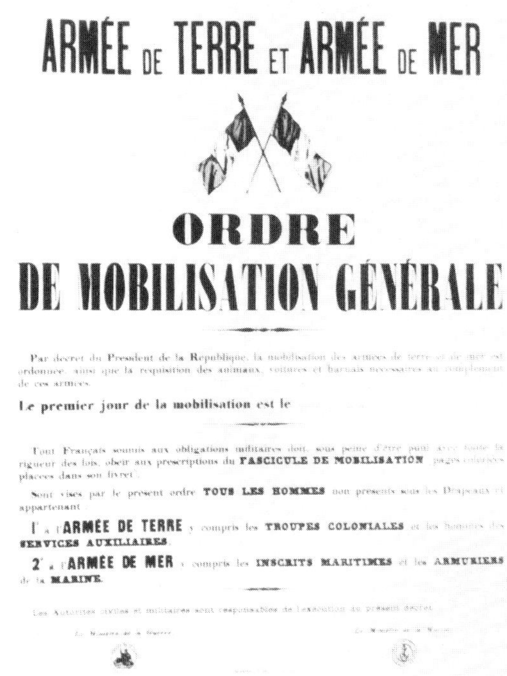

ARMÉE DE TERRE ET ARMÉE DE MER

ORDRE
DE MOBILISATION GÉNÉRALE

Par décret du Président de la République, la mobilisation des armées de terre et de mer est ordonnée, ainsi que la réquisition des animaux, voitures et harnais nécessaires au complément de ces armées.

Le premier jour de la mobilisation est le

Tout Français soumis aux obligations militaires doit, sous peine d'être puni avec toute la rigueur des lois, obéir aux prescriptions du **FASCICULE DE MOBILISATION** (pages coloriées placées dans son livret).

Sont visés par le présent ordre **TOUS LES HOMMES** non présents sous les Drapeaux et appartenant :

1° à l'**ARMÉE DE TERRE** y compris les **TROUPES COLONIALES** et les hommes des **SERVICES AUXILIAIRES**.

2° à l'**ARMÉE DE MER** y compris les **INSCRITS MARITIMES** et les **ARMURIERS** de la **MARINE**.

Les Autorités civiles et militaires sont responsables de l'exécution du présent décret.

Le Ministre de la Guerre — Le Ministre de la Marine

3

4

5

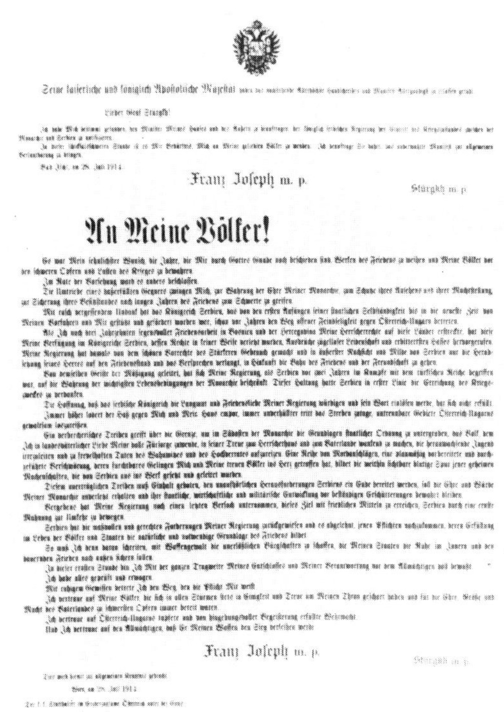

Seine kaiserliche und königlich Apostolische Majestät

Lieber Graf Stürgkh!

Bad Ischl, am 28. Juli 1914.

Franz Joseph m. p.

Stürgkh m. p.

An Meine Völker!

Es war Mein sehnlichster Wunsch, die Jahre, die Mir durch Gottes Gnade noch beschieden sind, Werken des Friedens zu weihen und Meine Völker vor den schweren Opfern und Lasten des Krieges zu bewahren.

Im Rate der Vorsehung ward es anders beschlossen.

Franz Joseph m. p.

Stürgkh m. p.

6

7

8

9

10

11

1 Russische Mobilmachungsproklamation
2 Am 01. 08. 1914 unterzeichnet Wilhelm II. den Mobilmachungsbefehl
3 Französische Mobilmachungsproklamation
4 Nach der Mobilmachungsverkündung vor dem Kreml
5 Verabschiedung englischer Truppen vor dem Buckingham-Palast am 04. 08. 1914
6 Mobilmachungsproklamation Österreich-Ungarns
7 Öffentliche Bekanntgabe der deutschen Mobilmachung im Berliner Lustgarten
8 Russische Truppen vor dem Abtransport zur Front
9 Ein bayrisches Regiment auf der Fahrt zur Front
10 Verabschiedung österreichisch-ungarischer Truppen
11 Belgische Truppen vor dem Abmarsch zur Front
12 Französische Truppen auf dem Marsch zum Verladebahnhof

12

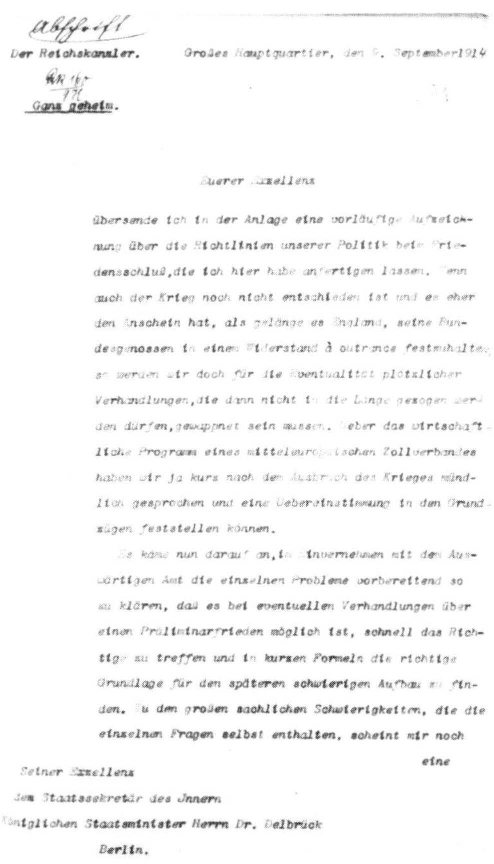

Abschrift

Der Reichskanzler. Großes Hauptquartier, den 9. September 1914

Ganz geheim.

Euerer Exzellenz

übersende ich in der Anlage eine vorläufige Aufzeichnung über die Richtlinien unserer Politik beim Friedensschluß, die ich hier habe anfertigen lassen. Wenn auch der Krieg noch nicht entschieden ist und es eher den Anschein hat, als gelänge es England, seine Bundesgenossen in einem Widerstand à outrance festzuhalten, so werden wir doch für die Eventualität plötzlicher Verhandlungen, die dann nicht in die Länge gezogen werden dürfen, gewappnet sein müssen. Ueber das wirtschaftliche Programm eines mitteleuropäischen Zollverbandes haben wir ja kurz nach dem Ausbruch des Krieges mündlich gesprochen und eine Uebereinstimmung in den Grundzügen feststellen können.

Es käme nun darauf an, im Einvernehmen mit dem Auswärtigen Amt die einzelnen Probleme vorbereitend so zu klären, daß es bei eventuellen Verhandlungen über einen Präliminarfrieden möglich ist, schnell das Richtige zu treffen und in kurzen Formeln die richtige Grundlage für den späteren schwierigen Aufbau zu finden. Zu den großen sachlichen Schwierigkeiten, die die einzelnen Fragen selbst enthalten, scheint mir noch

eine

Seiner Exzellenz
dem Staatssekretär des Innern
Königlichen Staatsminister Herrn Dr. Delbrück
Berlin.

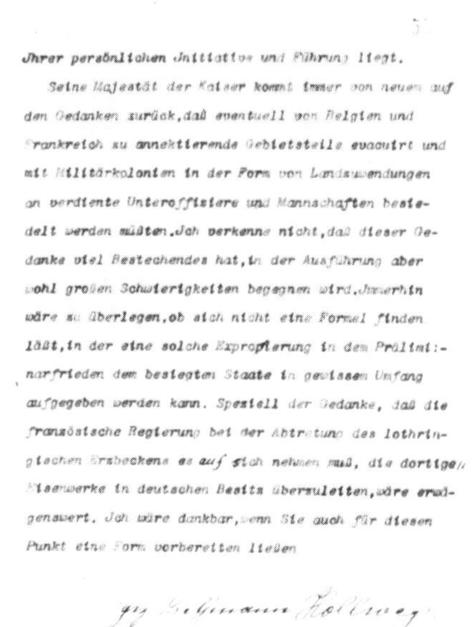

Jhrer persönlichen Jnitiative und Führung liegt.

Seine Majestät der Kaiser kommt immer von neuem auf den Gedanken zurück, daß eventuell von Belgien und Frankreich zu annektierende Gebietsteile evacuirt und mit Militärkolonien in der Form von Landzuwendungen an verdiente Unteroffiziere und Mannschaften besiedelt werden müßten. Jch verkenne nicht, daß dieser Gedanke viel Bestechendes hat, in der Ausführung aber wohl großen Schwierigkeiten begegnen wird. Jmmerhin wäre zu überlegen, ob sich nicht eine Formel finden läßt, in der eine solche Expropriierung in dem Präliminarfrieden dem besiegten Staate in gewissem Umfang aufgegeben werden kann. Speziell der Gedanke, daß die französische Regierung bei der Abtretung des lothringischen Erzbeckens es auf sich nehmen muß, die dortigen Eisenwerke in deutschen Besitz überzuleiten, wäre erwägenswert. Jch wäre dankbar, wenn Sie auch für diesen Punkt eine Form vorbereiten ließen

gez. Bethmann Hollweg

1 Theobald von Bethmann Hollweg (1856–1921), deutscher Reichskanzler (1909–1917)
2 S. D. Sasonow (1860–1927), russischer Außenminister (1910–1916)
3/4 Bethmann Hollweg übersendet am 09. 09. 1914 einen Entwurf des Kriegszielprogramms

Grund seiner bedeutenden Eisenerzlager und entwickelten Hüttenindustrie) und nordfranzösischer Gebiete (Dünkirchen bis Boulogne). Frankreichs Festungen an seiner Ostgrenze sollten zerstört und eine Reihe strategischer Schlüsselpositionen (z. B. Belfort) annektiert werden. Es sollte hohe Kriegsentschädigungen zahlen und durch einen sogenannten Handelsvertrag dem deutschen Kapital Tor und Tür öffnen. Außerdem sollte es eine Reihe seiner Kolonien (Französisch-Kongo, Französisch-Äquatorialafrika, Dahomé) und Stützpunkte (Tanger, Bizerta) an Deutschland abtreten. Somit wäre Frankreich ein von Deutschland abhängiger Staat geworden.

2. Die Benelux-Staaten sollten annektiert oder Vasallenstaaten Deutschlands werden. Luxemburg sollte unter Einbeziehung französischen und belgischen Gebietes ein deutscher Bundesstaat werden. Belgien sollte Lüttich und Verviers an Deutschland verlieren, das verbliebene Staatsgebiet bei formeller Selbständigkeit in volle Abhängigkeit Deutschlands geraten. Für militärisch wichtige Häfen wollte Deutschland Besatzungsrecht beanspruchen. In bezug auf Holland wurde vorgesehen, es ähnlich wie Belgien in deutsche Abhängigkeit zu bringen.

3. Gegen Rußland wurden folgende Ziele geplant: Abtrennung Finnlands, Schaffung eines polnischen Staates unter deutscher oder österreichisch-ungarischer Vorherrschaft (unter Einbeziehung des bis dahin von Rußland beherrschten Gebietsstreifens von Soldau bis Oberschlesien), Annexion von Litauen, Lettland und Estland, Beseitigung des russischen Einflusses in Südosteuropa und im Nahen Osten und die Schaffung der deutschen Vorherrschaft in diesen Gebieten. Alles das wurde unter die Formel »Zurückdrängung Rußlands auf die Grenzen des Reiches Peter des Großen« gestellt.

4. In Zentralafrika sollte auf Kosten Großbritanniens, Frankreichs, Belgiens und Portugals ein großes zusammenhängendes deutsches Kolonialgebiet geschaffen werden. Außerdem wurde erwogen, in Nordafrika, in Asien und im Pazifik den Ententemächten weitere Kolonien zu entreißen. Schließlich sollten in verschiedenen Regionen der Welt – auf den Azoren, auf den Kapverden, in Goa und auf Ceylon – strategische Stützpunkte in Besitz genommen werden, von denen aus die jeweilige Region beherrscht werden konnte.

5. Der nach dem Kriege zu bildenden Wirtschafts-Union Mitteleuropa sollte außer Deutschland Frankreich, Belgien, Holland, Dänemark, Österreich-Ungarn, Schweden, Norwegen gegebenenfalls auch Italien angehören. Eine solche Union hätte Deutschland die Vorherrschaft in Europa gesichert, die Hegemonie Großbritanniens gebrochen und wäre der erste Schritt Deutschlands zur Weltherrschaft gewesen.

Die Kriegsziele Österreich-Ungarns

Im Vergleich zu den deutschen waren die österreichisch-ungarischen Kriegsziele »bescheiden« und auch nicht so eindeutig fixiert. Das hing ohne Zweifel damit zusammen, daß der Monopolkapitalismus in Österreich-Ungarn bedeutend schwächer entwickelt war als in Deutschland und daß die innere Stabilität des Vielnationalitätenstaates auf schwachen Füßen stand. Auch gab es Interessengegensätze zwischen den herrschenden Klassen Österreichs und Ungarns. In Ungarn war man aus innenpolitischen Erwägungen gegen eine Annexion Serbiens (nicht aber gegen den Krieg), da dieses Kriegsziel den herrschenden Klassen Österreichs, aber nicht Ungarns Nutzen gebracht hätte.

Als Ergebnis einer militärischen Niederlage Serbiens und Rußlands erhofften sich die führenden politischen und militärischen Kreise Österreich-Ungarns eine Festigung des feudalkapitalistischen Systems in der Doppelmonarchie und die Ausdehnung bzw. Verstärkung ihres Einflusses auf dem Balkan und in der Türkei. Das kann als das zentrale Kriegsziel Österreich-Ungarns in der ersten Kriegsperiode gelten.

Dem entsprechen folgende Teilziele:

1. Annexion Serbiens und damit seine Ausschaltung als politischer Faktor auf dem Balkan. Auf einer geheimen Beratung des Ministerrats Österreich-Ungarns am 19. Juli wurde zwar beschlossen, auf territoriale Eroberungen zu verzichten. Es gab aber einflußreiche österreichische Kreise, die bereit waren, diesen Beschluß nicht einzuhalten. Diese Kreise wollten gegebenenfalls noch einen Schritt weiter gehen und Serbien (wie Polen) aufteilen, d. h. Teile serbischen Territoriums Bulgarien und Griechenland überlassen. Mit Hilfe dieser in Abhängigkeit von Österreich-Ungarn gebrachten Länder erhoffte man sich, dann den Balkan als österreichische Einflußzone fest unter Kontrolle zu bekommen. Es ging also letzten Endes um die Vorherrschaft der Doppelmonarchie auf dem Balkan.

2. Die unter der Herrschaft Rußlands stehenden polnischen Gebiete sollten Österreich-Ungarn angeschlossen werden bzw. ein zu bildender polnischer Staat sollte von Österreich-Ungarn abhängig sein.

3. Annexion eines Teils der Türkei, und zwar die Gebiete an dessen südlicher Küste.

4. Das durch den Krieg an Macht und Einfluß gestärkte Österreich-Ungarn wollte die Ansprüche Italiens auf Dalmatien, Triest und andere südslawische Gebiete endgültig zurückdrängen.

Die Kriegsziele der Entente-Staaten

Die Kriegsziele Rußlands, Frankreichs und Großbritanniens waren ebenso imperialistischer Natur wie die Deutschlands und Österreich-Ungarns. Jede der drei Ententemächte hatte in diesem Krieg eigene expansive Ziele, und einige von ihnen standen im Widerspruch zueinander. Doch in einer Zielstellung gab es völlige Übereinstimmung: Deutschland und Österreich-Ungarn sollten eine totale militärische Niederlage erleiden, nach der beide Staaten als politische Machtfaktoren in Europa ausgeschaltet sein würden. Das kann als das zentrale Kriegsziel der Entente bezeichnet werden. Dem entsprach das Abkommen vom 5. 9. 1914 zwischen den drei Ententemächten, in diesem Krieg keinen Separatfrieden mit Deutschland bzw. Österreich-Ungarn zu schließen. Die Friedensbedingungen sollten gemeinsam vereinbart werden. Man beschloß also, auch gemeinsame Kriegsziele festzulegen.

Bereits am 14. 9. trug der russische Außenminister Sasonow dem englischen und dem französischen Botschafter ein gemeinsames Kriegszielprogramm der Entente vor. Es war vor allem durch die Interessen der herrschenden Klassen des zaristischen Rußlands geprägt und sah die Realisierung folgender Forderungen vor:

1. Annexion eines Teils Ostpreußens und Ostgaliziens durch Rußland.
2. Bildung eines (von Rußland abhängigen) polnischen Staates, zu dem Ostpommern, Schlesien und Westgalizien gehören sollten.
3. Rückgabe Elsaß-Lothringens an Frankreich und – falls Frankreich das wünscht – die Annexion ober- und niederrheinischer Gebiete.
4. Das Territorium Belgiens sollte auf Kosten Deutschlands erweitert werden.
5. Schaffung eines unter dem Einfluß Großbritanniens stehenden Königreiches Hannover.
6. Deutschland hat die 1864 eroberten Herzogtümer Schleswig und Holstein an Dänemark zurückzugeben.
7. Bildung einer Dreifach-Monarchie Österreich-Ungarn-Böhmen.
8. Serbien sollte Bosnien, die Herzegowina, Dalmatien und Nordalbanien erhalten.
9. Bulgarien sollte das serbische Mazedonien und Griechenland Südalbanien erhalten.
10. Italien sollte die Region Valona erhalten.
11. Die deutschen Kolonien sollten unter Großbritannien, Frankreich und Japan aufgeteilt werden.
12. Deutschland und Österreich-Ungarn sollten eine hohe Kriegsentschädigung an die Siegermächte zahlen.

Am 26. 9. wurde dieses Programm durch eine zusätzliche Forderung erweitert: Die Türkei sollte Rußland die freie Durchfahrt für dessen Kriegsschiffe durch die Meerengen garantieren. Eine Annexion türkischer Gebiete wurde – mit Rücksicht auf Großbritanniens Ansprüche in bezug auf die Türkei – nicht gefordert.

Großbritannien und Frankreich waren im Prinzip mit diesem Programm einverstanden. Deutschland wäre als ökonomischer Konkurrent stark geschwächt worden und seiner Großmachtrolle verlustig gegangen. Allerdings gab es von diesen abweichende bzw. weiterreichende Ziele.

Nach Auffassung der englischen Regierung sollte die Türkei aufgeteilt werden. Die Gebiete beiderseits der Meerengen einschließlich Konstantinopel (Istanbul) sollten an Rußland fallen. Die Masse des türkischen Territoriums wollte Großbritannien annektieren. Des weiteren forderte die englische Regierung die Auslieferung der deutschen Flotte und die Schaffung einer neutralen Zone am Nordostseekanal. Italiens Gebietsansprüche an Österreich-Ungarn und rumänische Gebietsansprüche an Bulgarien sollten berücksichtigt werden. Frankreich sollte sich in seinen Gebietsansprüchen auf Elsaß-Lothringen beschränken. Man befürchtete, daß Frankreich ansonsten Großbritannien die Vorherrschaft in Europa streitig machen könnte.

Die Kriegsziele Japans und der Türkei

Japan erklärte am 23. 8. Deutschland den Krieg. Die herrschenden Klassen Japans ließen sich dabei von folgenden Kriegszielen leiten.

1. Japan sollte die vorherrschende Macht in Ostasien und darüber hinaus im gesamten pazifischen Raum werden. Der europäische Konflikt bot dafür günstige Voraussetzungen. Rußland und England mußten ihre militärischen Hauptkräfte in Europa einsetzen, und Japan konnte die Rolle der stärksten Militärmacht in Ostasien übernehmen und auf dieser Basis seine ökonomische Expansion betreiben.
2. Japan wollte den deutschen Stützpunkt in China – Tsingtau – in seinen Besitz bringen, weitere Gebiete auf dem asiatischen Kontinent annektieren und überdies alle deutschen Kolonien im Pazifik erobern.

Zum offiziellen Eintritt der Türkei kam es am 3. 11. durch die Kriegserklärung Rußlands. Obwohl die Türkei über eine zahlenmäßig starke Militärmacht verfügte (6 Armeen mit insgesamt 300000 Mann), war ihre Ausrüstung technisch zurückgeblieben und ihr Ausbildungsstand auf einem niedrigen Niveau. Ein Teil der herrschenden Klassen fürchtete, daß eine Teilnahme der Türkei am Krieg – auf welcher Seite auch immer – nur von Nachteil sein könnte. Im Kampf um diese Frage setzte sich jene Richtung durch, die auf die ökonomische und militärische Stärke Deutschlands vertraute.

In der Türkei verband sich mit dem Kriegseintritt das Ziel, mit Unterstützung Deutschlands die finanzielle und ökonomische Abhängigkeit von den Entente-Staaten zu durchbrechen und die Gefahr, von diesen Staaten als Kolonie aufgeteilt zu werden, zu beseitigen.

Darüber hinaus hatte die Türkei expansive Ziele im Kaukasus sowie in den englischen Kolonialgebieten Vorderasiens. Schließlich wollte man die auf dem Balkan und in der Ägäis verlorengegangenen Gebiete zurückgewinnen und dort weitere Gebiete annektieren. Insofern läßt sich die Tendenz erkennen, an der Seite Deutschlands im Nahen Osten und auf dem Balkan eine Art Stellvertreter – Vorherrschaft auszuüben.

1

2

3

4

Erste Frage: Wenn Länder des Islams Angriffen der Feinde preisgegeben sind, wenn dem Islam Gefahr droht, müssen dann jung und alt, Fußvolk und Reiter in allen von Mohammedanern bewohnten Teilen der Erde an dem Heiligen Krieg mit Gut und Blut teilnehmen, falls der Padischah allen Mohammedanern den Krieg erklärt? Antwort: Ja.

Zweite Frage: Da Rußland, England und Frankreich und andere Staaten, die diese drei Mächte unterstützen, gegen das islamitische Kalifat, das ottomanische Reich, durch ihre Kriegsschiffe und Landtruppen die Feindseligkeiten eröffnet haben, ist es nötig, daß auch die Mohammedaner, die die genannten Länder bewohnen, sich gegen ihre Regierungen erheben und am Heiligen Krieg teilnehmen? Antwort: Ja.

Dritte Frage: Werden unter diesen Umständen, wo die Erreichung des Zieles davon abhängt, daß alle Mohammedaner an dem Heiligen Krieg teilnehmen, diejenigen, die sich weigern, sich dieser allgemeinen Erhebung anzuschließen, wegen eines solchen abscheulichen Verhaltens bestraft? Antwort: Ja.

Vierte Frage: Die in feindlichen Ländern lebenden Mohammedaner können unter Drohungen für ihr eigenes Leben und selbst das ihrer Familie gezwungen werden, gegen die Soldaten der islamitischen Macht zu kämpfen. Kann diese Handlungsweise nach dem Scheriat als verboten und die als Mörder betrachteten Täter mit dem Feuer der Hölle bestraft werden? Antwort: Ja.

Fünfte Frage: Da es für das mohammedanische Kalifat schädlich sein wird, wenn die in Rußland, Frankreich, England, Serbien und Montenegro lebenden Mohammedaner gegen Deutschland und Oesterreich-Ungarn kämpfen, die die Retter des großen mohammedanischen Reiches sind, werden deshalb die Täter mit schwersten Strafen belegt? Antwort: Ja.

1 Die »Goeben« wird umgetauft auf den Namen »Sultan Selim Javus«. Der Chef der deutschen Mittelmeerdivision, Konteradmiral Souchon, wird Chef der deutsch-türkischen Flotte

2 Der deutsche Panzerkreuzer »Goeben« nimmt im Oktober an der Beschießung russischer Schwarzmeerhäfen teil, die den Anlaß für den Krieg zwischen der Türkei und Rußland schafft

3 Der türkische Sultan nimmt anläßlich der Kriegserklärung eine Parade ab

4 Ruf des religiösen Oberhauptes des Islams im Osmanischen Reich, des Sultan-Kalifen zum »Heiligen Krieg« (Dschihad) gegen die Entente

Die strategischen Pläne und die strategische Entfaltung der Streitkräfte der Mittelmächte und der Entente in Europa

Die strategischen Pläne der Generalstäbe beider Seiten waren allesamt durch eine Fehleinschätzung des militärischen Charakters des Krieges gekennzeichnet. Weder in Berlin und Wien noch in Petersburg und Paris hatte man die neuen Bedingungen der Kriegführung erkannt und daraus die entsprechenden Folgerungen für die Vorbereitung der Streitkräfte und die Formen und Methoden der Kriegführung gezogen.

Der strategische Plan des sogenannten Großen Generalstabes des deutschen kaiserlichen Heeres war lange vor dem Krieg von dem damaligen Chef des Generalstabes Generalfeldmarschall Graf von Schlieffen in seinen Grundzügen ausgearbeitet worden. Ausgangspunkt dieses Planes war die Annahme, einen Zweifrontenkrieg zu führen, das heißt einen Krieg gegen Frankreich und Rußland. Die strategische Grundidee bestand darin, die Landstreitkräfte Frankreichs und Rußlands aufeinanderfolgend zu schlagen. Die erste strategische Angriffsoperation sollte gegen die Masse des in Nordostfrankreich in strategischer Entfaltung befindlichen französischen Heeres geführt werden, während geplant war, in Ostpreußen und Schlesien die strategische Verteidigung aktiv zu führen. Nach der Niederlage Frankreichs – die innerhalb weniger Wochen herbeigeführt werden sollte – wollte man die Masse der deutschen Landstreitkräfte nach dem Osten verlegen, um dort im Zusammenwirken mit Armeen der österreichisch-ungarischen Landstreitkräfte Rußland eine kriegsentscheidende Niederlage zuzufügen.

Die Grundidee der strategischen Planung des deutschen Generalstabes stand auf schwachen Füßen. Die personelle Stärke des französischen Heeres war sowohl in der Friedens- als auch in der Kriegsstruktur der des deutschen Heeres annähernd gleich, die des russischen in der Kriegsstruktur um eine Million Mann stärker. Massenheere beim damaligen Stand der Militärtechnik innerhalb weniger Monate entscheidend schlagen zu wollen war eine Illusion.

Der deutsche Generalstab jedoch, an dessen Spitze seit 1905 Generaloberst Helmuth von Moltke stand, glaubte Mittel und Methoden für erfolgreiche Angriffsoperationen gegen gleichstarke bzw. kräftemäßig überlegene Gegner gefunden zu haben. Erstens wurde geplant, bei der strategischen Entfaltung einen Vorsprung zu erreichen, was sowohl gegenüber den französischen als auch gegenüber den russischen Landstreitkräften gelang.

Zweitens sah die operativ-strategische Idee der Angriffsoperation gegen Frankreich vor, mit der Mehrheit der an der Westfront eingesetzten Feldarmeen durch Belgien und Luxemburg in allgemeiner Richtung Paris anzugreifen und im folgenden eine gigantische strategische Umfassung der Masse der französischen Landstreitkräfte durchzuführen. Schlieffen und seine Nachfolger hofften auf ein modernes »Cannae«.

Der Operationsplan sah vor, mit der 1.–5. deutschen Armee aus dem Raum Aachen–Metz–Düsseldorf–Saarbrücken in der strategischen Hauptrichtung anzugreifen, während die 6. und 7. deutsche Armee aus dem Raum südöstlich Metz–Mühlhausen–Straßburg–Saargemünd Angriffshandlungen mit begrenzter Zielsetzung zu führen hatten.

Der Operationsplan für die erste Operation im Osten, die ihrem Charakter nach eine Verteidigungsoperation sein mußte, war weniger detailliert ausgearbeitet. In Ostpreußen wurde die 8. deutsche Armee eingesetzt, in Schlesien ein Landwehrkorps, die dazwischen liegenden Grenzgebiete wurden durch einige Landwehrdivisionen gedeckt. Aufgabe dieser operativen Gruppierung war es zunächst, einen Durchbruch russischer Armeen auf deutsches Reichsgebiet zu verhindern und die Offensive der österreichisch-ungarischen Armee zu unterstützen.

Der kaiserliche Admiralstab plante für die Seekriegführung im wesentlichen defensive Handlungen. Man war sich der Überlegenheit der britischen Flotte bewußt. Deshalb sollten die schweren deutschen Überwasserkräfte – deren wichtigste Basis Wilhelmshaven war – erst dann offensiv eingesetzt werden, wenn die schweren britischen Überwasserkräfte durch Minen und U-Boot-Angriffe solche Verluste erlitten hatten, daß ein annäherndes Kräftegleichgewicht zwischen beiden Hochseeflotten vorhanden war. Man rechnete damit, daß der englische Admiralstab seine Hauptaufgabe darin sehen würde, die Deutsche Bucht und die Zugänge zur Ostsee zu blockieren.

In den deutschen Ostseehäfen waren vor allem leichte Flottenkräfte basiert. Sie sollten die Seeherrschaft in der Ostsee erringen und mögliche russische Seelandeoperationen an der deutschen Küste verhindern. Das Zusammenwirken zwischen Heer und Flotte in den Küstenrichtungen war nicht vorgesehen.

Die strategische Planung des Generalstabes der österreichisch-ungarischen Streitkräfte, an dessen Spitze General Franz Conrad von Hötzendorf stand, sah ebenfalls die Kriegführung an zwei Fronten – die Ostfront und die Balkanfront – vor. Die Grundidee bestand darin, an beiden Fronten gleichzeitig zur strategischen Offensive überzugehen. Der österreichisch-ungarische Generalstab rechnete damit, daß es gelingen würde, die weniger kampfkräftigen und zahlenmäßig schwächeren Streitkräfte Serbiens und Montenegros noch vor dem Zeitpunkt zu schlagen, da die russische Südwestfront in Galizien zur Offensive übergehen würde. Diesem strategischen Entschluß lag auch die Beurteilung der russischen Mobilmachung zugrunde, die erfahrungsgemäß langsamer als in den mittel- und westeuropäischen Staaten verlief. Das erwies sich als Fehlrechnung, da die russische Südwestfront ihre Entfaltung bereits am 22. August beendet hatte und zur Offensive überging.

Des weiteren rechnete man in Wien damit, daß im Ergebnis einer schnellen Niederlage Serbiens Rumänien und Bulgarien an der Seite der Mittelmächte in den Krieg gegen Rußland eintreten würden. Dann sollte es zu offensiven Handlungen der Streitkräfte der Mittelmächte an der gesamten Ostfront – von Ostpreußen bis an das Schwarze Meer – kommen, die den russischen Generalstab zwingen würden, seine Streitkräfte auf einer 2000 km langen Front zu verteilen. Auch dieses Element der strategischen Planung erwies sich als fehlerhaft.

Ein weiteres Element der strategischen Planung des Generalstabes der österreichisch-ungarischen Streitkräfte, das nicht realisiert wurde, war der geplante Angriff der 8. deutschen Armee aus Ostpreußen über den Narew. Ein solcher Angriff wäre geeignet gewesen, die österreichisch-ungarische Offensive in Galizien wirksam zu unterstützen. Der deutsche Generalstab hatte die Durchführung dieses Angriffs für den Fall, daß die russischen Armeen an der ostpreußischen Grenze bei Kriegsbeginn zur Verteidigung übergehen würden, mit dem österreichisch-ungarischen Generalstab vereinbart. Man beurteilte allerdings die Wahrscheinlichkeit dieser Variante in Berlin als sehr gering.

Eine gemeinsame strategische Planung zwischen beiden Generalstäben gab es nicht. Der Chef des deutschen Generalstabes hatte den Oberbefehlshaber der 8. deutschen Armee angewiesen, alle Fragen des Zusammenwirkens mit den österreichisch-ungarischen Streitkräften in eigener Verantwortung zu lösen. Obwohl Deutschland und Österreich-Ungarn eine Militärkoalition bildeten, gab es demzufolge keinen Plan der Koalitionskriegführung. Das Hauptaugenmerk des deutschen Generalstabes richtete sich auf die Niederwerfung Frankreichs, und man rechnete damit, daß die österreichisch-ungarische Offensive in Galizien und die Handlungen der im Osten bereitgestellten deutschen Kräfte die notwendige Rückendeckung gegen eine russische Großoffensive schaffen würden.

Der österreichisch-ungarische Generalstab wollte zwei strategische Aufgaben gleichzeitig lö-

Die strategische Entfaltung auf dem westeuropäischen Kriegsschauplatz im August 1914

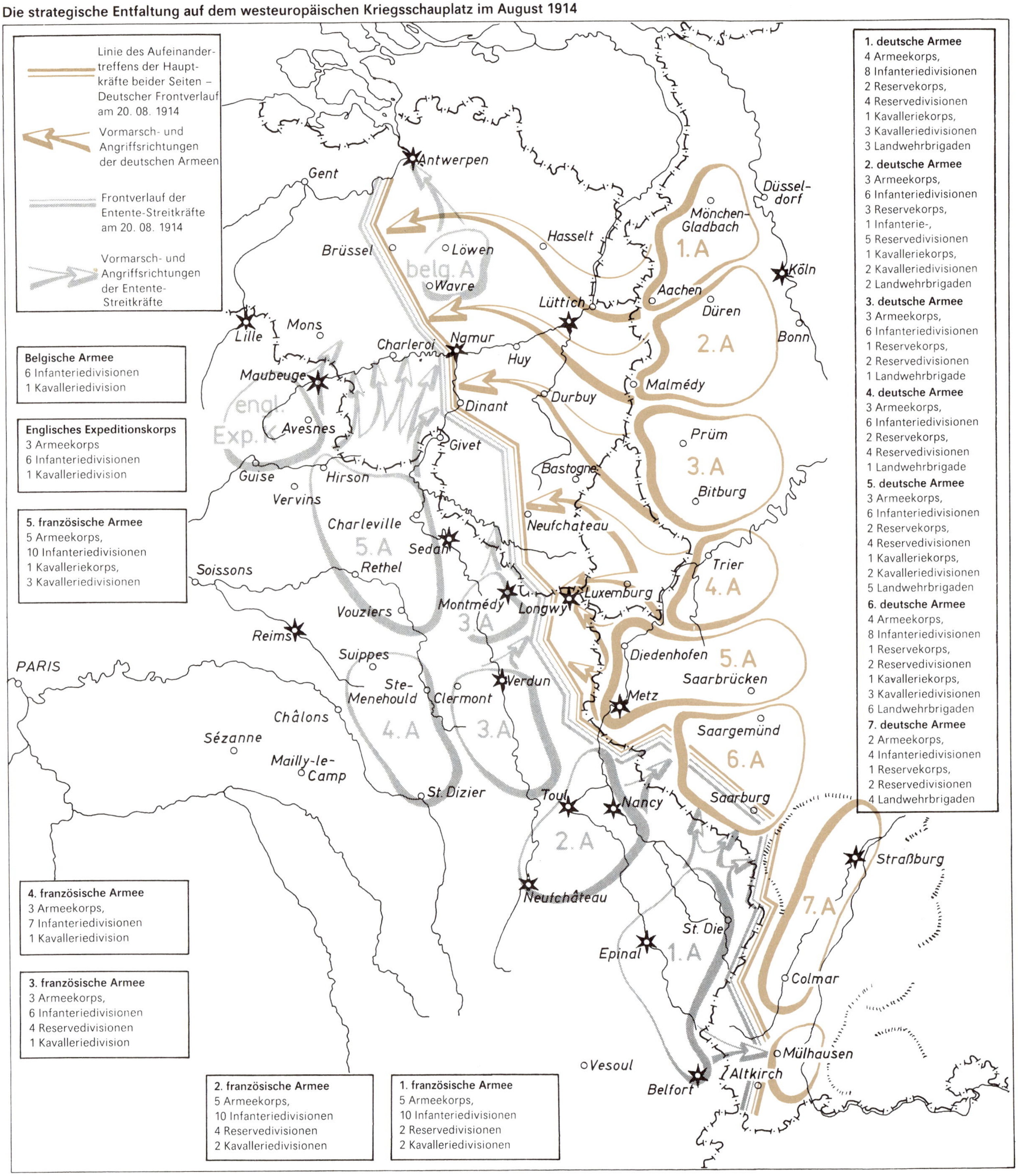

1

2

3

4

Die Strategen des Krieges

1 Großfürst Nikolai Nikolajewitsch (1856–1929), russischer Generalissimus (1914/1915)

2 Graf John French (1852–1925), englischer Feldmarschall, Oberbefehlshaber des Expeditionskorps in Frankreich (1914/1915)

3 Links: Joseph Joffre (1852–1931), französischer Marschall, Chef des französischen Generalstabes und zugleich Oberbefehlshaber des Heeres (1911–1916)

4 Conrad von Hötzendorf (1852–1925), österreichisch-ungarischer Generalfeldmarschall, Chef des Generalstabs (1906–1916)

5 Helmuth von Moltke (1848–1916), preußischer Generaloberst, Chef des Großen Generalstabs (1906–1914)

5

sen und rechnete dabei mit der Unterstützung durch deutsche Streitkräfte. Gegen die russische Südwestfront wurden in Galizien 3 Armeen und 1 Armeegruppe entfaltet, gegen die Streitkräfte Serbiens und Montenegros 2 Armeen. Die 2. österreichisch-ungarische Armee verblieb in der strategischen Reserve.

Die strategische Planung des Generalstabes der russischen Streitkräfte, deren Oberbefehlshaber Großfürst Nikolai Nikolajewitsch war, sah Angriffshandlungen in zwei strategischen Richtungen vor – in Richtung Ostpreußen und Richtung Südpolen-Galizien. In der nördlichen strategischen Richtung sollte die Nordwestfront mit der 1. und 2. russischen Armee bereits am 15. Mobilmachungstag zur Offensive übergehen. Ziel war die Zerschlagung der 8. deutschen Armee und die Eroberung Ostpreußens. Das entsprach der Militärkonvention mit Frankreich, der geplanten Entlastung der französischen Streitkräfte. Die Südwestfront mit der 4., 5., 3. und 8. russischen Armee hatte die Offensive in der südlichen strategischen Angriffsrichtung zu führen. Ziel war die Zerschlagung der dort handelnden strategischen österreichisch-ungarischen Gruppierung und die Eroberung des westlichen Galiziens und Südpolens. Das wurde als die strategische Hauptaufgabe der russischen Streitkräfte betrachtet, da dadurch Österreich-Ungarn möglicherweise zum Ausscheiden aus dem Krieg gezwungen worden wäre und die Annexion Serbiens verhindert werden sollte.

Die gleichzeitige Lösung beider Aufgaben überstieg jedoch die Möglichkeiten der russischen Landstreitkräfte in der Anfangsperiode. Zwar waren als strategische Reserven je eine Armee im Raum Petrograd und im Raum Odessa vorhanden, ihre Verlegung beanspruchte jedoch mehrere Wochen. Die Aufstellung und Verlegung weiterer operativer Verbände bedurfte noch längerer Zeiträume.

Der Generalstab des französischen Heeres, unter dem Oberbefehl von General Joseph Joffre stehend, ging in seiner strategischen Planung davon aus, daß die französischen Landstreitkräfte bei Kriegsbeginn zur strategischen Veteidigung oder zur strategischen Offensive übergehen konnten. Diese Frage war in der französischen Militärpresse vor dem Krieg umfassend diskutiert worden. Das Für und Wider zugunsten einer strategischen Offensive hatte sich die Waage gehalten und seinen Niederschlag in der Planung des Generalstabes gefunden. Die strategische Entfaltung wurde so geplant und durchgeführt, daß aus ihr heraus sowohl zur strategischen Offensive als auch zur strategischen Verteidigung übergegangen werden konnte. Der Übergang zur strategischen Offensive wurde vom Vorhandensein überlegener Kräfte und Mittel auf seiten der Entente abhängig gemacht. Die Schaffung eines günstigen Kräfteverhältnisses erforderte nach Auffassung des französischen Generalstabes die Teilnahme englischer und belgischer Truppen an der Offensive. Mit der englischen Regierung gab es diesbezügliche Vereinbarungen. Konkrete Festlegungen über das operative Zusammenwirken der Streitkräfte Frankreichs, Großbritanniens und Belgiens wurden allerdings nicht getroffen.

Der Plan für die Entfaltung der französischen Streitkräfte sah mehrere Varianten vor, deren Realisierung von den Aufklärungsergebnissen über die strategische Entfaltung des deutschen Heeres und dessen wahrscheinlichen Angriffsrichtungen abhängig gemacht wurde. Realisiert wurde eine Variante, bei der 6 französische Armeen und ein Armeekorps auf der allgemeinen Linie Belfort–Epinal–Nancy–Verdun–Vouziers–Hirson entfaltet wurden. Eine Armee verblieb in der Reserve des Oberkommandos.

Die strategische Planung sah eine Angriffsoperation der 1. und 2. französischen Armee in allgemeiner Richtung Straßburg vor, deren Ziel die Zerschlagung der deutschen Gruppierung westwärts des Oberrheins und die Besetzung Elsaß-Lothringens sein sollte. Im Mittelabschnitt und im Nordabschnitt bestand das strategisch-operative Ziel darin, keinen tiefen Einbruch deutscher Armeen auf französisches Territorium zuzulassen.

Der Einsatz der französischen Kriegsflotte spielte in der strategischen Planung keine tragende Rolle. Die Mehrheit der schweren Überwasserkräfte war in Häfen der französischen Mittelmeerküste basiert. Ihre Hauptaufgabe bestand im Schutz der Seeverbindungswege der Entente im Mittelmeer.

In der strategischen Planung der obersten englischen Militärführung dominierte der Einsatz der Kriegsflotte. Ihre Hauptkräfte waren in der Marinebasis Scapa Flow auf den Orkney-Inseln sowie in Häfen der Ost- und Südküste der britischen Insel basiert. Die Grundidee ihres Einsatzes bestand darin, Deutschland von seinen Rohstoffzuführungen aus Übersee abzuschneiden. Daraus ergab sich die Rangfolge ihrer Hauptaufgaben: Unterbrechung der deutschen Seeverbindungen durch die Nordsee und den Ärmelkanal, Sicherung der eigenen Seeverbindungswege, Schutz der Marinebasen gegen U-Boot-Angriffe, Vernichtung der deutschen Überwasserkräfte, die sich außerhalb der Nordsee befanden. Eine Seeoperation gegen die deutschen Überwasserkräfte in der Deutschen Bucht wurde nicht geplant.

Für die Landkriegführung wurde die Verlegung und der Einsatz eines sogenannten Expeditionskorps in Nordfrankreich geplant, dessen Oberbefehlshaber General John French war. Dieser operative Verband war seiner Stärke nach eine Armee. Er sollte per Schiff von Dover nach Dünkirchen, Calais und Boulogne transportiert werden. Seine Entfaltung war auf der allgemeinen Linie Maubeuge–Lille geplant. Die anderen Teile der englischen Landstreitkräfte waren auf der britischen Insel (die Territorialarmee) und in den Kolonien (die Kolonialarmee) disloziert. Die Territorialarmee galt als strategische Reserve für den westeuropäischen Kriegsschauplatz.

Allerdings war die englische Regierung bestrebt, die Hauptlast der Landkriegführung in West- und Osteuropa Frankreich und Rußland tragen zu lassen. Der Einsatz von Truppen der Kolonialarmee in Afrika und im Nahen Osten wurde vorbereitet.

In den strategischen Planungen der Militärführungen der Mittelmächte und der Ententestaaten kamen die expansiven Kriegsziele zum Ausdruck. Keiner der strategischen Pläne war eindeutig auf die strategische Verteidigung des eigenen Territoriums orientiert. Die strategischen Pläne des deutschen, österreichisch-ungarischen und russischen Generalstabes waren durch die Entschlossenheit diktiert, bei Kriegsbeginn die strategische Initiative zu gewinnen und kurzfristig kriegsentscheidende Ziele zu erreichen. Was die Möglichkeiten zur Verwirklichung der strategischen Ziele betrifft, so stand der Plan des deutschen Generalstabes am schärfsten im Widerspruch zur Realität, d. h. zum Kräfteverhältnis.

Beim Kampf um die strategische Initiative setzte der deutsche Generalstab auf drei Prämissen der strategischen Planung: Vorsprung bei der Mobilmachung, Vorsprung bei der strategischen Entfaltung, Führung eines für den Gegner unerwartet wuchtigen Schlages ohne Kriegserklärung durch das neutrale Belgien. Alles das lief darauf hinaus, den Gegner zu überraschen. Wie der Ablauf der Ereignisse zeigte, gelang das nur teilweise und hatte nur zeitweilige Wirkung.

Die strategischen Planungen der Militärführungen Frankreichs und Großbritanniens wiesen einen größeren Realitätsgehalt auf, da sie die jeweiligen Kräfteverhältnisse stärker berücksichtigten. Die englische Marineführung war zudem bestrebt, ihre schweren Überwasserkräfte zu schonen.

Insgesamt hatte jedoch keine der Militärführungen sowohl der Mittelmächte als auch der Entente reale Vorstellungen von der Dauer des Krieges, von der erforderlichen Größe der strategischen Reserven, von der ökonomischen Sicherstellung der Streitkräfte (vor allem vom Munitionsbedarf) und von den Formen und Methoden der Kampfhandlungen im Zeitalter der mit Maschinenwaffen ausgerüsteten Massenstreitkräfte.

1 Deutsche Truppen auf dem Vormarsch
2 Belgische Infanterie in dichter Schützenlinie
3 Lüttich nach der Einnahme am 07. 08. 1914

Die Kampfhandlungen auf dem westeuropäischen Kriegsschauplatz

Die Mobilmachung der deutschen Landstreitkräfte verlief planmäßig, und ihre strategische Entfaltung vollzog sich ohne wesentliche Einwirkungen durch den Gegner. Mit der Erklärung der deutschen Regierung vom 31. 7. über den »Zustand drohender Kriegsgefahr« begann die Überführung von 8 Armeen in den Kriegszustand. Die Reservekorps und Ersatztruppenteile wurden aufgestellt und die Armeen (meist per Eisenbahn) in jene Gebiete verlegt, aus denen heraus der Fußmarsch in die Konzentrierungsräume für die Offensive bzw. Verteidigung erfolgen sollte.

Das deutsche Westheer umfaßte sieben Armeen (1., 2., 3., 4., 5., 6. und 7. Armee), deren Konzentrierungsräume alle westlich des Rheines lagen. Alle sieben Armeen des Westheeres erreichten bis zum 16. 8. termingemäß die befohlenen Räume. Entgegen den Erwartungen des deutschen Generalstabes unternahmen die französischen Streitkräfte keinerlei ernsthafte Versuche, die strategische Entfaltung des deutschen Westheeres zu stören. Das Beziehen der Konzentrierungsräume wurde durch fünf Armeekorps (die sogenannten Grenzkorps) gedeckt.

Die Kampfhandlungen während der Mobilmachung und strategischen Entfaltung

Die deutschen Deckungstruppen eröffneten bereits am 2. 8. die Kampfhandlungen. Es handelte sich dabei im wesentlichen um die Besetzung französischer Grenzposten, um Aufklärungshandlungen und um die Einnahme für die strategische Entfaltung wichtiger Räume. Bereits am 2. 8. besetzte die 16. Infanteriedivision das Territorium des Großherzogtums Luxemburg – den Konzentrierungsraum der 4. Armee –, ohne daß sie auf Widerstand stieß.

Die wichtigste der deutschen Maßnahmen in der Zeit der strategischen Entfaltung war die Besetzung Belgiens und die Eroberung des befestigten Raumes Lüttich. Das wurde vom deutschen Generalstab als eine der wesentlichsten Voraussetzun-

1

2

3

4

1 Durch 420-mm-Granate zerstörte Panzerkuppel des Forts Loncin bei Lüttich
2 Belgische Truppen auf dem Rückzug September 1914
3 Truppen des englischen Expeditionskorps treffen in Frankreich ein
4 Belgische Zivilbevölkerung flüchtet aus dem Kampfgebiet

gen betrachtet, um die strategische Umfassung der französischen Landstreitkräfte durchführen zu können. Die 1., 2. und 3. deutsche Armee sollten sich auf belgischem Territorium für die strategische Offensive gegen Frankreich entfalten. Die 1. und 2. deutsche Armee mußten zu diesem Zwecke die Maas im Raum Lüttich überwinden, was nur möglich war, wenn es gelang, die Forts im Vorgelände der Stadt zu erobern und die Stadt einzunehmen.

Der Überfall auf Belgien begann am 4. 8. ohne Kriegserklärung und war ein eindeutiger Bruch des Völkerrechts. Auch der Verlauf der Eroberung Belgiens zeugte davon, daß die herrschenden Kreise des imperialistischen Deutschlands das Kriegsvölkerrecht mißachteten. Es kam zu Massenerschießungen von Angehörigen der Zivilbevölkerung, die – auch teilweise bewaffneten – Widerstand leistete. Andere Terrormaßnahmen waren das Niederbrennen von Orten – z. B. der Universitätsstadt Löwen – und die Auferlegung von hohen Kontributionen. Die deutschen Führungsorgane schreckten auch nicht davor zurück, Plünderungen zuzulassen.

Die Eroberung der Stadt Lüttich und des sie umgebenden befestigten Raumes verlief nicht enspre-chend dem exakt ausgearbeiteten Plan. Der deutsche Generalstab hatte beabsichtigt, mit Vorauskräften in hohem Tempo nachts überraschend in den Raum Lüttich einzudringen und die sich verteidigende belgische Gruppierung – deren Stärke mit 6000 Mann angenommen wurde – zur Kapitulation zu zwingen. Das erwies sich als nicht durchführbar. Die belgische Gruppierung in einer Stärke von 30000 Mann verteidigte sich hartnäkkig. Während es gelang, den Kern der Stadt Lüttich bereits am 5. August zu erreichen, dauerte die Einnahme der zahlreichen Forts – zu deren Bekämpfung 380-mm- und 420-mm-Haubitzen eingesetzt werden mußten – bis zum 16. 8. an. Bei der Einnahme des Festungsgebietes Lüttich erlitten die deutschen Truppen die ersten schweren Verluste.

Zu größeren Kampfhandlungen kam es auch im Raum westlich von Mühlhausen sowie bei Badoviller und Lagarde. Dort war die 1. französische Armee am 7. 8. bzw. am 8. 8. zum Angriff übergegangen, wurde aber durch die 7. und 6. deutsche Armee zurückgeworfen.

Im ganzen gesehen verlief jedoch die strategische Entfaltung des deutschen Westheeres planmäßig und wurde am 16. 8. mit dem Beziehen der Konzentrierungsräume für die strategische Offensive beendet.

Der Beginn der strategischen Offensive und die Grenzschlachten

Die strategische Offensive des deutschen Westheeres begann mit dem Angriff der 1., 2. und 3. Armee am 18. 8. Diese drei Armeen bildeten zu-

Die Lage auf dem westeuropäischen Kriegsschauplatz am 4. 9. 1914

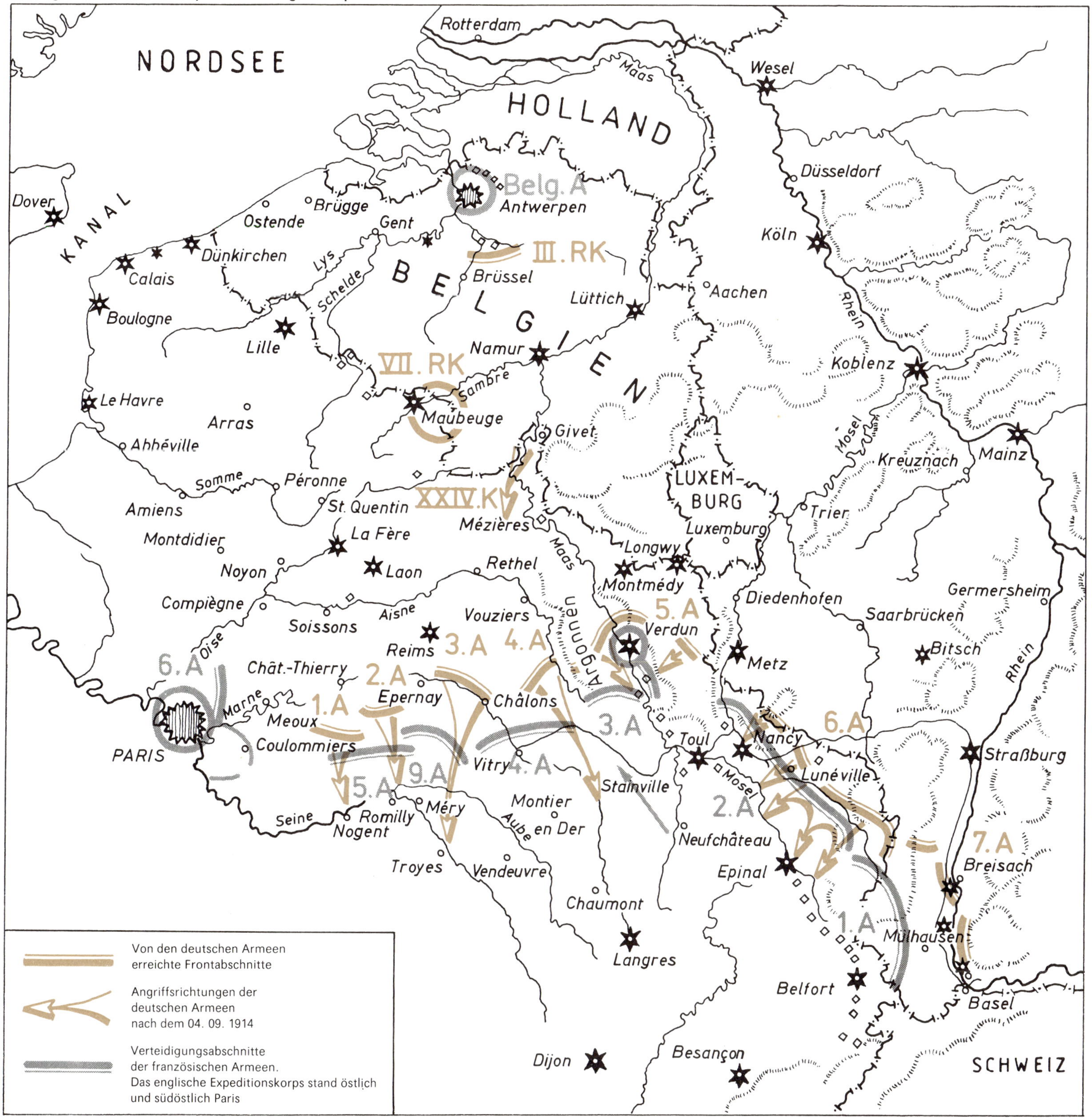

sammen mit der 4. und 5. Armee den sogenannten Schwenkungsflügel und hatten das höchste Angriffstempo zu entwickeln. Die 1. Armee (Oberbefehlshaber Generaloberst v. Kluck) griff in Richtung Hasselt–Brüssel an, die 2. Armee (Oberbefehlshaber Generaloberst v. Bülow) in Richtung Huy–Namur, die 3. Armee (Oberbefehlshaber Generaloberst Freiherr v. Hausen) in Richtung Durbuy–Dinant.

Die belgischen Streitkräfte (6 Infanteriedivisionen, 1 Kavalleriedivision) konnten die personell und militärtechnisch überlegenen deutschen Armeen trotz teilweise hartnäckigen Widerstandes nicht zum Stehen bringen. Ein effektives Zusammenwirken mit dem englischen Expeditionskorps (3 Korps zu je 2 Infanteriedivisionen, 1 Kavalleriedivision) und der 5. französischen Armee (10 Divisionen) kam nicht zustande. Die englischen Truppen griffen erst am 24. 8. in die Kämpfe ein, erlitten eine Niederlage und mußten sich in Richtung Paris zurückziehen. Nach dem Verlust von Brüssel (20. 8.) und Namur (24. 8.) zog sich das Gros der belgischen Streitkräfte auf den Raum Antwerpen zurück und ging dort zur Verteidigung über.

Das französische Oberkommando hatte die stärkste deutsche Gruppierung in Luxemburg und im Raum Diedenhofen–Metz–Saarbrücken vermutet und die Richtung Verdun–Paris als Hauptschlagrichtung des deutschen Westheeres beurteilt. Dementsprechend hatte es im Raum ostwärts Verdun–Hirson–Reims seine stärkste Gruppierung (3., 4. und 5. Armee) konzentriert. Die belgisch-französische Grenze wurde von einem Kavalleriekorps, 3 Reservedivisionen und Teilkräften der 5. Armee gedeckt.

Die Aufgaben der französischen Hauptgruppierung wurden, nach einem Befehl des Oberkommandierenden der französischen Streitkräfte, General Joffre, vom 8. 8. von der Lageentwicklung abhängig gemacht. Dieser Befehl sah die Möglichkeit von Angriffen und Verteidigungshandlungen vor. Die südliche Gruppierung (1. und 2. Armee), bei Kriegsbeginn im Raum Epinal–Toul–Neufchateau mit der Aufgabe konzentriert, den Angriff in Richtung Epinal–Saarburg und Nancy–Saarbrükken zu führen, kämpfte in den Vogesen und in Elsaß-Lothringen.

Am 18. 8. kam es zu den ersten größeren Kampfhandlungen zwischen deutschen und französischen Truppen an der belgisch-französischen Grenze im Abschnitt südlich Maubeuge–Givet. Die französischen Deckungstruppen erwiesen sich als zu schwach, und das französische Oberkommando beschloß, Verstärkungen heranzuführen. Am 20. 8. erteilte General Joffre den Befehl zur Gegenoffensive für die 3., 4. und 5. Armee, für die 1. und 2. Armee zur Weiterführung des Angriffs. Damit begannen die Grenzschlachten, in denen die Hauptkräfte beider Seiten aufeinanderstießen.

Die 4. deutsche Armee (Oberbefehlshaber Generaloberst Herzog Albrecht von Württemberg) und die 5. deutsche Armee (Oberbefehlshaber Kronprinz Wilhelm von Preußen) begannen die Offensive ebenfalls am 18. 8. Die 4. Armee führte den Angriff in Richtung Bastogne–Sedan, die 5. Armee in Richtung Arlon – nördlich Verdun. Ihr Angriffstempo sollte sich nach dem der durch Belgien marschierenden Armeen richten, um ein geschlossenes Vorgehen des sogenannten Schwenkflügels zu erreichen. Beide Armeen trafen in den ersten Angriffstagen auf schwächeren französischen Widerstand. Die 4. Armee stieß in der

1

2

3

1 Französische Kavallerie bei der Aufklärung
2 Französische Dragoner auf dem Marsch zur Front
3 Longwy nach der Eroberung am 26. 08. 1914
4 Feldartillerie des englischen Expeditionskorps
5 Deutsche Infanterie gräbt sich ein
6 Französische Zivilbevölkerung auf der Flucht
7 Nach den Straßenkämpfen in Lille am 13. 10. 1914

4

5

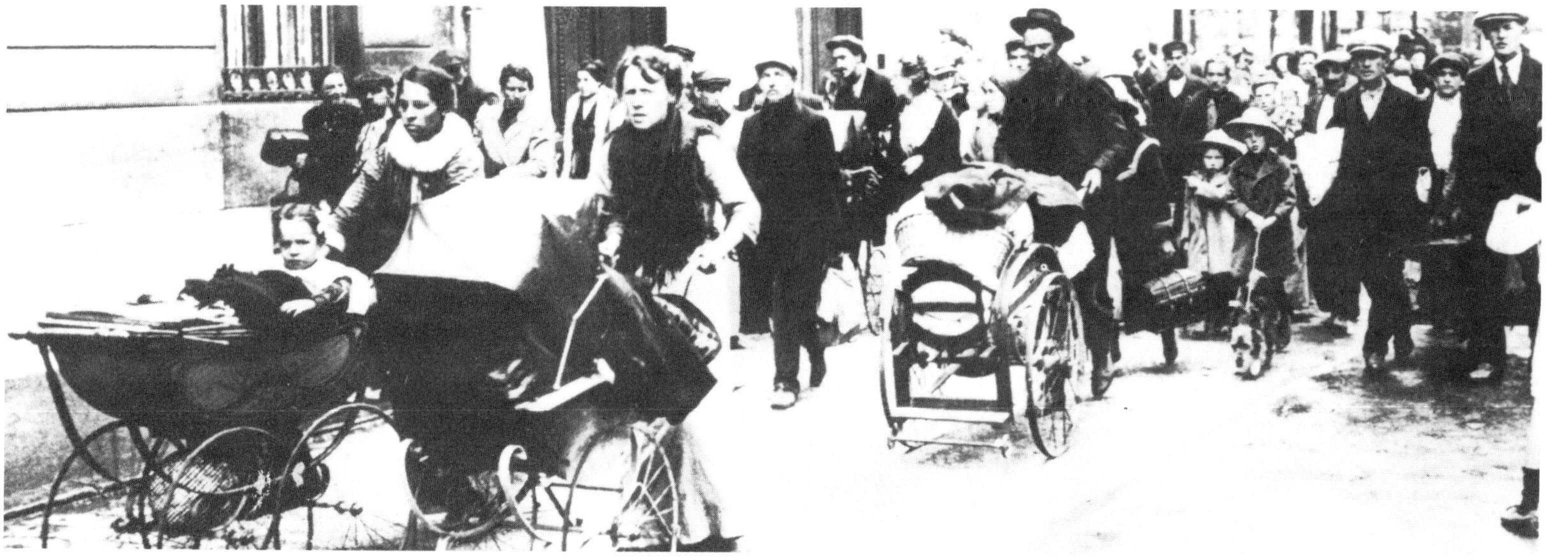

6

Grenzschlacht bei Neufchateau (22.–23. 8.) auf Kräfte der 4. französischen Armee, die 5. Armee in der Grenzschlacht bei Longwy (22. 8.) auf Kräfte der 3. französischen Armee. Als Ergebnis beider Schlachten mußten die französischen Truppen den Rückzug auf die Maas antreten.

Die 6. deutsche Armee (Oberbefehlshaber Kronprinz Rupprecht von Bayern) und die 7. deutsche Armee (Oberbefehlshaber Generaloberst von Heeringen) gingen am 20. 8. zum Angriff über. Sie stießen auf die Truppen der 1. und 2. französischen Armee. Diese Kampfhandlungen werden als die Schlacht in Lothringen (20.–22. 8.) bezeichnet. Sie endete deutscherseits mit einem Erfolg, aber französische Gegenangriffe vom 25. bis 27. 8. zwangen beide deutsche Armeen in die Verteidigung.

Den größten Erfolg in den Grenzschlachten erzielten die 1., 2. und 3. deutsche Armee. Bei Namur (21.–24. 8.) wurde die 5. französische Armee und bei Mons (23.–24. 8.) das englische Expeditionskorps zum Rückzug gezwungen, der erst an der Somme und Oise endete.

Insgesamt verliefen die Grenzschlachten deutscherseits also erfolgreich. Der nördliche Flügel war tief in Nordfrankreich eingedrungen und hatte nunmehr günstige Voraussetzungen für die Fortsetzung der Angriffsoperationen in südlicher und südwestlicher Richtung geschaffen. Die Armeen des Zentrums näherten sich der Maas. Nur am Südflügel kamen die Vorwärtsbewegungen zum Stillstand. Allerdings war die Kampffähigkeit aller französischen Armeen und des englischen Expeditionskorps erhalten geblieben.

Es war auch nicht zu übersehen, daß alle Versuche, die französischen Streitkräfte in Nordfrankreich zu umfassen, bisher gescheitert waren. Aber in den Meldungen fast aller Armeeoberkommandos über die Ergebnisse der Grenzschlachten war die Rede von »entscheidenden Siegen«. Die OHL, deren Sitz in Koblenz war, teilte diese Auffassungen. Nur unter Berücksichtigung dieser Fehleinschätzung läßt sich erklären, daß Generaloberst von Moltke angesichts der Meldung des Oberbefehlshabers der 8. deutschen Armee vom 24. 8., stark überlegene russische Kräfte hätten die noch nicht vollständig konzentrierte 8. Armee angegriffen, den Entschluß faßte, 3 Armeekorps von der West- an die Ostfront zu verlegen.

Trotz der damit verbundenen Veränderung des Kräfteverhältnisses – das französische Oberkommando hatte inzwischen begonnen, nördlich Paris die 6. Armee aufzustellen – gab die OHL die Idee einer strategischen Umfassung der französischen Landstreitkräfte nicht auf. Am 27. 8. befahl sie den Armeen des Schwenkungsflügels die Fortsetzung des Angriffs in Richtung Südwesten und Süden. Die 1. Armee sollte Paris westlich umgehen, die 2. Armee Paris einnehmen und die 3., 4. und 5. Armee den Gegner auf den Raum südlich der Marne zurückwerfen, wodurch es dort zur Entscheidungsschlacht kommen sollte. Gleichzeitig wurde der 6. und 7. Armee befohlen, die französische Front bei Toul und Nancy zu durchbrechen und somit der französischen Hauptgruppierung südlich der Marne in die Flanke und den Rücken zu stoßen. Demzufolge wurde nunmehr eine zweiseitige strategische Umfassung angestrebt.

Anfang September bildete sich folgende Lage heraus: Die deutschen Armeen des Schwenkungsflügels hatten die französischen und englischen Truppen auf die allgemeine Linie Verdun–Chalons–Paris zurückgeworfen, der 6. und 7. Armee war es nicht gelungen, die französische Verteidigung am Südflügel zu durchbrechen. Die deutschen Armeen hatten weitere operativ-taktische Erfolge errungen, ihre strategisch-operative Lage gestaltete sich zunehmend ungünstig. Die 1., 2., 3. und 4. Armee war zwar tief in Nordfrankreich eingedrungen, aber da es der 5. Armee nicht gelang, die Festungszone Verdun einzunehmen, bildete sich eine sackförmige Frontlinie zwischen Paris und Verdun heraus. Je stärker die 1., 2., 3. und 4. Armee nach Süden und Südwesten vordrangen, um so risikoreicher wurde ihre operative Lage. Das betraf insbesondere die 1. und die 2. Armee, an deren Flanke ostwärts Paris die neu gebildete 6. französische Armee und das englische Expeditionskorps standen.

Da alle Ententearmeen weiterhin hartnäckigen Widerstand leisteten und zu Gegenangriffen übergingen, wurde erst jetzt der OHL klar, daß die Kriegsentscheidung noch nicht gefallen war. Mehr noch, die 1. und 2. deutsche Armee liefen Gefahr, selbst umfaßt zu werden. Die strategische Konzeption des deutschen Generalstabes, durch eine – bis ins Detail geplante – strategische Umfassung der Masse der französischen Landstreitkräfte Frankreich niederzuwerfen, geriet ins Wanken. Vier Wochen nach Kriegsbeginn wurde sichtbar, daß es einen schnellen Sieg Deutschlands nicht geben würde. Zwar befanden sich die französischen Streitkräfte in einer schwierigen Lage, aber ihre Führung war entschlossen, dem Krieg eine Wende zu geben.

Die Schlacht an der Marne

Das französische Oberkommando hatte in der zweiten Augusthälfte die Absicht der OHL erkannt, die Masse der französischen Streitkräfte von Norden her tief zu umgehen. Alle Anstrengungen, die für diese Aufgabe eingesetzte deutsche Gruppierung zu zerschlagen oder sie zumindest zum Stehen zu bringen, waren ohne Erfolg geblieben. Die französische oberste Militärführung war jedoch entschlossen, nicht aufzugeben.

Angesichts der sich Anfang September entwickelnden Lage befahl der französische Oberkommandierende am 4. 9. erneut zur Gegenoffensive überzugehen. Die 6. französische Armee erhielt die Aufgabe, in die Flanke und den Rücken der 1. deutschen Armee vorzustoßen. Die 5., 9. und 4. französische Armee hatten den Angriff gegen die 2., 3. und 4. deutsche Armee zu führen. Die 3. französische Armee sollte die 5. deutsche Armee aus dem Raum Verdun zurückwerfen. Da es kein gemeinsames Oberkommando gab, bat General Joffre den Befehlshaber des englischen Expeditionskorps, den Angriff der 6. französischen Armee, angelehnt an deren rechte Flanke, zu unterstützen.

Am 6. 9. begann die französisch-englische Gegenoffensive und damit die Schlacht an der Marne. 69 Divisionen der Entente griffen 48 deutsche Divisionen an. Besonders ungünstig entwickelte sich die Lage bei der 1. deutschen Armee (10 Divisionen), die von der 6. französischen Armee und dem englischen Expeditionskorps (beide operative Verbände hatten insgesamt 16 Divisionen im Bestand) an der rechten Flanke angegriffen wurde. Die OHL hatte bereits am 2. 9. auf eine solche Möglichkeit hingewiesen und forderte am 5. 9. von den Oberbefehlshabern der 1. und der 2. Armee, die Fronten ihrer Verbände nach Westen einschwenken zu lassen und Angriffe des Gegners aus dieser Richtung offensiv abzuwehren. Dieser Befehl wurde jedoch nur zögernd ausgeführt. Als französische und englische Truppen am 6. 9. ostwärts Paris in die rechte Flanke der 1. Armee stießen, befand sich die Mehrheit der Korps beider Armeen im Abschnitt nördlich der Marne mit der Front nach Süden. Die 1. Armee deckte ihre rechte Flanke mit zwei Korps. Der Oberbefehlshaber der 1. Armee zog am 6. und 7. 9. die an der Marne stehenden 3 anderen Korps nach Norden und bildete so eine neu nach Westen gerichtete Front, der es zunächst gelang, den Angriff des Gegners zum Stehen zu bringen. Da diese Verlegung ohne exakte Abstimmung mit dem Oberbefehlshaber der 2. Armee zustande kam, entstand zwischen beiden Armeen eine Lücke von 50 km Breite. In diese Lücke stieß am 8. und 9. eine englisch-französische Gruppierung in Stärke von 10 Divisionen. Beide deutsche Armeen liefen Gefahr, von ihren rückwärtigen Verbindungen abgeschnitten zu werden. Der 1. Armee drohte darüber hinaus, von beiden Seiten umfaßt und zerschlagen zu werden.

Am 9. 9. erteilte die OHL der 1. Armee den Befehl zum Rückzug, dem am gleichen Tag die 2. Armee folgte. In den nächsten Tagen traten alle anderen Armeen des deutschen Westheeres den Rückzug an. Er endete bei der 1. bis 5. Armee auf

1 Französischer Pilot bei der Startvorbereitung
2 Deutsche Piloten vor Aufklärungsflugzeug
3 Abgeschossenes französisches Lenkluftschiff »Alsace«
4 Französisches Kampfflugzeug vom Typ Farman bekämpft deutsches Militärluftschiff
5 Luftabwehr mittels Gewehrsalvenfeuer

1

2

3

4

5

1

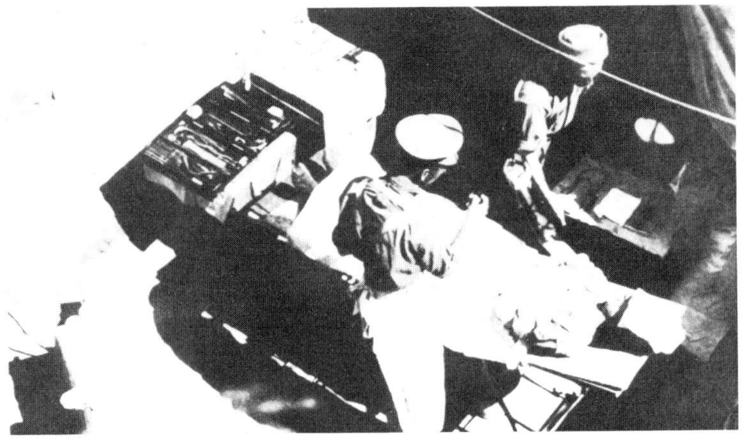
2

3

4

5

der allgemeinen Linie Soissons–Reims–Metz und bei der 6. und 7. Armee im wesentlichen an der französisch-deutschen Grenze. Damit war die Blitzkriegskonzeption des deutschen Generalstabes endgültig gescheitert.

Woraus erklärt sich das Scheitern der strategischen Offensive des deutschen Westheeres, nachdem anfänglich bedeutende taktische und operative Erfolge errungen worden waren? Erstens war es objektiv unmöglich, eine millionenstarke Landstreitmacht wie das französische Heer auf einem Territorium von mehreren zehntausend km^2 einseitig zu umfassen – das hätte die absolute Passivität des Gegners vorausgesetzt.

Zweitens gab es ernsthafte Mängel sowohl in der strategischen Führung als auch in der Truppenführung: Die OHL war nicht ständig über die reale Lage der Armeen informiert und der Generalstabschef traf die erforderlichen Entscheidungen verspätet. Insbesondere wurden schwerwiegende Unterlassungen im Zusammenwirken der angreifenden Armeen begangen. Die Oberbefehlshaber der deutschen Armeen handelten im wesentlichen selbständig und trafen ihre Entscheidungen häufig ohne Kenntnis der Gesamtlage, insbesondere ohne genaue Kenntnis der Lage beim Nachbarn.

Drittens wurde der Gegner unterschätzt. Die

6

7

8

9

1 Die Kanalküste ist erreicht
2 Erste medizinische Hilfe
3 Deutsche Stabswache vor dem Rathaus Noyon
4 Der Stellungkrieg beginnt. Deutsche Infanterie gräbt sich ein
5 Deutsche Truppen im Raum der Marne
6 Englischer Schützengraben an der Marne
7 Der deutsche Gouvernementsstab in Namur
8 Der Stellungskrieg beginnt. Französische Infanterie gräbt sich ein
9 Der König von Sachsen besucht die Front – im Stab der 7. Armee
10 Deutsches Feldgericht verurteilt französische Patrioten

10

1

2

3

4

5

1 König Albert, Oberbefehlshaber der belgischen Armee
2 Staatspräsident Poincaré und Kriegsminister Mitterrand inspizieren die französische Front in den Vogesen
3/4 Propaganda und Wirklichkeit
5 Deutsche Feldartillerie passiert Nieppe (Flandern) in Richtung Kemmelberg

OHL war nach den Anfangserfolgen der strategischen Offensive davon überzeugt, daß die Entscheidung damit bereits gefallen wäre. Operativtaktische Erfolge wurden überbewertet und die Möglichkeiten des französischen Oberkommandos zu einer Gegenoffensive mit entschiedener Zielstellung unterschätzt.

Der »Wettlauf« zum Meer – die Flandernschlachten – der Beginn des Stellungskrieges

Am 14. 9. wurde der preußisch-deutsche Kriegsminister Generalleutnant Erich von Falkenhayn mit der Führung der Geschäfte des Chefs des Generalstabes des Feldherrn beauftragt. Grund des Führungswechsels war das offensichtliche Versagen des Generalobersten von Moltke bei der Führung der strategischen Offensive an der Westfront. Die Schlacht an der Marne hatte mit einem Mißerfolg geendet und deutete an, daß es nicht möglich war, die französischen Landstreitkräfte innerhalb weniger Wochen zu zerschlagen. Beide Seiten hatten auf dem westeuropäischen Kriegsschauplatz bedeutende Verluste erlitten. Die personelle Gefechtsstärke der Divisionen betrug noch 50 – 60 Prozent. Außerdem herrschte ein akuter Munitionsmangel. Die Vorkriegsplanungen des Munitionsverbrauches für die Kriegführung erwiesen sich als zu niedrig angesetzt.

Falkenhayn befahl die Durchführung einer Offensive im Abschnitt Soissons–Reims mit dem Ziel, den französisch-englischen Kräften dort eine Niederlage beizubringen, die Initiative im Westen wiederzugewinnen, um dann stärkere Truppenkontingente an die Ostfront verlegen zu können. Doch die in der zweiten Septemberhälfte durchgeführten Angriffe in Nordfrankreich schlugen unter großen Verlusten fehl.

In den Monaten Oktober–Dezember 1914 befanden sich beide Seiten an der Westfront – mit Ausnahme des Abschnitts Soissons–Kanalküste – im wesentlichen in der Verteidigung. Es begann der sogenannte Stellungskrieg. Nur in Nordfrankreich wurde versucht, die Nordflanke des jeweiligen Gegners zu umfassen. Die OHL strebte außerdem an, die Kanalküste bis Calais fest in ihre Hand zu bekommen, um den Ärmelkanal zu beherrschen, englische Truppentransporte zu unterbinden und die Möglichkeiten der Seekriegführung zu verbessern. In diesem Zusammenhang kam es zu Kampfhandlungen von operativer Bedeutung, so zur Schlacht bei Arras (2.–10. 10.), zur ersten (20. 10.–29. 10.) und zweiten Schlacht (4. 11.–18. 11.) in Flandern. Dabei gab es hohe Verluste. Aber die Versuche beider Seiten, den Gegner zu umfassen, führten nicht zum Erfolg. Die deutschen Truppen erreichten zwar Mitte Oktober die Kanalküste, doch dann kamen die Truppen zum Stehen. Es begannen die Kampfhandlungen, die in die Geschichte unter der Bezeichnung Stellungskrieg eingegangen sind.

Die Kampfhandlungen auf dem osteuropäischen Kriegsschauplatz

Die strategische Entfaltung auf dem osteuropäischen Kriegsschauplatz verlief langsamer als im Westen (wofür die geringe Dichte des Eisenbahn- und Straßennetzes eine wesentliche Ursache war), aber auch hier ohne ernsthafte Einwirkung der Gegenseite. In Ostpreußen marschierte die 8. deutsche Armee (Oberbefehlshaber Generaloberst von Prittwitz) mit insgesamt 9 Divisionen auf. Ihr gegenüber entfaltete sich zwischen dem Njemen und der Narew die russische Nordwest Front, bestehend aus der 1. russischen Armee (Oberbefehlshaber General Rennenkampf) und der 2. russischen Armee (Oberbefehlshaber General Samsonow), mit insgesamt 30 Infanterie- und 9 Kavalleriedivisionen.

Die Divisionen der 8. Armee erreichten bis zum 10. 8. ihre Konzentrierungsräume. Trotz ungünstigen Kräfteverhältnisses faßte ihr Oberbefehlshaber den Entschluß, die im Aufmarsch befindliche 1. Armee anzugreifen. Beide Seiten trafen in der Schlacht von Gumbinnen (19.–20. 8.) aufeinander, die mit einem Sieg der russischen Truppen endete. Da inzwischen die 2. Armee in Richtung Lomsha-Neidenburg zum Angriff übergegangen war, trat die Hauptgruppierung der 8. Armee den Rückzug an. Die OHL löste daraufhin den Oberbefehlshaber und den Chef des Stabes dieser Armee ab. An ihre Stelle traten am 22. 8. der General der Infanterie von Hindenburg und der Generaloberst Ludendorff. Dieses Duo spielte im weiteren Verlauf des Krieges eine unheilvolle Rolle.

Hindenburg und Ludendorff erhielten den Auftrag, Ostpreußen unter allen Umständen zu halten. Zu diesem Zweck befahl die OHL – angesichts erfolgreich verlaufender Grenzschlachten an der Westfront – die Verlegung von 3 Armeekorps aus dem Bestand des Nordflügels des Westheeres nach Ostpreußen.

Nach dem Erfolg von Gumbinnen setzte die 1. russische Armee den Angriff in Richtung Insterburg–Königsberg fort. Ihr Angriffstempo, aber auch das der 2. russischen Armee, war niedrig. Da die Angriffsrichtungen auseinanderliefen, kam es zwischen beiden Armeen nicht zum operativen Zusammenwirken. Auch das taktische Zusammenwirken zwischen den Korps wies – begünstigt durch die Masurischen Seen – Mängel auf.

Die neue Führung der 8. deutschen Armee nutzte diese Mängel aus, indem sie unter Zusammenfassung der deutschen Hauptkräfte den Angriff zunächst nur gegen die 2. russische Armee im Raum südlich Allenstein–Lautenburg–Neidenburg führte. Es gelang, bedeutende Teile dieser Armee einzuschließen und zur Kapitulation zu zwingen. Die bürgerliche deutsche Geschichtsschreibung hat dieser Kampfhandlung operativen Maßstabs die Bezeichnung Schlacht bei Tannenberg (23. 8.–31. 8.) gegeben, und ihre reaktionärsten Vertreter haben sie in den Rang einer der bedeutendsten Schlachten der Weltgeschichte erhoben. Ihre reale Bedeutung besteht darin, daß als Ergebnis dieser und der folgenden Kämpfe für das imperialistische Deutschland die Gefahr, Ostpreußen zu verlieren, im wesentlichen überwunden war und die deutschen Truppen in den Besitz der strategischen Initiative kamen. Denn vom 5. 9. bis 15. 9. führten die deutschen Hauptkräfte in Ostpreußen den Angriff gegen die 1. russische Armee und brachten ihr im Raum ostwärts Insterburg (die bürgerliche deutsche Geschichtswissenschaft spricht von der Schlacht an den Masurischen Seen) eine Niederlage bei. Jedoch gelang es dieser Armee, mit ihren Hauptkräften einen geordneten Rückzug anzutreten.

Das Oberkommando der 8. deutschen Armee versuchte nun im Oktober 1914 die gegen Ostpreußen eingesetzten russischen Truppen durch mehrere Angriffe zu zerschlagen, was jedoch mißlang. Diese wurden durch die 10. russische Armee verstärkt, gingen Ende Oktober zum Angriff über und zwangen die deutsche Ostpreußengruppierung auf die Linie Gumbinnen–Lötzen zurückzugehen. Anfang Dezember 1914 begann dann auch in Ostpreußen der Stellungskrieg.

Einen anderen Verlauf nahmen die Kämpfe im südlichen Polen und in Galizien. Dort hatten sich auf seiten der Mittelmächte bis zum 20. 8. entfaltet:

- die 1. und 4. österreichisch-ungarische Armee,
- 2 operative Gruppen (Gruppe Kummer/Gruppe Erzherzog Ferdinand),
- die 3. österreichisch-ungarische Armee und die Armeeabteilung Köves.

Diesen Kräften gegenüber entfaltete sich die russische Südwestfront, zu deren Bestand die 9., 4., 5., 3. und 8. russische Armee gehörten. Bei ausgeglichenem Kräfteverhältnis entschloß sich das österreichisch-ungarische Armee-Oberkommando (AOK) zur frühzeitigen Offensive. Es hoffte den Vorsprung in der Mobilmachung und Entfaltung ausnutzen zu können. Nach Anfangserfolgen in der dritten Augustdekade ostwärts der San mußten die österreichisch-ungarischen Truppen Anfang September angesichts der starken Gegenoffensive den Rückzug bis an den Dunajez und in die Karpaten antreten.

Bei diesen Kämpfen erlitten die österreichisch-ungarischen Truppen derart hohe Verluste an Menschen und Kampftechnik, daß bedeutende Verstärkungen herangeführt werden mußten.

1

2

3

1 Im Angriff
2 Sibirisches Schützenregiment vor dem Abmarsch in Warschau
3 In Erwartung des Feuerbefehls

Infolgedessen sah sich die OHL gezwungen, am Mittel- und Südabschnitt der Ostfront aktiv zu werden. Waren die österreichisch-ungarischen Truppen bis dahin nur durch ein deutsches Landwehrkorps unterstützt worden, so begann Mitte September die Verlegung von Kräften der Ostpreußengruppierung und die Heranführung der neu gebildeten 9. deutschen Armee in den Raum südlich Lodz. Mit Hindenburg an der Spitze und Ludendorff als Chef des Stabes wurde ein Oberkommando Ost für alle deutschen Truppen auf dem osteuropäischen Kriegsschauplatz gebildet (Kurzbezeichnung Oberost).

Die neugeschaffene deutsche Gruppierung ging Ende September im Zusammenwirken mit der 1. österreichisch-ungarischen Armee auf die mittlere Weichsel zur Offensive über. Das Gros der österreichisch-ungarischen Kräfte führte den Angriff in Richtung unterer San durch. Beiden Gruppierungen gelang es, 60–100 km tief vorzustoßen und eine Linie westlich Warschau–westlich Iwangorod –westlich Przemysl zu erreichen.

Dem Oberkommando der Südwestfront gelang es jedoch, seine Hauptkräfte zu erhalten, diese umzugruppieren und Mitte Oktober zur Gegenoffensive überzugehen. Der Hauptschlag wurde mit überlegenen Kräften gegen die 9. deutsche Armee geführt, die den Rückzug antreten mußte, was auch den Rückzug der österreichisch-ungarischen Truppen zur Folge hatte. Der Rückzug endete in den Ausgangsräumen der Offensive.

Nach dem Scheitern dieser Offensive wurde im Oberkommando Ost der Entschluß gefaßt, eine Angriffsoperation mit der 9. Armee aus dem Abschnitt Posen–Thorn in Richtung Warschau zu führen. Der Angriff begann am 10. 11., führte vom 14.–16. 11. zu einem großen taktischen Erfolg und endete im wesentlichen am 6. 12. mit der Ein-

Die strategische Entfaltung auf dem osteuropäischen Kriegsschauplatz im August 1914

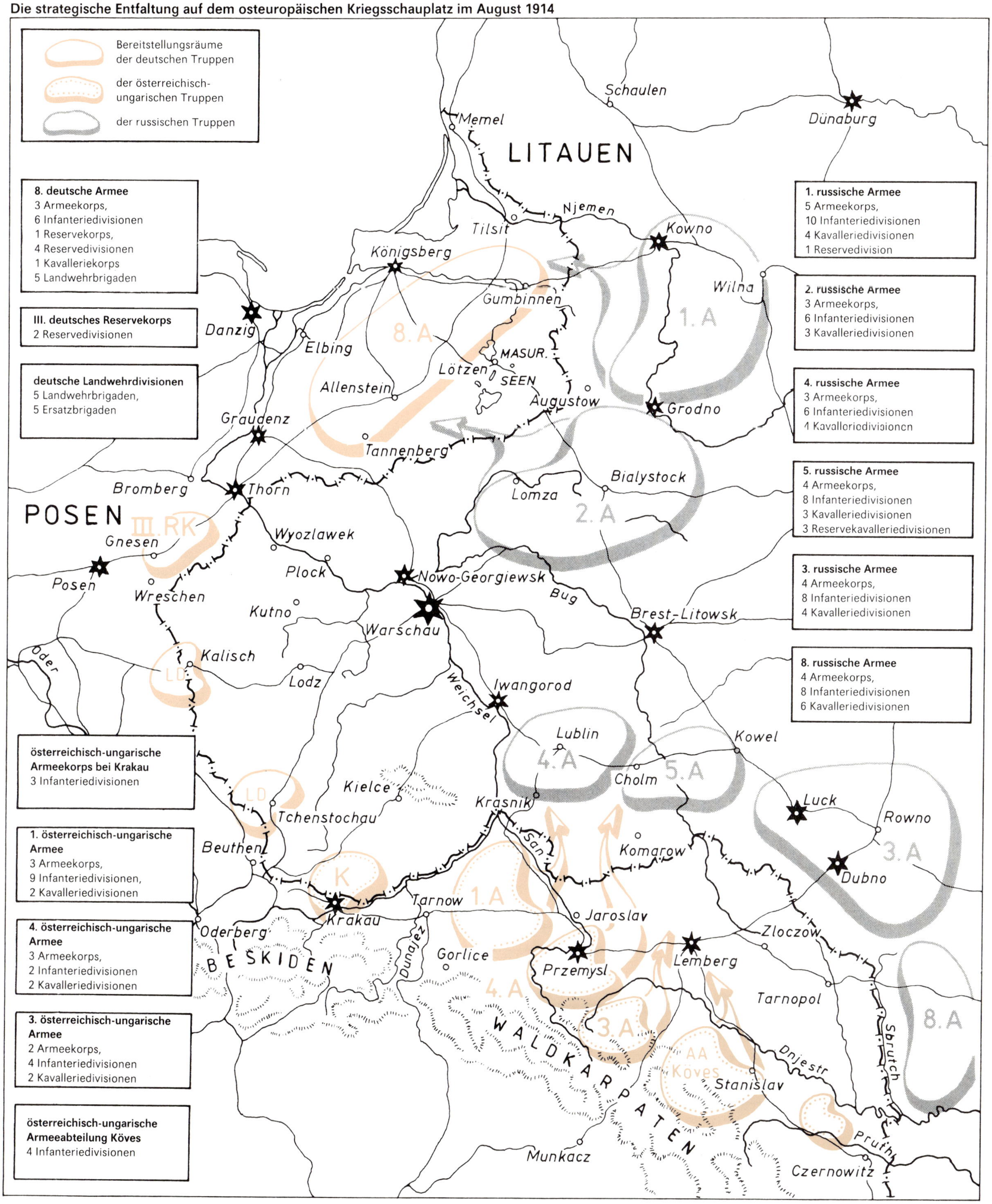

1

2

3

4

5

nahme von Lodz. Damit waren die Angriffsmöglichkeiten des kampfstärksten operativen Verbandes der Mittelmächte an der Ostfront erschöpft, und damit endete auch in Polen der Bewegungskrieg.

Ende 1914 hatte sich auf dem osteuropäischen Kriegsschauplatz eine durchgehende Frontlinie herausgebildet, die auf der allgemeinen Linie Memel–Gumbinnen–Soldau–ostwärts Lodz–ostwärts Krakau–Gorlice entlang der Waldkarpaten verlief.

6

Kriegsnummer 15 Pf.

Die Wochenschau

Nr. 4 Verlag W. Girardet, Essen, Düsseldorf, Berlin

Generalfeldmarschall Paul v. Hindenburg, Exz., der Besieger der Russen.

7

8

9

10

1 Russische Artillerie auf dem Vormarsch
2 Während einer Gefechtspause
3 Russische Artillerie mit Zielaufklärer
4 Nach der Schlacht an den Masurischen Seen: Russische Kriegsgefangene
5 Wilhelm II. im Stab der 8. Armee
6 Deutsche Aufklärungsgruppe während der Winterkämpfe in den Masuren
8 Offizieraufklärung
9 Der Vaterländische Frauenverein Lötzen versorgt durchmarschierende Truppen mit Kaffee
10 Brennender Bahnhof von Ustau bei Tannenberg

1

2

3

4

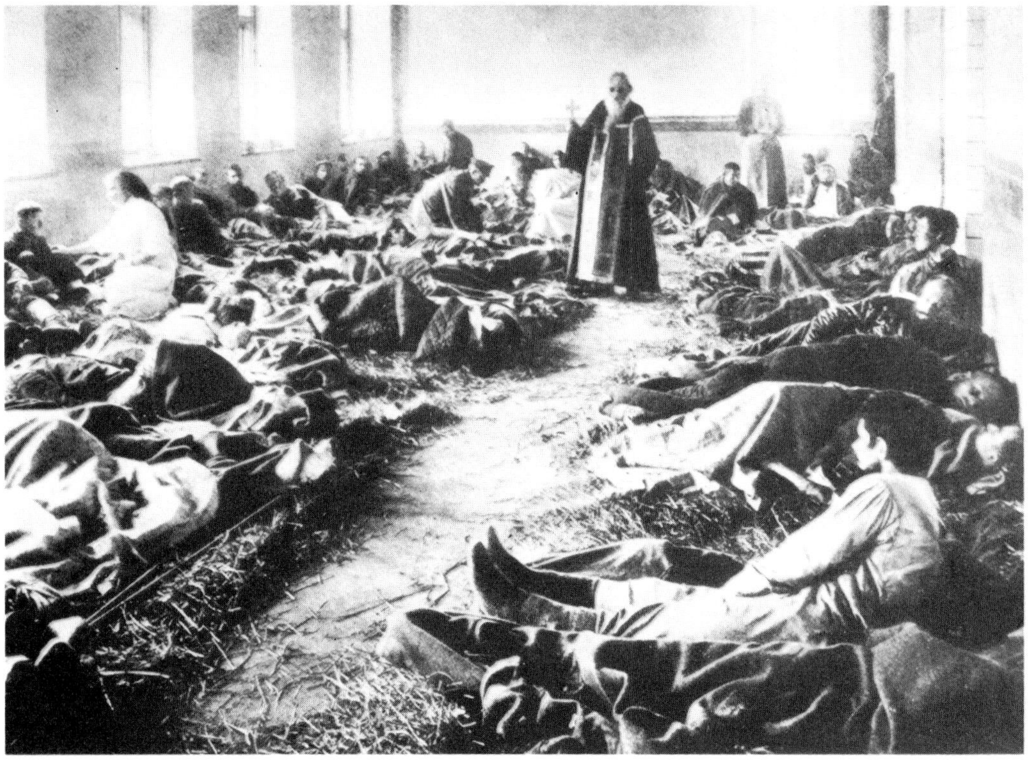
5

6

7

8

9

1 Österreichisch-ungarische Infanterie beim Aufstieg zu einem Karpaten-Paß
2 Der Krieg hat das Dorf überrollt
3 Einweisung einer deutschen Jäger-Aufklärungsgruppe
4 Feindberührung
5 Im Lazarett von Suwalki
6 Nach dem Sturmangriff
7 Auf Schienenbetrieb umgerüsteter LKW in den Karpaten
8 Österreichisch-ungarische Stellungen am Uszoker Paß in den Karpaten
9 Russische Infanterie in der Sturmausgangsstellung
10 Österreichisch-ungarische Kavallerie-Aufklärungsgruppe in den Karpaten

10

Die Kampfhandlungen auf den Nebenkriegsschauplätzen

Gleichzeitig mit dem west- und dem osteuropäischen entstand der Kriegsschauplatz auf dem Balkan. Durch den Kriegseintritt der Türkei im November 1914 auf der Seite der Mittelmächte bildete sich ein weiterer Kriegsschauplatz im Nahen Osten heraus. Zu Kampfhandlungen kam es außerdem in verschiedenen Seegebieten sowie in den deutschen Kolonien.

1

2

3

Die Kampfhandlungen auf dem Balkan

Das österreichisch-ungarische Armeeoberkommando hatte zunächst gegen Serbien drei Armeen entfaltet, die 2., die 5. und die 6. Armee. Das serbische Oberkommando ließ an der Grenze zu Österreich-Ungarn 3 Armeen und 1 operative Gruppe entfalten.

Die österreichisch-ungarischen waren den serbischen Streitkräften an Personal und Kampftechnik überlegen. Trotzdem hatte die am 12. 8. begonnene österreichisch-ungarische Angriffsoperation in allgemeiner Richtung auf die Morawa keinen Erfolg. Die moralisch überlegenen Serben warfen die österreichisch-ungarischen Truppen auf die Ausgangsstellungen zurück. Am 18. 8. sah sich das österreichisch-ungarische AOK dazu gezwungen, seine 2. Armee nach Galizien zu verlegen. Damit war der Blitzkriegsplan gegen Serbien gescheitert.

Am 20. 9. begann eine weitere österreichisch-ungarische Angriffsoperation, in deren Verlauf Belgrad eingenommen wurde und die Truppen bis an die Kolobura vorstießen. Einer Gegenoffensive serbischer Truppen in Richtung Gorni-Milovanovac-Valjevo Anfang Dezember hielten sie jedoch nicht mehr stand. Unter dem Eindruck dieser Gegenoffensive und des Erschöpfungszustandes der Truppen ließ der österreichische Oberbefehlshaber Potiorek den Rückzug hinter die Staatsgrenzen antreten.

Bis zum Herbst 1915 kam es auf diesem Kriegsschauplatz nur noch zu Kämpfen von örtlicher Bedeutung. Obwohl diese Kämpfe keine Entscheidung brachten, wirkten sie sich für Österreich-Ungarn politisch und militärisch negativ aus. Politisch, weil sich zeigte, daß Österreich-Ungarn unfähig war, Serbien niederzuwerfen. Aber unter der Losung »Rache für Sarajewo« hatte man den Krieg gegen Serbien innenpolitisch motiviert. Militärisch, weil das österreichisch-ungarische AOK spätestens seit dem September 1914 seine Hauptanstrengung auf die Ostfront richten mußte, zugleich aber ständig 2 Armeen an der Grenze gegen Serbien handeln mußten.

4

5

6

Die Kampfhandlungen im Nahen Osten

Am 2. 8. hatte Deutschland mit der Türkei einen geheimen Bündnisvertrag abgeschlossen, der den Eintritt der Türkei in den Krieg auf seiten der Mittelmächte vorsah. Die türkischen Streitkräfte wurden gedeckt mobilgemacht und entfaltet. Die 1. und 2. türkische Armee wurden beiderseits der Dardanellen bereitgestellt. Zwei Armeen marschierten an der türkisch-russischen Grenze auf, je eine in Syrien und Mesopotamien.

Um von der Schuldfrage abzulenken (die Türkei hatte am 3. 8. die »bewaffnete Neutralität« im Krieg zwischen den Mittelmächten und der Entente bekanntgegeben) wurde der Kriegseintritt provoziert. Am 21. 10. erklärte die Türkei die Durchfahrt durch die Dardanellen als gesperrt, und am 28. 10. kam es zu Feuerüberfällen auf russische Schiffe und Schwarzmeerhäfen. Die erwartete Folge waren die Kriegserklärungen Rußlands, Englands und Frankreichs Anfang November an die Türkei. Die Kampfhandlungen im November/Dezember 1914 im Raum Ezerum, bei Bagdad und auf Sinai hatten jedoch nur örtliche Bedeutung. Für die gesamtstrategische Lage beider Koalitionen waren sie unwesentlich. Wichtiger war die Unterbrechung der russischen Seeverbindungen durch das Mittelmeer.

Die Kampfhandlungen um die deutschen Kolonien und den Stützpunkt Tsingtau

In Afrika kam es in Kamerun, in Deutsch-Südwestafrika (heute Namibia) und in Deutsch-Ostafrika (heute Tansania) zu Kampfhandlungen. Togo wurde bereits im August 1914 von englischen und französischen Truppen kampflos besetzt. Im gleichen Monat begannen englische und französische Truppen in Kamerun einzudringen. Die zahlenmäßig schwachen deutschen Truppen mußten zunächst den Küstenbezirk und im September auch den zentralen Teil dieser deutschen Kolonie aufgeben und konnten sich bis Jahresende nur in dem wirtschaftlich weniger bedeutsamen Nordwesten Kameruns halten.

In Deutsch-Südwestafrika gelang es den deutschen Truppen (Stärke: etwa 6000 Mann) erfolgreich die Grenze zu Südafrika zu verteidigen. Auch Anlandungen südafrikanischer Truppen an der Küste bei Lüderitz wurden abgewehrt. In Deutsch-Ostafrika erreichten die Kämpfe im November 1914 ihren Höhepunkt, als englische Truppen bei Tanga eine Anlandung durchführten. Sie erlitten eine Niederlage und mußten wieder eingeschifft werden. Beide Kolonien waren Ende 1914 noch vollständig in deutschem Besitz.

1 Türkische Artillerie in Syrien
2 Der Oberbefehlshaber der türkischen Streitkräfte in Syrien, Dschemal Pascha, inspizierte seine Truppen in Jaffa
3 Serbische Infanterie
4 Türkische Infanterie vor dem Abmarsch zur Front
5 Serbische MG-Gruppe in Erwartung des Feindes
6 Serbische Flüchtlinge

1

2

3

1 Eine Kompanie Askaris – Afrikaner im deutschen Sold – in Deutsch-Ostafrika
2 Die Bucht von Tsingtau
3 Askari-Kompanie in Daressalam
4 Englische Artillerie in Deutsch-Ostafrika
5 Kämpfe in Deutsch-Ostafrika

In Ostasien kam es im wesentlichen nur in der Bucht von Kiautschou zu Kampfhandlungen zwischen den dort verbliebenen äußerst schwachen Flottenkräften Deutschlands sowie Österreich-Ungarns und englischen und japanischen Flottenkräften. Brennpunkt des Kampfes war der deutsche Stützpunkt Tsingtau, der von 4000 Mann verteidigt wurde. Im September und Oktober landeten die Japaner etwa 55000 Mann auf den Inseln der Bucht und an der Küste. Am 7. November kapitulierte die deutsche Besatzung. Damit hatte der deutsche Imperialismus seinen einzigen strategischen Stützpunkt in Ostasien verloren.

Die zum deutschen Kolonialbesitz gehörenden Karolinen-, Marianen- und Marschallinseln wurden durch japanische Truppen und Samoa und Neuguinea durch australische Truppen bereits im September ohne wesentliche Kampfhandlungen besetzt.

4

5

wurde auf der Linie Orkney-Inseln–Shetland-Inseln–Bergen und vor der Straße von Dover ein ständiger Gefechtsdienst aus gemischten Schiffseinheiten geschaffen sowie ein Vorpostendienst an den unmittelbaren Zugängen zur Deutschen Bucht. Ergänzt wurde dieses System einer Seeblockade durch Minensperren und den Einsatz von U-Booten. Die modernen Schlachtschiffe und Schlachtkreuzer verblieben in Scapa Flow in der Bereitschaft, unter günstigen Bedingungen eine Seeschlacht gegen schwere deutsche Überwassereinheiten zu führen.

Die deutsche Seekriegsleitung hatte aktive englische Sperrmaßnahmen an der Deutschen Bucht erwartet. Da sie den Einsatz schwerer Überwasserkräfte in der nördlichen Nordsee nicht riskieren wollte, wurde der Kampf mit dem Seegegner im wesentlichen nur mit U-Booten und leichten Überwasserkräften geführt. Aus dieser beiderseitigen Zurückhaltung der schweren Überwasserkräfte erklärt sich, daß es in der ersten Kriegsphase in der Nordsee kaum Seegefechte gab. Das bedeutendste fand bereits am 28. 8. nördlich Helgoland statt. Einer starken englischen Gruppierung gelang es, einen Teil der dort entfalteten deutschen Sicherungskräfte zu vernichten. (3 leichte Kreuzer, 1 Torpedoboot).

Wesentlich wirksamer erwies sich der Einsatz der deutschen U-Boot-Kräfte. Außer einer Reihe von kleineren Kampfschiffen gelang es ihnen, im September/Oktober 5 englische Kreuzer zu versenken. Mitte Oktober durchbrach ein deutsches U-Boot das englische Sperrsystem im Kanal und kehrte auf einer Route westlich Irland–nördlich der Orkney-Inseln in die Deutsche Bucht zurück. Damit war die Möglichkeit bewiesen, die englischen Überseeverbindungen zu stören.

Die Mittel und Methoden der U-Boot-Bekämpfung erwiesen sich als unvollkommen. Beide Seiten legten einige tausend Seeminen, ohne dabei der anderen Seite wesentliche Verluste zuzufügen. Den bedeutendsten Schiffsverlust durch Minen erlitt die englische Flotte. Am 27. 10. lief das Linienschiff Audacius vor der irischen Nordküste auf eine deutsche Seemine und sank.

Im November und Dezember beschossen deutsche Überwasserkräfte Häfen und Städte an der mittelenglischen Ostküste. Eigentliches Ziel dieser Aktionen war es, Teile der englischen Hochseeflotte zum Kampf auf offener See zu stellen und ihnen Verluste zuzufügen. Dazu kam es jedoch nicht. Im Gegenzug versuchte die englische Seekriegsleitung, militärische Objekte an der deutschen Nordseeküste mit bordgestützten Flugzeugen zu bombardieren. Beide Methoden des Einsatzes von Flottenkräften erwiesen sich als wenig wirksam.

Angesichts der begrenzten Wirksamkeit der Seeblockade ergriff die englische Regierung neue Maßnahmen. Am 2. 11. erklärte sie die gesamte Nordsee zum Kriegsgebiet und forderte von Schiffen neutraler Staaten, die dänische, norwegische,

Die Kampfhandlungen auf See

Obwohl alle am Krieg beteiligten imperialistischen Großmächte über beträchtliche Flottenkräfte verfügten, waren die Kampfhandlungen auf See in der ersten Kriegsperiode von geringer Intensität. Der beherrschende Gedanke aller Seekriegsleitungen war, keine unnötigen bzw. vorzeitigen Verluste an Flottenkräften, vor allem an schweren, zu erleiden, um die schweren Überwasserkräfte (Schlachtschiffe, Schlachtkreuzer) erst dann in der Seeschlacht einzusetzen, wenn der Gegner bereits beträchtliche Verluste erlitten hatte. Davon waren insbesondere die Planungen der englischen und deutschen Seekriegsleitungen bestimmt. Die Hauptanstrengungen waren auf die Unterbrechung oder Störung der gegnerischen Seeverbindungen, den Schutz der eigenen Seeverbindungen und die Küstenverteidigung gerichtet.

In der Nordsee standen sich die stärksten Flottenkräfte beider Koalitionen gegenüber. Die deutsche Hochseeflotte war in Wilhelmshaven, Cuxhaven und Emden disloziert, die englische Hochseeflotte in Scapa Flow, in anderen Häfen der englischen Ostküste und in Portsmouth.

Das Kräfteverhältnis beider Hochseeflotten in der Nordsee (ohne englische Flottenkräfte in der Kanalzone) zeigt folgende Tabelle:

	Schiffseinheiten	
	englische	deutsche
schwere Überwasserkräfte	68	48
leichte Überwasserkräfte	73	63
hochseetüchtige U-Boote	7	10

Ein Teil der Kampfschiffe beider Seiten entsprach nicht modernen Anforderungen, jedoch hatte die englische Hochseeflotte das eindeutige Übergewicht an modernen Schlachtschiffen und Schlachtkreuzern.

Wichtigster Auftrag der englischen Hochseeflotte war, die deutschen Seeverbindungen aus der Nordsee in den Atlantik zu unterbrechen. Dazu

1

2

3

1 Versenkung durch Artilleriebeschuß
2 Auf einem französischen Torpedoboot
3 Deutsche U-Boote im Mittelmeer
4 Deutsches Marineluftschiff Z 12 bei Ostende abgeschossen
5 Der deutsche Kreuzer »Blücher« sinkt

schwedische oder finnische Häfen anlaufen wollten, auf einem Zwangskurs Kanal–englische Ostküste–Südnorwegen zu fahren. Das war ein Bruch des Völkerrechts (Recht auf freie Schiffahrt). Ziel der Maßnahme war, die Kontrolle über die gesamte Handelsschiffahrt in der Nordsee auszuüben und alle getarnten Transporte für Deutschland zu unterbinden. In der deutschen Führung verstärkte sich die Idee, U-Boote gegen Handelsschiffe einzusetzen, die der Versorgung der englischen Insel dienten. Allerdings wurden durch deutsche U-Boote bis Ende 1914 nur 3 Handelsschiffe versenkt.

In der Ostsee war die russische Baltische Flotte den deutschen Ostseestreitkräften um ein Mehrfaches zahlenmäßig überlegen, jedoch vorwiegend mit Kampfschiffen älteren Typs ausgerüstet. Die russische Seekriegsleitung mußte zudem in Rechnung stellen, daß die deutschen Ostseestreitkräfte durch den Kaiser-Wilhelm-Kanal (heute Nord-Ostsee-Kanal) kurzfristig verstärkt werden konnten.

Die Aktivitäten beider Seiten konzentrierten sich auf die Verlegung von Minensperren, Durchführung von Vorpostendiensten sowie deutscherseits auf die Beschießung einiger Häfen und Städte an der Küste der baltischen Provinzen. Wichtigste Sperrmaßnahme war deutscherseits die Verminung des Großen und Kleinen Belts, russischerseits die Verminung der Zugänge zum Finnischen Meerbusen. Seegefechte größeren Ausmaßes fanden nicht statt. Die wichtigsten Schiffsverluste deutscherseits waren der Kreuzer Magdeburg (auf Grund gelaufen und gesprengt) und der Panzerkreuzer Carl (auf Minen gelaufen), russischerseits der Panzerkreuzer Pallade (durch Torpedotreffer eines U-Bootes).

Im Mittelmeer errangen die Seestreitkräfte der Entente von Anfang an die Seeherrschaft. Bereits Mitte August stießen schwere Überwasserkräfte der französischen Mittelmeerflotte, unterstützt durch ein englisches Kreuzergeschwader, in die südliche Adria vor und blockierten die Basen der österreichisch-ungarischen Seestreitkräfte, vor allem Cattaro.

Zwei deutsche Kreuzer – der Kampfbestand der deutschen Mittelmeerdivision – verließen bei Kriegsbeginn die Adria, beschossen algerische Häfen und liefen bereits am 10. 8. in die Dardanellen ein. Es wurde ein türkisch-deutsches Flottenkommando gebildet, dessen hauptsächlichste Aktivitäten die Verminung der westlichen Dardanellen-Ausgänge waren.

Im Schwarzen Meer wurden die Seekampfhandlungen durch die türkische Flotte eröffnet, die am 29. 10. die Häfen Odessa, Sewastopol, Feodosija und Noworossisk mit dem Ziel beschoß, Rußland zur Kriegserklärung an die Türkei zu provozieren. Im November und Dezember versuchten beide Seiten die Seeverbindungen des Gegners zu stören, allerdings – wenn man davon absieht, daß der russischen Schwarzmeerflotte der Zugang zum Mittelmeer versperrt war – ohne großen Erfolg. Sowohl die russischen als auch die türkischen Seeverbindungen im Schwarzen Meer blieben aufrechterhalten.

Zu den Seekriegshandlungen der ersten Kriegs-

periode gehört die Vernichtung des deutschen Ostasiengeschwaders unter Kommando von Vizeadmiral von Spee durch englische Flottenkräfte im Südatlantik. Dieses Geschwader führte den sogenannten Handelskrieg im Indischen Ozean und dem mittleren Pazifik, d. h., es versenkte eine Reihe von Handelsschiffen der Entente. (Für diese Aufgabe waren auch einige sogenannte Hilfskreuzer im Atlantik eingesetzt.) Nach einem erfolgreichen Seegefecht mit britischen Kampfschiffen vor der chilenischen Küste am 1. 11. 1914 wurde es am 8. 12. 1914 von überlegenen britischen Überwasserkräften im Raum der Falklandinseln – bis auf einen leichten Kreuzer – völlig vernichtet. Das war ein ernsthafter Verlust für die deutsche Seekriegführung (2 Panzerkreuzer, 2 leichte Kreuzer und einige Hilfsschiffe). Da bereits im November 1914 vor den Bahamas und bei Sumatra je ein Kreuzer verlorengegangen war, hatten sich die Möglichkeiten der kaiserlich-deutschen Admiralität zur überseeischen Kriegführung auf ein Minimum reduziert.

Beginn der Kriegswirtschaft

Die Umstellung der deutschen Wirtschaft auf den Krieg begann in den ersten Augusttagen 1914.

Zunächst wurden verschiedene Gesetze in Kraft gesetzt, die bereits vor Kriegsbeginn vorbereitet worden waren. Hierzu zählte die Änderung des Reichsbankgesetzes, des Reichsmünzgesetzes und der Reichsschuldenordnung am 4. August, womit die Kriegsfinanzierung legal gewährleistet wurde. Die durchschnittlichen monatlichen Kriegskosten beliefen sich von August 1914 bis März 1915 auf 1,7 Milliarden Mark. Diese Kosten sollten letztlich den Besiegten auferlegt werden. Vorläufig konnten sie jedoch nur zu einem geringen Teil durch die normalen Staatseinnahmen gedeckt werden. Aus innenpolitischen Gründen verzichtete der Staat vorerst, zur Kriegsfinanzierung die Steuern zu erhöhen oder neue Steuern einzuführen. Er zog vor, dazu die Reichsschuld zu erhöhen. Durch Papiergeldemission wurde ein Drittel der Kriegsgeldausgaben beglichen. Die Notendeckung erfolgte durch Reichsschatzanweisungen, gegen die die Reichsbank in entsprechender Höhe Banknoten ausgeben konnte. Da zur gleichen Zeit die Warendecke für den zivilen Bedarf zunehmend kleiner wurde, führte diese Finanzmanipulation zwangsläufig zur Inflation und Preissteigerung.

Ferner wurden zur Deckung der Reichsschatzanweisungen Kriegsanleihen aufgenommen, womit ein Großteil der Kriegsausgaben bestritten wurde. Besonders die Mittelschichten wurden hierdurch um ihre Ersparnisse gebracht. Die Anleihen sollten nach dem Krieg getilgt werden. Die Ausgabe von Reichsschatzwechseln und Kriegsanleihen führte zur Umverteilung des Nationaleinkommens zugunsten der großen Monopole und Banken. Die ihnen als Subventionen oder Bezahlungen für Heereslieferungen über den Staat zufließenden Mittel nutzten sie zu Investitionen.

Zur staatlichen Einwirkung auf die Kriegswirtschaft schuf sich die Regierung als legale Grundlage das Gesetz über die Ermächtigung des Bundesrates zu wirtschaftlichen Maßnahmen, welches der Reichstag am 4. August beschloß. Dadurch waren alle Eingriffe in die Kriegswirtschaft der unmittelbaren Kontrolle des Reichstages entzogen. Kraft dieses Ermächtigungsgesetzes wurde am selben Tage das Gesetz über die Höchstpreise erlassen, das für die Dauer des Krieges für Gegenstände des täglichen Bedarfs Preisschranken nach oben zu fixieren erlaubte. Als Hauptabnehmer industrieller und landwirtschaftlicher Produkte während des Krieges mußte der Staat im Interesse der Finanzierbarkeit des Krieges Preisspekulationen weitgehend einschränken.

Ausschlaggebend für das Anlaufen der Kriegswirtschaft war die Sicherstellung der erforderlichen industriellen Rohstoffe geworden, zumal die für den Zustand »drohender Kriegsgefahr« festgelegten Maßnahmen nicht verwirklicht worden waren. Dies hatte seinen Grund darin, daß die Kriegstreiber ihre Aktivitäten zur Kriegsentfesselung vor den Volksmassen und sogar vor dem größten Teil des Staatsapparates und der herrschenden Klasse geheimhalten wollten. Hieraus waren wirtschaftliche Schwierigkeiten erwachsen. Sie traten teilweise noch im September als Auftragsmangel, Produktioneinschränkungen, Arbeitslosigkeit u. a. m. in Erscheinung. Durch die anfänglichen Erfolge in der Annahme bestärkt, daß der Krieg nur kurze Zeit dauern werde, sah sich die Regierung zunächst nicht veranlaßt, durch staatliche Regulierung der Wirtschaft die entstandenen Schwierigkeiten abzubauen. Im Gegenteil: Im Interesse der Blitzkriegsstrategie wurden sogar dringliche rüstungswirtschaftliche Maßnahmen verhindert. So war im August durch Wahrnehmung des Mobilmachungsfahrplans für den überwiegenden Teil der Industrie die Zufuhr von Rohstoffen unterbunden worden. Hiervon war auch die Rüstungsfirma Krupp betroffen. Erst Materialnotstand nach den

Mit Genehmigung der Photographischen Gesellschaft, Berlin-Charlottenburg

Dr. Karl Helfferich, Staatssekretär des Reichsschatzamts.

Zeichnung von Arnold Busch.

„Der Krieg, so hart und grausam er ist, muß und wird weitergeführt werden auf jede Gefahr und um den Preis eines jeden Opfers, bis die Sicherung der Zukunft von Volk und Reich erkämpft sein wird. — Der Feind soll wissen, daß wir auf jeden Überfluß verzichten, daß wir, wenn es nötig ist, lieber jede Not ertragen, als des Feindes Gebot. Er soll aber auch wissen, daß uns außerdem nach wie vor das scharfe Schwert zur Verfügung steht, und ein ungebrochener Kampfesmut und Siegeszuversicht. Wir stehen fest wie gewachsener Fels im heimischen Boden. An den goldenen Pfeilern des britischen Weltreiches aber leuchtet in Flammenschrift wie an Belsazars Palast das Mene, Mene Tekel Upharsin." — Das sind die bedeutsamsten Worte aus der großen Rede, mit welcher Helfferich den neuen Zehnmilliardenkredit im Reichstag befürwortete.

1

Zeichnet die zweite Kriegsanleihe!

Die Stunde ist gekommen, da von neuem an das gesamte deutsche Volk der Ruf ergehen muß:

Schafft die Mittel herbei, deren das Vaterland zur Kriegführung notwendig bedarf!

Von der ersten deutschen Kriegsanleihe hat man gesagt, sie bedeute eine gewonnene Schlacht. Wohlan denn, sorget dafür, daß das Ergebnis der jetzt zur Zeichnung aufgelegten zweiten Kriegsanleihe sich zu einem noch größeren Siege gestalte. Das ist möglich, weil Deutschlands finanzielle Kraft ungebrochen, ja unerschöpflich ist. Das ist nötig, denn Deutschland muß gegen eine Welt von Feinden sein Dasein verteidigen und alles einsetzen, wo alles auf dem Spiele steht. Und schließlich: Es ist nicht nur Pflicht, sondern Ehrensache eines jeden einzelnen, dem Vaterlande in dieser großen, über die Zukunft des deutschen Volkes entscheidenden Zeit mit allen Kräften zu dienen und zu helfen. Unsere Brüder und Söhne draußen im Felde sind täglich und stündlich bereit, ihr Leben für uns alle hinzugeben. Von den Daheimgebliebenen wird Kleineres, aber nicht unwichtigeres verlangt: ein jeder von ihnen trage nach seinem besten Können und Vermögen zur Beschaffung der Mittel bei, die unsre Helden draußen mit den zum Leben und Kämpfen notwendigen Dingen ausstatten sollen.

Darum zeichnet auf die Kriegsanleihe! Helfet die Lauen aufrütteln. Und wenn es einen Deutschen geben sollte, der aus Furcht vor finanzieller Einbuße zögert, dem Rufe des Vaterlandes zu folgen, so belehret ihn, daß er seine eignen Interessen wahrt, wenn er ein so günstiges Anlagepapier, wie es die Kriegsanleihe ist, erwirbt. Jeder muß zum Gelingen des großen Werkes beitragen!

2

1 Einer der Strategen bei der Umverteilung des Nationaleinkommens vieler Völker zugunsten des deutschen Finanzkapitals

4 Sturm auf die Banken und Kassen – Antwort der kleinen Sparer auf die Mobilmachung

ersten Angriffsoperationen zwang die Regierung, durch organisierte staatliche Eingriffe die Wirtschaft den Belangen der Kriegführung unterzuordnen. Außerdem hatte der Ausgang der Marneschlacht gezeigt, daß die Blitzkriegsstrategie gescheitert war und der Krieg länger dauern würde. Unterordnung der Wirtschaft unter die Belange des imperialistischen Krieges bedeutete erstens, die Volksmassen, insbesondere die Arbeiterklasse, der imperialistischen Kriegspolitik zu unterwerfen und unter dem Vorwand der Vaterlandsverteidigung die Ausbeutung der Arbeiter zu verschärfen, ihre Lebensbedingungen zu schmälern und ihre Rechte zu beschneiden. Für die Arbeiter wurde – so Lenin – der Zustand des Militärzuchthauses geschaffen und durch Militärdiktatur aufrechterhalten.

Eine solche Unterordnung bedeutete zweitens, durch staatliche Zwangs- und Lenkungsmaßnahmen das kapitalistische Einzelinteresse in das kapitalistische Gesamtinteresse einzuordnen. Diese Unterordnung bedeutete drittens, dem Monopolkapital der Schwer- und Rüstungsindustrie Höchstprofite sowie eine wirtschaftliche und politische Vormachtstellung zu sichern. Der Staat wurde als Hauptabnehmer entweder zum hauptsächlichen oder für viele Unternehmer zum einzigen Markt. Dadurch wurden die Gesetze der kapitalistischen Produktion (Wertgesetz, Gesetz der Konkurrenz, die regulierende Wirkung von Angebot und Nachfrage und damit der Preismechanismus) derart modifiziert, daß die Folgen durch staatliche Eingriffe gesteuert werden mußten.

Für die Kriegswirtschaft in Deutschland waren Mangel an kriegswichtigen Rohstoffen und daraus resultierende Abhängigkeit vom Ausland kennzeichnend. Das betraf vor allem Kupfer, Blei und Salpeter, die für die Herstellung von Munition unerläßlich waren. Während Buntmetalle noch etwa für sechs Monate Produktion vorrätig waren, hatte sich der Salpetervorrat nach wenigen Kriegstagen erschöpft.

Am 13. August installierte Kriegsminister Falkenhayn, Vorschlägen Rathenaus folgend, die Kriegsrohstoffabteilung (KRA) des preußischen Kriegsministeriums, die am 21. August Zentralstelle für Rohstoffbewirtschaftung aller Bundesstaaten wurde. Die KRA zwangsbewirtschaftete inländische Rohstoffe, beschaffte Rohstoffe aus den besetzten Gebieten (sie hatte z. B. eine Filiale in Brüssel) und im neutralen Ausland (über Beamte oder Mittelsmänner z. B. in Italien und Schweden, den USA und der Schweiz), lenkte die Produktion und förderte die Entwicklung von Ersatzstoffen. Der KRA standen Walter Rathenau (AEG) und Oberst Walter Oehme vor.

Die Kriegswirtschaft trug wesentlich zur Herausbildung des staatsmonopolistischen Kapitalismus in Deutschland bei, indem sie die Macht der Monopole mit der Macht des Staates verschmolz. Diese Verschmelzung ging hauptsächlich als Verbindung von staatlichem und privatkapitalistischem Eigentum, von staatlichem und monopolkapitalistischem Apparat sowie von personellen Funktionen als Monopolkapitalist und Staatsmann oder Beamter vor sich. Muster für institutionelle Verschmelzung waren die Kriegsrohstoffgesell-

348 Die Wochenschau. Nr. 11

5% Deutsche Reichsanleihe, unkündbar bis 1924.

5% Deutsche Reichsschatzanweisungen.

(Zweite Kriegsanleihe.)

Zur Bestreitung der durch den Krieg erwachsenen Ausgaben werden weitere 5% **Schuldverschreibungen des Reichs** und 5% **Reichsschatzanweisungen** hiermit zur öffentlichen Zeichnung aufgelegt.

Bedingungen.

1. **Zeichnungsstelle** ist die **Reichsbank**. Zeichnungen werden

von Sonnabend, den 27. Februar, an
bis Freitag, den 19. März, mittags 1 Uhr,

bei dem **Kontor der Reichshauptbank für Wertpapiere** in **Berlin** (Postscheckkonto Berlin Nr. 99) und bei **allen Zweiganstalten der Reichsbank** mit Kassencinrichtung entgegengenommen. Die Zeichnungen können aber auch durch Vermittlung der **Königlichen Seehandlung** (Preußischen Staatsbank) und der **Preußischen Central-Genossenschaftskasse** in **Berlin**, der **Königlichen Hauptbank** in **Nürnberg** und ihrer Zweiganstalten sowie sämtlicher **deutschen Banken, Bankiers** und **ihrer Filialen**, sämtlicher **deutschen öffentlichen Sparkassen** und ihrer **Verbände**, jeder **deutschen Lebensversicherungsgesellschaft** und jeder **deutschen Kreditgenossenschaft** erfolgen.

Zeichnungen auf Reichsanleihe nimmt auch die **Post** an allen Orten, wo sich keine öffentliche Sparkasse befindet, entgegen. Auf diese Zeichnungen ist bis zum 31. März die Vollzahlung zu leisten.

2. Die **Schatzanweisungen** sind in vier Serien eingeteilt und ausgefertigt in Stücken zu: 100 000, 50 000, 20 000, 10 000, 5000, 2000, 1000, 500, 200 und 100 Mark mit Zinsscheinen zahlbar am 2. Januar und 1. Juli jedes Jahres. Der Zinsenlauf beginnt am 1. Juli 1915, der erste Zinsschein ist am 2. Januar 1916 fällig.
   Die Tilgung der Schatzanweisungen erfolgt durch Auslosung von je einer Serie zum 2. Januar 1921, 1. Juli 1921, 2. Januar 1922 und 1. Juli 1922. Die Auslosungen finden im Januar und Juli jedes Jahres, erstmals im Juli 1920 statt; die Rückzahlung geschieht an dem auf die Auslosung folgenden 2. Januar bzw. 1. Juli.
   Welcher Serie die einzelne Schatzanweisung angehört, ist aus ihrem Text ersichtlich.
3. Die **Reichsanleihe** ist in Stücken zu 20 000, 10 000, 5000, 2000, 1000, 500, 200 und 100 Mark ausgefertigt und mit dem gleichen Zinsenlauf und den gleichen Zinsterminen wie die Schatzanweisungen ausgestattet.
4. Der Zeichnungspreis beträgt für die **Reichsanleihe,** soweit Stücke verlangt werden, und für die **Reichsschatzanweisungen 98,50 Mark,** für die Reichsanleihe, soweit Eintragung in das **Reichsschuldbuch** mit Sperre bis 15. April 1916 beantragt wird, **98,30 Mark** für je 100 Mark Nennwert.
   Auf die vor dem 30. Juni 1915 gezahlten Beträge werden 5% Stückzinsen vom Zahlungstage bis zum 30. Juni an den Zeichner vergütet, auf Zahlungen nach dem 30. Juni hat der Zeichner 5% Stückzinsen vom 30. Juni bis zum Zahlungstage zu entrichten.
5. Die zugeteilten Stücke an Reichsschatzanweisungen sowohl wie an Reichsanleihe werden auf Antrag der Zeichner von dem Kontor der Reichshauptbank für Wertpapiere in Berlin bis zum 1. April 1916 vollständig kostenfrei aufbewahrt und verwaltet. Eine Sperre wird durch diese Niederlegung nicht bedingt, der Zeichner kann sein Depot jederzeit — auch vor Ablauf dieser Frist — zurücknehmen. Die von dem Kontor für Wertpapiere ausgefertigten Depotscheine werden von den Darlehnskassen wie die Wertpapiere selbst beliehen.
6. Zeichnungsscheine sind bei allen Reichsbankanstalten, Bankgeschäften, öffentlichen Sparkassen, Lebensversicherungsgesellschaften und Kreditgenossenschaften zu haben. Die Zeichnungen können aber auch ohne Verwendung von Zeichnungsscheinen brieflich erfolgen. Die Zeichnungsscheine für die Zeichnungen bei der Post werden durch die betreffenden Postanstalten ausgegeben.
7. Die Zuteilung findet tunlichst bald nach der Zeichnung statt. Über die Höhe der Zuteilung entscheidet das Ermessen der Zeichnungsstelle.
   Anmeldungen auf bestimmte Stücke und Serien können nur insoweit berücksichtigt werden, als dies mit den Interessen der andern Zeichner verträglich erscheint.
8. Die Zeichner können die ihnen zugeteilten Beträge vom 31. März d. J. an jederzeit voll bezahlen.
   Sie sind verpflichtet

3

schaften. Als erste dieser Gesellschaften entstand am 2. September die Kriegsmetall-AG zur Erfassung und Verteilung der Nichteisenmetalle, an der sich 22 Großunternehmen (darunter die AEG, Siemens-Schuckert-Werke G.m.b.H., Metallgesellschaft-AG) beteiligten. Am 28. September gründete Rathenau die Kriegschemiekalien-AG, deren Hauptaktionäre die Farbwerke Höchst, Casella & Co, die Farbenfabriken vorm. Bayer und Co, die Badische Anilin- und Sodafabrik, die Kölln-Rottweiler Pulverfabriken und die Westfälisch-Anhaltische Sprengstoff-AG waren. Bis Anfang Februar 1915 entstanden noch 16 weitere solcher Kriegsrohstoffgesellschaften.

Als Dachorganisation war bereits am 5. August auf Anregung von Walter Rathenau, Heinrich Glaß (Vorsitzender des Alldeutschen Verbandes) und Alfred Hugenberg (Vorsitzender des Direktoriums der Friedrich-Krupp-AG) der Kriegsausschuß der deutschen Industrie gegründet worden. Er beanspruchte, die gesamte Industrie mit staatlicher Hilfe im Interesse des Finanzkapitals und seiner Expansionspläne zu lenken sowie dem Kriegsministerium und dem Reichsmarineamt Firmen für Kriegslieferungen zu empfehlen, um auf diesem Wege den großen Monopolen den Hauptanteil an Kriegsaufträgen zu sichern.

Auf den Erfolg des Blitzkrieges und eine gute Getreide- und Kartoffelernte vertrauend, überließ die Regierung in den ersten Kriegsmonaten die Kriegsernährungswirtschaft dem freien Spiel der Kräfte, wodurch dem Preiswucher Tür und Tor geöffnet wurde. Furcht vor Unruhen veranlaßte die Regierung, Erzeugerhöchstpreise für Nahrungsmittel zu verordnen. Erst gegen Ende 1914, als man erkannte, daß der Krieg länger dauern würde,

4

1

2

3

4

5

6

Die deutschen Extraprofiteure an Rüstung und Krieg
1 Wilhelm II. und sein Kanonenkönig Krupp
2 Arthur Gwinner, Direktor der Deutschen Bank
3 Walter Rathenau, Generaldirektor der AEG
4 August Thyssen, Schwerindustrieller
5 Hugo Stinnes, Großindustrieller
6 Die Türkei – Wirkungsstätte deutschen Rüstungskapitals. Einweihung einer von der deutschen Schwerindustrie gebauten Munitionsfabrik
7 Reinhard Mannesmann, Großindustrieller

ging die Regierung ernsthaft daran, die Versorgung der Bevölkerung zu lenken.

Am Ende der ersten Kriegsperiode hatte sich gezeigt, daß bereits die ersten Kriegsmonate zu entscheidenden wirtschaftlichen Veränderungen geführt hatten. Die Kriegswirtschaft hatte mit Notwendigkeit den staatsmonopolistischen Kapitalismus als typische Erscheinung des Imperialismus hervorgebracht, die im Verlaufe des Krieges weiter ausgeprägt werden sollte.

7

8

Innenpolitik der Regierung Bethmann Hollweg

Mit Beginn des Krieges verkündete die Regierung Bethmann Hollweg den sogenannten Burgfrieden als strategische Linie ihrer Innenpolitik. Mit der Burgfriedenpolitik wollten die herrschenden Kreise die Volksmassen, insbesondere die Arbeiter, der imperialistischen Kriegspolitik unterordnen und dazu bewegen, während des Krieges auf den Klassenkampf zu verzichten. Bei einem Verzicht der Arbeiter auf Klassenpolitik hofften sie, die im modernen Krieg unumgängliche Einheit von Front und Hinterland herstellen zu können.

Burgfriede schien einzutreten, als Wilhelm II. am 4. August in seiner Thronrede feierlich erklärte, er kenne keine Parteien mehr, nur noch Deutsche, und die Sozialdemokratische Reichstagsfraktion den Kriegskrediten zustimmte. Die Regierung wollte sich allerdings nicht nur auf den Burgfrieden verlassen, zumal sich dieser, wie sie richtig vermutete, nicht dauerhaft herstellen ließe. Deshalb wurde bereits am 31. Juli für das gesamte Reichsgebiet der Kriegszustand erklärt und das Gesetz über den Belagerungszustand in Kraft gesetzt. Damit wurde von Beginn an Burgfriede durch Militärdiktatur ergänzt. Schon bald sollte sich als Wechselwirkung herausstellen, je weniger Burgfriede herrschte, desto gewaltsamer mußte er aufrechterhalten werden.

Zu den ersten Maßnahmen der Befehlshaber der Armeekorpsbezirke gehörten im August und September die Aufhebung bzw. Einschränkung der demokratischen Rechte und Freiheiten der Bürger sowie die Einsetzung von Kriegsgerichten. Durch besondere Verordnungen wurden das Recht auf persönliche Freiheit und Unverletzlichkeit der Wohnung, die Pressefreiheit sowie das Vereins- und Versammlungsrecht außer Kraft gesetzt oder beschnitten. Die Arbeiterpresse und die Korrespondenz der Kriegsgegner wurden zensiert, wovon besonders die Linken in der Sozialdemokratie und Anhänger pazifistischer Vereinigungen betroffen waren. Zunächst wurde auf ein Streikverbot verzichtet, weil die Führer der freien Gewerkschaften auf die Durchführung von Streiks während des Krieges verzichtet und sich ebenfalls zur Burgfriedenspolitik bekannt hatten.

Monopolbourgeoisie und Junkertum wollten für die Dauer des Krieges mit einer zweigleisigen Innenpolitik, d. h. mit Gewalt als Hauptmethode einerseits und der Methode der Reformversprechungen andererseits, ihre Klassenherrschaft nach innen und ihre Aggressionspolitik nach außen absichern, wobei die Anwendung von Gewalt vorerst noch nicht in den Vordergrund trat. Entscheidend war für die Regierung in der ersten Kriegsperiode vor allem die Frage: Würden Sozialdemokratie und Gewerkschaft die Politik der »Vaterlandsverteidigung« fortsetzen und weiterhin im Sinne des Burgfriedens wirken oder davon abgehen? Man hielt es für zweckmäßig, die Opportunisten durch einige geringfügige Zugeständnisse noch stärker an die Position der Regierung zu binden. Sie hob einige Ausnahmebestimmungen auf, die sie in der Vorkriegszeit gegen die Sozialdemokratie verfügt hatte. Sie wollte damit keinen innenpolitischen Kurswechsel einleiten, sondern lediglich den sogenannten vaterländischen Geist in der Sozialdemokratie stärken und diese für weitere positive Mitarbeit gewinnen.

In den ersten Kriegswochen hatten einige Parteien Vertretern der Regierung gegenüber Reformwünsche geäußert, denen sich auch die Sozialdemokratie weitgehend anschloß. So verlangte das Mitglied der sozialdemokratischen Reichstagsfraktion David von Staatssekretär Delbrück eine Reform des preußischen Wahlrechts im demokratischen Sinne. Käme eine solche Reform nicht, gab David zu bedenken, müßte auch der rechte Flügel sich wieder einer radikalen Taktik bedienen, um zum Ziele zu kommen. Damit war keinesfalls beabsichtigt, die Arbeiterbewegung auf den revolutionären Weg zurückzuführen. Im Gegenteil, das Reformgeschenk sollte eine solche Entwicklung gerade verhindern und den revisionistischen Einfluß weiter ausbauen helfen.

Reichskanzler Bethmann Hollweg machte für eine Neuorientierung der Innenpolitik im Sinne von Reformen geltend, daß es dazu nur bei Anerkennung des bestehenden Staates und der bestehenden politischen Machtverhältnisse durch die Sozialdemokratie kommen könnte. Ihm schien die Auseinandersetzung zwischen Opportunisten und Linken noch nicht entschieden und die Gefahr, daß die Sozialdemokratie wieder zum Klassenkampf zurückkehren könnte, noch immer akut. Die veränderte militärstrategische Lage nach der Niederlage in der Marneschlacht, die sich spürbar auf die Stimmung der Bevölkerung auswirkte, die Gewißheit, daß ein längerdauernder Krieg deren Lebenslage und Lebenshaltung drastisch verschlechtern würde, die Furcht, daß unter diesen Bedingungen die Linken wachsenden Einfluß gewinnen konnten, sowie das Festhalten der Rechtsopportunisten an ihren Reformersuchen, veranlaßten die Regierung, nach einem Weg zu suchen, auf dem sie die innere Front stabil halten konnte.

Am 21. Oktober gab Staatssekretär Delbrück vor Parteiführern des preußischen Abgeordnetenhauses offiziell das Versprechen einer Neuorientierung der Innenpolitik, allerdings erst für die Zeit nach dem Kriege, um keine Gegensätzlichkeiten in die Parteien hineinzutragen. Gaben sich Liberale und Rechtsopportunisten hiermit zufrieden, ging dies den Konservativen bereits zu weit, so daß die Neuorientierung im Laufe des Krieges zu einer der umstrittensten Fragen der Innenpolitik wurde. Mit der Neuorientierung sollten einerseits die Machtverhältnisse im Staat auf Kosten der Junker zugunsten der Bourgeoisie verschoben und damit die politischen Realitäten in Übereinstimmung mit den ökonomischen gebracht werden. Andererseits sollte die Arbeiterbewegung auf neue Weise bekämpft werden, nachdem sich gewaltsame Repressionen als unwirksam erwiesen hatten. Sie sollte durch Reformversprechen gespalten und zur Abkehr vom Klassenkampf gebracht werden, damit sie auf friedlichem Wege in die imperialistische Ordnung integriert werden konnte.

Erste Auswirkungen des Krieges auf die soziale Lage der Volksmassen

Die politische und militärische Führung Deutschlands war sich durchaus darüber im klaren, daß sie ohne die Volksmassen keinen Krieg führen und diese dazu nur solange mißbrauchen konnte, wie es ihr gelänge, eine drastische Verschlechterung der Lebenshaltung der Massen zu verhindern.

Seine geografische und politische Lage machten im Kriegsfalle eine Isolierung Deutschlands vom Weltmarkt wahrscheinlich. Jedoch ließ an einem schnellen Sieg orientiertes Denken die Frage, wie die Bevölkerung bei längerer Kriegsdauer mit Nahrungsmitteln, Bekleidung und Heizung versorgt werden könnte, nicht ernsthaft aufkommen. Unter diesen Umständen mußte sich die Lage der Volksmassen, sobald sich der Krieg in die Länge zog, zunehmend verschlechtern. Die Einberufung von Millionen sowie die fast völlige Inanspruchnahme des Verkehrswesens durch die allgemeine Mobilmachung lähmten vorübergehend die Wirtschaft. In der Industrie schied in wenigen Wochen etwa die Hälfte der Arbeiter infolge Einberufung oder Entlassung aus dem Arbeitsverhältnis. Von Arbeitslosigkeit waren vor allem die weiblichen Arbeitskräfte bedroht, die bei Produktionseinschränkungen zuerst entlassen wurden. Das bedeutete für viele Familien, die nach der Einberufung der männlichen Mitglieder auf den Verdienst der weiblichen angewiesen waren, sich mit dem Existenzminimum oder darunter zu bescheiden, zumal die staatliche Unterstützung für die Familien der Einberufenen nicht einmal dieses Minimum garantierte. Merkmal der sinkenden Lebenshaltung der Massen war auch die zunehmende Einschränkung im Verbrauch von Nahrungsmitteln.

Die Unternehmer gingen daran, die Auswirkungen der wirtschaftlichen Schwierigkeiten auf die Arbeiter und Angestellten abzuwälzen. Sie senkten die Löhne und Gehälter bei gleichbleibender Arbeitszeit bis zu 50 Prozent. Die dadurch ausgelöste Empörung der Werktätigen bedrohte den Burgfrieden, so daß sich mancherorts die Militärbefehlshaber zum Eingreifen veranlaßt sahen.

Folgenschwer war der Krieg für das Handwerk. Viele kleine Betriebe mußten infolge Einberufung der Arbeitskräfte oder Rohstoff- oder Auftragsmangels die Produktion einstellen. Auch der Einzelhandel hatte durch Einberufungen, die zu Geschäftsaufgaben führten, einen erheblichen Rückgang erfahren. Der Krieg beschleunigte die bereits in der Vorkriegszeit zu beobachtende Tendenz zur

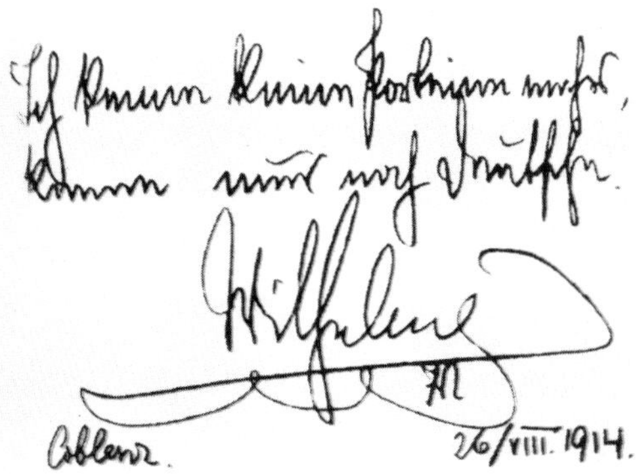

Gratis! Extra-Ausgabe. Gratis!

Vorwärts

Berliner Volksblatt.

Zentralorgan der sozialdemokratischen Partei Deutschlands.

Die Sozialdemokratie und der Krieg!

Die sozialdemokratische Reichstagsfraktion bewilligte in der heutigen Sitzung des Reichstages die von der Regierung geforderten Kriegskredite. Gleichzeitig gab sie nachfolgende Erklärung über ihre Stellung ab:

Proletarisierung des Mittelstandes. Die Landwirtschaft erfuhr während der Ernte infolge der Mobilmachung nicht nur starke Einbußen an Arbeitskraft, sondern auch an Zugkraft. Mehr als eine Million Pferde wurde der landwirtschaftlichen Produktion durch Beschlagnahme entzogen.

Dem Arbeitskräftemangel wurde durch Vermittlung überschüssiger städtischer Arbeitskräfte, Kinderarbeit sowie Einsatz von Kriegsgefangenen zu begegnen versucht. Bereits am 4. August hatte der Reichstag mit Zustimmung der sozialdemokratischen Abgeordneten die Arbeitsschutzgesetzgebung den Erfordernissen des Krieges angepaßt. Unternehmer konnten nunmehr den Arbeitstag nach Belieben ausdehnen und Frauen und Jugendlichen dieselben Arbeitsbedingungen aufzwingen wie zuvor den zum Heeresdienst Einberufenen.

Die rechten Gewerkschaftsführer hatten Burgfrieden zwischen Arbeit und Kapital geschlossen und sich bedingungslos hinter die Kriegspolitik der Regierung gestellt. Bereits am 2. August hatten sie den Verzicht auf Streik und den Abbruch aller Lohnkämpfe verkündet. Als die Regierung keinerlei Absicht zeigte, finanzielle Mittel zur Unterstützung der großen Anzahl von Erwerbslosen zur Verfügung zu stellen, sprangen sie in die Bresche, anstatt deren Haltung anzuprangern. Aus den Fonds der Gewerkschaften wurde mehr als eine Viertelmillion Familien unterstützt.

Die letzten Monate des Jahres 1914 ließen als Hauptproblem der deutschen Kriegswirtschaft den Widerspruch zwischen dem lebensnotwendigen Bedarf an Nahrungsmitteln und den begrenzten Möglichkeiten ihrer Erzeugung und Einfuhr deutlich werden. Durch Verordnung war bereits am 31. Juli die Ausfuhr von Nahrungsmitteln verboten und am 4. August deren zollfreie Einfuhr ermöglicht worden. Ein Heer von Aufkäufern und Spekulanten überschwemmte daraufhin die neutralen Staaten. Der allgemeine Preisauftrieb nach der Marneschlacht führte zu einem beträchtlichen Anwachsen der Lebenshaltungskosten.

Schon in den ersten Kriegsmonaten zeigte sich, daß lediglich eine kleine, aber überaus mächtige Gruppe von Monopolherren und Junkern vom Krieg profitierte. Es wurde deutlich, daß der Krieg ausschließlich im Interesse des Monopolkapitals und der Großgrundbesitzer geführt wurde.

Opportunismus nach dem 4. August

Fast alle sozialdemokratischen Zeitungen und Zeitschriften waren seit dem 4. August auf Beeinflussung ihrer Leser im Sinne der Burgfriedenspolitik und der Unterstützung des imperialistischen Krieges ausgerichtet. Es dominierte die Behauptung, Deutschland führe einen Verteidigungskrieg, den ihm seine Gegner, besonders das zaristische Rußland, aufgezwungen hätten. Die rechten sozialdemokratischen Führer propagierten die Vaterlandsverteidigung.

Immer wieder wurde betont, daß der Kampf gegen den Zarimus mit den traditionellen Zielen der Sozialdemokratie übereinstimme, die Marx und Engels bereits 1848 gesetzt hätten, als sie im Interesse der europäischen Revolution den Krieg gegen den Zarismus propagierten. Rosa Luxemburg verwies dagegen in der Junius-Broschüre darauf, daß 1848 einem revolutionären Deutschland die Reaktion in Rußland gegenüber gestanden habe, während 1914 Rußland, in dem die Revolution schwele, einem Deutschland gegenüber stehe, in dem das preußische Junkertum herrsche.

Während die Rechten die Kriegspolitik der Regierung offen unterstützten, stimmten die Zentristen dieser Politik zwar ebenfalls zu, beteuerten jedoch stets ihre grundsätzliche Opposition. So schlug Karl Kautsky am 3. August vor, für die Kriegskredite dann zu stimmen, wenn die Regierung erkläre, daß sie auf Eroberungen verzichte. Kautsky war sich bewußt, daß die Regierung Bethmann Hollweg eine solche Erklärung nicht abgeben und die sozialdemokratische Reichstagsfraktion trotzdem für die Kriegskredite stimmen würde. Offensichtlich sollte nur der Schein einer Opposition gewahrt werden.

Die von den Rechten und Zentristen beeinflußten Massen der Sozialdemokratie standen dem Bündnis ihrer Führer mit der imperialistischen Regierung hilflos gegenüber. Deren Politik und Ideologie hinderten sie, den wahren Charakter des Krieges zu erkennen. Kriegsgesetze, Überwachung und Beeinflussung durch die militärischen Vorgesetzten schienen jede revolutionäre Aktivität auszuschließen. Das Versagen der eigenen Partei wie auch der Zerfall der sozialistischen Internationale ließen Resignation oder Zweifel an der Richtigkeit der eigenen Sache aufkommen.

Bürgerliche Friedensbewegung in den ersten Kriegsmonaten

Die Anhänger der bürgerlichen Friedensbewegung, die aus der Intelligenz, dem Bürgertum und Kleinbürgertum kamen, waren schon vor dem Krieg für Völkerfreundschaft, Völkerverständigung und Demokratie eingetreten und hatten Militarismus, Rüstung und Chauvinismus angeprangert. Sie waren wie die Mehrheit des Volkes vom Krieg überrascht worden. Nicht wenige erlagen den Lügen, die die Urheber des Krieges über seine Ursachen und seinen Charakter verbreiten ließen, dem Chauvinismus und Siegestaumel der ersten Kriegswochen.

So erklärte Wilhelm Ostwald als Vorsitzender des Deutschen Monistenbundes, das bisherige monistische Wirken sei Friedensarbeit gewesen. Sie müsse so lange zurückgestellt werden, wie das deutsche Volk um seine politische Existenz zu ringen habe.

Es war den herrschenden Kreisen also gelungen, am Anfang des Krieges das Wirken der bürgerlichen Friedensbewegung zum Erliegen zu bringen. Aber schon Anfang Oktober kritisierten der Arzt Friedrich Nicolai, der Astronom Wilhelm Förster und der Physiker Albert Einstein mit ihrem Aufruf an die Europäer den von 93 Intellektuellen verfaßten Aufruf zur Unterstützung der deutschen Kriegführung.

Johannes R. Becher, Hermann Hesse, Ricarda Huch und Erich Mühsam verurteilten als erste die Unmenschlichkeit des Krieges. Die Mehrheit der bürgerlichen deutschen Schriftsteller jedoch unterstützte Imperialismus und Militarismus.

Am 16. November 1914 wurde von bürgerlichen Demokraten der Bund Neues Vaterland (BNV) gegründet. In der Satzung des BNV heißt es, er sei eine Arbeitsgemeinschaft deutscher Männer und Frauen, die sich unbeschadet ihrer sonstigen politischen und religiösen Stellungnahme zusammenschlössen, um an den Aufgaben, die dem deutschen Volk aus dem europäischen Krieg erwüchsen, mitzuarbeiten. Im BNV fanden sich aufrechte und konsequente bürgerliche Demokraten und Kriegsgegner aus pazifistischen und linksgerichteten politischen Organisationen zum Kampf gegen den imperialistischen Krieg und gegen Annexionen zusammen. Sie traten für die Beendigung des Krieges, für einen demokratischen Frieden und für demokratische Verhältnisse in Deutschland ein.

Beginn des Kampfes der Linken gegen Opportunismus und Krieg

Die Linken mußten unter den schwierigen Bedingungen des Krieges und der politischen Gegenwirkung einer mächtigen Hierarchie von Opportunisten und Bürokraten in der Partei und den Gewerkschaften den Kampf beginnen. Um innerhalb der Partei diejenigen herauszufinden und zu sammeln, die dem Sozialismus und einer revolutionären Klassenpolitik treu geblieben waren, mußte zunächst die Frage nach dem Charakter des Krieges aufgeworfen werden, denn an ihr schieden sich die Mitglieder in Kämpfer gegen den imperialistischen Krieg und in »Vaterlandsverteidiger«.

Ende August brachte Karl Liebknecht beim Berliner Parteivorstand den Antrag ein, Protestversammlungen gegen die Annexionshetze durchzuführen. Die Annexionsfrage war direkt mit der Frage nach dem Charakter des Krieges verknüpft: Wieso kämpften deutsche Truppen jenseits der Grenzen und besetzten immer größere Gebiete, wo doch Deutschland nur zur Verteidigung des Vaterlandes zu den Waffen gegriffen habe, weil es überfallen worden sei? Obgleich solche Versammlungen völlig der Absage von jedem Eroberungskrieg in der Fraktionserklärung vom 4. August entsprochen hätten, lehnte der Berliner Parteivorstand ihre Durchführung ab.

Da ihnen im Lande jede Möglichkeit genommen war, öffentlich aufzutreten, und andererseits die Rechten jede Möglichkeit nutzten, ihre Burgfriedenspolitik in sozialistischen Zeitungen neutraler Staaten zu propagieren, beschlossen die Linken, ebenfalls im Ausland zu wirken. Deshalb wandten sich Karl Liebknecht, Franz Mehring, Rosa Luxemburg und Clara Zetkin an die Redaktionen schwedischer, italienischer und schweizerischer sozialistischer Zeitungen mit einer Erklärung, in der sie sich gegen Südekum und Fischer verwahrten, die versucht hatten, in diesen Zeitungen die Haltung der deutschen Sozialdemokratie einseitig darzustellen. Wir sehen uns gezwungen, erklärten die Linken, den ausländischen Genossen zu versichern, daß wir und sicherlich viele andere deutsche Sozialdemokraten den Krieg, seine Ursachen, seinen Charakter sowie die Rolle der Sozialdemokratie in der gegenwärtigen Lage von einem Standpunkt betrachten, der demjenigen der Genossen Südekum und Fischer nicht entspricht. Der Belagerungszustand macht es uns vorläufig unmöglich, unsere Auffassung öffentlich zu vertreten.

Da das Hauptfeld des Wirkens im Lande zu suchen war, nahm Karl Liebknecht die Einladung der Stuttgarter Parteifunktionäre an, am 21. September vor ihnen in einer geschlossenen Sitzung zu sprechen, nachdem die Militärbehörden sein Auftreten vor einer öffentlichen Versammlung untersagt hatten. Er deckte vor den Versammelten auch die Vorgänge auf, die zur einstimmigen Bewilligung der Kriegskredite geführt hatten, und zog die Schlußfolgerung, daß die deutsche Sozialdemokratie von der Haut bis zum Mark regeneriert werden müsse, wenn sie das Recht nicht verwirken wolle, sich sozialdemokratisch zu nennen.

Das Hauptzentrum der Linken war in Berlin. Hier wirkten Käthe und Hermann Duncker, Karl Liebknecht, Rosa Luxemburg, Julian Marchlewski, Franz Mehring, Ernst Meyer und Wilhelm Pieck. Linke Gruppen entstanden in Bremen, in Hamburg, in Stuttgart und im Gebiet Potsdam–Spandau–Osthavelland, dem Wahlkreis Karl Liebknechts, sowie in Chemnitz, in Leipzig und in anderen Städten.

Eine bedeutende Rolle im Antikriegskampf spielten allerorts die Frauen und die revolutionäre Arbeiterjugend.

Am 2. Oktober lud der Parteivorstand Karl Liebknecht vor, um ihn wegen seiner Stuttgarter Erklärungen vom 21. September zur Verantwortung zu ziehen. Die Unterredung mit dem Parteivorstand wie auch ein hieran anschließender Briefwechsel machten den Gegensatz zwischen proimperialistischen Burgfriedenspolitikern und revolutionären Sozialisten in aller Schärfe deutlich. Karl Liebknecht erneuerte seinen Vorwurf, die Partei habe sich durch ihre Haltung am 4. August in besonderer Weise der Unterstützung des Krieges schuldig gemacht, der primär durch den deutschen Imperialismus verursacht worden und ein deutsch-österreichischer Präventiv- und Eroberungskrieg sei. Deshalb müsse gerade die deutsche Partei die Initiative zu einer Friedenspolitik ergreifen. Es sei das Recht jedes Parteimitgliedes, im Parteiinteresse auch gegen die höchsten Parteiinstanzen Front zu machen. In den Briefen an den Parteivorstand gab Karl Liebknecht eine umfassende marxistische Stellungnahme zum Weltkrieg ab und formulierte die Antikriegsaufgaben der Sozialdemokratie in aller Klarheit.

Am 1. November erschien in der Zeitung »Sozialdemokrat« das von Lenin ausgearbeitete Manifest »Der Krieg und die russische Sozialdemokratie«, das für den Antikriegskampf der internationalen Arbeiterbewegung von prinzipieller Bedeutung war. Es gab gültige Antwort auf alle entscheidenden Fragen, die der Krieg der sozialistischen

Arbeiterbewegung stellte. Von größter Tragweite für den revolutionären Kampf waren folgende Thesen: Der Krieg stelle die Losung der sozialistischen Revolution auf die Tagesordnung. Diese Losung werde um so dringlicher, je schwerer die Lasten seien, die der Krieg dem Proletariat aufbürde. Die Bourgeoisie benutze die Gesetze der Kriegszeit, das Proletariat völlig mundtot zu machen. Dies stelle das Proletariat vor die unumgängliche Aufgabe, illegale Formen der Agitation und Organisation zu schaffen. Wenn auch die Opportunisten um den Preis des Verrats die legalen Organisationen hüteten, die revolutionären Sozialdemokraten würden entsprechende illegale Formen des Kampfes für den Sozialismus schaffen und die Arbeiter nicht mit der chauvinistischen Bourgeoisie ihres Landes, sondern mit den Arbeitern aller Länder zusammenschließen. Je mehr Opfer der Krieg fordern werde, desto klarer würden die Arbeitermassen den Verrat sehen, den die Opportunisten an den Arbeitern begehen, desto besser würden sie die Notwendigkeit erkennen, daß man die Waffe gegen die Regierungen und die Bourgeoisie eines jeden Landes kehren müsse. Die Umwandlung des gegenwärtigen imperialistischen Krieges in den Bürgerkrieg sei die einzig richtige proletarische Losung. Die Bolschewiki blieben in der internationalen Arbeiterbewegung noch längere Zeit die einzigen, die konsequent mit allen Spielarten des Opportunismus gebrochen und sich zur Partei neuen Typus entwickelt hatten.

Am 12. November erschien im »Vorwärts« eine Notiz, aus der zu entnehmen war, daß beabsichtigt sei, in der Anfang Dezember bevorstehenden Reichstagssitzung die neue Kriegskreditvorlage ohne Debatte zu billigen. Noch am selben Tage teilte Karl Liebknecht dem Vorstand der sozialdemokratischen Reichstagsfraktion mit, daß er gegen diese Absicht energisch protestiere und auf gründliche Beratung dränge. Hierzu arbeitete er zwischen dem 12. und 23. November Thesen aus. Sie waren eine gründliche und zusammenhängende Darstellung der bisherigen Erkenntnisse der deutschen Linken über Wurzeln und Ursachen des imperialistischen Krieges, die besondere Aggressivität des deutschen Imperialismus, die Friedensbedrohung vor 1914 sowie die mit dem Krieg verfolgten innenpolitischen Ziele. Sie hatten für den bevorstehenden Antikriegskampf große Bedeutung.

Als in der Reichstagssitzung am 2. Dezember die Abgeordneten durch Erheben für die Kriegskredite votierten, blieb Karl Liebknecht sitzen und stimmte als einziger dagegen. Das war ein Signal für alle Antikriegskräfte, sich zum Kampf gegen den imperialistischen Krieg zu erheben und zusammenzuschließen. Damit hatte Karl Liebknecht zugleich die Legende von der Einmütigkeit des deutschen Volkes im Zeichen des Burgfriedens zerstört. Er schrieb am Ende des Jahres in einem Brief an den »Labour Leader«, jede sozialistische Partei habe ihren Feind, den Feind des internationalen Proletariats, im eigenen Land, dort habe sie ihn zu bekämpfen.

Die zweite Periode des Weltkrieges

Anfang 1915 bis Sommer 1916

War der Krieg Anfang August 1914 noch auf Europa beschränkt, so erfaßte er durch den Kriegseintritt Japans Ende August bereits Ostasien und den Pazifik (wenn auch mit geringer Intensität) und durch den Kriegseintritt der Türkei Anfang November auch den Nahen Osten. Somit trug er bereits globalen Charakter.

Im gleichen Zeitraum waren die kriegführenden Mächte gezwungen, ihre Vorkriegsansichten über die ökonomische Sicherstellung des Krieges zu revidieren und Maßnahmen zur Steigerung der Rüstungsproduktion und zur Umstellung der Volkswirtschaften auf einen längeren Krieg zu unternehmen. Das wichtigste Merkmal der um die Jahreswende 1914/1915 entstandenen Lage war der Stillstand des Bewegungskrieges im Westen – auf diesem Kriegsschauplatz zeichnete sich ein lang andauernder Krieg mit relativ stabilen Fronten ab.

Nr. 1

Berliner

10 Pfg.

Illustrirte Zeitung

Verlag Ullstein & Co., Berlin SW. 68

Die erste Granate im Neuen Jahr

Die strategischen Pläne beider Seiten

Nach wie vor hatten weder die Mittelmächte noch die Entente-Staaten eine einheitliche strategische Planung, geschweige denn ein gemeinsames Organ der strategischen Führung.

Die deutsche strategische Führung – die OHL – kam bei der Lagebeurteilung um die Jahreswende 1914/1915 zu dem für die herrschenden Klassen Deutschlands besorgniserregenden Fazit, daß fast keines der grundlegenden politischen und militärischen Ziele der Kriegführung erreicht worden war. Frankreich war nicht besiegt, seine Streitkräfte noch intakt. Das gleiche galt für Rußland und Serbien. Deutsche Streitkräfte standen zwar in Nordfrankreich und Belgien und waren damit im Besitz einer strategischen Ausgangsbasis für weitere Offensiven. Die Möglichkeiten, auf diesem Kriegsschauplatz eine neue strategische Offensive mit weitreichender Zielsetzung – ähnlich dem Schlieffenplan – durchzuführen, waren allerdings nicht mehr vorhanden. Dazu mußten erst Voraussetzungen geschaffen werden. Das Westheer hatte schwere Verluste sowohl an Mannschaften als auch an Unteroffizieren und Offizieren erlitten. Insbesondere die sogenannten Flandernschlachten im Oktober und November 1914 hatten die teilnehmenden Armeen erheblich geschwächt. Es herrschte zudem ein ernsthafter Mangel an Infanteriewaffen, Geschützen aller Art und vor allem an Munition. Dementsprechend ergriff die OHL Maßnahmen zur Auffüllung der Verbände, zur Aufstellung neuer strategischer Reserven und zur schnellen Erhöhung der Rüstungsproduktion.

Auch auf dem osteuropäischen Kriegsschauplatz sahen die Bedingungen für eine strategische Offensive nicht günstig aus, wenngleich die deutschen Verluste dort nicht so hoch wie im Westen waren. Es war gelungen, Ostpreußen zum größten Teil zu halten, und deutsche Truppen standen in Polen. Damit waren die strategischen Ausgangsräume für weitere Offensiven vorhanden. Aber die dem Oberkommando Ost unterstellten Verbände hätten dafür wesentlich verstärkt werden müssen, denn die österreich-ungarischen Streitkräfte waren nur noch bedingt angriffsfähig. So ergaben sich für weitere Offensiven im Osten die gleichen Erfordernisse wie im Westen.

Der Kriegseintritt der Türkei auf der Seite der Mittelmächte war ohne Zweifel ein politischer Erfolg, hatte bisher kaum strategischen Nutzen gebracht. Die Masse des türkischen Heeres stand noch nicht im Kampf. Sechzehn türkische Divisionen banden im Kaukasus vier russische Divisionen und in Mesopotamien und auf Sinai je eine englische Division. Italien und Rumänien, die gegenüber Frankreich bzw. Rußland eine spürbare Entlastung hätten bringen können, waren »neutral« geblieben. Tatsächlich bereiteten sie sich auf einen Kriegseintritt gegen die Mittelmächte vor, und alle Anstrengungen der deutschen Diplomatie, das zu verhindern oder sie auf die Seite der Mittelmächte zu ziehen, schlugen fehl.

Hinzu kam, daß die Seeverbindungen Deutschlands zu den überseeischen Rohstoffquellen infolge der englischen Seeblockade stark eingeschränkt waren. Somit befanden sich Deutschland und sein Verbündeter Österreich-Ungarn – aus geographischer Sicht – in einer von mehreren Seiten belagerten Festung. Strategisch gesehen führten beide Staaten einen Zweifrontenkrieg – Deutschland im Westen und im Osten, Österreich-Ungarn im Osten und auf dem Balkan – und mußten die Entstehung einer dritten Front in Norditalien befürchten.

1 Wilhelm II. und der österreichisch-ungarische Generalstabschef Conrad von Hötzendorff erörtern die strategische Lage und weitere Offensiven im Osten

Da die Entente-Staaten über die größeren Ressourcen an Menschen und Material verfügten, konnte diese nicht sehr hoffnungsvolle Lagebeurteilung nur zu dem Schluß führen, auf allen Kriegsschauplätzen zur strategischen Verteidigung überzugehen und mittels der Diplomatie politische Wege zu finden, den Krieg zu beenden. Das widersprach jedoch den Kriegszielen des deutschen Großkapitals und den Grundsätzen der imperialistischen deutschen Militärdoktrin. Die Geisteshaltung der deutschen Generalität und des Offizierskorps war vom offensiven Denken geprägt, und der Ausweg aus dem Dilemma wurde eben in dieser Richtung gesucht. In der OHL war man fest entschlossen, die strategische Initiative in der Gesamtkriegführung in der Hand zu behalten.

Unter den militärischen Führungskräften des deutschen Imperialismus entstand der Gedanke, dem Gegner einen Zermürbungskrieg aufzuzwingen. Als strategische Methode wurden Offensiven mit begrenzter Zielsetzung erwogen, in deren Verlauf die Entente-Streitkräfte wesentlich höhere Verluste als die eigenen Truppen erleiden sollten. Grundlage einer solchen abenteuerlichen Strategie war die Annahme, daß die deutschen Landstreitkräfte denen der Entente an Schlagkraft und Beweglichkeit überlegen waren. Hauptverfechter dieser strategischen Konzeption war der Chef des Generalstabes des deutschen Feldheeres, General von Falkenhayn.

Erhebliche Meinungsunterschiede ergaben sich allerdings in der Frage, auf welchem Kriegsschauplatz zur strategischen Offensive überzugehen sei, und zwar innerhalb der OHL, als auch zwischen den führenden Vertretern der OHL und dem Oberkommando Ost und dem österreich-ungarischen AOK. Falkenhayn und die ihn unterstützen-

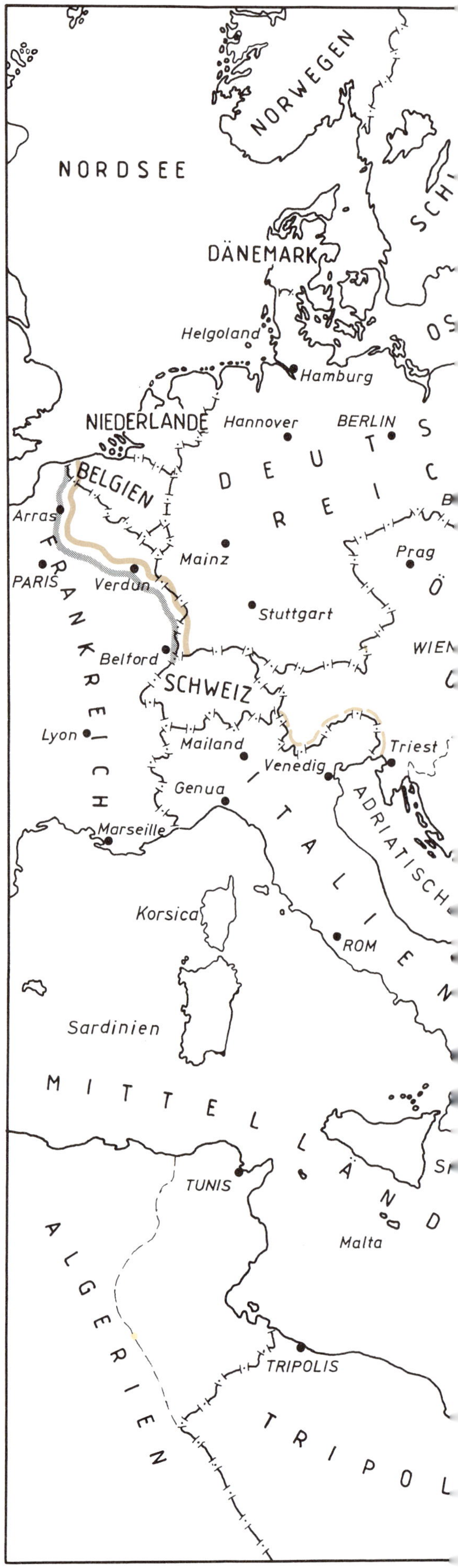

Die Kriegsschauplätze in Europa und im Nahen Osten Anfang 1915

Fronten der Mittelmächte
Truppen an der Grenze Österreich-Ungarns zu Rumänien, Montenegro und Italien
Fronten der Entente-Staaten
FINNLAND
ST. PETERSBURG
ESTLAND
LIVLAND
KURLAND
Moskau
Tilsit
Smolensk
Vilna
RUSSLAND
Warschau
Pinsk
POLEN
Charkow
Kiew
Lemberg
GALIZIEN
UKRAINE
Rostow
Astrachan
KASPISCHES MEER
BUDAPEST
Odessa
Krim
GEORGIEN
Tiflis
Baku
RUMÄNIEN
BUKAREST
SCHWARZES MEER
Kars
SERBIEN
MONTENEGRO
BULGARIEN
SOFIA
ALBANIEN
1., 2., 5. türk. A.
KONSTANTINOPEL
ARMENIEN
Erzurum
Täbris
TEHERAN
PERSIEN
ANATOLIEN
TÜRKEI
GRIECHENLAND
MESOPOTAMIEN
Hamadan
türk. Exped.-Korps
Bagdad
IRAK
Kut el Amara
Zypern
Kreta
SYRIEN
Basra
PERS. GOLF
engl. Exped.-Korps
MEER
Jerusalem
Alexandria
Port Said
Sinai Halb-Insel
Kairo
Suez
ÄGYPTEN

1

2

3

4

5

1 Französische Kolonialtruppen aus Nordafrika werden in einem Hafen der Mittelmeerküste ausgeschifft
2 In einem Arbeitszimmer der OHL in Pless während der Sommeroffensive im Osten
3 Der Nachfolger des gescheiterten Generalobersten Moltke: Erich von Falkenhayn (1861–1922), preußischer General, preußischer Kriegsminister (1913–1915), Chef des Großen Generalstabes (September 1914 – August 1916)
4 Kanadische Infanterie in einer französischen Stadt
5 Australische Truppen in Flandern

den Generäle glaubten, daß eine schwere Niederlage der englischen und französischen Streitkräfte in Nordfrankreich England zur Beendigung des Krieges zwingen würde. Andere Führungskräfte – insbesondere Hindenburg und Ludendorff – verfochten den Standpunkt, daß Rußland der geeignete Gegner sei, dem man durch offensive Kriegführung eine Niederlage bereiten und dazu zwingen könnte, Frieden zu schließen.

Beide Auffassungen waren trügerisch, denn bei allen Gegensätzlichkeiten in der Entente war man sich in Paris, London und Petersburg darin einig, daß der Krieg nur mit einer Niederlage Deutschlands beendet werden könnte, und jeder dieser Entente-Staaten wollte in Hinblick auf die Ergebnisse seinen Anteil haben. In diesem Sinne hatte die englische Regierung bereits am 4. September 1914 den sogenannten Londoner Vertrag zwischen den drei Großmächten der Entente zustande gebracht, dessen wichtigste Verpflichtung jedes dieser Staaten es war, keinen Sonderfrieden mit Deutschland zu schließen. Der objektive Zwang der Ereignisse brachte es dann mit sich, daß die OHL das Hauptgewicht der offensiven Kriegführung auf den osteuropäischen Kriegsschauplatz verlagerte.

Die Lagebeurteilung der englischen strategischen Führung war weit positiver. Außer den materiellen und personellen Verlusten des Expeditionskorps und einer geringen Anzahl von Schiffen hatte England keine wesentlichen Einbußen erlitten. Die englischen Seestreitkräfte beherrschten die Weltmeere, und die Seeblockade gegen die Mittelmächte war wirksam. Mit einer Invasion der Insel war nicht zu rechnen. Allerdings war die englische Vorherrschaft im Nahen Osten durch den türkischen Kriegseintritt bedroht.

Schwerwiegender waren die personellen, materiellen und territorialen Verluste, die die französische Führung konstatieren mußte. Sie rechnete mit einer neuen deutschen Offensive und sah keine Möglichkeit, dem zuvorzukommen.

Die strategischen Überlegungen der obersten Militärführungen Frankreichs und Englands waren insofern identisch, daß beide Staaten begannen, sich auf einen lang andauernden Krieg einzustellen, in dem die Vorteile des Mehrfrontenkrieges und der größeren Ressourcen der Entente ausgenutzt werden sollten. England begann den Aufbau millionenstarker Landstreitkräfte, Frankreich schuf neue strategische Reserven. England wollte, beginnend mit einer Seelandung an den Dardanellen, den Kriegsschauplatz auf den Balkan und den Nahen Osten erweitern. Vor allem durch die Einflußnahme Rußlands sollte Rumänien – beide Staaten hatten bereits am 18. September 1914 einen geheimen Vertrag über einen Kriegseintritt Rumäniens abgeschlossen – eine neue Front gegen die Mittelmächte errichten. Frankreich bemühte sich, Italien zum Kriegseintritt auf seiten der Entente zu veranlassen und in Tirol eine Offensive gegen Österreich-Ungarn zum frühstmöglichen

Zeitpunkt zu beginnen. Die Idee der strategischen Führung Englands, im Frühjahr 1915 die deutschen Streitkräfte in Flandern mittels einer Offensive zu zerschlagen, wurde auf französischen Einspruch fallengelassen. Für den westeuropäischen Kriegsschauplatz sah man 1915 die strategische Verteidigung vor, in deren Rahmen Angriffshandlungen taktischen und operativ-taktischen Ausmaßes, vor allem zur Verbesserung des Frontverlaufes, durchgeführt werden sollten. Zugleich erwartete man von der russischen Militärführung solche offensiven Handlungen auf dem osteuropäischen Kriegsschauplatz, die die OHL zwingen müßten, starke Kräfte vom Westen nach dem Osten zu verlegen. Die strategischen Konzeptionen der englischen und der französischen obersten Militärführungen wurden durch den Entschluß der englischen Admiralität ergänzt, die Seeblockade gegen die Mittelmächte zu verstärken.

Dem Wesen nach war die strategische Konzeption der französischen und englischen Militärführung eine Ermattungsstrategie, die Zeitgewinn anstrebte und die eigenen Kräfte schonen wollte. Insofern unterschied sie sich von der deutschen, die nicht auf Zeitgewinn setzen konnte und ihre eigenen Streitkräfte – wollte sie einen siegreichen Frieden erreichen – offensiv einsetzen mußte.

Die entschiedenste strategische Konzeption für das Jahr 1915 hatte das oberste Kommando der russischen Streitkräfte. Die russischen Streitkräfte hatten von allen am Krieg teilnehmenden Staaten in den ersten Kriegsmonaten die höchsten Verluste erlitten. Die Niederlage an den Masurischen Seen war jedoch überwunden, es war gelungen, einen – wenn auch geringen – Teil Ostpreußens zu erobern. Weitaus größer waren die Erfolge gegen die österreichisch-ungarischen Streitkräfte. Galizien war erobert und der größte Teil Polens in russischer Hand. In Überschätzung dieser Ergebnisse der ersten Kriegsmonate plante der russische Generalstab eine umfassende strategische Offensive auf dem osteuropäischen Kriegsschauplatz mit dem Ziel, Ostpreußen, Westpreußen und Schlesien zu erobern, gegebenenfalls in Ungarn einzudringen. Man hoffte, dadurch den Kriegseintritt Rumäniens und Italiens zu beschleunigen und die serbische Armeeführung zu einer Offensive zu stimulieren. All das sollte Österreich-Ungarn zwingen, den Krieg zu beenden. Die russische strategische Führung rechnete mit der zahlenmäßigen Überlegenheit ihrer Streitkräfte und den riesigen Menschenreserven Rußlands. Sie überschätzte die Kampfkraft ihrer Streitkräfte, denen es an Kampftechnik und Munition mangelte.

Für die strategische Führung Österreich-Ungarns waren die Ergebnisse der ersten Kriegsmonate niederschmetternd. Galizien war verloren, russische Truppen standen an den Zugängen zur Slowakei und zu Ungarn. Aus Serbien hatte man sich zurückziehen müssen. Dazu kamen die schwer ersetzbaren Menschen- und Materialverluste sowie der moralisch desolate Zustand einer aus mehreren Nationalitäten bestehenden Armee.

Der strategischen Konzeption des österreichisch-ungarischen AOK lag alledem zum Trotz die Idee zugrunde, den russischen Streitkräften in Polen und Galizien durch eine strategische Offensive eine vernichtende Niederlage beizubringen. Dabei setzte man seine Hoffnungen auf Deutschland, dessen Streitkräfte eine Offensive gegen den Nordabschnitt der russischen Front durchführen sollten. Ein Verbleiben in der strategischen Offensive hielt das österreichisch-ungarische AOK schon deshalb nicht für ratsam, weil damit die Gefahr eines russischen Durchbruchs durch die Karpatenfront nach Ungarn nicht beseitigt werden konnte, was unübersehbare innen- und außenpolitische Folgen gehabt hätte. In diesem Punkt der Beurteilung der Lage war sich der österreichisch-ungarische Generalstabschef von Hötzendorff mit dem deutschen Oberkommando Ost einig. Übereinstimmung gab es auch darüber, daß zwei Angriffsoperationen annähernd gleichzeitig durchgeführt werden sollten, eine aus Ostpreußen, die andere aus den Karpaten heraus. Die allgemeine Angriffsrichtung sollte im Norden Grodno, im Süden Cholm sein, was die russischen Streitkräfte im Mittelabschnitt zwingen müßte, auf die Weichsel zurückzugehen. Obwohl das österreichisch-ungarische AOK die Kampfkraft seiner Truppen überschätzte, bat die OHL, deutsche Truppen an die Karpatenfront zu verlegen.

Die politischen Zielsetzungen der gemeinsamen Offensive waren,

- Italien und Rumänien davon abzuhalten, in den Krieg gegen die Mittelmächte einzutreten,
- Bulgarien zum Kriegseintritt gegen die Entente zu veranlassen,
- die Antikriegsbewegung im eigenen Lager einzudämmen und die nationalen Befreiungsbewegungen auf dem Balkan einzuschüchtern sowie
- Rußland gegebenenfalls zum Waffenstillstand zu zwingen.

Wenn auch prinzipiell die Möglichkeit eines begrenzten militärischen Erfolges im Osten bestand, so waren jedoch die politischen Ziele – wie der Verlauf des Jahres 1915 dann bewies – illusorisch. Hötzendorff, Hindenburg, Ludendorff waren von der Möglichkeit eines großen strategischen Erfolges überzeugt, Falkenhayn rechnete nur mit operativ-taktischen Ergebnissen.

Insgesamt entsprach keine der strategischen Konzeptionen der am Krieg in Europa beteiligten imperialistischen Hauptmächte der Realität, auch wenn man berücksichtigt, daß sich die französische und die englische strategische Führung der Langwierigkeit der bevorstehenden Kriegführung bewußt war. Angesichts der Millionenheere, der Menschenreserven und der industriellen Potentiale beider Seiten gab es keine strategischen Mittel und Methoden, der anderen Seite oder einem Staat der anderen Seite kurzfristig eine kriegsentscheidende Niederlage beizubringen. Hinzu kam, daß nach wie vor weder die Entente noch die Mittelmächte über ein gemeinsames oberstes Kommando verfügten und somit die strategische Führung uneinheitlich war.

Die Kampfhandlungen auf dem osteuropäischen Kriegsschauplatz 1915

Der Verlauf des Krieges im Jahre 1915 wurde maßgeblich durch die Kampfhandlungen auf dem osteuropäischen Kriegsschauplatz geprägt, da dort beide Seiten strategische Offensiven durchführten, denen kriegsentscheidende Ziele zugrunde lagen.

Zu Beginn des Jahres 1915 handelten auf diesem Kriegsschauplatz drei operativ-strategische Gruppierungen der Mittelmächte. Zur deutschen Ostpreußen-Gruppierung gehörten die 10. und 8. Armee sowie die Armeeabteilung Gallwitz (später in 12. Armee umbenannt). In Polen standen die 9. deutsche Armee, die deutsche Armeeabteilung Woyrisch und die 2. österreichisch-ungarische Armee (beide zur Armee Woyrisch zusammengefaßt) und die 1. österreichisch-ungarische Armee. Die Karpatengruppierung umfaßte die 4. und 3. österreichisch-ungarische Armee, die Südarmee (zusammengesetzt aus Truppen beider Staaten) und die österreichisch-ungarische Armeegruppierung Pflanzer-Baltin.

Auf der russischen Seite gab es zwei operativ-strategische Gruppierungen: die Nordwestfront (10., 12., 1., 2. und 5. Armee) und die Südwestfront (4., 9., 3., 8. und 11. Armee).

Die Kampfhandlungen in den Karpaten und in Ostpreußen im Winter 1915

Mitte Januar 1915 standen in den Karpaten 50 österreichisch-ungarische und deutsche Divisionen 43 russischen Divisionen gegenüber. Die vom österreichisch-ungarischen AOK geplante Offensive hatte das Ziel, die russische Gruppierung in Galizien zu zerschlagen, Galizien zurückzuerobern, die von russischen Truppen belagerte

1

2

3

1 Tiroler Landesschützen dringen in Richtung des San vor
2 Am Fuße der Karpaten
3 Versorgungskolonne in den Karpaten
4 Deutscher MG-Zug in einer galizischen Ortschaft

Festungsstadt Przemyśl zu entsetzen und damit Voraussetzungen für weitere Angriffsoperationen zu schaffen.

Die Offensive begann am 23. Januar mit Angriffen der 3. Armee und der Südarmee über die Gebirgspässe bei Ushok und Werezke in allgemeiner Richtung Lemberg (heute Lwow). Diese erste Angriffsoperation brachte bei hohen Verlusten beider Seiten nur geringfügigen Geländegewinn, der nach russischen Gegenangriffen zum größten Teil wieder verlorenging. Die folgende, am 27. Februar begonnene Angriffsoperation der 3. und der 2. österreichisch-ungarischen Armee (die aus Polen abgezogen worden war) über den Duklapaß brachte einen größeren territorialen Gewinn. Die angreifenden Truppen erreichten bis Anfang März bei Sanok den San, konnten aber die Kapitulation der in Przemyśl eingeschlossenen 150000 Mann starken Gruppierung am 22. März nicht verhin-

1

2

3

4

5

1 Der Oberbefehlshaber der 10. deutschen Armee, Generaloberst Eichhorn (im Frühjahr 1918 maßgeblich an der Intervention gegen die Sowjetmacht beteiligt), und sein Stab im Herbst 1915 in Kowno

2 Festnahme eines russischen Bauern, der sich der Besatzerwillkür widersetzt hatte

3 Österreichisch-ungarischer Divisionsstab in Ostgalizien bei der Rekognoszierung des Geländes

4 Deutsche Versorgungskolonne in Grodno

5 Deutsche Stellung am Wigry-See bei Krasnopol

6 Deutsche Remonte (Feldschmiede) in Ostgalizien

7 Abtransport gefangener österreichisch-ungarischer Offiziere

8 Deutsche Husaren in Südpolen

9 Infanterie beim Überwinden eines Drahthindernisses

10 Österreichisch-ungarische Stellung in der Bukowina

6

7

8

9

10

Kriegsnummer 15 Pf.

Die Wochenschau

Nr. 35 Verlag W. Girardet, Essen, Düsseldorf, Berlin 28. August 1915

Deutscher Sicherungsposten in dem eroberten Warschau

1

2

3

4

5

6

dern. Der Angriff der Südarmee führte zur Wiedergewinnung der Bukowina.

Ende März begannen die Armeen der russischen Südwestfront (3., 11., 8. und 9. Armee) Gegenangriffe auf der gesamten Breite der Karpatenfront durchzuführen, die in eine Gegenoffensive hinüberwuchsen. Die österreichisch-ungarischen Truppen mußten den Rückzug antreten. Hohe personelle und materielle Verluste der russischen Armeen und Gegenangriffe deutscher und österreichisch-ungarischer Truppen führten Mitte April zur Beendigung der russischen Gegenoffensive. Die Südwestfront verlor während der Winterkämpfe in den Karpaten mehr als eine Million Mann (Tote, Vermißte, Verwundete), die österreichisch-ungarischen und deutschen Truppen etwa 600000 Mann. Beide Seiten hatten ihre Ziele nicht erreicht.

Ein größeres Ergebnis brachte die deutsche Offensive östlich und südlich der Masurischen Seen. Dort gelang es der 8. und 10. deutschen Armee, am 7. und 8. Februar die russische Front an zwei Abschnitten zu durchbrechen und im folgenden die 10. russische Armee in dem großen Waldgebiet im Raum Suwalki–Augustow–Lipsk einzuschließen. Dieser Erfolg beruhte im wesentlichen auf der Ausnutzung des Überraschungsfaktors. Am 22. Februar kapitulierten die Hauptkräfte der 10. Armee in Stärke von 110000 Mann. Damit war Ostpreußen wieder vollständig in deutschem Besitz. Weitere Angriffshandlungen der Ostpreußen-Gruppierung brachten infolge von Gegenangriffen der 1. und 12. russischen Armee keinen Erfolg.

Insgesamt hatten die Winteroffensiven der Streitkräfte der Mittelmächte in den Karpaten und den Masuren keine entscheidenden strategischen Ergebnisse gebracht. Obwohl die russischen Streitkräfte weitaus größere Verluste erlitten hatten, war es ihnen jedoch gelungen, einen operativen Durchbruch zu verhindern. Noch mehr: Die Gefahr, daß sie die Verteidigung der österreichisch-ungarischen Truppen in den Karpaten durchbrechen und in Ungarn eindringen konnten, bestand unvermindert weiter.

7

8

9

2 Prinz Leopold von Bayern, Generalfeldmarschall, Oberbefehlshaber der 9. deutschen Armee mit seinem Stab bei Warschau
3 Russische Truppen ziehen sich aus Warschau zurück
4 Deutsche Truppen in Vormarsch auf Warschau
5 Deutsche Militärverwaltung in Warschau – das Besatzungsregime wird errichtet
6 Deutsche Truppen besetzen Warschau
7 Zerstörter Panzerturm der Festung Przemysl
8 Der österreichisch-ungarische Thronfolger im eroberten Przemysl
9 Przemysl während der russischen Belagerung

1

2

3

4

5

1 Deutsche Pontonkolonne auf dem Marsch zum Dnestr
2 Durchqueren einer Furt
3 Jüdische Flüchtlinge im Raum Lublin
4 In Lemberg
5 Der Oberbefehlshaber der 11. deutschen Armee, August von Mackensen (1849-1945), späterer Generalfeldmarschall, nimmt in Lublin eine Parade ab
6 305-mm-Haubitze der österreichisch-ungarischen Artillerie wird in die Feuerstellung gebracht
7 Zivilbevölkerung in Galizien auf der Flucht

Der Frühjahr-Sommer-Feldzug der Streitkräfte der Mittelmächte im Osten

Am 19. Februar richtete der Chef der OHL an den Oberbefehlshaber Ost ein Schreiben, in dem er mitteilte, daß er in der zweiten Märzhälfte gezwungen sein könnte, erhebliche Teile der Ostpreußengruppierung auf andere Kriegsschauplätze zu verlegen. Gemeint waren der westliche Kriegsschauplatz und der Balkan. Wörtlich hieß es in dem Schreiben: »Es kommt deshalb darauf an, die russischen Armeen bis spätestens dahin in eine solche Lage zu bringen, daß sie uns in absehbarer Zeit nicht gefährlich zu werden vermögen.« In diesem Schreiben wurde die Zwangslage deutlich, in der sich die Mittelmächte befanden. Die Ergebnisse der Winterkämpfe in den Karpaten und in Ostpreußen machten deutlich, daß man dem Ziel, Rußland zum Ausscheiden aus dem Krieg zu zwingen oder zumindest seinen Streitkräften die Fähigkeit zu weitreichenden Angriffsoperationen zu nehmen, nicht nähergekommen war. Aber ohne diese Voraussetzung war an die Durchführung einer kriegsentscheidenden Offensive auf dem westlichen Kriegsschauplatz nicht zu denken.

Die Vernichtung der alliierten Streitkräfte im Westen blieb entsprechend den Kriegszielen des deutschen Monopolkapitals die strategische Aufgabe Nr. 1. Aber eine solche Aufgabe war um so schwerer zu lösen, je später sie begonnen wurde. Im Februar 1915 standen auf dem westlichen Kriegsschauplatz 92 deutschen 97 französische und englische Divisionen gegenüber. Die OHL rechnete mit einem Zuwachs an alliierten Divisionen.

Außerdem mehrten sich die Zeichen, daß Italien im Verlaufe des Sommers den Mittelmächten den Krieg erklären würde. Schließlich benötigte die Türkei militärische Hilfe, und die Herstellung einer Landverbindung in den Nahen Osten wurde angesichts der zu erwartenden Sperrung der Transportwege durch Italien zur strategischen Notwendigkeit. Noch im März 1915 neigte der Chef der OHL zu der Ansicht, im Frühjahr eine Offensive mit entscheidender Zielstellung im Westen durchzuführen. Es wurde begonnen, eine neue Heeresreserve aufzustellen. Geplant war, durch das Herauslösen des 4. Infanterieregimentes aus jeder an der Westfront stehenden Infanteriedivision 24 neue Divisionen zu bilden. Der Mangel an Waffen, vor allem an Geschützen, und an Ersatz (Unteroffiziere und Mannschaften) gestattete es aber lediglich, im März nur acht neue Divisionen aufzustellen. Das war für eine Großoffensive im Westen zu wenig.

Indessen war das nicht der einzige Grund, von einer solchen Offensive abzusehen. Der Hauptgrund dürfte die Erkenntnis der obersten deutschen Führung gewesen sein (die sie Ende März/Anfang April gewann), daß ein Zusammenbruch der Doppelmonarchie im Bereich der Möglichkeiten lag, wenn es den russischen Streitkräften gelang, die Karpatenfront zu durchbrechen und wenn Italien gleichzeitig in den Krieg gegen die Mittelmächte eintreten würde. Bei einer Beratung zwischen Falkenhayn und Hötzendorff am 4. April 1915 in Berlin deutete der letztere die Möglichkeit an, daß Österreich-Ungarn gezwungen sein könnte, mit Rußland einen Sonderfrieden zu schließen. Darauf beschloß die oberste deutsche Führung am 11. April, eine Angriffsoperation im

6

7

Raum von Gorlice durchzuführen. Diesem Entschluß waren monatelange Meinungsverschiedenheiten zwischen der OHL und dem österreichisch-ungarischen AOK sowie dem Oberkommando Ost über die Frage vorausgegangen, auf welchem Kriegsschauplatz die nächste strategische Offensive zu führen sei.

Nunmehr gab es Übereinstimmung. Meinungsverschiedenheiten gab es allerdings über die Ziele und Richtungen der strategischen Offensive. Hötzendorff und das Oberkommando Ost verfochten die abenteuerliche Idee einer zweiseitigen strategischen Umfassung der Masse der russischen Streitkräfte in Polen. Falkenhayn beurteilte die Möglichkeiten der Streitkräfte der deutsch-österreichisch-ungarischen Koalition etwas vorsichtiger und legte für die erste Angriffsoperation begrenzte Ziele fest, die je nach Realisierung erweitert werden sollten. Dabei spielte angesichts der Aktivitäten französischer und englischer Truppen in der Champagne (Februar/März 1915) und im Artois (März bis Juni), des drohenden Kriegseintritts Italiens und der Absicht, eine Landbrücke zum Nahen Osten herzustellen, die Erwägung eine Rolle, jederzeit deutsche Truppen vom östlichen Kriegsschauplatz abziehen zu können.

Für die Offensive wurden vorgesehen: die 4. österreichisch-ungarische Armee (Oberbefehlshaber General der Infanterie Erzherzog Joseph Ferdinand), die aus Heeresreserven neu aufgestellte 11. deutsche Armee (Oberbefehlshaber Generaloberst von Mackensen) und die 3. österreichisch-

Kräfteverhältnis zwischen der 11. deutschen/4. österreichisch-ungarischen Armee und der 3. russischen Armee

	11. und 4. Armee	3. Armee	Verhältnis
Personalbestand	357000	219000	1,6 : 1
Artilleriegeschütze	1606	679	2,4 : 1
Maschinengewehre	660	607	1,1 : 1

1

2

3

4

1 Deutsche Besatzer im Botanischen Garten von Wilna
2 Gebirgsgeschütz im Mannschaftszug
3 Österreichisch-ungarische motorisierte Haubitz-Batterie
4 Artillerieziele werden vermessen

ungarische Armee (Oberbefehlshaber General der Infanterie von Borocvic). Die Hauptschlaggruppierung wurde durch die 4. und 11. Armee gebildet und hatte den Angriff aus dem Raum ostwärts des oberen Dunajec in allgemeiner Richtung auf Jaroslaw zu führen. Beiden Armeen gegenüber stand die 3. russische Armee (Oberbefehlshaber General der Infanterie Dmitrijew).

Der unter dem Oberbefehl von Mackensen stehenden Hauptschlaggruppierung wurde die Aufgabe gestellt, die Verteidigung der 3. russischen Armee im Abschnitt Tarnow–Gorlice zu durchbrechen und die russischen Truppen zu zwingen, sich aus den Karpaten zurückzuziehen.

Die Angriffsoperation begann am 2. Mai 1915. Der 11. deutschen Armee gelang es innerhalb von drei Tagen, die taktische Zone der Verteidigung des Gegners zu durchbrechen und im Zusammenwirken mit beiden österreichisch-ungarischen Armeen bis zum 13. Mai auf einer Front von 150 km Breite bis 100 km Tiefe vorzustoßen. Nach dem 5. Mai ging auch die 2. österreichisch-ungarische, die Südarmee, die 1. österreichisch-ungarische Armee sowie die Armee Woyrisch zum Angriff über. Am 10. Mai begann die 3. russische Armee mit dem Rückzug, in der zweiten Maihälfte folgten die 4. und 8. russische Armee, so daß Ende Mai die Front auf der allgemeinen Linie Nowe-Miasto–Sandomierz–oberer San–Stryi verlief.

Diese Angriffsoperation ist eine der wenigen im ersten Weltkrieg, in der es gelang, die taktische Verteidigung des Gegners vollständig zu durchbrechen und den Erfolg operativ auszuweiten. Das Ergebnis war ein strategisch-operativer Erfolg, denn die russische Südwestfront, insbesondere die 3. Armee, hatte schwere Verluste erlitten, und sie mußte den größten Teil der Karpaten und bedeutende Teile des westlichen Polens aufgeben. Die Gefahr des Durchbruchs russischer Armeen durch die Karpaten war zunächst gebannt.

Wenngleich dadurch die strategische Lage der Mittelmächte auf dem östlichen Kriegsschauplatz verbessert wurde, so blieb die strategische Gesamtlage nach wie vor kompliziert. Am 9. Mai begann im Westen mit einem Angriff der 10. französischen Armee und der 1. englischen Armee die sogenannte Frühjahrsschlacht im Artois – einer nordfranzösischen Landschaft nördlich Arras –, die zwar für die Angreifer ohne wesentlichen Erfolg blieb, aber der OHL erneut die Notwendigkeit verdeutlichte, über starke Reserven zu verfügen. Ein weiterer schwerwiegender Faktor war die Kriegserklärung Italiens am 23. Mai an die Mittelmächte. Angesichts dieser Lage kam die OHL und das österreichisch-ungarische AOK zu der Auffassung, die Offensive in Galizien und Polen weiterzuführen, weitere russische Kräfte zu zerschlagen, da das die Voraussetzung blieb, um später mit genügend starken Kräften im Westen und gegen Italien kriegsentscheidende Angriffsoperationen durchführen zu können. Entsprechend dieser Lagebeurteilung beschlossen die Chefs beider Führungsorgane am 3. Juni, in Pleß eine weitere Angriffsoperation im Osten durchzuführen.

Die Angriffsgruppierung (4. österreichisch-ungarische Armee, 11. deutsche Armee, 2. österreichisch-ungarische Armee) durchbrach am 13. Juni 1915 die russische Verteidigung am San und er-

Die Offensive der Mittelmächte in Galizien und Südpolen im Mai – Juli 1915

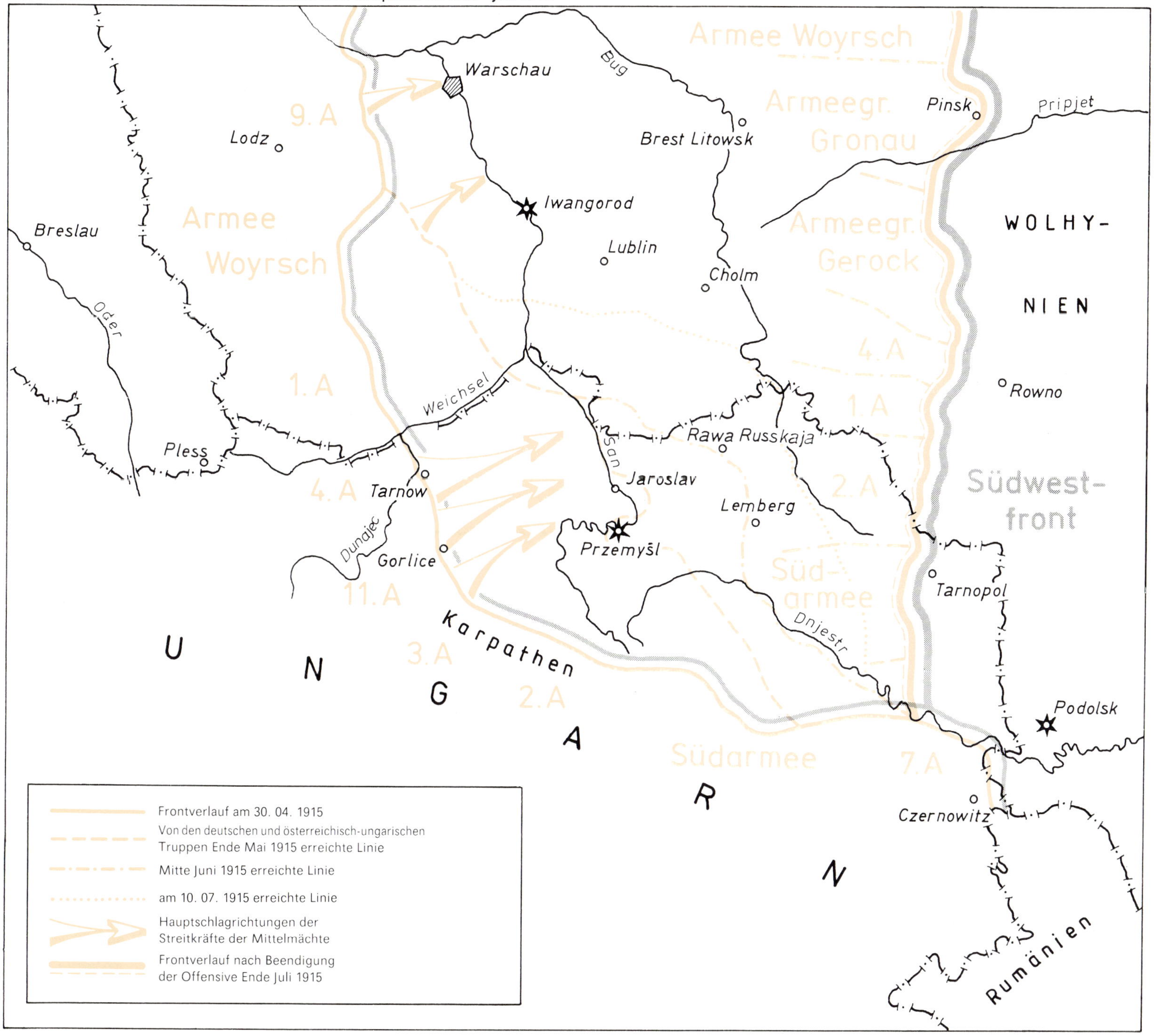

oberte weitere Teile Galiziens. Am 22. Juni fiel Lemberg (heute Lwow). Der Südarmee gelang es, den Dnestr zu erreichen. Aber auch dieser Erfolg erbrachte noch nicht die angestrebte entscheidende Schwächung der Offensivfähigkeit des russischen Heeres beziehungsweise die Bereitschaft der zaristischen Regierung zum Separatfrieden mit den Mittelmächten. Falkenhayn war jedoch durch die bisherigen Erfolge so beeindruckt, daß er eine strategische Offensive an der gesamten Ostfront, mit dem Ziel der Zerschlagung der russischen Hauptkräfte, für möglich hielt. Nunmehr stimmte er auch der im Mai verworfenen Idee einer beiderseitigen Umfassung der in Mittelpolen stehenden russischen Gruppierung zu. Der entsprechende Entschluß wurde im Ergebnis einer Beratung mit dem Oberbefehlshaber Ost am 2. Juli in Posen gefaßt.

Der Plan für die Offensive sah vor:

- eine Angriffsoperation der 11. deutschen Armee, der neugebildeten Bugarmee (bisher 3. österreichisch-ungarische Armee) und der 4. österreichisch-ungarischen Armee aus Galizien in allgemeiner Richtung auf Brest-Litowsk,
- eine Angriffsoperation der 8. und 12. deutschen Armee aus Ostpreußen in allgemeiner Richtung ostwärts Warschau,
- eine Angriffsoperation der 9. deutschen Armee und der Armee Woyrisch aus Westpolen in Richtung Warschau,
- eine Angriffsoperation der 10. deutschen Armee aus Ostpreußen in Richtung Kowno (heute Kaunas),
- die Weiterführung des Angriffs der in der Bukowina stehenden Kräfte in Richtung Tarnopol.

Die Offensive begann am 13. Juli 1915 mit einem Angriff der 12. deutschen Armee, dem sich Angriffe an den anderen Frontabschnitten anschlossen. Sie kamen in den meisten Richtungen Ende

1

2

3

August/Anfang September zum Stillstand. Nur in Litauen und Kurland wurde die Angriffsoperation der 10. deutschen Armee bis Ende September 1915 weitergeführt.

Die Streitkräfte der Mittelmächte errangen in dieser Sommeroffensive ihren bis dahin größten strategischen Erfolg. Zwar gelang es ihnen nicht, die Hauptkräfte der Südwestfront und Nordwestfront zu zerschlagen, sie erreichten aber bis Ende August die allgemeine Linie westlich Tarnopol–Lużk–Kowel–Brest-Litowsk–Białystok–Kowno. Die Kämpfe im September in Litauen und Kurland führten dazu, daß deutsche Truppen bis vor Riga vorstießen. Somit waren Galizien, fast ganz Polen, Litauen und Kurland in den Besitz der Mittelmächte gelangt.

Die weiteren Kämpfe auf diesem Kriegsschauplatz hatten bis zum Frühjahr 1916 nur noch örtliche Bedeutung.

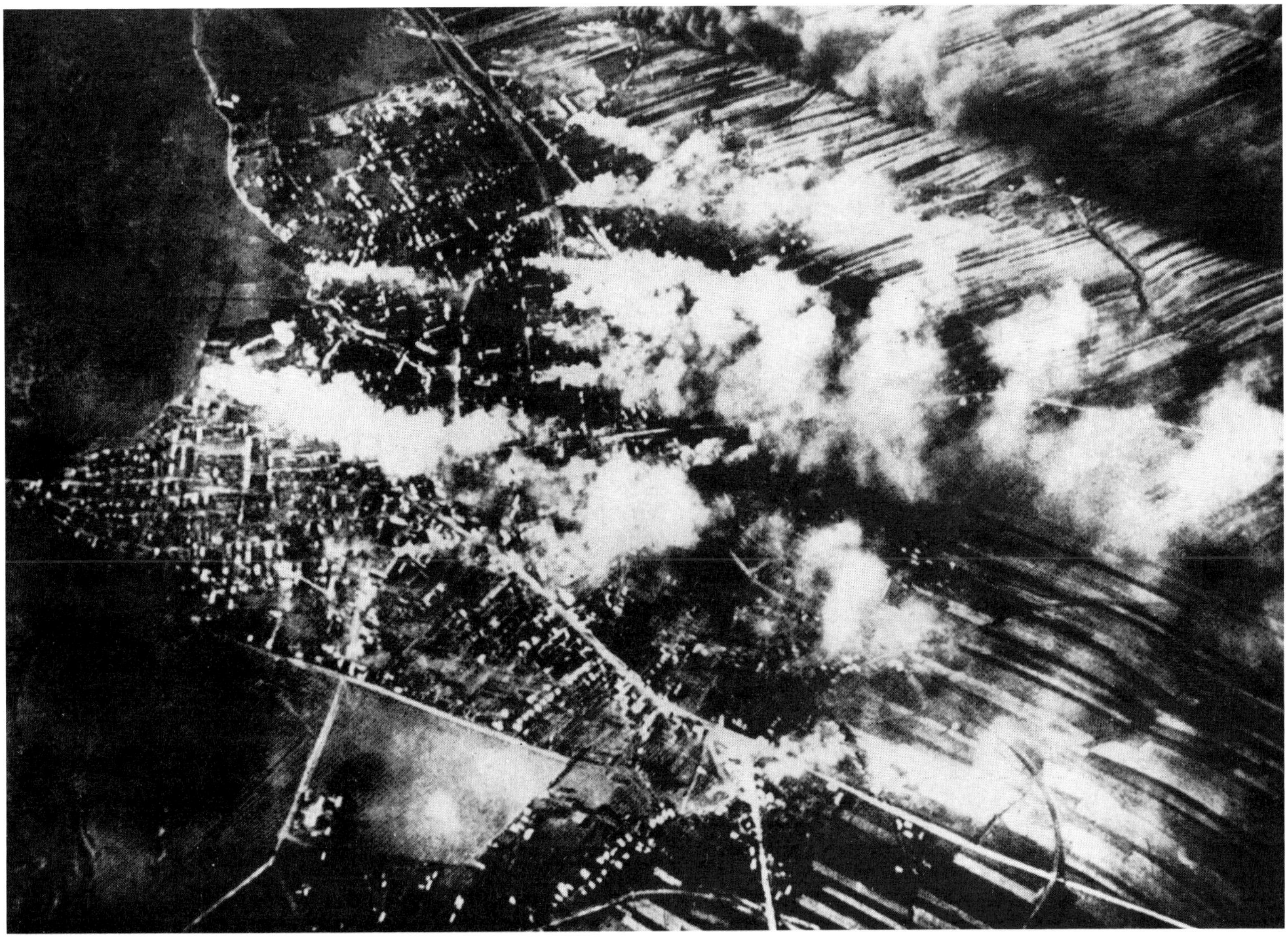

4

5

1 Deutsche Truppen im Laborczatal (Karpaten)
2 Deutsche Truppen vor Riga im Spätherbst 1915
3 Rückführung russischer Kriegsgefangener
4 Tarnopol nach Artilleriebeschuß
5 Das Oberkommando Ost im Mai 1915

1

2

Die Kampfhandlungen auf dem westeuropäischen Kriegsschauplatz 1915

Auf dem westlichen Kriegsschauplatz Europas befanden sich zu Jahresbeginn 1915 beide Seiten in der strategischen Verteidigung. Angriffshandlungen mit dem Ziel der Frontverbesserung fanden nur auf der taktischen Ebene statt. Die Truppen Frankreichs, Englands und Belgiens waren dem deutschen Westheer zahlenmäßig überlegen. 95 ½ deutschen Infanteriedivisionen standen 107 der Entente gegenüber.

Die Kriegführung auf dem westeuropäischen Kriegsschauplatz hatte deutlich werden lassen – und das insbesondere während der Marneoffensive –, daß die Führungsmethoden des Chefs des Generalstabes des Feldheeres wenig wirksam und die Struktur der strategisch-operativen Führung des Westheeres unzweckmäßig waren. Die Weisungen des Generalobersten von Moltke trugen meist empfehlenden Charakter, beruhten häufig auf nicht genauer Kenntnis der Lage und trafen zudem nicht selten zu spät bei den Armeeoberbefehlshabern ein. Diese hatten in der Entschlußfassung freie Hand, was sich vor allem auf das operative Zusammenwirken der Armeen negativ auswirkte. In einigen Fällen waren Armeeoberbefehlshabern die Nachbararmee operativ unterstellt worden, wodurch jedoch die Mängel in der Truppenführung, zum Beispiel beim Zusammenwirken, nicht behoben wurden.

Bei Kriegsbeginn hatte es drei zentrale Führungsorgane gegeben: das Hauptquartier des Kaisers, den Stab des Generalstabschefs des Feldheeres und den Stab des Generalquartiermeisters (verantwortlich für die rückwärtige Sicherstellung des Feldheeres, für das Transportwesen und die Beschaffung der Bewaffnung und Ausrüstung). Diese Führungsorgane waren unter der Bezeichnung Oberste Heeresleitung (OHL) zusammengefaßt worden. Der Sitz der OHL war seit Mitte August in Koblenz.

Um die strategisch-operative Führung zu verbessern, wurden durch den am 14. September zum Generalstabschef ernannten Generalobersten von Falkenhayn drei Heeresgruppenkommandos und ein selbständiges Korpskommando (für Besatzungszwecke und zugleich Reserve der OHL) gebildet. Zur nördlichen Heeresgruppe (Oberbefehlshaber Generaloberst Kronprinz Rupprecht von Bayern) gehörten die 4., 6. und 2. Armee. Sie handelte im Frontabschnitt Kanalküste westwärts Ostende–Roye. Die zentrale Heeresgruppe (Oberbefehlshaber Generaloberst von Heeringen), bestehend aus 1., 7. und 3. Armee, war im Frontabschnitt Roye – südlich Vouziers eingesetzt. Die südliche Heeresgruppe (Oberbefehlshaber General Herzog Albrecht von Württemberg) umfaßte die 5. Armee, die Armeeabteilung Strantz, die Armeeabteilung Falkenhausen und die Armeeabteilung Gaede. Sie verteidigte den Frontabschnitt südlich Vouziers–Altkirch. In Belgien übte das sogenannte Generalgouvernement (stärkemäßig ein Korps) das Besatzungsregime aus und war zugleich für die Verteidigung der Kanalküste zuständig.

Auf alliierter Seite gab es nach wie vor kein einheitliches Oberkommando. Im Frontabschnitt Kanalküste – ostwärts Doullens handelten das belgische Heer, die 8. französische Armee, das englische Expeditionskorps (später 1. englische Armee) und die 10. französische Armee, die mit der 8. Armee sowie einigen territorialen Truppen unter dem Oberbefehl von General Foch in einer provisorischen Heeresgruppe zusammengefaßt worden waren. Der Frontabschnitt von ostwärts Doullens – St. Mihiel wurde von der 2., 6., 5., 4. und 3. französischen Armee und der südliche Frontabschnitt von der 1. französischen Armee und der Armeeabteilung Vogesen verteidigt.

Die OHL hatte sich im Winter 1914/1915 fortlaufend mit der Idee beschäftigt, eine strategische Offensive auf dem westlichen Kriegsschauplatz durchzuführen und dazu verschiedene Studien – auch von Oberbefehlshabern und Chefs der Stäbe der Armeen – anfertigen lassen. Bei aller Unterschiedlichkeit der vorgeschlagenen Angriffsrichtungen und Ziele liefen alle diese Studien auf ein gemeinsames Fazit hinaus: Es wurde ein Bedarf an Kräften und Mitteln berechnet, der nur durch den Abzug von deutschen Truppen vom östlichen Kriegsschauplatz gedeckt werden konnte. Da die dortige Lage das nicht zuließ, wurden nur Angriffshandlungen taktischen und operativen Ausmaßes geplant und durchgeführt. So kam es zu einem Angriff der 1. deutschen Armee vom 8. bis 14. Januar bei Soissons, bei dem ein taktischer Erfolg erzielt wurde.

Das französische Oberkommando und die Führung der 1. englischen Armee plante ebenfalls

3

4

1 Das österreichisch-ungarische Armeeoberkommando an der Festtafel in Lemberg
2 Nikolaus II. verteilt Orden
3 Deutsche Stabsoffiziere im Casino, das in einem französischen Schloß untergebracht ist
4 Englische Stabsoffiziere

Angriffshandlungen begrenzter Zielsetzung, entwickelte dabei allerdings die größere Aktivität. Infolgedessen kam es im Januar bis März 1915 durch mehrfach wiederholte Angriffe zur sogenannten Winterschlacht in der Champagne, die bei beiderseitig hohen Verlusten zu unbedeutenden Geländegewinnen für die Entente-Armeen führte. Ebenso erfolglos war der englische Angriff Mitte März bei Neuve Chapelle.

Die Schlacht bei Ypern

Nach Abschluß der Winterkämpfe war die OHL bestrebt, die Initiative auch auf dem westlichen Kriegsschauplatz in die Hand zu bekommen, und führte zu diesem Zwecke mit den Kräften der 4.

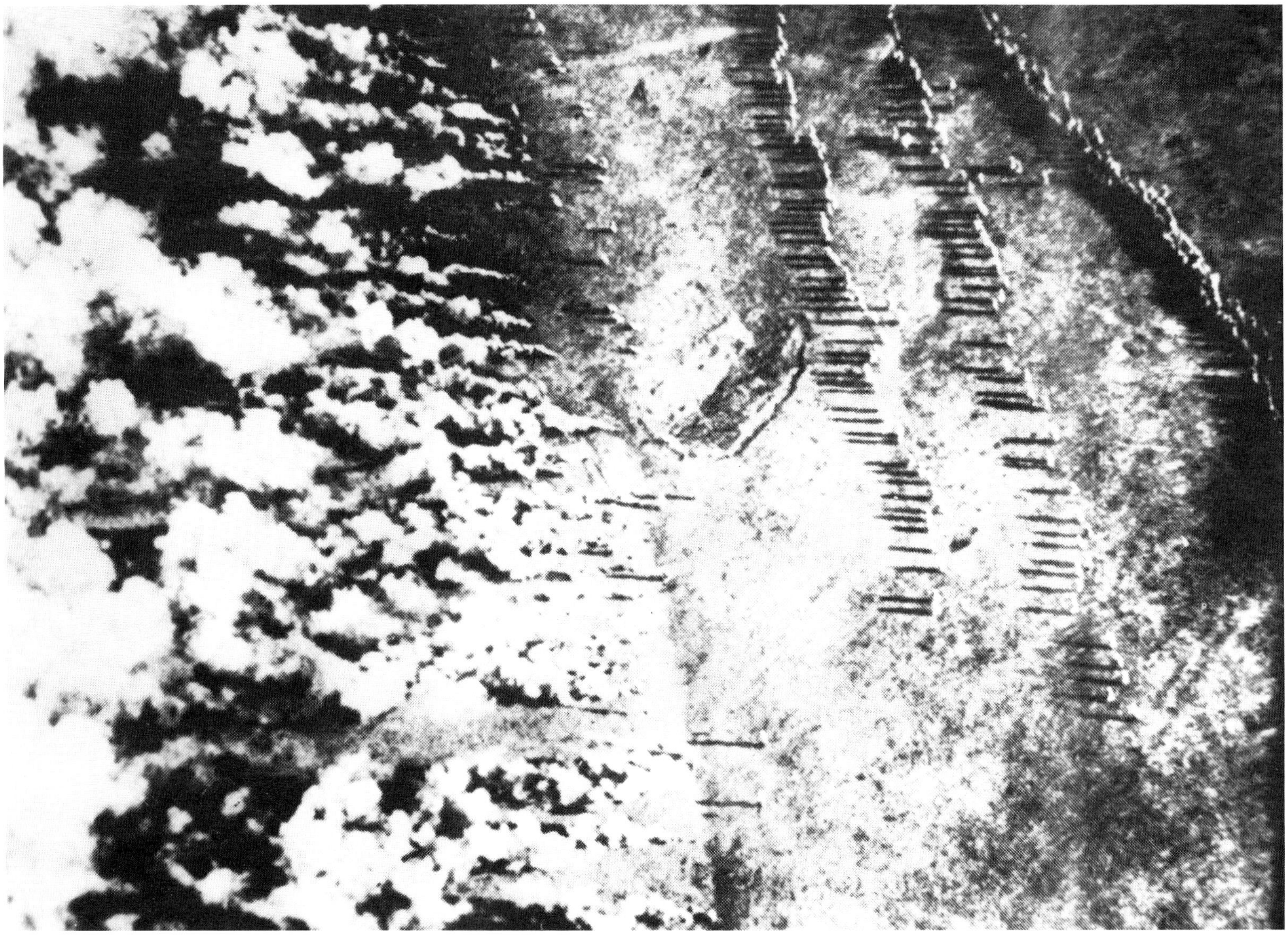

1

2

XXIV. Jahrgang
Nr. 26

Berliner

27. Juni 1915
Einzelpreis
10 Pfg.
oder 15 Heller.

Illustrirte Zeitung

Verlag Ullstein & Co., Berlin SW. 68

Schutz gegen die englischen Gasbomben.
Deutscher Sanitätssoldat in Flandern mit Gesichtsmaske und Sauerstoff-Apparat zur Hilfeleistung für Betäubte.

3

4

Armee vom 22. April bis zum 9. Mai bei Ypern eine Angriffsoperation begrenzter Zielsetzung durch. Diese Angriffsoperation ist – obwohl sie nur zu Erfolgen taktischer Bedeutung führte – in die Geschichte eingegangen, da hier erstmalig massenweise chemische Kampfstoffe – und zwar durch die deutschen Militaristen – eingesetzt wurden.

Die Vorbereitungen für den sogenannten Gasangriff – die Installierung von 6000 Druckgasflaschen – waren bereits im März begonnen, seine Durchführung infolge der ungünstigen Windverhältnisse jedoch mehrfach verschoben worden. Als Kampfstoff wurde Chlorgas verwendet. Dieser Einsatz eines chemischen Giftes hatte zwei Hintergründe. Erstens waren die Konzernherren der deutschen chemischen Industrie an der Erprobung chemischer Kampfstoffe interessiert, da sich hier eine profitträchtige Produktionsmöglichkeit abzeichnete. Zweitens glaubten die führenden deutschen Politiker und Militärs, in Gestalt der chemischen Kampfstoffe möglicherweise eine kriegsentscheidende Waffe in die Hand zu bekommen, zumal das imperialistische Deutschland auf dem Gebiet der chemischen Forschung und der Entwicklung der chemischen Industrie einen Vorsprung vor seinen Konkurrenten hatte. Profitinteressen und Überlegenheitsstreben waren also die tieferen Ursachen für das bei Ypern begangene Verbrechen. Es war zugleich ein Bruch der Haager Landkriegsordnung, die die militärische Verwendung von erstickenden und giftigen Gasen verbot.

Operatives Ziel der Angriffsoperation war die Einnahme des bei Ypern nach Osten vorspringenden Frontbogens der Ententetruppen. Der Angriff begann am 22. April um 18.00 Uhr mit dem Abblasen des Chlors. Fünfzehn Minuten später begann der Sturmangriff der deutschen Infanterie. Der Gasangriff führte vor allem bei den französischen Truppen zu hohen Verlusten und zur Panik, so daß die deutschen Truppen in dieser Richtung fast ungehindert vorstoßen konnten. Die Heranführung französischer und englischer Reserven und Gegenangriffe verhinderten an den folgenden Tagen weitere deutsche Erfolge. Ein neuer Angriff mit Einsatz von Chlor begann am 2. Mai und führte wiederum nur zu einem geringen Geländegewinn. Als deutscherseits die Angriffshandlungen am 9. Mai eingestellt wurden, war das operative Ziel nicht erreicht. Die Ausmaße des Frontvorsprungs hatten sich zwar verringert, sein Zentrum mit der Stadt Ypern war jedoch noch im Besitz französischer und englischer Truppen. Die Verluste der 4. deutschen Armee betrugen 35 000 Mann, die der alliierten Truppen waren um ein mehrfaches höher. Die chemische Waffe hatte sich jedoch als untaugliches Mittel erwiesen, das Problem des Durchbruchs einer Stellungsverteidigung zu lösen.

1 Deutscher Gasangriff bei Ypern
2 Gasalarm in einer deutschen Stellung
4 Gasalarm in einer französischen Stellung

Die französisch-englische Offensive im Artois und in der Champagne (Mai bis Oktober 1915)

Die Monate Mai bis Juni wurden auf dem westlichen Kriegsschauplatz von den Aktivitäten beider Seiten geprägt, im Besitz der Initiative zu sein. In Anbetracht des Kräfteverhältnisses hatten die Armeen der Entente dafür die größeren Möglichkeiten. Hinzu kam die Forderung des russischen obersten Kommandos, angesichts der Niederlagen in Galizien, die russischen Streitkräfte zu entlasten.

Die von ihrem Ausmaß her bedeutendste Kampfhandlung auf dem westlichen Kriegsschauplatz im Frühjahr 1915 war die französisch-englische Angriffsoperation im Artois. Der Oberbefehlshaber der Heeresgruppe Nord, General Foch, hatte dem französischen Oberkommandierenden, General Joffre, dazu bereits im März eine Denkschrift vorgelegt, in der vorgeschlagen worden war, im gesamten Frontabschnitt von der Kanalküste bis Verdun eine strategische Offensive mit begrenzter Zielsetzung durchzuführen, in der die 10. französische Armee im Raum nördlich Arras den Hauptschlag führen sollte. Am 29. März war in Übereinstimmung mit der englischen Führung der 1. Mai als Angriffstermin festgelegt worden. Beim Entschluß für die strategische Offensive stützte man sich auf Meldungen der Aufklärung, daß deutsche Divisionen vom Westen nach dem Osten verlegt worden waren. Der Angriff der 4. deutschen Armee am 22. April bei Ypern zwang jedoch dazu, den eigenen Angriffstermin zu verschieben.

Die Angriffsgruppierung bestand aus den Hauptkräften der 1. englischen Armee und der 10. französischen Armee mit insgesamt 25 Infanteriedivisionen und einem Kavalleriekorps. Ihre Aufgabe bestand darin, die Verteidigung der 6. deutschen Armee im Abschnitt Armentières–Arras auf breiter Front zu durchbrechen. Der operative Aufbau der Verteidigung dieser Armee war einstafflig, so daß das Stellungssystem im wesentlichen nur die taktische Zone (zwei Stellungen) umfaßte. Dahinter befanden sich die Feuerstellungen der Armeeartillerie und zwei Divisionen der Reserve der OHL in Unterbringungsräumen. Für den Durchbruch der vier bis sechs Kilometer tiefen taktischen Zone plante das Oberkommando der französischen Heeresgruppe Nord einen Zeitbedarf von sechs bis zehn Tagen, das heißt ein durchschnittliches Angriffstempo von 500 m pro Tag.

General Joffre hat am 16. April eine Direktive über »Ziel und Vorbedingungen einer allgemeinen Offensive« in Kraft gesetzt, die neue Grundsätze fixierte. In Abkehr von dem bis dahin gültigen Angriffsverfahren, bei dem als Ziel eines Angriffes lediglich der Einbruch in die Verteidigung des Gegners und die Besetzung eines Teiles der Stellung verfolgt wurde, sollte nunmehr das Ziel darin bestehen, die gesamte Stellung einzunehmen und die Kräfte des Gegners so zu zerschlagen, daß er keine Möglichkeit mehr haben sollte, sich erneut festzusetzen. Zu diesem Zwecke wurde gefordert,

- den Angriff auf breiter Front zu führen,
- eine »gründlichste« Artillerievorbereitung des Sturmangriffs durchzuführen,
- durch Einführung ständig neuer Kräfte den Angriff ohne Pause bis zur Erfüllung des Ziels durchzuführen,
- den Angriff in dichten Gefechtsordnungen durchzuführen (ein Mann pro Meter Angriffsfront).

Entsprechend dieser Direktive sah der Operationsplan der 10. französischen Armee vor:

- Breite des Armeeangriffsstreifens: 34 km.
- Operativer Aufbau: eine Staffel (14 Infanteriedivisionen)
  Reserve (2 Infanteriedivisionen,
  1 Kavalleriekorps).
- Hauptschlagrichtung: nördlich Arras–Vimy.

Für die Vorbereitung und Unterstützung des Angriffs der Infanterie durch die Artillerie wurden etwa 700 000 Granaten bereitgestellt. Die Artillerievorbereitung begann am 6. Mai durch das Schießen von methodischem Feuer. Am 9. Mai zwischen 9.00 und 10.00 Uhr schossen die französischen und englischen Batterien ein sogenanntes Trommelfeuer. Um 11.00 Uhr begann der Sturmangriff.

Der erste Operationstag brachte recht unterschiedliche Ergebnisse. Der Sturmangriff der englischen Truppen wurde zum Teil bereits vor dem 1. Graben abgewehrt, zum Teil kam er im 1. Graben zum Stehen. Infolge der hohen Verluste verzichtete die englische Truppenführung auf die

Kräfteverhältnis zwischen der 1. englischen/10. französischen Armee und der 6. deutschen Armee

	1. englische Armee/ 10. französische Armee	6. deutsche Armee	Kräfteverhältnis
Divisionen	27	13	2 : 1
Geschütze			
leichte Kaliber	1296	660	2 : 1
schwere Kaliber	531	150	3,5 : 1

1 

 2

3 

 4

5 

6 

1 Französische Infanterie in der Sturmausgangsstellung
2 Gegen Eindringen abgesicherter Graben bei Arras
3 Französischer 240-mm-Minenwerfer in Feuerstellung im Raum Roye
4 Deutsche Armierungstruppen beim Stellungsbau
5 Auszeichnung im ersten Schützengraben
6 Französische Stellung in den Argonnen
7 Deutsche Infanterie auf dem Chemin des Dames

Wiederholung des Sturmangriffes. Weitere Angriffe der 1. englischen Armee am 15. Mai, 20. Mai und Anfang Juni brachten ein Geländegewinn bis zu drei Kilometer, jedoch nicht den angestrebten Durchbruch.

Etwas erfolgreicher war der Angriff der 10. französischen Armee. Es gelang den französischen Truppen, am ersten Operationstag im Abschnitt Souchez–Neuville die gesamte 1. Stellung einzunehmen. Die Angriffe in den folgenden Tagen und Wochen brachten die 6. deutsche Armee mehrfach in eine krisenhafte Lage, führten aber zu keinen wesentlichen Erfolgen, da es der OHL gelang, rechtzeitig Reserven heranzuführen. Nach dem letzten Großangriff französisch-englischer Truppen im Artois vom 16. bis 18. Juni trat an diesem Frontabschnitt eine längere operative Pause ein.

7

Die französisch-englische Angriffsoperation im Artois im Frühjahr 1915 war der mißglückte Versuch, mittels eines neuen Angriffsverfahrens die Krise des Stellungskrieges zu überwinden. Das Scheitern dieser Angriffsoperation ist im wesentlichen darauf zurückzuführen, daß es während der Artillerievorbereitung nicht gelang, die Kräfte und Mittel des Verteidigers in der 1. Stellung ausreichend zu vernichten. Das trifft insbesondere auf die Maschinengewehre zu. Der Angriff in dichten Gefechtsordnungen erwies sich unter diesen Bedingungen als äußerst verlustreich. Dort, wo es Truppen gelang, die 1. Stellung einzunehmen, führten sie den Angriff in der Regel nicht sofort weiter, da es an Artillerieunterstützung mangelte. Das bot dem Verteidiger die zeitliche Möglichkeit, Reserven heranzuführen.

Trotz der negativen Erfahrungen plante das französische Oberkommando, im Herbst 1915 um Artois eine neue Angriffsoperation nach dem gleichen Angriffsverfahren durchzuführen. Allerdings sollte gleichzeitig eine Angriffsoperation in der Champagne durchgeführt werden, um die deutschen Reserven zu zersplittern.

Die Offensive an beiden Frontabschnitten begann am 25. September und endete Mitte Oktober. Erneut wurde eine tagelange Artillerievorbereitung des Angriffs durchgeführt. Im Abschnitt Arras–La Basseé hatte sie sogar eine Dauer von zwölf Tagen. Das englische Oberkommando setzte zur unmittelbaren Vorbereitung des Sturmangriffs chemische Kampfstoffe ein.

Das Angriffsverfahren basierte wiederum auf sehr dichten Gefechtsordnungen und einem tiefen operativen Aufbau. Die 10. französische Armee griff im Artois mit 17 Infanteriedivisionen in der 1. Staffel und drei Infanteriedivisionen und einem Kavalleriekorps in der 2. Staffel an. Bei einer Breite des Angriffsstreifens von 30 km hatten die Divisionen in der Hauptschlagrichtung Durchbruchabschnitte von 1,3 km Breite erhalten. Die 1. englische Armee führte mit sechs Infanteriedivisionen in der 1. Staffel und zwei Infanteriedivisionen und zwei Kavalleriekorps in der 2. Staffel den Angriff in einem Streifen von 10 km Breite durch. In der Champagne griffen die 4. und 2. französische Armee mit insgesamt 27 Infanteriedivisionen und 7 Kavalleriedivisionen auf 32 km Breite an.

Deutscherseits war die Vorbereitung der Offensive vor allem durch die lang anhaltende Artillerievorbereitung erkannt worden, so daß für die Entente-Armeen der Überraschungsfaktor verlorenging. Da für den Angriff im Artois der deutschen Truppenführung sogar der Angriffstermin bekannt geworden war, ließ sie am 25. September morgens eine Artilleriegegenvorbereitung schießen, so daß das Oberkommando der 10. französischen Armee den Termin für den Sturmangriff auf 13.30 Uhr verschieben mußte. Infolge hoher Verluste wurde der Angriff dieser Armee bei geringem Geländegewinn bereits am 26. September eingestellt. Erfolgreicher war die 1. englische Armee, der es gelang, am 25. September auf 6,5 km Breite bis 3 km tief in die deutsche Verteidigung einzubrechen. In wochenlangen Kämpfen eroberten die deutschen Truppen einen Teil des verlorengegangenen Geländes zurück.

Den größten Erfolg hatte die Offensive in der Champagne. Hier gelang es den französischen Truppen, die erste Stellung auf einer Breite von 17 km zu durchbrechen. Herangeführte deutsche Reserven brachten den Angriff vor der zweiten

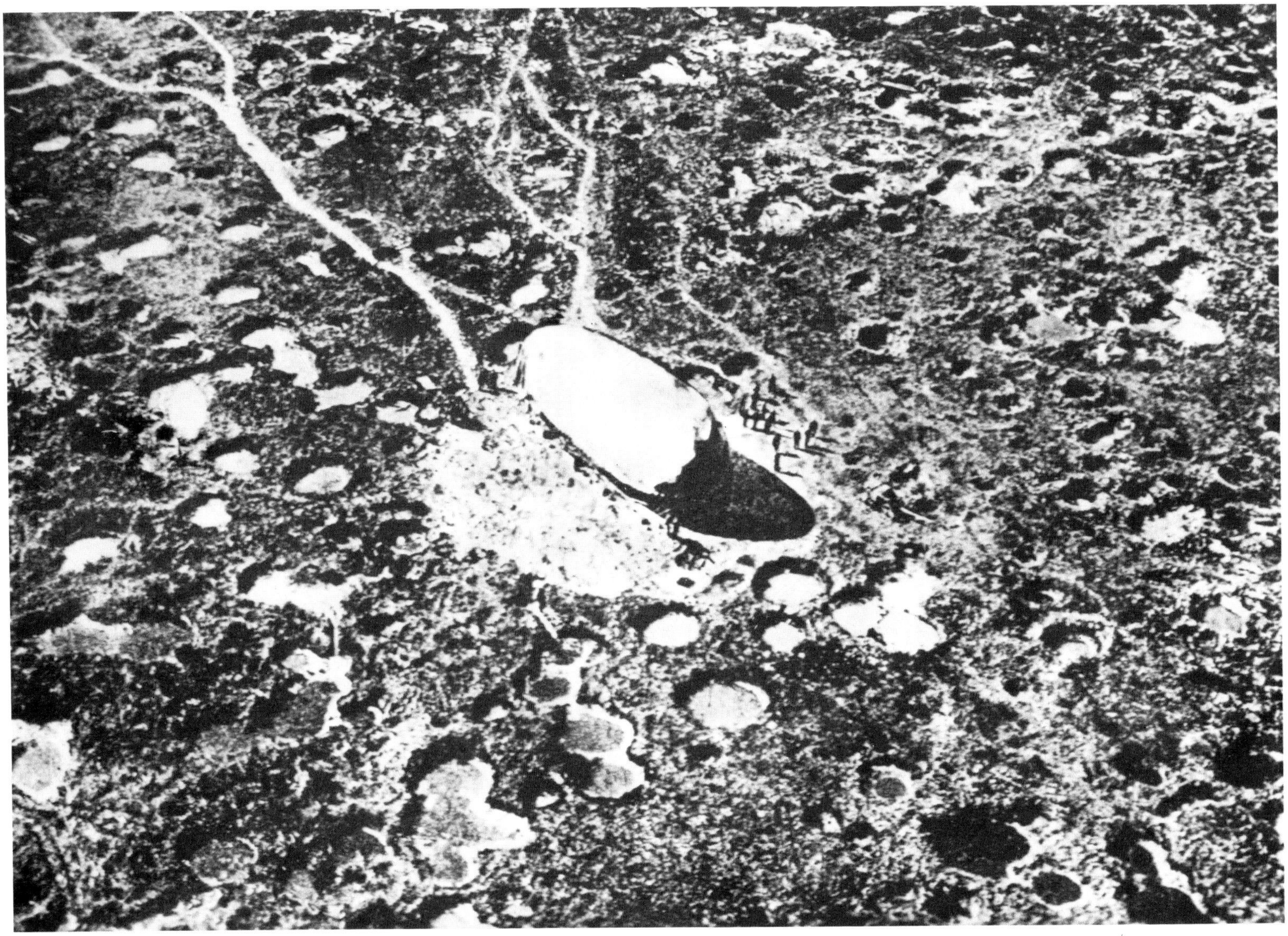

1

1 Deutscher Fesselballon in einem vom Artilleriefeuer zerstörten Gelände verankert
2 Noyon – nach den ersten Kämpfen
3 Deutscher Nachrichtentrupp am Kemelberg in Flandern
4 Eine Ablösung rückt an
5 Armentieres von deutschem Gelbkreuz verseucht
6 Zerstörte Kathedrale von St. Quentin
7 Der Kemelberg – eine militärisch wichtige Höhe in Flandern – ein totes Gelände
8 Im Hintergrund das brennende Reims

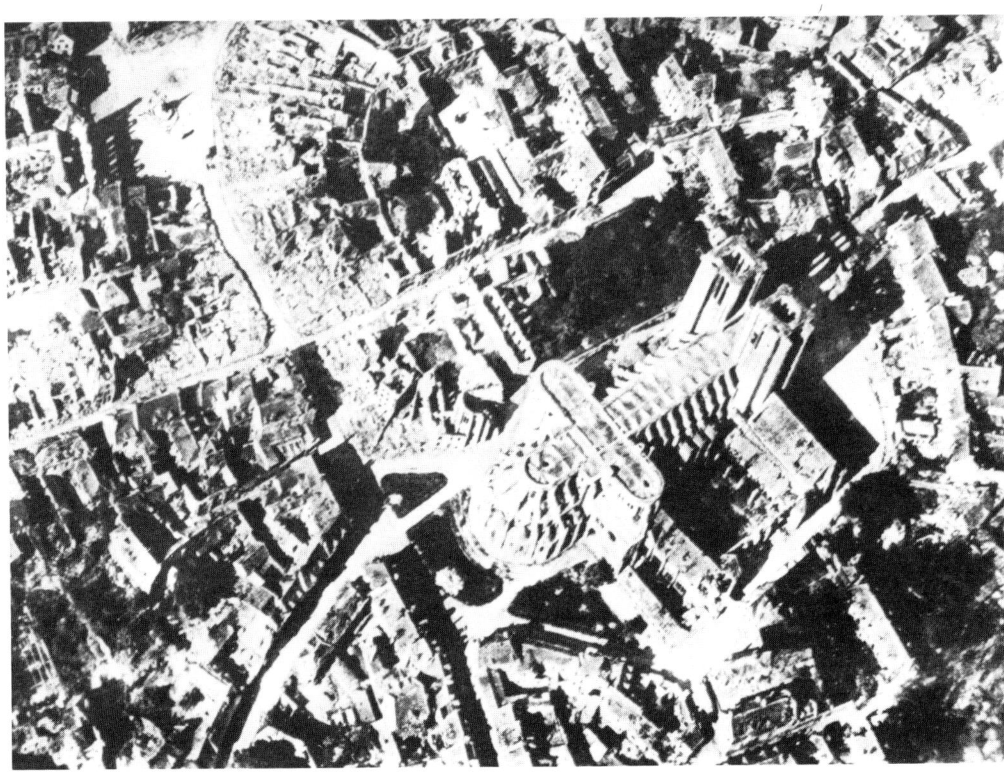

Stellung zum Stehen. Weitere Angriffe brachten den französischen Truppen nur noch unbedeutenden Geländegewinn.

Die englisch-französische Offensive im Herbst 1915 war ein Fehlschlag. Bei hohem Einsatz von Kräften und Mitteln und unter schweren Verlusten war ein geringer Geländegewinn erzielt worden. Es zeigte sich, daß der Durchbruch einer Stellungsverteidigung das Schlüsselproblem der Kriegskunst war, für das keine der beiden Seiten eine Lösung hatte.

Beiderseitig hohe Verluste und die deutsche Kräfteanspannung auf den anderen Kriegsschauplätzen führten dazu, daß auf dem westlichen Kriegsschauplatz im Winter 1915/1916 keine größeren Kampfhandlungen stattfanden.

3

4

A170 M H.
Achtung!
Gasgefahr!
Armentieres durch
Gelbkreuz verseucht!
Ohne Halt durchmarschieren!
Kein Wasser zum Trinken oder Waschen entnehmen!
A.O.K.6.
5

6

7

8

1

2

3

4

5

1 Französische Infanterie während der Offensive in der Champagne Oktober 1915
2 Englische Kriegsgefangene bei St. Quentin
3 Englische Stellungen am Aisne-Kanal
4 Beobachtung des Artilleriefeuers bei Berry au Bac
5 Der Winterberg – hier starben Tausende Soldaten
6 »Landstraße« im Raum der Marne
7 Spahi (algerischer Kolonialsoldat) bei Bailey (Oise)
8 Englische Stellung bei Albert nach deutschem Sturmangriff

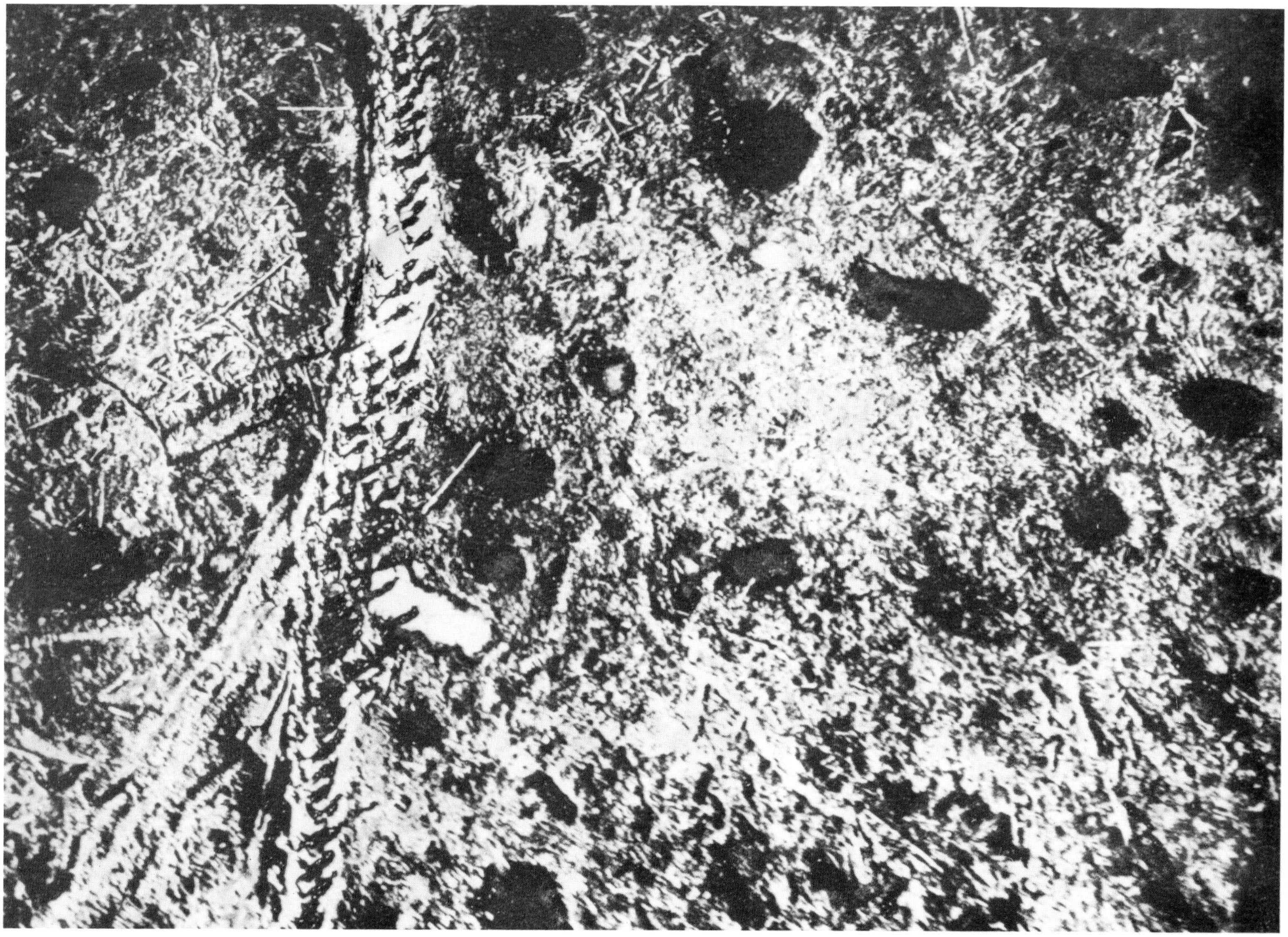
6

7

8

1

1 Das zerstörte Passendale in Flandern
2 Krieg im Hochgebirge. Italienische Stellung 3000 Meter über dem Meeresspiegel
3 Österreichisch-ungarische Aufklärungsgruppe in den Tiroler Alpen
4 Österreichisch-ungarische Mörser am Isonzo
5 Versorgungskolonne im Fassa-Tal (Südtirol)

Die Entstehung des südeuropäischen Kriegsschauplatzes

Italien, dem Dreibund seit 1882 angehörend, tendierte bereits seit der Jahrhundertwende dazu, sich der Entente anzuschließen. Die führenden Interessenvertreter des italienischen Imperialismus gingen dabei von der Annahme aus, daß sich ihre expansiven Interessen besser im Bündnis mit der Entente als mit den Mittelmächten realisieren lassen würden.

Bereits in der Spannungsperiode, aber insbesondere seit Kriegsbeginn im August 1914 hatte es ein diplomatisches – mit Versprechungen gespicktes – »Tauziehen« zwischen beiden Bündnissystemen um die Haltung Italiens zum Krieg gegeben. Die Mittelmächte wollten Italien zum Kriegseintritt auf ihre Seite bewegen. Die italienische Regierung hatte jedoch bereits am 3. August 1914 ihre Neutralität erklärt und dann am 9. Dezember 1914 offiziell territoriale Ansprüche an Österreich-Ungarn gestellt und diese im Frühjahr 1915 erweitert. Es ging vor allem um das Trentino (Südtirol), um Triest sowie um die Vorherrschaft über die südslawischen Staaten. Diese und andere außenpolitischen Schritte Italiens verschlechterten die Beziehungen zu Österreich-Ungarn.

Die Außenpolitik Deutschlands und Österreich-Ungarns konzentrierte sich nunmehr darauf, den möglichen Kriegseintritt Italiens auf seiten der Entente zu verhindern. Die österreichisch-ungarische Regierung war zunächst nicht geneigt, den italienischen Ansprüchen zuzustimmen, änderte jedoch unter dem Druck Deutschlands ihre Haltung. Sie versprach Italien, Teile Südtirols abzutreten, Triest zur Freistadt zu erklären und Albanien nicht zu annektieren. Im Gegenzug versprachen die englische und die französische Regierung, den italienischen Forderungen, die viel weiter gesteckt waren, in vollem Umfang zuzustimmen. Die russische Regierung, die gegen einige italienische Forderungen – vor allem das Territorium Dalmatiens betreffend – Einspruch erhoben hatte, änderte unter französischem und englischem Druck ihre Haltung. So kam am 26. April 1915 in London ein Geheimvertrag zustande, in dem sich Italien verpflichtete, binnen Monatsfrist Österreich-Ungarn – juristisch noch sein Verbündeter – den Krieg zu erklären.

Bei diesem imperialistischen Schacher um die territorialen Ansprüche Italiens ging es beiden Bündnissen nicht nur um die militärstrategischen Folgen des Kriegseintritts Italiens. Dieser Schritt mußte zwangsläufig Auswirkungen auf die noch neutralen Balkanstaaten, insbesondere auf die Haltung Rumäniens, haben.

Am 3. Mai 1915 kündigte Italien den Dreibundvertrag und erklärte am 23. Mai Österreich-Ungarn den Krieg, während es mit Deutschland bis Ende August 1916 formal im Friedenszustand verblieb. Deutschland brach lediglich die diplomatischen Beziehungen zu Italien ab und hoffte, Italien weiterhin als Transitland für Einfuhren aus Übersee nutzen zu können. Diese Hoffnung erfüllte sich jedoch nicht. Weitere Gründe für die Nichtkriegserklärung bestanden darin, die politischen Auswirkungen des italienischen Kriegseintritts auf den Balkan einzudämmen und Italien zu veranlassen, keine aktiven Kampfhandlungen durchzuführen.

De facto war jedoch mit der Kriegserklärung vom 23. Mai ein weiterer Kriegsschauplatz, der südeuropäische, entstanden, der die strategische Lage der Mittelmächte weiter komplizierte. Italien verfügte bei Kriegsausbruch über Landstreitkräfte in Stärke von 850000 Mann, gegliedert in 35 Infanteriedivisionen, 4 Kavalleriedivisionen und 52 Alpini-Bataillone. Mit der Masse dieser Kräfte wurden zwei Fronten gebildet – die Alpenfront (Tirol und Kärnten) und die Isonzofront.

Der italienische Generalstab gedachte nicht passiv zu bleiben. Er plante die Durchführung einer Angriffsoperation mit der 2. und 3. Armee in Richtung Görz (heute Goriza) und in Richtung Triest. Weitere Angriffsoperationen sollten in Südtirol mit der 4. Armee in Richtung Toblach und mit der 1. Armee in Richtung Triente (heute Trenter) durchgeführt werden. Eine operative Gruppe hatte die Pässe über die Kärntner Alpen zu decken. Die 5. Armee verblieb in Reserve.

Falkenhayn und Hötzendorff hatten sich nach der Austragung monatelanger Meinungsverschiedenheiten am 21. Mai 1915 über die Grundsätze der Kriegführung der Mittelmächte gegen Italien – im Zusammenhang mit der Fortsetzung der Offensive in Galizien – geeinigt. Infolge Kräftemangels

2

3

4

5

1

2

3

4

5

6

7

8

9

10

11

1 Feuerstellung eines Mörsers im Hochgebirge
2 Versorgungskolonne in den Südtiroler Alpen bei Bozen
3 Die höchste Geschützstellung des Weltkriegs auf dem Ortler (Südtirol) in 3902 Meter Höhe
4 Generalstabschef Hötzendorff während der Schlacht bei Asiago
5/6 Maschinengewehrstellungen in den Dolomiten
7 305-mm-Mörser am Monte Calio (Dolomiten)
8 Isonzo in der Nähe von Görz
9 »Patriotische« Ermahnung italienischer Truppen durch den Minister Bissolati
10 Italienisches Kampfflugzeug vom Typ Caproni wurde zur Landung gezwungen
11 405-mm-Mörser der italienischen Artillerie wird geladen

und auch aus politischen Erwägungen deutscherseits wurden Verteidigungshandlungen geplant. Österreich-Ungarn konnte an beiden Fronten vorerst nur 14 Infanteriedivisionen und zwei Gebirgsbrigaden einsetzen. Stärkste operative Kraft war die 5. österreichisch-ungarische Armee, die den Isonzo-Abschnitt zu verteidigen hatte. Die OHL setzte eine Gebirgsjägerdivision, das sogenannte Alpenkorps, in Tirol ein.

Die italienische Offensive in den Richtungen Görz und Triest begann am 30. Mai. Die italienischen Truppen drangen 20 bis 25 km auf österreichisch-ungarisches Territorium vor und kamen dann vor Görz zum Stehen, während der Unterlauf des Isonzo in Richtung Triest überschritten wurde. Es gelang jedoch nicht, die Verteidigung der 5. österreichisch-ungarischen Armee zu durchbrechen. Weitere vier italienische Angriffsoperationen (als 1. bis 4. Isonzoschlachten bezeichnet) in den Monaten Juni bis August und Oktober bis Dezember brachten unter beiderseitig hohen Verlusten einen geringen Geländegewinn für die 2. und 3. italienische Armee, führten jedoch nicht zur Erreichung der Operationsziele – Görz und Triest einzunehmen – und damit zu keiner grundsätzlichen Veränderung der operativ-strategischen Lage an dieser Front. Infolge des Winters und der begrenzten Möglichkeiten, die Verluste sofort zu ersetzen, trat im Dezember an dieser Front eine mehrmonatige operative Pause ein.

Auch in Tirol waren die Angriffsoperationen der italienischen Truppen von keinem strategisch-operativen Erfolg gekrönt. Der 4. italienischen Armee gelang es zwar, im Ampezzotal vorzustoßen und Cortina de Ampezzo einzunehmen. Weitere Vorstöße mißlangen, so daß das Operationsziel – Einnahme Toblachs – nicht erfüllt wurde. Die Angriffe der 1. italienischen Armee im Brentatal brachten geländemäßig die geringsten Ergebnisse. Erfolgreicher waren ihre Angriffshandlungen im Tal der Adige. Hier stießen die italienischen Kräfte bis nördlich Ala vor. Aber auch diese Armee erfüllte ihr Operationsziel – die Einnahme Trients – nicht. An dieser Front trat Ende 1915 ebenfalls eine operative Pause ein.

Die Kampfhandlungen auf dem südeuropäischen Kriegsschauplatz waren – mit Ausnahme eines kleinen Abschnitts am Unterlauf des Isonzo – Gebirgskämpfe. Die italienischen Streitkräfte waren auf solche Kampfhandlungen ungenügend vorbereitet. Nach – in der Regel ungenügender – Artillerievorbereitung (es mangelte vor allem an schweren, weitreichenden Haubitzen) wurden die pioniermäßig gut ausgebauten Stellungen der österreichisch-ungarischen Infanterie mit dichten Gefechtsordnungen angegriffen. Negativ wirkte sich auch der Mangel an Reserven und Munition aus. Dagegen erwies sich das Feuersystem der Infanterie und Artillerie der österreichisch-ungarischen Truppen als effektiv.

1

2

3

4

6

1 Italienische Alpenjäger auf dem Anstieg zum Gipfel der Adamellogruppe
2 Victor Emanuel III. verfolgt eine der zahlreichen Isonzoschlachten
3 Munitionskolonne im Hochgebirge
4 Leichter Unterstand österreichisch-ungarischer Truppen am Isonzo
5 Schützengraben in den Felsen des Karsts eingesprengt
6 Italienische Truppen auf dem Marsch zum Isonzo

Außerdem verlegte das österreichisch-ungarische AOK im Verlaufe des zweiten Halbjahres 1915 Truppen aus Galizien auf diesen Kriegsschauplatz, so daß das anfänglich ungünstige Kräfteverhältnis ausgeglichener wurde. Das löste neue Meinungsverschiedenheiten mit der OHL aus, die zur selben Zeit eine Offensive gegen Serbien vorbereitete.

Die Ausweitung des südosteuropäischen Kriegsschauplatzes und die Kampfhandlungen im Nahen Osten

Die Idee, einen Feldzug auf dem Balkan durchzuführen, dessen strategisches Ziel es war, die serbische Armee zu vernichten und durch die Eroberung Mazedoniens eine Landbrücke zur Türkei zu schaffen, war in der OHL schon Ende 1914 entstanden.

Tieferer Grund waren die expansiven Interessen des deutschen Monopolkapitals im Nahen Osten, die militärstrategisch durch aktive militärische Handlungen der türkischen Armee abgesichert werden sollten. Indessen hatten in der ersten Jahreshälfte 1915 die Offensiven im Osten und Verteidigungshandlungen im Westen kräftemäßig die Möglichkeit der OHL für einen solchen Feldzug überschritten.

Wenn Falkenhayn dennoch im September 1915 den endgültigen Entschluß für diesen Feldzug faßte, so ergab sich das aus der krisenhaften Lage, in die die Türkei im Verlaufe des Jahres 1915 geraten war. Türkische Streitkräfte führten an vier Fronten aktive Kampfhandlungen durch, größtenteils ohne Erfolg. Kritisch wurde die Lage der Türkei vor allem dadurch, daß sie über keine modernen industriellen Kapazitäten verfügte, um ihre Streitkräfte mit den erforderlichen materiellen Mitteln zu versorgen. Lieferungen der Mittelmächte über das Mittelmeer waren nicht möglich, da dort die Entente im Besitz der Seeherrschaft war.

1

2

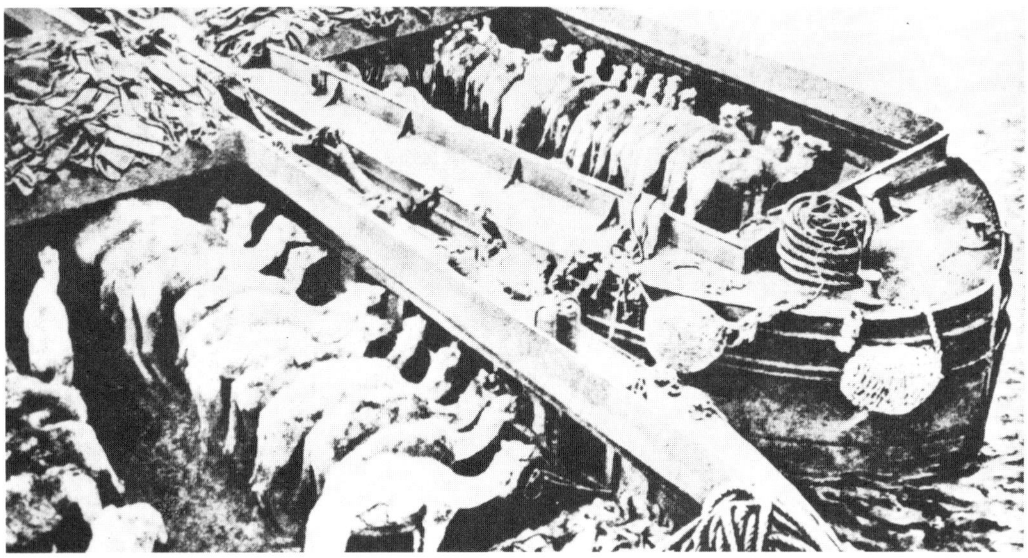
3

4

5

1 Anlandung von Entente-Truppen bei Seddul-Bahr auf der Halbinsel Gallipoli
2 Türkisches Geschütz bei der Verteidigung
3 Barkassen mit Kamelen, für den Munitionstransport auf der Halbinsel Gallipoli bestimmt, in einem ägyptischen Hafen vor der Abfahrt
4 Nach einem Gefecht bei Kap Helles (Halbinsel Gallipoli)
5 Englische Truppen bei Kap Helles in Erwartung der Evakuierung
6 Während der Kämpfe auf der Halbinsel Gallipoli
7/8 Die Entente-Truppen räumen die Halbinsel Gallipoli
9 Die »Cornwallis« verläßt als letztes Schiff die Suvla-Bucht
10 Konstantinopel nach dem Sieg bei Seddul-Bahr
11 Aus den von der Halbinsel Gallipoli zurückgezogenen Truppen bildet die Entente die Orientarmee im Raum Saloniki

6

7

8

9

11

1 

1 Anlandung von Entente-Truppen in Saloniki

Die Kampfhandlungen im Nahen Osten und um die Dardanellen

Im Januar 1915 war der Angriff der 3. türkischen Armee in den Kaukasus gescheitert. Im Februar 1915 stieß ein türkisches Expeditionskorps unter deutscher Führung über die Sinaihalbinsel bis an den Suezkanal vor, mußte jedoch angesichts überlegener englischer Truppen den Rückzug antreten. Im Februar und März versuchten englische und französische Flottenkräfte den Durchbruch durch die Dardanellen und das Marmarameer zu erzwingen – allerdings erfolglos. Auf englisches Drängen entschlossen sich die Militärführungen der Entente dann, eine Landungsoperation auf der Halbinsel Gallipoli mit dem Ziel durchzuführen, die dort stehenden türkischen Truppen zu vernichten und im folgenden Konstantinopel (heute Istanbul) zu erobern. Das entsprach einerseits den expansiven Interessen beider imperialistischer Staaten auf dem Balkan und hätte andererseits eine strategische Verbindungslinie zu den russischen Schwarzmeerhäfen geschaffen.

Zur Vorbereitung der Landungsoperation wurden bedeutende Teile der französischen Mittelmeerflotte und das englische Mittelmeergeschwader mit einem Bestand von 60 größeren Überwassereinheiten in der Ägäis konzentriert.

Die Landungsoperation wurde am 24. und 25. April durchgeführt. Der Landungsverband unter Befehl des englischen Generals Jan Halmition bestand aus fünf Infanteriedivisionen (englische, australische, neuseeländische und französische Truppen) und hatte eine Stärke von etwa 75000 Mann. Seine nächste Aufgabe bestand darin, zwei operative Brückenköpfe zu bilden und im folgenden der türkischen Küstenverteidigung am Ostufer der Halbinsel in den Rücken zu stoßen und sie zu zerschlagen. Die türkische Küstenverteidigung umfaßte Anfang 1915 80 Kanonen, 30 Haubitzen und eine Reihe von Minensperren. Ihr Befehlshaber war der deutsche Admiral Usedom. Sie wurde seeseitig durch ältere Linienschiffe, U-Boote und Torpedoboote unterstützt. Nach dem mißlungenen Durchbruchsversuch englisch-französischer Flottenkräfte durch die Meerengen im Februar und März war die türkische Küstenverteidigung verstärkt worden, und Kräfte der 5. türkischen Armee unter dem Oberbefehl des deutschen Generals Liman von Sanders waren auf die Halbinsel verlegt worden.

Dem Landungsverband gelang es mit der Feuerunterstützung schwerer Überwasserkräfte, zwei Brückenköpfe am Westufer der Halbinsel zu bilden. Bereits am 4. Operationstag kamen die Angriffshandlungen zum Stehen. Beide Seiten gruben sich ein, und es entwickelten sich monatelange Stellungskämpfe im Westteil der Halbinsel. Im Mai mußte der englische Flottenbefehlshaber in der Ägäis einen Teil seiner schweren Überwasserkräfte infolge zunehmender Schiffsverluste abziehen. Am 6. und 7. August wurden weitere fünf Divisionen angelandet und der nördliche Brückenkopf erweitert. Alle Versuche, die türkische Verteidigung zu durchbrechen, scheiterten jedoch.

Die Kampfhandlungen auf der Halbinsel endeten im Dezember 1915 mit der Einschiffung der Landungstruppen.

Die Anlandung eines aus insgesamt zehn Divisionen bestehenden Verbandes auf Gallipoli war die bedeutendste Landungsoperation des ersten Weltkrieges. War die Anlandung ein Erfolg, so die Angriffsoperation aus dem Brückenkopf heraus ein Mißerfolg, da es den Ententetruppen – wie auf dem westlichen Kriegsschauplatz – nicht gelang, das Problem des Durchbruchs einer Stellungsverteidigung zu lösen.

Der Herbstfeldzug der Mittelmächte auf dem Balkan

Während der Kämpfe um die Dardanellen waren russische Truppen aus dem Kaukasus und Nordpersien zum Angriff gegen die türkischen Streitkräfte im Osten des Landes übergegangen und stießen bis zum Wan-See vor. Im Verlauf des Sommers rückten außerdem englische Truppen von Basra bis Kut-el-Amara vor.

Türkische Streitkräfte kämpften also unter materiell angespannten Verhältnissen im Verlauf des Jahres 1915 an den Dardanellen, im Kaukasus, in Mesopotamien und auf Sinai.

Für die Kriegführung der Mittelmächte wurde es immer dringlicher, der Türkei militärtechnische Hilfe zu geben. Außenpolitische Bemühungen, entsprechende Transporte über Rumänien zu leiten, wurden von der rumänischen Regierung abgelehnt. Die OHL sah nur noch einen Weg: unter Einbeziehung Bulgariens einen Balkanfeldzug durchzuführen.

Der Entschluß für den Balkanfeldzug stand im engen Zusammenhang mit der Gesamtlagebeurteilung durch die OHL. Auf keinem Kriegsschauplatz war ein solcher strategischer Erfolg errungen worden, der den Kriegsverlauf zugunsten der Mittelmächte nachhaltig beeinflussen konnte. Der Balkanfeldzug schien eine solche Möglichkeit zu bieten. Hinzu kam die Sorge um die schwindende innere Stabilität Österreich-Ungarns und der schlechte politisch-moralische Zustand der österreichisch-ungarischen Streitkräfte. Man hoffte, durch die geplante Zerschlagung der serbischen Streitkräfte einen Umschwung in der Haltung der Volksmassen und der Soldaten Österreich-Ungarns zum Krieg zu bewirken.

Die politische Grundlage des Feldzuges war ein Geheimvertrag der Mittelmächte mit Bulgarien über ein auf fünf Jahre befristetes Militärbündnis dieser drei Staaten, dessen Ziel die Annexion Serbiens war. Bulgarien verpflichtete sich, 30 Tage nach Vertragsabschluß in den Krieg gegen Serbien einzutreten.

Für den Feldzug wurde eine Heeresgruppe, bestehend aus der 11. deutschen Armee, der 3. österreichisch-ungarischen Armee und der 1. bulgarischen Armee unter dem Oberbefehl des Generalobersten von Mackensen gebildet. Für den Angriff wurde weiterhin die 2. bulgarische Armee bereitgestellt. Dieser Angriffsgruppierung, in deren Bestand 20 Divisionen handelten, standen die 1. bis 3. serbische Armee und zwei operative Gruppen mit einem Bestand von insgesamt zehn Divisionen gegenüber. Allerdings bildete die Entente im Raum Saloniki Anfang Oktober eine operative Gruppierung, zunächst aus je einer französischen und englischen Division bestehend, die die Bezeichnung Orientarmee erhielt. Im Verlaufe des Oktobers erreichte sie eine Stärke von 150000 Mann. Sie sollte in Südserbien einmarschieren.

Der vom deutschen Generalstab entworfene Operationsplan sah vor,

- den Hauptschlag mit der 11. deutschen Armee entlang des Tales der Morawa zu führen,
- mit der 3. österreichischen Armee den Angriff in Richtung des Oberlaufes der Drina zu führen,
- mit der 1. bulgarischen Armee auf Niš vorzustoßen und
- mit der 2. bulgarischen Armee den Angriff in Richtung des Oberlaufes des Vardar zu führen.

Die Grundidee bestand darin, die Hauptkräfte der serbischen Streitkräfte – die 3. und 2. serbische Armee sowie eine operative Gruppe – vom Norden und Osten her zu umfassen und im mittelserbischen Raum zu zerschlagen.

Der Feldzug begann am 6. Oktober mit dem Forcieren der Save und Donau durch die Heeresgruppe Mackensen. Bereits am 9. Oktober wurde Belgrad eingenommen. Die serbischen Truppen leisteten unter Ausnutzung des gebirgigen Geländes hartnäckigen Widerstand, mußten sich jedoch vor den überlegenen Kräften der Heeresgruppe Mackensen nach Süden zurückziehen. Die erste Angriffsoperation endete Anfang November. Zu diesem Zeitpunkt hatten die 11. deutsche Armee und die 1. bulgarische Armee den Abschnitt Kragujewac–Niš fest in ihrer Hand. Damit war die Landverbindung zur Türkei hergestellt. Von strategischer Bedeutung war, daß nunmehr die Eisenbahnstrecke Belgrad–Sofia–Konstantinopel von den Mittelmächten genutzt werden konnte.

Die serbischen Hauptkräfte zogen sich auf das Amselfeld zurück. Dort fanden in der zweiten Novemberhälfte größere Kampfhandlungen statt, die als Schlacht auf dem Amselfeld bezeichnet werden. Ihr Ergebnis war die endgültige Niederlage der serbischen Streitkräfte. Ein Entlastungsangriff der Orientarmee entlang des Tales des Vardar wurde von der 2. bulgarischen Armee abgewehrt. Diese Armee erreichte im Verlaufe einer Gegenoffensive den Oberlauf des Vardar. Damit war ein weiterer Rückzug der serbischen Streitkräfte nach Süden nicht mehr möglich. Die noch kampffähigen Teile schlugen sich unter der Zurücklassung eines Teiles der schweren Technik zur albanischen Küste durch und wurden dort von Seestreitkräften der Entente auf die griechischen Inseln im Ionischen Meer überführt. Die nachstoßenden österreichisch-ungarischen Truppen eroberten Montenegro und Albanien. Damit war der Balkanfeldzug beendet. An der serbisch-griechischen beziehungsweise bulgarischen Grenze entstand eine Frontlinie, an der bis zum Frühjahr 1917 keine größeren Kampfhandlungen mehr stattfanden.

Der Balkanfeldzug war ein strategischer Erfolg der Mittelmächte. Die serbische Armee wurde zerschlagen und die strategische Lage Österreich-Ungarns damit verbessert. Die Türkei konnte durch die Lieferung von Militärtechnik unterstützt werden. Aber auch der Balkanfeldzug brachte keine Wende im Kriegsverlauf zugunsten der Mittelmächte. Allerdings wurden seine Ergebnisse von den politischen und militärischen Führungskräften Deutschlands und Österreich-Ungarns überbewertet und nährten ihre Hoffnungen auf einen endgültigen Sieg.

Die militärpolitische und strategische Lage Ende 1915/ Anfang 1916 und die Pläne beider Koalitionen

Im Verlaufe des Jahres 1915 hatten die Mittelmächte und die Entente politische und militärische Erfolge, aber auch Mißerfolge beziehungsweise Niederlagen erlitten. Beiden Seiten war es gelungen, die Volkswirtschaft auf die Bedürfnisse der Kriegführung umzustellen. Obwohl sich das deutsche Monopolkapital ein staatlich reguliertes System der Kriegswirtschaft geschaffen hatte und die

Kräfteverhältnis zwischen den Truppen der Mittelmächte und den serbischen Streitkräften Anfang Oktober 1915

	Mittelmächte	Serbien	Verhältnis
Bataillone	350	257	1,4 : 1
Geschütze	1400	654	2,1 : 1

Der Feldzug der Mittelmächte gegen Serbien im Herbst 1915

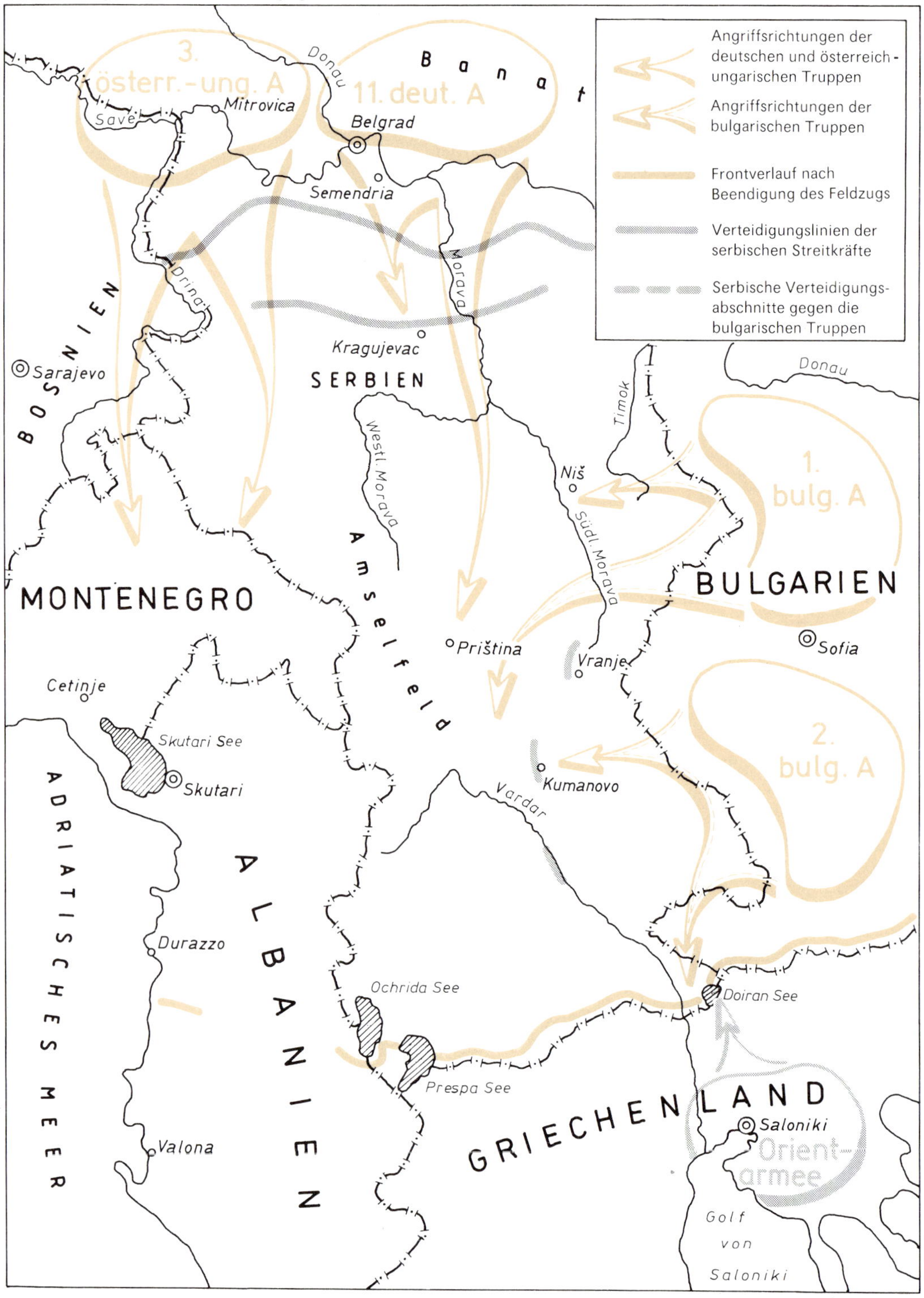

Bestand des deutschen Feldheeres an ausgewählter Militärtechnik Ende 1915 im Vergleich zu 1914

	1914	Ende 1915
Maschinengewehre	2400	8000
Feldkanonen (75 mm bis 150 mm)	4200	5300
Feldhaubitzen (105 mm bis 150 mm)	950	1700
Überschwere Haubitzen (210 mm bis 240 mm)	1360	4200
Flugzeuge	230	764

okkupierten Gebiete rücksichtslos ausgeplündert wurden, gab es auf Grund der englischen Seeblokkade ernsthafte Schwierigkeiten in der Versorgung mit Rohstoffen und Lebensmitteln.

Vom Standpunkt der militärischen Ergebnisse der Kriegführung waren die Mittelmächte erfolgreicher. Ende 1915 verlief die Front auf dem östlichen Kriegsschauplatz im Ergebnis mehrerer deutsch-österreichisch-ungarischer Offensiven auf der allgemeinen Linie südlich Riga–Dünaburg (heute Daugavpils) – Baranowitschi – Pinsk – Luzk –Tarnopol (Ternopol)–Tschernowizy. Auch der Balkanfeldzug war günstig verlaufen. Alle Offensiven der Entente – auf dem westlichen Kriegsschauplatz, in Norditalien und an den Dardanellen – waren erfolgreich abgewehrt worden. Der Einsatz der U-Boot-Kräfte gegen die Seeverbindungen der Entente hatte einige bescheidene Erfolge gebracht. Jedoch war das strategische Hauptziel des Jahres 1915 – die Niederwerfung Rußlands – nicht erreicht. Es war auch nicht gelungen, die politische und militärische Lage Englands zu erschüttern.

Die außenpolitische Bilanz der Mittelmächte konnte den Kriegseintritt Bulgariens auf ihrer Seite als Erfolg verbuchen. Schwerer wog jedoch der Mißerfolg, daß es nicht gelungen war, Italiens Kriegseintritt auf seiten der Entente zu verhindern. Damit war ein dritter Kriegsschauplatz in Europa entstanden. Das war eine zusätzliche Belastung für die militärstrategische Lage der Mittelmächte und für ihre außenpolitischen Aktivitäten, denn nunmehr zeigte Rumänien und eine Reihe anderer neutraler Staaten noch weniger Bereitschaft, die Kriegführung der Mittelmächte zu unterstützen. Die Importe der Mittelmächte aus Übersee wurden immer geringer, da die Transportwege durch Norditalien in Wegfall kamen. Die Beziehungen zu den USA waren gespannt, und die Unterstützung der Entente durch diesen industriell leistungsfähigen Staat war nicht zu übersehen. Griechenland war neutral geblieben, setzte jedoch der Nutzung griechischer Hoheitsgebiete durch Ententestreitkräfte keinen ernsthaften politischen Widerstand entgegen.

Die deutsche Rüstungsindustrie hatte es trotz zunehmender Schwierigkeiten in der Rohstoffversorgung vermocht, die Produktion von Militärtechnik wesentlich zu steigern.

Im Verlaufe des Jahres 1915 wurde die Munitionsproduktion verdoppelt, so daß die im Herbst 1914 eingetretene Munitionskrise überwunden war.

Die Menschenreserven des Deutschen Reiches erwiesen sich noch als ausreichend und ermöglichten sowohl den Ersatz der Verluste als auch Neu-

1 Generalstabschef Falkenhayn und der Oberbefehlshaber der für den Balkanfeldzug gebildeten Heeresgruppe, Mackensen – der Entschluß zur Niederwerfung Serbiens ist gefaßt
2 Deutsche Husaren forcieren die Drina
3 Serbische Truppen auf dem Rückzug
4 Österreichisch-ungarische Truppen marschieren in Albanien ein
5 Österreichisch-ungarische Truppen an der Save

1

2

3

4

1

2

3

4

5

1 Französische und englische Truppen bilden nördlich Saloniki eine Front gegen die bulgarischen Streitkräfte
2 Österreichisch-ungarische Pontonkompanie marschiert zum Skutari-See
3 Serbische Truppen werden nach Griechenland ausgeschifft
4 Engländer und Serben setzen ein schweres Geschütz an der Mazedonienfront zusammen
5 Eines der strategischen Ziele des Balkanfeldzuges ist erreicht

aufstellungen. Ende 1915 hatte das Heer eine personelle Stärke von 4,1 Millionen Mann, gegliedert in 12 Armeen, 161 Divisionen und zahlreiche selbständige Truppenteile (Armee- und Korpstruppen). Der politisch-moralische Zustand der deutschen Streitkräfte war stabil.

Dagegen befanden sich die Verbündeten Deutschlands in einer anderen Lage. In Österreich-Ungarn, insbesondere in seinen Streitkräften, war der politisch-moralische Zustand instabil. Die Türkei und Bulgarien hatten nur sehr begrenzte industrielle Reserven und waren auf militärtechnische Lieferungen aus Deutschland angewiesen.

Die Entente hatte 1915 keinen wesentlichen militärischen Erfolg errungen. Ihre Offensiven auf dem westlichen Kriegsschauplatz, in Norditalien und das Landungsunternehmen auf Gallipoli waren Mißerfolge. Die russischen und serbischen Streitkräfte hatten Niederlagen erlitten. Politisch von großem Gewicht war der Kriegseintritt Italiens auf ihrer Seite, und die Errichtung einer südeuropäischen Front verbesserte ihre militärstrategische Lage.

Die Ressourcen der Entente waren denen der Mittelmächte weit überlegen. England, Frankreich und Italien waren industriell entwickelte Staaten und hatten zudem Seeverbindungen zu ihren Kolonien. Das war nicht nur für die Versorgung mit Rohstoffen und Lebensmitteln von Bedeutung. England und Frankreich setzten verstärkt Kolonialtruppen auf den Kriegsschauplätzen ein. Rußland, zwar industriell schwach, hatte jedoch riesige Rohstoffvorkommen und die größten Menschenreserven in der Koalition. Allerdings gab es erste Anzeichen für das Absinken der Kampfmoral der russischen Streitkräfte.

Langfristig gesehen mußte sich das Übergewicht der Entente an Ressourcen kriegsentscheidend auswirken, zumal Deutschland in bezug auf die Versorgung mit bestimmten Rohstoffen infolge der englischen Seeblockade bereits in Schwierigkeiten kam. Die OHL und ihr Chef, Falkenhayn, sahen diese Gefahr, kamen jedoch zu der Schlußfolgerung, daß die materiellen Ressourcen es gestatten würden, noch mehrere Jahre Krieg zu führen.

Die strategische Planung der OHL für 1916 ging weiterhin von der Idee aus, gegen die Ententestaaten einen Zermürbungskrieg zu führen, das heißt ihnen solche personellen und materiellen Verluste zuzufügen, die sie zwingen sollten, den Krieg zu beenden. Hauptverfechter dieser Idee war der Generalstabschef Falkenhayn. Dabei ging man von der Annahme aus, daß die russischen Streitkräfte ihre Offensivfähigkeit verloren hätten und mit schweren innenpolitischen Erschütterungen des Zarenreiches zu rechnen sei. Des weiteren glaubte man in der OHL zu wissen, daß Frankreich wirtschaftlich und militärisch in bedeutendem Maße geschwächt sei, und man war überzeugt davon, es in absehbarer Zeit militärisch besiegen zu können, was dann England zum Einlenken veranlassen würde. Wie der Verlauf des Krieges zeigte, war diese Beurteilung des Gegners fehlerhaft, und die Idee des Zermürbungskrieges entsprach nicht den Realitäten.

Falkenhayn sah zwei Hauptrichtungen, seine Idee zu verwirklichen. Erstens sollte auf dem westeuropäischen Kriegsschauplatz eine strategische Offensive mit begrenzter territorialer Zielsetzung durchgeführt werden, deren Hauptziel es war, die französischen Hauptkräfte »ausbluten« zu lassen. Als geeignetster Frontabschnitt wurde Verdun betrachtet, da die Gefahr des Durchbruchs in Richtung Paris die französische Militärführung zwingen müßte, hier immer wieder neue Kräfte heranzuführen. Zweitens sollte der sogenannte uneingeschränkte U-Boot-Krieg geführt werden, um die wirtschaftliche Lage Englands zu erschweren und Truppentransporte über den Kanal zu verhindern.

In den Monaten Dezember 1915 und Januar 1916 traf sich Falkenhayn mehrfach mit dem österreichisch-ungarischen Generalstabschef Hötzendorff, um eine Übereinstimmung in den strategischen Planungen zu erzielen. Hötzendorff stimmte einer deutschen Offensive im Westen nicht zu und schlug eine Offensive in Tirol vor. Um dafür österreichisch-ungarische Divisionen aus Galizien freizubekommen, hätten acht bis neun deutsche Divisionen vom Westen dorthin verlegt werden müssen. Hinter diesen gegensätzlichen strategischen Erwägungen standen unterschiedliche Interessen der herrschenden Klassen. Für die deutsche Monopolbourgeoisie blieb England der Feind Nr. 1, den man nicht direkt niederwerfen konnte, und Frankreich die stärkste militärische Macht (in der imperialistischen deutschen Terminologie »der Festlanddegen Englands«), der sie an der Durchsetzung ihrer Expansionsinteressen hinderte. Für die herrschenden Klassen Österreich-Ungarns war der Balkan das Hauptexpansionsobjekt, und Rußland und Italien waren jene Mächte, die sie daran hindern konnten, dort weiterhin ihre Interessen durchzusetzen. Bei dem Vorschlag Hötzendorffs, in Tirol eine Offensive durchzuführen, spielte die Annahme eine Rolle, daß dort am leichtesten ein militärischer Erfolg zu erringen sei, den man in Wien dringend erwartete, um die innenpolitischen Gegensätze zu entschärfen.

Da zwischen beiden Generalstabschefs keine Übereinstimmung hinsichtlich der weiteren Kriegführung erreicht wurde, begannen beide Seiten, ihre strategischen Planungen unabhängig voneinander zu realisieren. Damit war das Minimum an einheitlicher Koalitionskriegführung, das es 1914/1915 gegeben hatte, weggefallen, und die ohnehin schwierige strategische Lage der Mittelmächte komplizierte sich noch mehr.

Dagegen machte die Entente Fortschritte in der Koalitionskriegführung. Zwar kamen keine gemeinsamen Führungssysteme zustande, aber man erzielte auf einer Beratung vom 6. bis 8. Dezember 1915 in Chantilly – dem Sitz des französischen Hauptquartiers – eine Übereinkunft über die abgestimmte Kriegführung im Jahre 1916. Gemeinsames Ziel war es, auf den europäischen Kriegsschauplätzen aufeinander abgestimmte Offensiven durchzuführen, um den Streitkräften der Mittelmächte die Initiative zu entreißen und dadurch die Kriegsentscheidung herbeizuführen. Allerdings sollten diese Offensiven langfristig vorbereitet werden. Geplant wurde eine Offensive der russischen Streitkräfte zu Sommerbeginn und anschließend eine französisch-englische Offensive an der Somme. Italien wurde empfohlen, ebenfalls im Sommer offensiv zu werden.

Die Schlachten bei Verdun und an der Somme

Die französische Verteidigung im Raum Verdun war eine Kombination von ständigen Befestigungsanlagen und Feldbefestigungen. Zu den ständigen Befestigungsanlagen gehörten die Zitadelle Verdun, ein Dutzend größere Forts sowie zahlreiche Betonbunker. Dieser stark befestigte Raum war ein Eckpfeiler der französisch-deutschen Front: Aus ihm heraus konnten einerseits Angriffsoperationen gegen die linke Flanke der Heeresgruppe Deutscher Kronprinz geführt werden, und andererseits setzte eine Angriffsoperation dieser Heeresgruppe in allgemeiner Richtung Paris seine Einnahme voraus. Das hatten die Erfahrungen der Marneschlacht im September 1914 bewiesen, und seitdem hatte es keine größeren deutschen Angriffshandlungen an diesem Frontabschnitt gegeben. Nach den Vorkriegsansichten des deutschen Generalstabes galt das Festungsgebiet Verdun als frontal uneinnehmbar.

Obwohl Falkenhayn nicht die Aufgabe gestellt hatte, die französische Verteidigung bei Verdun zu durchbrechen, sondern eine sogenannte Ausblutungsschlacht zu schlagen, sah der Operationsplan des Oberbefehlshabers der 5. deutschen Armee die Einnahme von Verdun und der Befestigungen westlich der Maas in hohem Angriffstempo vor. Praktisch hätte die Erreichung dieses Ziels den operativen Durchbruch bedeutet.

Die Angriffsoperation sollte unter Ausnutzung des Überraschungsmomentes mit stark überlegenen Kräften an schmalen Angriffsabschnitten beginnen. Die 5. Armee (Bestand fünf Armeekorps) hatte mit drei Armeekorps auf 12 km Breite aus nordöstlicher Richtung nach Einnahme der Forts Thiaumont, Douaumont und Vaux nach Verdun durchzubrechen. Nach Einnahme der ersten Stellungen sollte ein weiteres Armeekorps nordwestlich Etain angreifen. Das fünfte Armeekorps, auf dem Westufer der Maas stehend, hatte nur Artillerieunterstützung zu leisten. Demzufolge sollte der Angriff zunächst nur ostwärts der Maas geführt werden, was sich als schwerwiegender operativer Fehler erwies, denn die französischen Feuermittel am Westufer der Maas fügten den deutschen Truppen, die den rechten Flügel der Angriffsgruppierung bildeten, schwere Verluste zu (siehe Tabelle S. 132 zum operativen Kräfteverhältnis).

Wesentlich günstiger sah das taktische Kräfteverhältnis im Angriffsstreifen der 5. deutschen Armee aus. In diesem Streifen verteidigte sich das XXX. Armeekorps der 3. französischen Armee mit 30 Bataillonen und mehr als 300 Geschützen. Zur deutschen Angriffsgruppierung gehörten 80 Bataillone und etwa 700 Geschütze.

Die Schlacht bei Verdun vom Februar bis Juli 1916

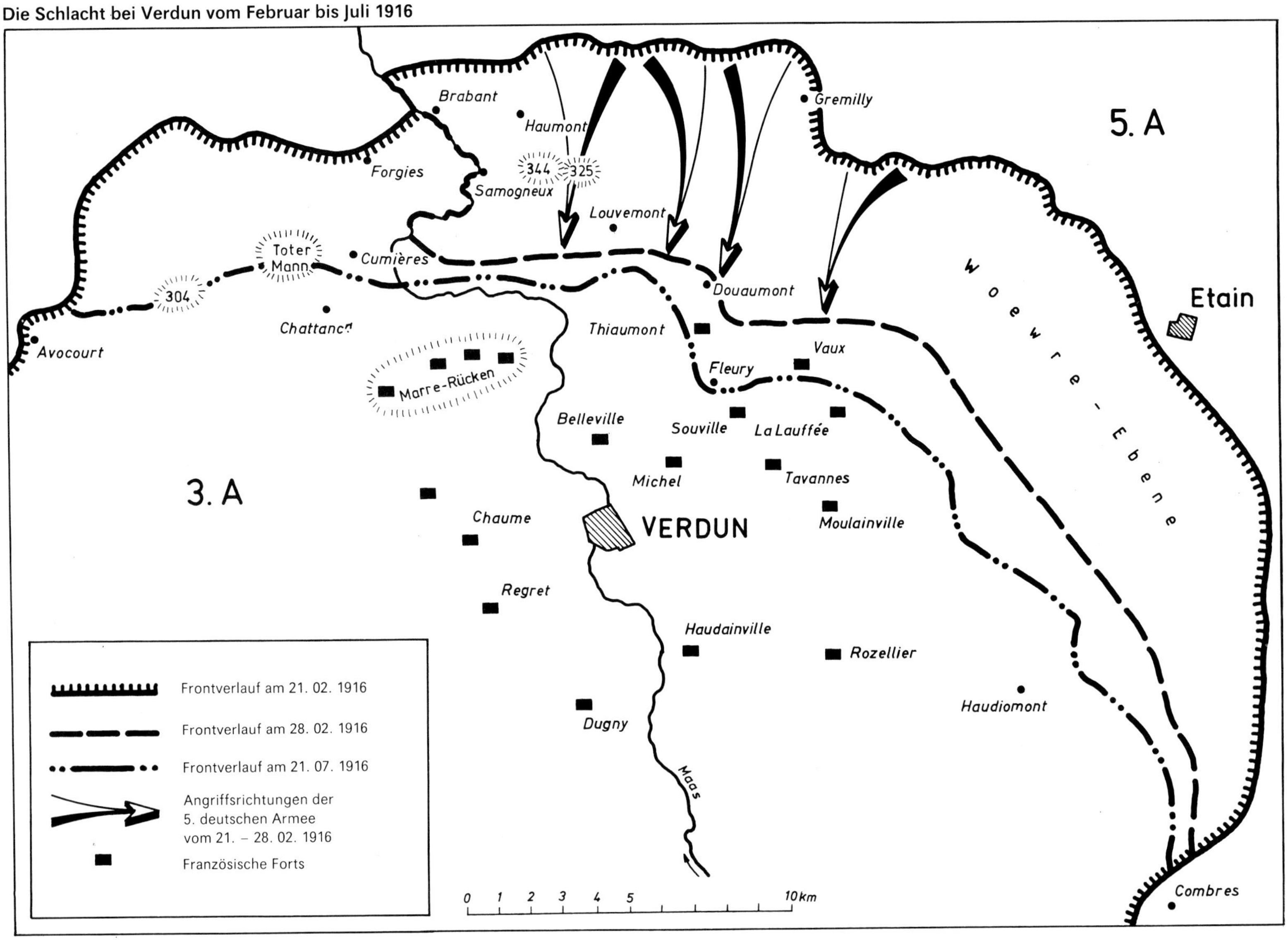

Operatives Kräfteverhältnis im Raum Verdun Mitte Februar 1916

	Deutsche Truppen	Französische Truppen	Kräfteverhältnis
Divisionen	10	9	1 : 0,9
Geschütze	1204	etwa 1000	1 : 0,9

Die deutschen Angriffshandlungen im Raum Verdun begannen am 21. Februar 1916 und zogen sich bis Mitte Juli hin. Sie umfassen die Offensive vom 21. bis 28. Februar 1916 sowie Angriffe unterschiedlichen Ausmaßes von März bis Juli 1916. Die Artillerievorbereitung begann am 21. Februar um 8.00 Uhr und dauerte neun Stunden. Im Zusammenhang mit der Verschiebung des ursprünglichen Angriffstermins vom 12. Februar führte das zum Verlust des Überraschungsmoments. Der Sturmangriff begann um 17.40 Uhr und brachte einen begrenzten Geländegewinn. Das französische Oberkommando nutzte die Nacht und führte drei neue Divisionen in den angegriffenen Abschnitt ein. In den folgenden Tagen gelang es den deutschen Armeekorps, in die taktische Zone der Verteidigung einzudringen. Am 25. Februar wurde das Fort Douaumont eingenommen. Die weiteren Angriffe brachten keine nennenswerten Erfolge. Am 27. Februar gab der Oberbefehlshaber der 5. deutschen Armee angesichts der Verluste und heranrückender französischer Verstärkungen den Befehl, die Offensive einzustellen. Die Verluste der Deutschen betrugen 81 000 Mann, die der Franzosen 89 000 Mann. Da es nicht gelungen war, den Raum ostwärts der Maas in einer fortlaufend geführten Angriffsoperation einzunehmen, mußte die Offensive als gescheitert gelten.

Trotzdem wurden die Angriffshandlungen im März erneut aufgenommen. Am 6. März begann der Angriff auch westlich der Maas. Allerdings war der günstigste Zeitpunkt vergeben. Dem französischen Oberkommando war es gelungen, vom 27. Februar bis zum 6. März 150 000 Mann Verstärkungen im Kfz-Transport heranzuführen. War die strategische Idee der deutschen Offensive (»Ausblutungsschlacht«) mehr als fragwürdig und die operative Planung mit Fehlern behaftet, so waren die deutschen Angriffshandlungen in den Monaten März bis Juli absolut sinnlos. Zwar wurden noch einige taktische Erfolge erzielt (Einnahme der Höhe 304 am 16. Mai und des Forts Vaux am 2. Juni), jedoch um den Preis riesiger Verluste. Bei den regelmäßig sich wiederholenden deutschen Angriffen und den darauffolgenden französischen Gegenangriffen wurde um den Besitz von Geländestreifen von mehreren hundert Meter Tiefe und mitunter noch weniger gekämpft. Jeder Tag kostete Tausende deutsche und französische Soldaten das Leben. Der letzte deutsche Angriff größeren Ausmaßes begann am 21. Juni mit dem Ziel, das Fort Souville einzunehmen. Es gelang, einen

Teil der dem Fort vorgelagerten Bunker und andere Befestigungsanlagen einzunehmen, das Fort blieb im französischen Besitz. Am 12. Juli befahl Falkenhayn, im Raum Verdun zur Verteidigung überzugehen.

Die Erfolglosigkeit der deutschen Offensive bei Verdun hatte eine Krise in der obersten politischen und militärischen Führung des Deutschen Reiches zur Folge. Obwohl man sich weiter an die Hoffnung eines Sieges über die Entente klammerte, wurde doch sichtbar, daß er bei Verdun nicht zu erreichen war. Angesichts russischer und italienischer Offensiven war es notwendig, auf dem ost- und dem südeuropäischen Kriegsschauplatz neue Divisionen einzusetzen. Die strategische Reserve der OHL war jedoch weitestgehend bei Verdun verschlissen worden. Die Entente begann eine Offensive an der Somme vorzubereiten und zog dafür Truppen aus dem Raum Verdun ab. Außerdem gab es deutliche Anzeichen, daß Rumänien auf seiten der Entente in den Krieg eintreten würde. Alle dem zum Trotz ließ Falkenhayn im August bei Verdun örtlich begrenzte Angriffshandlungen durchführen, um – aus Prestigegründen – den Eindruck zu erwecken, die Offensive würde fortgesetzt. Am 29. August wurde er von seiner Funktion als Chef des Generalstabs des Feldheeres entbunden. An seine Stelle trat der Generalfeldmarschall von Hindenburg, dem der General der Infanterie Ludendorff an die Seite gestellt wurde. In der Folgezeit wurde die strategische Tätigkeit der obersten deutschen militärischen Führung weitestgehend durch Ludendorff geprägt.

Inzwischen hatte am 1. Juli 1916 die Offensive der Entente an der Somme begonnen. Sie war monatelang – vor allem materiell-technisch und durch den pioniertechnischen Ausbau der Bereitstellungsräume und Feuerstellungen der Artillerie – gründlich vorbereitet worden. Im Februar hatte man geplant, mit 68 Divisionen anzugreifen, was auf einen strategischen Durchbruch der deutschen Verteidigung zielte. Infolge der Verluste bei Verdun konnte man jedoch im Juli nur 32 Divisionen bereitstellen. Dem standen 18 deutsche Divisionen gegenüber, so daß das operative Kräfteverhältnis 1 : 0,6 zugunsten der Ententetruppen stand. Auch war die englisch-französische Angriffsgruppierung an Artillerie der deutschen Verteidigungsgruppierung stark überlegen.

Die Leitung der Offensive lag in den Händen des Oberbefehlshabers der französischen Heeresgruppe Mitte, General Foch. An der Offensive nahmen teil: nördlich der Somme die 4. englische Armee (Oberbefehlshaber General Rawlinson) und das XX. französische Armeekorps, südlich der Somme die 6. französische Armee (Oberbefehlshaber General Fayotte). Die operativen Verbände, besonders die 4. englische Armee, waren tief gestaffelt aufgestellt, um – in Abhängigkeit vom Feuerstellungswechsel der Artillerie – den Angriff ständig aus der Tiefe nähren zu können.

1

2

1 Nachtgefecht
2 Seit 1916 setzt auch die Entente regelmäßig chemische Kampfstoffe ein
3 Beobachtung der Stellungen des Gegners mittels Scheinwerfern

Der Angriff richtete sich gegen die 2. deutsche Armee und gegen Teilkräfte der 1. deutschen Armee, deren Verteidigung zwei Stellungen umfaßte. Die Breite des Angriffsstreifens betrug 35 km.

In der Periode der Artillerievorbereitung, die sieben Tage andauerte, gelang es, fast alle schweren Feuermittel in der taktischen Verteidigungszone der deutschen Verbände zu vernichten. Bei der Aufklärung der Feuerstellungen der deutschen Artillerie und bei der Bekämpfung der deutschen Artilleriebeobachter in Fesselballons spielten die Fliegerkräfte der Entente eine wesentliche Rolle. Obwohl durch die Artillerievorbereitung die 1. deutsche Stellung fast völlig zerstört war, entwickelte sich der Angriff sehr langsam. Vom 2. bis 20. Juli drangen die Angriffskräfte bis an die 2. deutsche Stellung vor, teilweise auch ein. Dann trat infolge der hohen Verluste bis Ende August eine operative Pause ein.

3

1

2

3

4

5

1/2 Heldenkult
3 Erster Chef der deutschen Fliegerkräfte, Oberstleutnant Thomson
4 Abgeschossenes englisches Kampfflugzeug vom Typ Sopwith
5 Militärflugzeug als Beförderungsmittel für Feldpost
6 Französischer Fesselballon beim Aufstieg
7 Getarnte französische Marschstraße nach Pout-à-Mousson im März 1916
8 Sichtblenden auch auf deutscher Seite
9 Deutscher Feldflugplatz im Raum Verdun
10 Das französische Oberkommando führt Verstärkungen auf LKW in Richtung Verdun heran
11 Höhe 304 am 07. 05. 1916. Die französischen Truppen haben einen der zahllosen und sinnlosen deutschen Angriffe bei Verdun erneut abgeschlagen

6

7

9

8

10

11

1

2

3

4

5

1 Kampf um die Höhe »Toter Mann« am 15. 03. 1916. Der Name dieser Höhe besagt alles
2 In Bereitschaft zur Abwehr eines Gegenangriffs
3 Französischer Posten am Eingang eines Forts bei Verdun, Juli 1916
4 Der deutsche Kronprinz muntert die Truppen in der Etappe auf
5 Die Stadt Verdun im Sommer 1916
6 Französisches Munitionslager »auf Grund« im Raum Verdun. Täglich werden Hunderte Tonnen Munition verschossen
7 Immer neue Verstärkungen werden herangeführt. Französische Senegalschützen am 23. 07. 1916 im Eilmarsch zur Verdunfront
8 Der Kommandant des Forts Vaux bei Verdun, Rayral, mit seinem Adjutanten nach der Gefangennahme
9 Französischer Schützengraben vor dem Fort Douaumont
10 Bei Verdun verschütteter Soldat
11 Mitternachtsmesse Weihnachten 1916 im Fort Douaumont. Die Verluste auf beiden Seiten bei Verdun betragen nahezu eine Million Mann

6

7

8

9

0

11

1

2

3

4

5

1 Französische Infanterie im Gegenangriff bei Verdun
2 Deutsche Geschützbedienung wurde in offener Feuerstellung getroffen
3 Deutsche Infanterie greift im Schutze von künstlichem Nebel an
4 Deutsche Infanterie dringt in den ersten Graben des Gegners ein
5 Ein makabres Bild von dem Massenmord, den die Soldaten beider Seiten »die Hölle von Verdun« nannten
6 Wochenlanges Ausharren im Schützengraben, mit geringen Chancen zum Überleben – auch das war Verdun
7 März 1916. Wochenlang wird immer wieder um die Höhe »Toter Mann« gekämpft
8 Eine Granate überschweren Kalibers detoniert
9 Französische Infanterie folgt der Feuerwalze der eigenen Artillerie
10 Der sogenannte Priesterwald bei Verdun nach dem ersten Artilleriefeuer
11 Luftbild des Raumes Verdun vom 26. 05. 1916

6

7

8

9

10

11

Ludendorff rechnete Ende August mit einer Wiederaufnahme der Offensive der Entente an der Somme. Er befahl deshalb Anfang September, alle Angriffe bei Verdun einzustellen. Der Oberste Befehlshaber der französischen Streitkräfte, General Joffre, sah nunmehr eine Chance, bei Verdun die Lage vom Februar wiederherzustellen. Die französische Offensive bei Verdun begann am 24. Oktober und endete Mitte Dezember mit der Rückeroberung des größten Teils des seit Februar verlorengegangenen Geländes sowie der dort liegenden Forts.

Die Schlacht bei Verdun wird von der bürgerlichen Militärgeschichtsschreibung als eine der größten Materialschlachten des ersten Weltkrieges bezeichnet. Obwohl riesige Mengen an Waffen und Munition eingesetzt beziehungsweise verbraucht wurden, ist ihr Hauptkennzeichen der massenhafte Einsatz von Truppen auf eng begrenztem Raum (etwa 300 km^2). Angesichts der Wirkung des Feuers der Artillerie und der Maschinenwaffen erklärt das die enormen Menschenverluste. Von Februar bis Dezember 1916 verloren

1

2

3

4

5

1 Französische Pioniere graben einen 17 m tiefen Minenstollen unter deutsche Stellungen in den Vogesen. Oktober 1916
2 Der hart umkämpfte Hartmannsweiler Kopf – ein Berggipfel in den Vogesen
3 Französischer Pionieroffizier mit einem Abhörgerät, um unterirdische Arbeiten deutscher Mineure (Pioniere) aufzuklären. In den Vogesen Oktober 1916
4 Der Hartmannsweiler Kopf im Winter
5 Deutscher Infanterieangriff nach französischem Gasbeschuß
6/7 Die Entente bereitet die Somme-Offensive vor. Englische und französische Truppen beziehen die Bereitstellungsräume
8 Deutsches Aufklärungsflugzeug vom Typ Albatros klärt die Angriffsvorbereitungen auf
9 Ein Geschütz der überschweren französischen Artillerie wird in der Feuerstellung montiert

6

7

8

9

jede der beiden Seiten an diesem Frontabschnitt etwa 400000 Mann an Toten, Schwerverwundeten, Vermißten und Gefangenen. Reaktionäre Ideologen haben das massenweise Sterben von Soldaten als »Heldentum« und »militärische Pflichterfüllung« glorifiziert. In Wahrheit ist Verdun jedoch das Symbol für die Brutalität, die Unmenschlichkeit und die Sinnlosigkeit imperialistischer Kriegführung.

Zu den Folgen der Schlacht bei Verdun gehörte, daß erstmalig die Kampfmoral der teilnehmenden Truppen deutlich absank.

Die Truppen der Entente nahmen am 3. September die Offensive an der Somme wieder auf. Im Verlaufe der Angriffsoperation wurden im Angriffsstreifen der 4. englischen Armee erstmalig Panzer vom Typ Mark I eingesetzt. Die geringe Geländefähigkeit, die geringe Zahl und eine fehlerhafte Taktik (gruppenweiser Einsatz von jeweils zwei bis drei Panzern auf einen Kilometer Frontbreite) führten zu keinem wesentlichen Erfolg. So waren für den Angriff am 15. September nördlich Albert 49 Panzer vorgesehen. Nur 32 er-

1

2

3

4

Die Entente-Offensive an der Somme 1916 leitete die Wende des Krieges ein

1 Englische Kavallerie soll den Erfolg erweitern
2 Schottische Soldaten tragen Warmverpflegung in die Stellung
3 Deutsche Kriegsgefangene
4 Nach dem Volltreffer in einer deutschen Geschützstellung
5 Im Hinterland werden Kinder und Frauen von den deutschen Besatzern zur landwirtschaftlichen Arbeit herangezogen
6 Französisches Munitionslager »auf Grund« während der Offensive der Entente an der Somme
7 Durch Artilleriefeuer zerstörte deutsche Stellungen nördlich Marecourt
8 Die Kathedrale von Soissons nach der Somme-Offensive. Herbst 1916
9 Französische Straßenbaukompanie bei Wiederherstellungsarbeiten
10 Munitionstransport mit Behelfswagen
11 Infanterie greift in aufgelockerter Gefechtsordnung an

5

6

7

8

9

10

reichten die Bereitstellungsräume. Am Angriff nahmen nur 14 Panzer teil. Mit ihrer Unterstützung konnte die englische Infanterie in die 1. deutsche Stellung eindringen. Dann mußte der Angriff eingestellt werden.

Die Angriffshandlungen der Ententetruppen an der Somme dauerten bis Ende November an. Dabei wurden bis zum 18. Oktober neue taktische Erfolge, vor allem nördlich der Somme, erzielt. Der Geländegewinn in dieser Richtung betrug auf einer Breite von 30 km bis zu 6 km Tiefe. Weitere Angriffe blieben ohne Erfolg. Mitte November trat an diesem Frontabschnitt eine längere operative Pause ein.

Die Ententeoffensive an der Somme war die zweite große »Materialschlacht« des Jahres 1916. Die Streitkräfte der Entente verloren 700000 Mann, das deutsche Westheer 500 000 Mann. Die Streitkräfte beider Seiten auf diesem Kriegsschauplatz waren nach beiden Schlachten derart geschwächt und erschöpft, daß die Kampfhandlungen in den folgenden Monaten – außer der französischen Verdunoffensive – nur örtliche Bedeutung hatten. Zugleich war erwiesen, daß die deutsche

11

1

2

3

4

5

6 

 7

1 September 1916. Die Offensive der Entente an der Somme dauert an. Englische Truppen werden im Kfz-Transport herangeführt
2 Geschütz der französischen überschweren Artillerie in Feuerstellung
3 Der Regen hat das Gelände aufgeweicht
4 Vor dem Sturmangriff bei Beaumont Hamel
5 Englische Batterie im Feuerkampf
6 Vergessen!
7/8 Kampfpause – Säubern oder einige Minuten Schlaf

Offensive bei Verdun nicht zur Kampfunfähigkeit der französischen Streitkräfte geführt hatte.

Obwohl es 1916 auf dem westlichen Kriegsschauplatz zu keiner Kriegsentscheidung gekommen war, sprach das Gesamtergebnis der Kampfhandlungen zugunsten der Entente. Ihre Truppen hatten höhere Verluste als die deutschen Streitkräfte erlitten, aber sie konnte diese Verluste leichter ausgleichen. Die deutschen Landstreitkräfte hatten dagegen eine Reihe der kampfkräftigsten Divisionen verloren und konnten diesen Verlust nicht kurzfristig mehr wettmachen. Die von beiden Seiten geführte Ermattungsstrategie brachte also der Entente den strategischen Vorteil.

 8

1

2

3

Die Kampfhandlungen auf den anderen Landkriegsschauplätzen 1916

Angesichts der deutschen Offensive bei Verdun drangen die französische und die englische Militärführung darauf, daß Rußland und Italien auf ihren Kriegsschauplätzen sogenannte Entlastungsoffensiven durchführen sollten. Gleichzeitig wurden die diplomatischen Aktivitäten verstärkt, um Rumänien für die Kriegführung der Entente zu gewinnen.

Die russischen Offensiven im Jahre 1916

Die russische oberste Militärführung hatte es trotz der großen Verluste im Jahre 1915 vermocht, die zahlenmäßige Überlegenheit ihrer Streitkräfte über die der Mittelmächte auf dem osteuropäischen Kriegsschauplatz zu erhalten. Im März 1916 betrug der Personalbestand der an der Front eingesetzten russischen Truppen fast zwei Millionen Mann und der der österreichisch-ungarischen-deutschen Truppen eine Million Mann. Am größten war diese Überlegenheit im Frontabschnitt Dünaburg–Smorgon. Das russische oberste Kommando entschloß sich deshalb, dort die von den Verbündeten geforderte Offensive durchzuführen, und zwar mit der 1. und 2. russischen Armee der Nordfront. Der Angriff sollte beiderseits des Narotschsees in allgemeiner Richtung auf Kowno geführt werden und das deutsche Oberkommando Ost von einem Angriff auf Riga abhalten.

Die Angriffsoperationen beider Armeen begannen am 18. März 1916 und dauerten bis Ende April an. Es gelang den russischen Truppen nicht, die Verteidigung der Heeresgruppe des Oberbefehlshabers Ost (8. und 12. Armee und Armeegruppe Scholtz) zu durchbrechen. Ihre Verluste betrugen 110 000, die der deutschen Truppen 20 000 Mann.

Nunmehr ging die oberste russische Militärführung an die Vorbereitung der bereits im Dezember 1915 vereinbarten allgemeinen Offensive auf dem gesamten osteuropäischen Kriegsschauplatz. Da es jedoch an Truppen (vor allem bei der Nordfront infolge der Verluste) und Artilleriemunition mangelte, wurden den Fronten Aufgaben unterschiedlichen Ausmaßes gestellt.

Entsprechend dem Befehl des russischen Oberkommandierenden vom 31. Mai hatte die Südwestfront den strategischen Hauptschlag zu führen, dessen Ziel die Vernichtung der gegenüberstehenden österreichisch-ungarischen Gruppierung war. Die Westfront und die Nordfront hatten Angriffsoperationen begrenzter Zielstellung durchzuführen.

Die Offensive der Südwestfront von Anfang

4

5

7

Juni bis Ende August 1916 in Wolhynien, Galizien und der Bukowina hat den Namen ihres Oberbefehlshabers, des Generals Brussilow, erhalten. Die Brussilow-Offensive führte zu einer wesentlichen Veränderung der Lage am Südflügel des osteuropäischen Kriegsschauplatzes. Dagegen brachten die Angriffsoperationen der Nordfront und der Westfront im Juli keine wesentlichen Ergebnisse.

Die Südwestfront (8., 11., 7. und 9. Armee mit insgesamt 40 Divisionen) handelte im 350 km breiten Frontabschnitt zwischen Pinsk und Czernowitz. Ihr gegenüber verteidigten sich Kräfte von drei österreichisch-ungarischen Heeresgruppen (die 7., 2., 1., 4. österreichisch-ungarische Armee, die Südarmee sowie zwei selbständige Korps mit insgesamt 50 Divisionen). Die Grundidee des Generals Brussilow, die er entgegen der Ansicht des Oberkommandierenden der russischen Streitkräfte realisierte, bestand darin, unter Ausnutzung des Überraschungsmoments an der gesamten Frontbreite zum Angriff überzugehen. Den Hauptschlag hatte die 8. Armee in allgemeiner Richtung Luzk zu führen. Die Divisionen erhielten Angriffsstreifen mit einer Breite von zwei Kilometer.

Auch die Brussilow-Offensive trug zur Wende des Krieges bei
1 Nikolaus II. im Stab der russischen Südwestfront. Die Brussilow-Offensive wird vorbereitet
2 Der Oberbefehlshaber der russischen Südwestfront, General A. Brussilow (1853–1926)
3 Russischer Kavallerieangriff in der Bukowina
4 Russische Infanterie auf dem Vormarsch
5 Österreichisch-ungarische Truppen auf dem Rückzug
6 Russische Soldaten beim Gebet vor der Schlacht
7 Rast
8 Vor dem Sturmangriff

Die Offensive begann nach einer Artillerievorbereitung unterschiedlicher Dauer (sechs bis 46 Stunden) am 4. Juni 1916. Die Verteidigung des Gegners wurde innerhalb von drei Tagen an 13 Abschnitten in einer Tiefe bis 35 km durchbrochen. Den größten Erfolg errang die 8. russische Armee, deren Durchbruch eine Breite von 80 km erreichte und die die Hauptkräfte der 4. österreichisch-ungarischen Armee zerschlug. Auch die Verteidigung der 7. österreichisch-ungarischen Armee brach vollständig zusammen.

In den folgenden Tagen und Wochen sank das Angriffstempo der Truppen der Südwestfront stark ab. Das oberste russische Kommando konnte

1

2

sich nicht entschließen, zwecks Ausnutzung des Erfolges Truppen von der Westfront abzuziehen, die Anfang Juli erfolglos eine Angriffsoperation durchführten. Bei der Südwestfront trat eine operative Pause ein, um Verstärkungen heranzuführen und Umgruppierungen vorzunehmen. Sie nahm Ende Juli die Offensive wieder auf, jedoch ohne wesentlichen Erfolg. Das österreichisch-ungarische AOK und die OHL hatten die Zeit genutzt, neue Divisionen heranzuziehen und eine neue Verteidigung aufzubauen. Insgesamt wurden bis zum Ende der russischen Offensive 30 Divisionen der Mittelmächte an den Südabschnitt des osteuropäischen Kriegsschauplatzes verlegt.

Eine Ursache der Niederlage der Mittelmächte war die geringe Kampfmoral der österreichisch-ungarischen Truppen. Die drei Heeresgruppen verloren 1,5 Millionen Mann, davon 420 000 als Gefangene, die Südwestfront insgesamt 500 000 Mann. Auch die territorialen Verluste waren nicht unbedeutend; die Frontlinie hatte sich 80 bis 120 km nach Westen verlagert. Fast die gesamte Bukowina ging verloren.

Das Scheitern der Verdunoffensive sowie die Offensiven der Entente an der Somme und am Südflügel der Ostfront führten zu einer Wende im Kriegsverlauf. Die Entente-Streitkräfte waren nunmehr im Besitz der strategischen Initiative. Die Mittelmächte mußten von größeren Offensiven Abstand nehmen.

Das österreichisch-ungarische AOK hatte am 15. Mai 1916 in Südtirol mit den Kräften der 3. und 11. Armee eine Offensive begonnen, die bis Anfang Juni auf die Linie Arsiero–Asiago vorstießen. Die Heranführung starker italienischer Reserven und die Niederlage an der Ostfront zwangen das

3

1 Hindenburg erhält den Oberbefehl über sämtliche Truppen der Mittelmächte auf dem osteuropäischen Kriegsschauplatz. Juli 1916
2 Der Oberbefehlshaber der Südarmee – einer Koalitionsarmee, zusammengesetzt aus deutschen und österreichisch-ungarischen Truppen –, Felix Graf von Bothmer, bayrischer Generaloberst, mit seinem Stab
3 Russische Haubitze bekämpft zurückgehende österreichisch-ungarische Truppen
4 Während der Winterkämpfe 1916 in Wolhynien
5 Truppen des französischen Orient-Expeditions-Korps in Alexandria
6 Türkische Reservisten in Anatolien vor dem Abtransport
7 Türkisches Zeltlager auf Sinai
8 Der türkische Kriegsminister, Enver Pascha, wird anläßlich einer Truppeninspektion in Jaffa empfangen
9 Eine türkische Division unter deutschem Befehl in Palästina

5

6

7

9

1

2

3

österreichisch-ungarische AOK zu dem Entschluß, die Truppen zurückzunehmen und zur Verteidigung übergehen zu lassen. Diese Offensive war ein krasses Beispiel für Uneinheitlichkeit in der Koalitionskriegführung der Mittelmächte, da sie nicht mit den Handlungen auf den anderen Kriegsschauplätzen abgestimmt war.

Im März wurden die italienischen Streitkräfte am Isonzo wieder offensiv. Während die 5. Isonzoschlacht (12. bis 16. März 1916) ohne Erfolg blieb, gelang es den Italienern, in der 6. Isonzoschlacht im August Görz zu erobern. Aber weiteren italienischen Offensiven am Isonzo im Jahre 1916 (7. bis 9. Isonzoschlacht) blieb der Enderfolg – Durchbruch nach Triest – versagt. Sie ordneten sich allerdings in die Ermattungsstrategie der Entente ein und verhinderten den Abzug starker österreichisch-ungarischer Kräfte nach dem Osten, wo sie dringend benötigt wurden.

In der ersten Jahreshälfte 1916 kam es auch im Kaukasus, am Tigris und auf Sinai zu Kampfhandlungen zwischen den türkischen Streitkräften und russischen beziehungsweise englischen Truppen. Der russischen 3. Armee gelang es, Erzurum und Trapezunt (heute Trabzon) einzunehmen. Bei Kut-el-Amarah mußten englische Truppen nach fast fünf Monaten Belagerung vor türkischen Truppen unter dem Befehl des deutschen Generalfeldmarschalls von der Goltz kapitulieren. Auf Sinai scheiterten zwei türkische Angriffe in Richtung Suezkanal, und die türkischen Truppen mußten im August den Rückzug von der Halbinsel antreten.

In den deutschen Kolonien wurde nur noch im südlichen Teil Deutsch-Ostafrikas gekämpft.

4

5

1 Englische Versorgungskolonne bei Kut el Amara am Tigris
2 Türkische Truppen unter deutschem Oberkommando stoßen ergebnislos zum Suezkanal vor
3 Kaukasusfront: Russische Truppen greifen in Richtung Erzrum an
4 Die deutsche Hochseeflotte läuft zur Schlacht aus
5 Das deutsche Schlachtschiff »Prinz Regent Luitpold« während der Skagerrak-Schlacht

Die Kampfhandlungen auf See

Die Kampfhandlungen auf See in der zweiten Kriegsperiode wurden im wesentlichen durch den Einsatz der leichten Flottenkräfte und der Unterwasserkräfte geprägt. Die Flottenführungen der Entente und der Mittelmächte blieben bei der seestrategischen Konzeption, schwere Überwasserkräfte nur dann offensiv einzusetzen, wenn eine sichere Chance des Erfolges zu erkennen war. Das betraf vor allem die Haltung der englischen und deutschen Seekriegsleitung, aber auch die russische, die französische, die italienische und die österreichisch-ungarische Flottenführung zeigten große Zurückhaltung beim Einsatz von Schlachtschiffen und schweren Kreuzern. Daraus erklärt sich, daß es 1915/1916 nur zu einem Aufeinandertreffen operativ schwerer Überwasserverbände kam – die Seeschlacht am Skagerrak Ende Mai 1916.

Das spektakulärste und in der Auswirkung nachhaltigste Ereignis für den Seekrieg war jedoch die Erklärung des Chefs des deutschen Admiralstabes, Admiral von Pohl, vom 4. Februar 1915, das Seegebiet um die englische und die irische Insel, einschließlich der Shetlandinseln, zum Kriegsgebiet zu erklären. Auf der Suche nach Möglichkeiten, England militärisch niederzuwerfen oder es zumindest in eine solche schwierige strategische Lage zu bringen, daß es den Krieg gegen Deutschland beendete, wurde in der deutschen Flottenführung um die Jahreswende 1914/1915 erneut die Idee erörtert, die zahlenmäßig schwachen deutschen U-Boote »uneingeschränkt« gegen Handelsschiffe einzusetzen, die der Versorgung Englands dienten. Das bedeutete, jedes Handelsschiff auf den Seeverbindungswegen zur englischen Insel ohne vorherige Warnung zu versenken und Besatzungen und Passagiere, die in Seenot geraten waren, nicht zu retten. Diese Methode der Seekriegführung widersprach eindeutig dem Völkerrecht. Einflußreiche Kreise in der politischen Führung und der Monopolbourgeoisie Deutschlands unterstützten diese Idee. Der Reichskanzler Bethmann Hollweg und die ihn umgebenden Kreise hegten allerdings Bedenken bezüglich der politischen Auswirkungen auf neutrale Länder, insbesondere auf die Haltung der USA.

Auch Falkenhayn sprach sich für den sogenannten uneingeschränkten U-Boot-Krieg aus. Am 1. Februar 1915 gab dann Bethmann Hollweg seine Zustimmung, worauf am 4. Februar den betroffenen neutralen Staaten die Kriegsgebieterklärung übergeben wurde. Am 6. Februar befahl Pohl dem Führer der deutschen U-Boot-Flottille, ab 18. Februar seien alle Handelsschiffe im Kriegsgebiet ohne Warnung zu versenken.

Gegen die Kriegsgebieterklärung vom 4. Februar erhoben die USA, Italien, die Niederlande, Dänemark und einige andere Staaten entschiede-

1 

 2

1 Der Chef der deutschen Hochseeflotte Reinhard Scheer (1863–1928), Admiral, mit seinem Stab
2 Der Chef der englischen Hochseeflotte, Earl John Rushworth Jellicoe (1859–1935), Admiral
3 Torpedoboote in Kiellinie. Marineluftschiff als Luftaufklärer
4 Breite Seite feuernd

nen Protest. Da der Kriegseintritt der USA und Italiens verhindert werden sollte, gab Bethmann Hollweg der Flottenführung den Hinweis, die Versenkung der Schiffe dieser Staaten zu vermeiden. Außerdem sollte Besatzungen und Passagieren die Möglichkeit gegeben werden, das Schiff vor dem Waffeneinsatz zu verlassen. Trotzdem wurden allein von Mai bis Juli 1915 22 Handelsschiffe ohne jede Warnung versenkt. Im offiziellen Sprachgebrauch der deutschen Führungsorgane wurde jedoch nunmehr vom »beschränkten U-Boot-Krieg« gesprochen. Man gab sich den Anschein, völkerrechtliche Bestimmungen einzuhalten.

Im Verlaufe des Jahres 1915 kamen 75 deutsche U-Boote zum Einsatz. Davon gingen 20 verloren. Es wurden 640 Schiffe der Zivilflotte neutraler und feindlicher Länder (vor allem englische) mit einer Gesamttonnage von 1,2 Millionen Bruttoregistertonnen versenkt. Vergleicht man diese Verluste mit der Gesamttonnage der englischen Handelsflotte von 21 Millionen Bruttoregistertonnen, so wird verständlich, daß dadurch weder die Versorgung der englischen Insel mit Rohstoffen und Lebensmitteln wesentlich eingeschränkt noch die materiellen Möglichkeiten der englischen Kriegführung ernsthaft gefährdet wurden. Insofern erwies sich der sogenannte U-Boot-Krieg als militärischer Fehlschlag.

Obwohl der deutsche U-Boot-Einsatz gegen zivile Schiffe Einschränkungen unterlag, die im September 1915 noch erweitert wurden, waren die politischen Auswirkungen auf die internationale Lage Deutschlands äußerst negativ. Diese Methode der Seekriegführung wurde weltweit verurteilt, und der Protest neutraler Länder gegen die englische Seeblockade, die durch Anweisung der englischen Regierung am 11. März noch verstärkt worden war, trat in den Hintergrund. Die internationale Protestwelle verstärkte sich, als am 7. Mai 1915 der englische Passagierdampfer Lusitania vor Irland ohne Warnung versenkt wurde. Dabei kamen 1158 Menschen ums Leben, darunter 150 USA-Bürger. Die Spannungen zwischen Deutschland und den USA spitzten sich beträchtlich zu, so daß sich die deutsche Regierung im September 1915 entschloß, den U-Boot-Einsatz gegen Zivilschiffe in den Seegebieten um die englische Insel vorübergehend einzustellen. Infolgedessen konzentrierte sich der deutsche U-Boot-Einsatz gegen Zivilschiffe dann auf das Mittelmeer.

Der Protest gegen den deutschen sogenannten U-Boot-Krieg entsprang nicht nur politischen und juristischen Erwägungen im Sinne des Völkerrechts. Die Monopole einiger Länder sahen ihre Profitinteressen verletzt, vor allem jene USA-Monopole, die England militärtechnische Mittel lieferten und die Reedereien, deren Schiffahrtslinien durch die Seegebiete um die englische Insel liefen.

Der Einsatz der schweren Überwasserkräfte im Jahre 1915 in der Nordsee und in der Ostsee zeigte keine bedeutenden Ergebnisse. Ihre Hauptaufgabe war es, die Handlungen der leichten Überwasserkräfte zu decken. Von deutscher Seite bestand eine Aufgabe der Hochseeflotte in der Dekkung der Minenräumflottillen, die für die U-Boote

3

1 

 2

3 

 4

1 Panzerkreuzer »Derfflinger« am 31. 05. 1916 04.38 Uhr bei der Feuereröffnung
2 Start eines Torpedos
3 Explosion auf dem englischen Schlachtkreuzer »Queen Mary« – die Munitionskammer wurde getroffen
4 Der deutsche Panzerkreuzer »Seydlitz« brennt
5 Torpediertes Handelsschiff
6 Heldenkult um den Kommandanten des deutschen U-Bootes 35, Kapitänleutnant de la Perière
7 U-35, das auf einer 31tägigen Mittelmeerfahrt 45 Handelsschiffe versenkt hatte
8 Tauchendes U-Boot vor Unterwasserangriff

die Seewege aus der Deutschen Bucht freiräumten. Dabei kam es am 24. Januar 1915 im Seegebiet der Doggerbank zu einem Seegefecht deutscher und englischer Überwasserkräfte, in dessen Ergebnis der deutsche Kreuzer »Blücher« verlorenging und je ein deutscher und englischer Schlachtkreuzer schwer beschädigt wurde. Zu weiteren Aufeinandertreffen schwerer Überwasserkräfte beider Seiten im Jahre 1915 kam es nicht.

Auch in der Ostsee gab es 1915 nur ein Seegefecht schwerer Überwasserkräfte. Es fand am 2. Juli in der Nähe der Insel Gotland statt und führte seitens der deutschen Ostseeflotte zum Verlust eines Minenschiffes.

Deutscherseits waren die wichtigsten Seekriegsaktivitäten – neben dem Einsatz der U-Boote gegen Handelsschiffe – das Minenlegen vor englischen Häfen beziehungsweise an ihren Zugängen, die U-Boot-Abwehr und das Minenräumen vor den deutschen Marinebasen an der belgischen Küste und an der deutschen Nord- und Ostseeküste. Außerdem fanden sechs Luftangriffe mit Luftschiffen gegen englische Städte und Häfen, darunter London, statt. Die gesamte abgeworfene Bombenlast betrug 27,5 Tonnen und hatte – wie der U-Boot-Einsatz – keine wesentliche moralische und materielle Auswirkung auf das englische Kriegspotential.

Auch englischerseits lagen die wichtigsten Seekriegsaktivitäten neben den Blockademaßnahmen an den Zugängen zur Nordsee – im Minenlegen, im Minenräumen und in der U-Boot-Abwehr. Dabei kam es zu zahlreichen Gefechtsberührungen leichter Flottenkräfte beider Seiten. Im Verlaufe des Jahres 1915 gelang es der englischen Seekriegführung, die deutschen Seeverbindungen durch die Nordsee fast vollständig zu unterbrechen, was erhebliche Auswirkungen auf die Versorgung der deutschen Industrie mit Rohstoffen hatte. Außerdem wurden Flottenkräfte zur Beschießung der deutschen Marinebasen an der belgischen Küste eingesetzt, allerdings ohne wesentlichen Erfolg.

In der Ostsee konzentrierten sich die Aktivitäten der deutschen Ostseeflotte an den Zugängen zur Rigaer Bucht, in der sich Teilkräfte der Baltischen Flotte befanden. Während der Sommeroffensive der Mittelmächte im Osten war die 10. deutsche Armee in Kurland eingedrungen, wobei sie in der Küstenrichtung von den Seestreitkräften unterstützt wurde. Im Mai bis Juli verminten beide Seiten die Irbestraße. Da die russischen Truppen seeseitig durch die Baltische Flotte mit Schiffsartillerie unterstützt wurden und der Nachschub zum Teil mit Schiffen durch den Moonsund verlief, versuchten im August deutsche Flottenkräfte – allerdings erfolglos – den Südausgang dieser Wasserstraße zu verminen. Es gelang ihnen lediglich, die Reede von Pernau (heute Parnu) zu sperren. Da die Baltische Flotte in der zweiten Jahreshälfte 1915 infolge von Schiffszuführungen eine noch stärkere zahlenmäßige Überlegenheit über die

5

6

7

8

deutschen Ostseestreitkräfte gewann, beschränkten sich diese im folgenden Zeitraum auf defensive Maßnahmen bei der Sicherung des Seeraumes zwischen Kurland und Schweden und in der westlichen Ostsee auf die Sicherung der Belt- und Sundzone.

Die Haupteinsatzgebiete der Seestreitkräfte der Entente und der Mittelmächte im Mittelmeer im Jahre 1915 waren die Adria, das Ionische Meer, die Ägäis und die Dardanellen. Mit dem Kriegseintritt Italiens veränderte sich auch im Mittelmeer das Kräfteverhältnis der Seestreitkräfte weiter zugunsten der Entente.

Die italienischen Seestreitkräfte hatten in ihrem Bestand: 6 Schlachtschiffe, 9 Linienschiffe älteren Typs, 21 Kreuzer, 85 Zerstörer, 18 U-Boote und eine größere Zahl kleinerer Einheiten. In einem bereits am 10. Mai abgeschlossenen Marineabkommen mit Großbritannien und Frankreich war der italienischen Flotte als Hauptaufgabe die Blokkierung der Adria zugewiesen worden. Das Gros der französischen Mittelmeerflotte erfüllte – gestützt auf die Marinebasen Malta und Bizerta – Sicherungsaufgaben im westlichen Mittelmeer.

Ein englisch-französisches Geschwader handelte in der Ägäis. Nachdem es diesem Verband im Februar und März nicht gelungen war, die türkischen Meerengen zu durchbrechen und die türkisch-deutschen Flottenkräfte zu vernichten, stellte er die Landungsoperation auf Gallipoli sicher und unterstützte die Kampfhandlungen der Landungskräfte. Ab Oktober gewährleistete er die Anlandung der Orientarmee im Raum Saloniki. Während der Kampfhandlungen um die Dardanellen verlor das englisch-französische Geschwader drei Linienschiffe, die türkisch-deutschen Flottenkräfte ein Linienschiff.

Die italienische Flottenführung setzte ihre schweren Überwasserkräfte in der Adria nach dem Prinzip des geringsten Risikos ein. Ziel war, die österreichisch-ungarischen Seeverbindungen entlang der dalmatischen Küste nachhaltig zu stören und die wichtigste Marinebasis Österreich-Ungarns Cattaro (heute Kotor) zu blockieren. Die dazu eingesetzten Flottenkräfte verloren durch U-Boot-Torpedos im Juli zwei Panzerkreuzer und beschränkten sich deshalb in der folgenden Zeit auf die Schaffung von Minensperren, vor allem im Golf von Venedig. Die österreichisch-ungarische Flottenführung stellte daraufhin die Unterstützung ihrer Landstreitkräfte in der Küstenrichtung des Isonzo durch das Feuer der Schiffsartillerie schwerer Überwasserkräfte ein und unterstützte in den Monaten November 1915 bis Januar 1916 mit diesen Kräften ihre an der Küste Montenegros und Albaniens handelnden Truppen. Des weiteren ließ sie das Geleitsystem für Transportschiffe entlang der Ostküste der Adria verstärken.

Die nachhaltigste Wirkung im Mittelmeer hatte der Einsatz deutscher U-Boote gegen die Handelsschiffahrt, die die Entente zwang, ihre Seeverbindungen nach Australien, Südasien und Ostasien auf die Route um Südafrika zu verlegen. Trotzdem blieb die Seeherrschaft im Mittelmeer im Besitz der Flottenkräfte der Entente, da sie kräftemäßig denen der Mittelmächte weit überlegen waren.

Im Schwarzen Meer war die russische Schwarzmeerflotte um ein mehrfaches stärker als die deutsch-türkischen Seestreitkräfte. Sie nutzte diese Überlegenheit für die Störung der Seeverbindungen entlang der türkischen Schwarzmeerküste. Es gelang ihr, die Kohleversorgung der türkischen Rüstungsindustrie und der deutsch-türkischen Flotte, die auf der Route Zouguldak – Konstantinopel (heute Istanbul) verlief, zeitweilig zu unterbrechen. Auch die Versorgung der türkischen Truppen an der Kaukasusfront, die auf der Route Konstantinopel–Trapezunt (Trabzon) verlief, wurde zeitweilig empfindlich gestört. Dagegen hatten die Beschießung von Odessa und Batumi durch deutsch-türkische Flottenkräfte und die Kampfeinsätze deutscher U-Boote im Schwarzen Meer keine nennenswerten Auswirkungen.

Minen wurden durch beide Seiten nur im begrenzten Umfang eingesetzt. Durch russische Seeminen verlor die Türkei im April 1915 einen Kreuzer, im Juli wurde ein weiterer Kreuzer durch Minen schwer beschädigt. Im Zusammenhang mit den Schiffsverlusten in den Dardanellen war das eine empfindliche Schwächung der ohnehin geringen deutsch-türkischen Flottenkräfte, die auch durch den Kriegseintritt Bulgariens im Oktober 1915 (Bestand der Seestreitkräfte: 6 Torpedoboote) nicht ausgeglichen werden konnte. Von Bedeutung war die Errichtung eines Stützpunktes für deutsche U-Boote an der bulgarischen Schwarzmeerküste. Insgesamt blieb die seestrategische Lage gegenüber der ersten Kriegsperiode im wesentlichen unverändert. Die Entente konnte keine Seeverbindungen zwischen Mittelmeer und Schwarzem Meer herstellen, war jedoch auf beiden südlichen Randmeeren des europäischen Kontinents im Besitz der Seeherrschaft.

Die Seekriegführung in der ersten Jahreshälfte 1916 wurde durch verstärkte Aktivitäten der deutschen U-Boot-Kräfte geprägt sowie durch das Bestreben der englischen und der deutschen Flottenführung, die schweren Überwasserkräfte wirksamer zu nutzen. Um die Jahreswende 1915/1916 stellten die OHL und die deutsche Marineführung die Forderung nach »Wiederaufnahme des schärfsten U-Boot-Krieges«. Es wiederholte sich der Vorgang von der Jahreswende 1914/1915. Die Reichsregierung hegte Bedenken, auch wegen des begrenzten Bestandes an einsatzfähigen U-Booten (Anfang März 1916 47), gab aber dann mit Einschränkungen ihre Zustimmung. Vom 29. Februar bis 24. April galt dann doch der Befehl für die U-Boot-Kommandanten, alle als »bewaffnet erkannten« Handelsschiffe der Entente im Seegebiet um England ohne Warnung zu versenken. Am 24. März torpedierte ein deutsches U-Boot das französische Passagierschiff »Sussex« im Kanal, wobei USA-Bürger Verletzungen erlitten. Daraufhin drohte die USA-Regierung mit dem Abbruch der diplomatischen Beziehungen zu Deutschland, was als Vorstufe zum Kriegseintritt gedeutet werden mußte. Die deutsche Regierung sah sich gezwungen, die Marineführung anzuweisen, U-Boot-Angriffe gegen Zivilschiffe künftig nach der Prisenordnung durchführen zu lassen, das heißt, jedes Schiff auf seine Ladung zu untersuchen. Aus Protest gegen diese Anweisung wurde durch die deutsche Marineführung der Einsatz von U-Booten gegen die englischen Seeverbindungen bis zum Herbst 1916 fast völlig eingestellt. Allerdings waren die deutschen U-Boot-Kräfte in der Ostsee (4 U-Boote), im Schwarzen Meer (4 U-Boote) und im Mittelmeer (8 U-Boote) weiter im Einsatz. Die Bilanz der Kampfhandlungen deutscher U-Boote in allen Einsatzgebieten in der ersten Jahreshälfte 1916 betrug 346 versenkte Schiffe mit einer Gesamttonnage von mehr als 700000 Bruttoregistertonnen.

Gleichzeitig mit den erneuten Versuchen, die Seeverbindungen zur englischen Insel zu unterbrechen beziehungsweise nachhaltig zu stören, unternahm der am 15. Januar 1916 zum Chef der deutschen Hochseeflotte ernannte Vizeadmiral Scheer Aktivitäten, die britische Hochseeflotte nach Teilen schlagen zu können. Ein Aufeinandertreffen der Hauptkräfte beider Flotten lag nicht in seiner Absicht, da die englische Flotte dabei ein eindeutiges Übergewicht gehabt hätte. Erneut wurden Luftangriffe gegen englische Städte geflogen und Häfen beschossen, auch um der englischen Öffentlichkeit die Passivität der englischen Hochseeflotte zu demonstrieren. Im Zusammenhang mit Schiffsverlusten der englischen Hochseeflotte durch deutsche Minen (so zum Beispiel das Linienschiff King Edward VII. vor der schottischen Nordküste am 6. Januar 1915) und fehlgeschlagenen Luftangriffen auf die Flughäfen an der deutschen Küste, sah sich der Chef der englischen Hochseeflotte, Admiral Jellicoe, veranlaßt, eine Seeoperation gegen die deutsche Hochseeflotte durchzuführen.

Beide Flottenführer versuchten die andere Seite zu veranlassen, mit schweren Überwasserkräften in das von ihren Flottenkräften kontrollierte Seegebiet vorzustoßen und sie dort mit überlegenen Flottenkräften zu schlagen. Diese Hinwendung zum offensiven Einsatz der schweren Überwasserkräfte führte am 31. Mai 1916 zur Seeschlacht am Skagerrak. Jellicoe erhielt am 30. Mai durch Funkaufklärung Mitteilung von einem Vorstoß deutscher Flottenkräfte in dieses Seegebiet. In der Annahme, daß es sich nur um Teilkräfte handeln würde, befahl er noch am gleichen Tag das Auslaufen des Gros der englischen Hochseeflotte aus

Kräfteverhältnis der Überwasserkräfte im Seegebiet des Skagerrak am 31. Mai 1916

	Englische Flotte	Deutsche Flotte
Schlachtschiffe	28	16
Schlachtkreuzer	9	5
Linienschiffe älteren Typs	–	6
Panzerkreuzer	8	–
Leichte Kreuzer	26	11
Zerstörer/Torpedoboote	77	61
Flugzeugmutterschiffe	1	–
Minenleger	1	–
Schwere Schiffsartillerie (28 cm bis 38 cm)	344 Rohre	244 Rohre

Scapa Flow und das Auslaufen eines starken Sicherungsverbandes unter Kommando des Vizeadmirals Beatty aus dem Firth of Forth. Die Vereinigung beider Flottenkräfte sollte auf einer festgelegten Position erfolgen. Dem englischen Flottenchef war nicht bekannt, daß die Masse der deutschen Hochseeflotte im Einsatz war. Scheer erhielt keine Aufklärungsergebnisse darüber, daß die Grand Fleet auf das Skagerrak zulief. So war das Aufeinandertreffen der beiden stärksten Flotten der Welt am Nachmittag des 31. Mai 1916 ein Zufall und entsprach nicht den Absichten beider Flottenführungen.

Die Seeschlacht begann gegen 16.00 Uhr mit dem Aufeinandertreffen der Sicherungskräfte und erreichte ihren Höhepunkt zwischen 19.00 Uhr und 22.00 Uhr, als die Hauptkräfte das Feuergefecht und Manöver durchführten, und wurde durch Seegefechte von Teilkräften bis in die frühen Morgenstunden des 1. Juni fortgesetzt.

Die englischen Verluste waren nach der Zahl der Schiffe (3 Schlachtkreuzer, 3 Panzerkreuzer, 8 leichte Kreuzer, Zerstörer), der Gesamttonnage (115025 t) und dem Personalbestand (etwa 7000 Mann) höher als die deutschen (ein Schlachtkreuzer, ein Linienschiff, 4 leichte Kreuzer und 5 Zerstörer, Gesamttonnage 61180 t, etwa 3000 Mann). Unter diesem Gesichtspunkt scheint die Seeschlacht am Skagerrak ein deutscher Erfolg gewesen zu sein. Betrachtet man ihre Auswirkungen auf die seestrategische Lage und die weiteren Möglichkeiten und Absichten der Flottenführungen beider Seiten, ergibt sich allerdings folgendes Bild: Die englische Hochseeflotte übte nach wie vor die Seeherrschaft in den Seegebieten um die englische Insel aus und konnte die Blockade der Nordseeausgänge uneingeschränkt aufrechterhalten. Die deutsche Hochseeflotte mußte sich weiterhin auf Handlungen in der südlichen Nordsee beschränken und konnte den Verlauf des Krieges nicht entscheidend beeinflussen. Im Grunde genommen war damit die marinepolitische und seestrategische Konzeption der obersten deutschen politischen und militärischen Führung, zu der auch der deutsche Admiralstab gehörte, gescheitert. Die enorme Flottenaufrüstung der Vorkriegszeit hatte sich nicht ausgezahlt.

Staatsmonopolistische Kriegswirtschaft

1915/16 wurde das System der kriegswirtschaftlichen Regulierung weiter ausgebaut. Nach und nach wurden alle industriellen Rohstoffe, insbesondere auch die der Textilindustrie, bewirtschaftet. 1916 entstand als Folge der großen Materialschlachten Mangel an Eisen und Kohle, die man bis dahin reichlich vorhanden wähnte. Die Kohle wurde durch das Reichskohlenkommissariat bewirtschaftet und das Eisen durch die Kriegsrohstoffabteilung. Mit dem Fortschreiten der Regulierung nahm auch die Anzahl der Kriegsgesellschaften zu, so daß es gegen Kriegsende unzählige von diesen gab, deren Schlüsselpositionen stets Vertreter des Monopolkapitals innehatten.

Auch in der Landwirtschaft entwickelte sich die Kriegswirtschaft. Anfang 1915 suchte die Regierung dem Mangel an Brotgetreide durch die Rationierung von Brot Herr zu werden. Im weiteren Verlauf des Krieges ging sie zur Erfassung und Regulierung aller agrarischen Produkte über, wozu am 22. Mai 1916 das Kriegsernährungsamt eingerichtet wurde.

Um den beherrschenden Einfluß auf die Organisation der Kriegswirtschaft und damit auf die Wirtschaftspolitik des Staates bemühten sich einerseits die jüngeren Monopole der Elektroindustrie, des Maschinenbaus und der chemischen Industrie sowie die Großreedereien und das Handelskapital. Sie sahen in der staatsmonopolistischen Regulierung den Beginn eines neuen Wirtschaftssystems. In der Schaffung gemischtwirtschaftlicher Betriebe der Monopole und des Staates sahen sie einen günstigen Weg, die Vorherrschaft auf dem betreffenden Wirtschaftssektor rasch und weitgehend zu erreichen. Für die älteren Monopole der Montanindustrie war die Regulierung eine Maßnahme, die gleich nach Beendigung des Krieges aufzuheben sei. Da sie ihren Wirtschaftssektor bereits beherrschten, sahen sie in der ökonomischen oder institutionellen Beteiligung des Staates eine Beschneidung ihrer Handlungsfreiheit, die sie nur akzeptierten, wenn sie vorübergehend der staatlichen Unterstützung bedurften.

Aus den wirtschaftspolitischen Sonderinteressen dieser beiden Machtgruppen resultierten auch außen- und innenpolitische Differenzen. Wenn beide darin übereinstimmten, daß für die Kriegszeit und zur Vorbereitung weiterer Kriege eine ständige Wirtschaftszentrale zu schaffen sei, so wollte die Gruppe der jüngeren Monopole, die in der politischen Strategie und Taktik flexiblen Methoden zuneigte, diese Zentrale beim Reichsamt des Innern angesiedelt wissen. Die Gruppe der älteren Monopole, die in der politischen Strategie und Taktik konservativen Methoden anhing, wollte diese Zentrale dem Großen Generalstab angegliedert wissen. Hierin widerspiegelte sich zugleich das Ringen beider Machtgruppen um den dominierenden Einfluß auf die Politik des Staates. Der Kanzler selbst und Mitglieder seiner Regierung bedienten sich vorzugsweise flexibler politischer Methoden, während die militärische Führung den politisch konservativen Methoden der schwerindustriellen Kreise zuneigte.

Schon in der Vorkriegszeit hatten sich besonders

Weibliche Hilfskräfte bei Herstellung von Granaten

Polieren der Hohlkörper auf der Außenseite, wobei die Gestelle von Näh- und anderen Maschinen als Unterlagen dienen.

Herstellung von Granaten auf der Drehbank: Der sich drehende Gußkörper wird mit Hilfe des Stahlmeißels auf den erforderlichen Durchmesser gebracht.

1
2

2 Frauen treten an die Stelle von Männern als Straßenbahnfahrer

Nr. 40 Die Wochenschau.

Anfertigung von Stacheldraht für Kriegszwecke

Niemals ist soviel Stacheldraht gebraucht worden wie in diesem Kriege. In unübersehbarer Länge wickelt sich der Draht, der aus der Zieherei kommt, von den Rollen ab und geht durch die Maschine, die mit Hilfe von Zahngetrieben ihn in Litzen wickelt. Zugleich wird ein anderer Draht in die Litzen getrieben, der, ständig kurz abgeschnitten, die Stacheln ergibt. Das Abschneiden erfolgt schräg, um den Draht anzuspitzen. Alles besorgt die Maschine, die mit ohrenbetäubendem Geknatter arbeitet. Der fertige Stacheldraht wird dann auf die Holzhaspeln gewickelt und in bestimmter Länge abgeschnitten. Die Haspeln fassen 50 bis 250 m Draht. In ungeheurer Menge kommt der Draht dann als Kriegsmittel in die Schützengräben.

Herstellung des Litzendrahtes und der Stacheln mit der Maschine.

Aufspeicherung der Haspeln mit dem aufgewickelten Stacheldraht.

1

2

3

enge Beziehungen der vornehmlich auf den inländischen Rüstungsmarkt angewiesenen Schwerindustrie mit den militärischen Führungsstellen des Reiches herausgebildet. Nach Kriegsbeginn war die wirtschaftspolitische Leitungstätigkeit des Staates im wesentlichen vom Reichsamt des Innern an das preußische Kriegsministerium übergegangen, dessen Kriegsrohstoffabteilung mit der Rohstoffbewirtschaftung für die Industrie die Wirtschaftsregulierung maßgeblich bestimmte.

Die Art und Weise der staatsmonopolistischen Ausnutzung der besetzten Gebiete, insbesondere Belgiens, ließ die taktischen Differenzen zwischen der flexiblen und der konservativen imperialistischen Gruppe erneut scharf hervortreten. Während die Regierung im Einverständnis mit der flexiblen imperialistischen Gruppe eine vorwiegend indirekte Hegemonie über Belgien anstrebte, verlangten die Konservativen dessen Annexion. In den besetzten Gebieten sah man zunächst von offenen Eingriffen in das Privateigentum ab, weil weder Vergeltungsmaßnahmen der Ententestaaten noch Verstimmung bei den Neutralen ausgelöst werden sollten. Beides konnte dem deutschen Finanzkapital im Ausland empfindlich schaden. Allein in England waren dadurch drei Milliarden Mark gefährdet, wie die Banken zu bedenken gaben.

Im August 1914 hatten deutsche Armeen das Gebiet von Longwy und Briey erobert, an dessen Annexion die rheinisch-westfälische Montanindustrie besonders interessiert war, weil beide Erzlagerstätten in Nähe ihrer Hütten waren und in Anbetracht der geringen inländischen Erzvorräte der Zwang zu Erzimporten von Jahr zu Jahr zunahm.

Die Ausplünderung der besetzten französischen Gebiete im Interesse der imperialistischen deutschen Kriegswirtschaft führte bereits im Herbst 1914 zur Hungersnot. An der Eisenindustrie Belgiens waren deutsche Monopole und Banken mit 18,7 Mill. frs beteiligt, was 43 Prozent der gesamten ausländischen Anteile entsprach. Allein schon deshalb war die deutsche Schwerindustrie an einer direkten und vollständigen Annexion des Landes interessiert.

Am 23. August 1914 hatte der Kaiser die Errichtung eines Generalgouvernements Belgien mit einer dem Reichsamt des Innern unterstellten Zivilverwaltung angeordnet. Sechs Monate später berief Generalgouverneur Bissing im Einvernehmen mit dem Reichskanzler eine Wirtschaftskommission Belgien, zu deren Beratungen er vornehmlich Vertreter der Schwerindustrie hinzuzog. Diese Kommission, die Monopolkapital und Okkupationsverwaltung aufs engste miteinander verflocht, gewährleistete die Kontrolle der belgischen Industrieunternehmen und Banken im Interesse des deutschen Finanzkapitals.

Seit dem Frühjahr 1915 kam es insbesondere auf Drängen der Schwerindustrie zu Zwangsdeportationen belgischer Arbeiter in die Rüstungsindustrie nach Deutschland. Von Ende Juni 1915 bis Ende Dezember 1916 wurden mehr als 42000 Belgier zur Zwangsarbeit nach Deutschland verschleppt.

Die Entente mußte mit der vorübergehenden Einbuße wirtschaftlich leistungsfähiger Territorien eine Schwächung ihres ökonomischen Potentials hinnehmen. Mit dem Erzgebiet Longwy und Briey ging Frankreich zu 95 Prozent der Erzförderung und zu 50 Prozent der Erzverhüttung verlustig. Jedoch konnten Kriegswirtschaftsorganisation und

Die Oberbürgermeister im Kriegsernährungsamt in Berlin

Geh. Regierungsrat Wilhelm Holle, Oberbürgermeister der Stadt Essen, auf dem Wege zur Sitzung.

1. Oberbürgermeister Dr. Dittrich, Leipzig; 2. Oberbürgermeister Dr. Wilms, Posen; 3. Oberbürgermeister Lindemann, Kiel; 4. Oberbürgermeister Dr. Voigt, Frankfurt a. M.; 5. Oberbürgermeister Oehler, Düsseldorf.

1. Oberbürgermeister Lautenschlager, Stuttgart; 2. Oberbürgermeister Geßner, Nürnberg; 3. Oberbürgermeister Siegrist, Karlsruhe; 4. Oberbürgermeister v. Borscht, München; 5. Oberbürgermeister Wermuth, Exz., Berlin.

4

5

3 Herstellung von Uniformknöpfen
5 Außerordentlich hart traf die Einberufung der männlichen Landbevölkerung die kleinbäuerlichen Familienbetriebe

Ausplünderung der besetzten Gebiete die potentielle Unterlegenheit der Mittelmächte nur solange kompensieren, bis die Entente ihre gewaltigen ökonomischen Möglichkeiten in den Dienst der Kriegführung gestellt hatte.

Kriegszielpolitik

Obgleich die strategische Grundidee, Frankreich und Rußland aufeinanderfolgend niederzuwerfen, gescheitert war, glaubte man in der Reichsregierung und in der Obersten Heeresleitung am Jahresende 1914/15 fest daran, daß der Krieg in absehbarer Zeit mit einem Sieg beendet werden könnte. Im Zusammenhang damit mußte die Frage beantwortet werden, gegen welchen Gegner der Hauptschlag zu führen war, da nicht alle Gegner gleichermaßen völlig niedergeworfen werden konnten. Damit wiederum hing aufs engste die für die verschiedenen imperialistischen Interessengruppen bedeutsame Frage zusammen, an welchen von ihnen ins Auge gefaßten Kriegszielen auf Grund dessen Abstriche zu machen waren.

Die Regierung hatte aus innenpolitischen Gründen eine öffentliche Kriegszieldiskussion untersagt. Sie wußte, daß eine solche Diskussion die Ablehnung dieser Ziele durch die Volksmassen herausfordern und die Propaganda vom Verteidigungskrieg zunichte machen würde. Außerdem befürchtete sie, daß die Zusammenarbeit mit den rechtsopportunistischen Partei- und Gewerkschaftsführern dadurch gestört werden könnte, weil diese zwar die Kriegszielpolitik der Regierung und der hinter ihr stehenden flexiblen Machtgruppe partiell billigten, jedoch die Annexionspolitik der konservativen Gruppe ablehnten.

Die konservative imperialistische Machtgruppe beharrte auf dem Hauptschlag gegen England sowie weitgehenden direkten Annexionen im Westen und Osten, insbesondere auf der Annexion Belgiens. Die Errichtung eines mitteleuropäischen Staatenbundes unter deutscher Führung sah sie zwar als wichtiges, jedoch nur zweitrangiges Ziel an. Um sich damit gegenüber der Regierung durchzusetzen, rief sie eine Kriegszielbewegung der Wirtschaftsverbände und konservativen Parteien ins Leben, die von März bis Mai 1915 ihre Kriegszielvorstellungen dem Reichstag in Schriftform unterbreiteten. In der Denkschrift der Wirtschaftsverbände wurden als Hauptziel im Westen und Osten maßlose territoriale Ansprüche angemeldet und die Errichtung eines großen Kolonialreichs gefordert.

In den Kriegszielen der deutschen Bundesstaaten manifestierten sich die wirtschaftlichen Interessen der ansässigen Industriezweige ebenso wie die dynastischen Machtbestrebungen der dortigen Fürstenhäuser. Wirtschaftsverbände, konservative Parteien wie auch die Regierungen der meisten Bundesstaaten bildeten während des Jahres 1915 in der Kriegszielfrage eine Aktionsgemeinschaft, die die Regierung immer nachdrücklicher mahnte, sich zu eigenen Kriegszielen zu bekennen und bei deren Definition den Forderungen der Verbände und Parteien Rechnung zu tragen.

Die flexible imperialistische Machtgruppe und mit ihr die Regierung Bethmann Hollweg stimmten mit der konservativen Machtgruppe prinzipiell darin überein, daß England der Hauptfeind sei. Jedoch hielten die Vertreter der flexiblen Gruppe

1 

2 

Annexionisten auf Inspektionsreise in den besetzten Ostgebieten
1 Vertreter des preußischen Abgeordnetenhauses
2 Staatsminister Delbrück (hintere Sitzreihe links) und Innenminister Löbell (rechts)
3 Russische Kriegsgefangene werden in Nordfrankreich in der Landwirtschaft eingesetzt
4 Französische Zivilbevölkerung wird infolge der Ausplünderung nordfranzösischer Gebiete, die zu einer Hungersnot führte, in das unbesetzte Frankreich abgeschoben
5 Der Hauptverantwortliche für die Ausplünderung Belgiens, der Generalgouverneur von Bissing, mit seinem Stab
6 Deutsche Offiziere in einer belgischen Schule – Versuch der Umerziehung
7 Französische Frauen leisten Fronarbeit in einer deutschen Heereswäscherei
8 Von den Deutschen verursachte Brennstoffkrise in Belgien – Kinder suchen Verladeplatz nach Kohlenresten ab
9 Französische Maschinenfabrik in Maubeuge – von deutschen Monopolen in »Treuhand« genommen

die Annahme der Alldeutschen und Schwerindustriellen, daß England bereits in diesem Krieg völlig besiegt werden könne, für nicht real. Sie traten deshalb für einen vorläufigen Ausgleich mit England und für einen Sonderfrieden mit Rußland ein. Eine Annexion Belgiens kam für sie nicht in Betracht, weil diese nur die Feindschaft der Neutralen heraufbeschwören und eine Verständigung mit England von vornherein ausschließen würde.

Die militärischen Erfolge in Rußland im Mai/Juni und im Herbst auf dem Balkan wirkten sich auf die Expansionsforderungen der flexiblen imperialistischen Machtgruppe derart aus, daß diese, soweit sie sich auf den Osten und Südosten bezogen, mit denen der konservativen Gruppe weitgehend übereinstimmten. Eine fortschreitende Annäherung der Standpunkte beider Machtgruppen zeichnete sich im Verlaufe des Jahres 1915 auch bezüglich des Plans eines mitteleuropäischen Wirtschaftsverbandes unter deutscher Führung ab.

Die Kriegszieldiskussion im Jahre 1915 zeigte, daß trotz aller Unterschiede im einzelnen, die Expansionsforderungen beider Machtgruppen auf das gleiche Endziel hinausliefen, die Hegemonie des deutschen Imperialismus in Europa.

Als Ende März 1916 Sprecher der konservativ-schwerindustriellen Kreise erneut forderten, die Kriegszieldiskussion öffentlich freizugeben, sah sich der Kanzler dazu gedrängt, das Kriegszielprogramm der Regierung eingehender als bisher öffentlich darzulegen. Den Wünschen des Kaisers nachkommend, dessen Zustimmung er sich zuvor versichert hatte, erklärte er, weder im Osten noch im Westen könne es eine Rückkehr zum territorialen Stand vor Kriegsausbruch geben. Deutschland werde die im Osten eroberten Gebiete nie wieder an Rußland zurückgeben, ob ihre Bewohner nun Polen, Litauer, Balten oder Letten seien. Auch im Westen werde sich Deutschland reale Garantien schaffen, daß Belgien nicht ein englisch-französischer Vasallenstaat und der flämische Volksstamm nicht wieder der »Verwelschung« preisgegeben werde. Deutschland müsse sich wieder ein Kolonialreich sichern, damit sich der deutschen Unternehmungslust eine neue Tätigkeit eröffne. Der Kanzler vermied eine klare Äußerung über die Form, in der die genannten Territorien Europas unterworfen werden sollten. Damit wollte er sich die Gefolgschaft der rechtsopportunistischen Führer sichern. Vor allem konservative Kreise gaben sich mit der Erklärung des Kanzlers nicht zufrieden, weil dieser wiederum ein eindeutiges Bekenntnis zu ihren Annexionsforderungen vermieden hatte.

Außenpolitik

Reichsregierung und Oberste Heeresleitung hatten bereits Ende 1914 einen Separatfrieden mit Rußland ins Auge gefaßt, um zumindest die Entente zu spalten, wennschon ein gleichzeitiger und vollständiger Sieg über alle Gegner nicht mehr möglich war. Da es bei diesem Frieden nicht um eine Wiederherstellung der territorialen Lage vor Kriegsbeginn ging, handelte es sich nicht um eine realistische Friedenspolitik. Im Falle eines solchen Friedens sollten die Expansionsforderungen dem russischen Verhandlungspartner gegenüber nur etwas reduziert werden. Ein Separatfrieden mit Rußland kam auch der Absicht der konservativen imperialistischen Machtgruppe entgegen, den entscheidenden Schlag in Westeuropa zu führen, damit dort ihre Kriegsziele voll verwirklicht werden konnten. Da aber die Regierung im Einverständnis mit beiden Machtgruppen weder im Osten noch im Westen zu einem Frieden auf dem territorialen Vorkriegsstand bereit war, lehnte sie auch einen hiervon ausgehenden Vermittlungsvorschlag Präsident Wilsons vom 29. Mai 1915 ab.

Der dänische König Christian und sein Außenminister Scavenius entsandten im März und Juli 1915 den Generaldirektor der dänischen Ostasienkompanie, Hans Niels Andersen, mit dem Ziel, allgemeine Friedensverhandlungen anzubahnen, zu Sondierungsgesprächen nach Petersburg. Die Reichsregierung wollte jedoch keine allgemeinen Friedensverhandlungen, sondern lediglich einen Separatfrieden, durch den sie Rußland aus der Entente herauszulösen beabsichtigte, um die im Osten gebundenen Armeen für den Westen freizubekommen. Aber der deutsche Imperialismus war nicht einmal um den Preis der Spaltung

3

5

6

4

7

8

9

1

130 Die Wochenschau Nr. 5

Antwerpens Aufschwung unter deutscher Verwaltung.

Schiffsverkehr auf der Schelde bei Antwerpen: Dampfer mit Schleppkähnen passieren die geöffnete Pontonbrücke, die von deutschen Pionieren erbaut wurde.

In Antwerpen sind unter der deutschen Verwaltung Ruhe und Ordnung wieder eingekehrt. Auch das geschäftliche Leben ist trotz des Kriegszustandes und der Unmöglichkeit überseeischen Verkehrs wieder erwacht. So bietet der Antwerpener Hafen auch gegenwärtig ein Bild reichbewegten Lebens. In unmittelbarer Nähe Antwerpens verbinden sich die Wassermassen des Scheldeflusses mit denen des Meeres. 310 bis 560 m breit ist die Schelde bei Antwerpen; Ebbe und Flut reichen bis weit über die Stadt hinaus den Fluß hinauf. Selbst bei Ebbe können Seeschiffe bis zu 8 m Tiefgang in den Hafen Antwerpens gelangen. Diese günstigen natürlichen Bedingungen, verbunden mit großzügig ausgeführten baulichen Anlagen, machen Antwerpen zu einem der ersten Seehäfen der Welt. Der Antwerpener Hafen zerfällt in zwei Teile: in den Flußhafen und in den inneren Hafen der Bassins, Schleusen und Docks. Selbst die größten

Admiral Louran, der deutsche Hafenkommandant von Antwerpen, mit seinen Offizieren und Matrosen vor der „Pilotage", dem Seeamt von Antwerpen.

2

1 Der Justizpalast in Brüssel wird von deutschen Truppen als Quartier benutzt
2 So wird imperialistische Ausplünderung als Fortschritt getarnt
3 Die Börse in Brüssel arbeitet wieder – beherrscht vom deutschen Finanzkapital

der Entente bereit, auf seine Expansionsansprüche im Osten zu verzichten, die in dem Maße wuchsen, wie die militärischen Erfolge auf dem östlichen Kriegsschauplatz zunahmen. Die Bemühungen um diesen Separatfrieden scheiterten außerdem daran, daß in den herrschenden Kreisen Rußlands die Kräfte, die für eine Fortsetzung des Krieges waren, die kompromißbereiten Kräfte überwogen, und keine Aussicht bestand, daß sich daran vorläufig etwas ändern würde.

Im Februar wurde der uneingeschränkte U-Boot-Krieg gegen England eröffnet. Seine Folgen belasteten die Beziehungen zu einigen neutralen Staaten außerordentlich. Es entwickelte sich ein diplomatischer Konflikt hart am Rande des Kriegseintritts der USA. Der Reichskanzler machte das Zugeständnis, daß Schiffe aus den USA künftig nicht mehr angegriffen würden. Er

3

erreichte ferner mit Unterstützung von Kriegsminister Falkenhayn die Einschränkung, daß nur solche Schiffe bekämpft werden sollten, die als feindliche erkannt worden waren, um Zwischenfällen mit den Neutralen vorzubeugen.

Der uneingeschränkte U-Boot-Krieg sollte nach Auffassung des Kanzlers »ultima ratio« sein.

Vorläufig sollten nur solche Formen des U-Boot-Krieges angewendet werden, die ernstere Konflikte mit den USA ausschlössen. Hierin wußte er sich auch mit solchen einflußreichen Repräsentanten des Monopolkapitals wie Ballin, Rathenau, Bosch und Dernburg einig, der zu bedenken gab, daß ein Entschluß des Restes der Welt, d.h. der neutralen Länder, für einen Zeitraum von funf Jahren weder Wolle noch Baumwolle noch Kupfer nach Deutschland gelangen zu lassen, selbst eine autarkische deutsche Wirtschaft ruinieren würde. Auch Gustav Krupp und Hugo Stinnes als Vertreter der Schwerindustrie teilten diese Auffassung.

Als Ende August 1916 Rumänien in den Krieg eintrat und damit die Lage für den deutschen Imperialismus außerordentlich bedrohlich wurde, stellte sich der Kanzler die Frage, ob nunmehr uneingeschränkter U-Boot-Krieg als »ultima ratio« geboten sei. Angesichts der Aussichtslosigkeit, den Krieg zu Lande zu gewinnen, reifte in der Frage des U-Boot-Krieges jene Entscheidung heran, die die konservative imperialistische Machtgruppe von Beginn an vertreten hatte.

Der Verlauf der Kampfhandlungen an der Ostfront schien die Möglichkeit zu eröffnen, an einer Hauptfront einen entscheidenden Erfolg zu erringen: die Kriegsziele im Osten zu verwirklichen, Bulgarien und Rumänien für ein Bündnis zu gewinnen, damit den Balkan zu beherrschen und die unmittelbare Verbindung mit der Türkei zu sichern. Italien hatte am 9. Dezember 1914 den Einmarsch der österreichisch-ungarischen Truppen in Serbien zum Anlaß genommen, gemäß Artikel 7 des Dreibundvertrages territoriale Kompensationen zu verlangen. Der Reichskanzler und sein Kriegsminister, die in einem Dreifrontenkrieg durch Kriegseintritt Italiens eine erhebliche Gefahr sahen und außerdem negative Auswirkungen auf die Haltung der noch neutralen Balkanstaaten, besonders Rumäniens, befürchteten, nötigten die österreichische Regierung, Italien durch Abtretung des Trentino und anderer Gebiete zu beschwichtigen.

Als Italien am 23. Mai 1915 Österreich-Ungarn den Krieg erklärte, veränderte sich das Kräfteverhältnis zugunsten der Entente. Der Kriegseintritt Italiens bestärkte die zaristische Regierung in der Ablehnung eines Separatfriedens mit Deutschland. Die deutsch-österreichischen Differenzen in der Italienfrage schließlich führten zu einer weiteren spürbaren Verschlechterung der beiderseitigen Beziehungen. Nach dem Scheitern der Separatfriedensbemühungen verstärkte der deutsche Imperialismus seine expansiven Bestrebungen in Richtung Ost- und Südosteuropa. Erfolg im Osten und Südosten schien der politischen und militärischen Führung als notwendige und günstige Voraussetzung für den Landsieg im Westen wie auch für die Wiederaufnahme des uneingeschränkten U-Boot-Krieges.

Die Zurückdrängung des Zarenreiches wurde erneut Gegenstand der Kriegszielerörterungen. Es ging dabei insbesondere um die austro-polnische Lösung der Polenfrage, für die der Reichskanzler zur Bedingung machte, daß sich Österreich einem straffen Bündnis mit Deutschland unterwerfe und ihm weitgehende wirtschaftliche, politische und militärische Garantien gewährte. Für den Anschluß Polens an Österreich müsse Deutschland als Kompensation Kurland und Litauen erhalten. Da für Österreich die Angliederung Polens eines der wichtigsten Kriegsziele war, mußte die deutsche Lösungsvariante zur weiteren Verschlechterung des deutsch-österreichischen Verhältnisses führen, weil sie Österreich nicht nur die Zusicherung weitreichender Garantien, sondern auch die Unterwerfung unter den deutschen Mitteleuropaplan zumutete.

Zum wirtschaftlichen Aspekt eines vereinigten Mitteleuropas unter Führung des deutschen Imperialismus auf der Basis einer Zollunion steuerte Generalstabschef Falkenhayn Ende August einen militärischen bei. Da die Entente nicht zu spalten sei und einen Erschöpfungskrieg plane, müßten außer rein militärischen auch andere Mittel eingesetzt werden. Ein solches anderes Mittel sei die Schaffung eines mitteleuropäischen Staatenbundes, zu dem sich zunächst das Deutsche Reich, Österreich-Ungarn, Bulgarien und die Türkei zusammenschließen sollten und durch den sich die Erwartung Englands, die Mittelmächte zu erschöpfen, nicht erfüllen sollte. Sah der Generalstabschef im europäischen Staatenbund vornehmlich ein Mittel der Kriegführung, d. h. ein Gegenmittel zum Erschöpfungskrieg, so war für den Reichskanzler ein solcher Bund nach wie vor das Hauptziel seines Kriegszielprogramms.

Darin, daß Falkenhayn aus dem Bethmannschen Endziel ein Sofortziel machen wollte, widerspiegelte sich, wie aussichtslos der vom deutschen Imperialismus erstrebte Siegfriede war.

Am 6. Oktober 1915 begann der Serbienfeldzug und im Dezember war das Land okkupiert. Voraussetzung dafür war der Kriegseintritt Bulgariens gewesen, der mit Gebietsabtretungen, wozu die Türkei von Deutschland genötigt wurde, und mit nach dem Sieg einzulösenden Gebietszusicherungen sowie mit einem Kredit von 200 Millionen Mark erkauft wurde.

Bulgarien wollte mit einer der beiden Koalitionen das im letzten Balkankrieg verlorene Territorium zurückerobern und Vormacht auf dem Balkan werden. Es trat vom 13. zum 14. Oktober an der Seite Deutschlands und Österreich-Ungarns in Kampfhandlungen gegen Serbien ein.

Die Reichsregierung wollte vor einem Friedensschluß mit Frankreich und England durch einen Sonderfrieden mit Belgien ihre Expansionsansprüche diesem gegenüber sichern. Da sie jedoch von ihren gegen die Souveränität und Integrität Belgiens gerichteten Forderungen keine Abstriche machen wollte und andererseits die Entente Belgien die Wiederherstellung der Unabhängigkeit und des Territoriums sowie reichliche Entschädigung zusicherte, scheiterten 1915/16 die Verhandlungen über einen Sonderfrieden.

Noch während der Sondierungen bezüglich eines Separatfriedens mit Belgien und über japanische Vermittlung mit Rußland kam es im Mai 1916 auch zu solchen, die auf einen Separatfrieden mit Frankreich abzielten. Ein führendes Mitglied der französischen radikalsozialistischen Partei hatte mit dem deutschen Botschafter in Bern Verbindung aufgenommen und den Abschluß eines Separatfriedens zwischen beiden Ländern für den Fall vorgeschlagen, daß die radikalsozialistische Partei an die Macht käme.

Die Separatfriedensbemühungen Deutschlands waren allein schon deshalb aussichtslos, weil die Vertreter des deutschen Imperialismus in keinem Falle die Voraussetzung für eine imperialistische Verständigung schufen. Als zum Beispiel die Regierung von Friedensvermittlungsabsichten des amerikanischen Präsidenten Wilson erfuhr, lehnte sie von vornherein eine allgemeine Friedenskonferenz ebenso ab, wie für diese die deutschen Bedingungen zu nennen. Andererseits blieben die Bemühungen Deutschlands ergebnislos, weil auch die Ententemächte nur dann zur Beendigung des Krieges bereit waren, wenn sie ihre Kriegsziele gegenüber den Mittelmächten weitgehend realisieren konnten. So kam es am 26. April 1915 zu einem französisch-russischen Abkommen, das auch von England gebilligt wurde, über eine Aufteilung der kleinasiatischen Gebiete der Türkei unter die vier Ententemächte England, Frankreich, Rußland und Italien. Dieses Abkommen wirkte direkt den deutschen Separatfriedensbemühungen entgegen. In den Beschlüssen zum Abschluß der Pariser Wirtschaftskonferenzen im Juni war als Ziel festgehalten, Deutschland durch einen eisernen Blokkadering niederzuzwingen. Im Machtbereich der Entente sollte jeder Handel mit den Mittelmächten verboten, Verträge mit Untertanen feindlicher Staaten sollten annulliert und alle feindlichen Unternehmen unter Kontrolle gestellt werden. Außerdem waren als Antwort auf die deutschen Mitteleuropapläne Maßnahmen festgeschrieben worden, die die Herrschaft des französisch-englisch-russischen Wirtschaftsblocks nach dem Kriege in Europa sichern sollten. Damit zeigte sich, daß alle imperialistischen Mächte um ihrer Expansionsziele willen den Krieg weiterführen wollten.

1

2

3

4

1 »Generalmobilmachung« für Buntmetalle in Deutschland
2 Der Tempelhofer Flugplatz in Berlin wird für den Kartoffelanbau umgepflügt
3 Vermißtenauskunftstelle des preußischen Kriegsministeriums
4 Prothesen für Kriegsamputierte – ihre Zahl ging in die Hunderttausende
5 Daimler-Benz machen Profite auch mit Sanitätskraftwagen
6/7 Krankenwagen und Küche eines Lazarettzuges für Schwerverwundete – viele starben schon im Feldlazarett
8 Militärseelsorge im Krieg

Innenpolitik

Die Tatsache, daß mit einem kurzen Krieg nicht mehr zu rechnen war, zwang auch zu einem neuen Vorgehen in der Innenpolitik. Es hatte sich erwiesen, daß die Einheit des Volkes für die Dauer des Krieges nicht hergestellt werden konnte. Nach dem chauvinistischen Kriegstaumel trat Ernüchterung ein. In der Arbeiterklasse wuchs die Stimmung gegen den Krieg. Die herrschenden Kreise erkannten, daß, je länger der Krieg andauerte, desto schwächer der Einfluß der Opportunisten auf die Arbeiterklasse werden und der Einfluß der Linken zunehmen würde. Sie sicherten daher ihre Kriegspolitik im Inneren einerseits durch verschärfte Unterdrückung der Kriegsgegner ab und versuchten andererseits den noch wirksamen Einfluß der Opportunisten auf die Volksmassen durch geringfügige innenpolitische Zugeständnisse zu erhalten. Kern dieser Zugeständnisse war die von der Regierung beabsichtigte Wahlrechtsreform und die Veränderung des Reichsvereinsgesetzes, was jedoch auf den Widerstand der konservativen Kräfte stieß. In Anbetracht der nicht absehbaren Dauer des Krieges, der daraus resultierenden Verschlechterung der Lebenslage der Volksmassen, der mehr und mehr um sich greifenden Antikriegsstimmung sowie des wachsenden Einflusses der Linken in der Arbeiterbewegung erwog die Regierung, mit der Realisierung des Reformprogramms schon während des Krieges zu beginnen.

Am 26. Juni äußerte sich im Auftrage des Kanzlers der preußische Innenminister Loebell zu einer preußischen Wahlreform, die er lediglich in einer geringfügigen Modifizierung des Dreiklassenwahlrechts, das die Machtposition der Junker im Staat absicherte, jedoch keinesfalls in einer Übertragung des Reichstagswahlrechts auf Preußen oder einer wirklichen Reform des Dreiklassenwahlrechts sah.

Bethmann Hollweg hatte sich zuvor des Einverständnisses der rechten sozialdemokratischen Führer vergewissert. Karl Liebknecht hatte bereits am 2. März im preußischen Abgeordnetenhaus die auf der Basis eines Pluralwahlrechts beabsichtigte Reform als eine armselige Flickreform enthüllt. Die notwendige Reform des preußischen Staates an

5

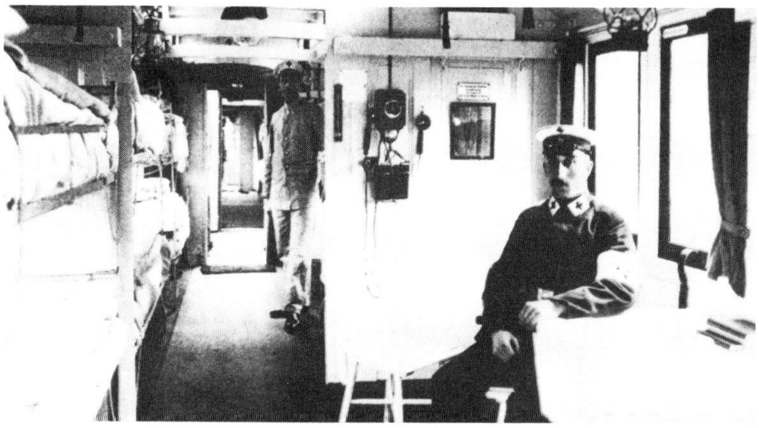

6

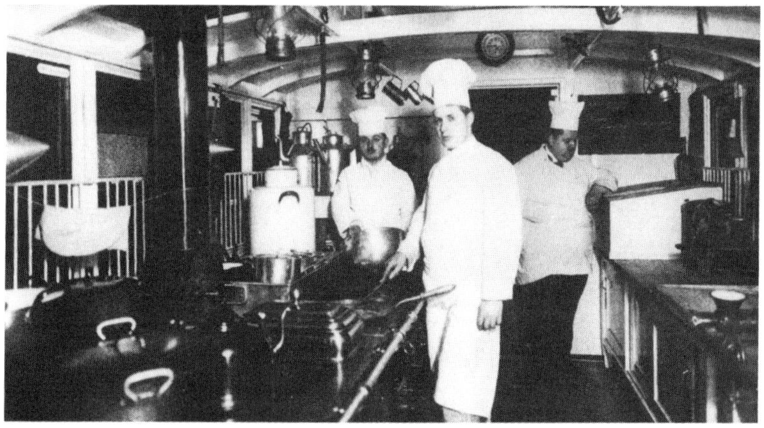

7

36 Die Wochenschau. Nr. 2

Das erste Kapellen-Auto.

Auf Anregung des Cölner Erzbischofs, Hochw. Kardinals von Hartmann, spendete der Klerus der Erzdiözese die Mittel zum Bau eines Kapellen-Autos, welches inzwischen zur Front ging. Der Cölner Pfarrer von St. Maria Lyskirchen, Graf Spee, welcher einst als Offizier dem König diente, begleitet als Feldgeistlicher das Auto. Das Altar-Auto hat die Größe der Lazarett-Autos. Es ist wie diese feldgrau und trägt das Zeichen des Roten Kreuzes. Das Innere des Autos dient dem Feldgeistlichen als Aufenthalt. Der Altar befindet sich an der Rückwand des Wagens. Die beiden Türen bilden nach dem Öffnen die Altarflügel. Das mitgeführte Zelt, welches an der Rückseite des Autos angebracht werden kann, bietet Schutz gegen Regen oder Schnee.

Pfarrer Graf Spee, Cöln, begleitet als Feldgeistlicher das Kapellen-Auto auf den Kriegsschauplatz.

Die geöffneten Altarflügel des Kapellen-Autos an der Rückwand desselben. Oben über dem Altar ein Zeltdach zum Schutz gegen Regen und Schnee.

Außenansicht des Kapellen-Autos mit angehängtem Zelt.

8

Haupt und Gliedern, betonte er, sei nicht von den Herrschenden zu erwarten. Sie könne nur durch Klassenkampf verwirklicht werden.

Bezüglich einer geringfügigen Veränderung des Reichsvereinsgesetzes entschloß sich die Regierung gegen Ende 1914 sogar zu konkreten Schritten. Dieses Gesetz stammte aus dem Jahr 1908. Es unterwarf alle politischen Vereine der polizeilichen Überwachung und vielfältigen Beschränkungen. Obwohl Gewerkschaften formalrechtlich nicht unter dieses Gesetz fielen, da sie sich nicht mit politischen, sondern mit Lohn- und Arbeitsfragen befaßten, wurden sie in der Praxis wie politische Vereine behandelt. Die Generalkommission der Gewerkschaften bemühte sich seit Kriegsbeginn um eine Reform dieses Gesetzes, die fortan eine Behinderung der Gewerkschaften als politische Vereine ausschloß. In dieser Reform sah sie eine Art Abfindung für ihre Unterstützung des imperialistischen Krieges. Sie wollte mit einer solchen Reform für die Gewerkschaftsorganisationen keine besseren Bedingungen für den Kampf gegen Krieg und Imperialismus schaffen, sondern lediglich anerkannt wissen, daß die Gewerkschaften auf dem Boden des imperialistischen Staates stünden. Als die Regierung im Dezember 1914 dem Bundesrat die Novelle zum Vereinsgesetz unterbreitete, hatte sie damit vor allem im Auge, daß die Funktionsfähigkeit der Kriegswirtschaft in nicht geringem Maße davon abhing, ob es den reformistischen Gewerkschaftsführern auch weiterhin gelang, Streiks in der Rüstungsindustrie zu verhindern. Zugleich sah sie darin eine Sofortmaßnahme gegen die Linksentwicklung in der Arbeiterbewegung.

Die Regierung ergriff im Verlauf des Jahres 1915 verstärkt Unterdrückungsmaßnahmen gegen jene Kräfte, die gegen Burgfrieden und imperialistischen Krieg kämpften. Der Stellvertreter des Kriegsministers wies am 26. Juni 1915 die oberen Militärbehörden an, der Agitation der Linken gegen den Krieg mit allen Mitteln entgegenzutreten und ihre Druckerzeugnisse zu beschlagnahmen. In einem Rundschreiben vom 31. August wurden den Militärbefehlshabern taktische Hinweise für den Kampf gegen die Gruppe Internationale gegeben. Die Notwendigkeit verschärften Vorgehens wurde darin damit begründet, daß das immer stärkere Hervortreten der Liebknechtgruppe die innere Einheit des Volkes gefährde und beim Gegner die Hoffnung auf innere Zwietracht erhöhe. Da man um die Popularität der Führer der Linken und um die Folgen bei ihrer Verhaftung wußte, verzichtete man zunächst darauf, diese auf alle Führer auszudehnen. Jedoch zwang man Rosa Luxemburg am 18. Februar 1915, eine 1914 verkündete einjährige Gefängnishaft anzutreten. Karl Liebknecht wurde am 7. Februar als Armierungssoldat eingezogen, womit er der Militärjustiz unterstand und seine politische Tätigkeit erheblichen Beschränkungen unterworfen war. Die Linken enthüllten den demagogischen Charakter der Neuorientierungsversprechen, die darauf hinausliefen, das monarchistisch-absolutistisch-militaristische System des deutschen Imperialismus durch eine Taktik der Zugeständnisse zu erhalten und jeder Demokratisierung den Weg zu versperren. Sie verwiesen darauf, daß eine Demokratisierung nicht von der herrschenden Klasse erwartet werden dürfe. Sie müsse vielmehr durch den Sturz der imperialistischen Regierung eingeleitet und durch die Errichtung des Sozialismus vollendet werden. Unbedeu-

1

2

3

Monarchistische »Fürsorge« für die Kriegsopfer
1 Die deutsche Kaiserin ordnete Spazierfahrten für Verwundete im Park von Sanssouci an
2 Fürstin Marie zu Stollberg mit Verwundeten beim Tee
Chauvinismus, Verherrlichung des Krieges und Rassismus in der imperialistischen Massenbeeinflussung
6 »Vaterländische Feier« des ersten Jahrestages der Mobilmachung vor dem Nationaldenkmal bei Rüdesheim

4

tende innenpolitische Versprechen, Teilreformen und Zusammenarbeit mit den Rechtsopportunisten machten nach wie vor nur die eine Seite der Innenpolitik der Regierung Bethmann Hollweg aus. Daneben bediente sie sich in zunehmendem Maße der Methode der offenen Unterdrückung jener Kräfte, die sich durch Reformpolitik nicht korrumpieren ließen und den Kampf gegen Imperialismus und Krieg konsequent fortsetzten. Sie unterstützte die verschärften Repressivmaßnahmen der Befehlshaber, die den Belagerungszustand nutzten, den Burgfrieden gewaltsam aufrechtzuerhalten. Die Befehlshaber verstärkten vor allem ihr Vorgehen gegen die revolutionäre Antikriegsbewegung, der sie 1916 durch Verhaftung Karl Liebknechts und anderer führender Funktionäre schwer schadeten. Als sich herausstellte, daß gerade dieses Vorgehen die ersten politischen Streiks während des Krieges auslöste, gab das Kriegsministerium am 28. Juni »Leitsätze für das Vorgehen der Militärbefehlshaber bei Ausbruch größerer Streiks in der Rüstungsindustrie« heraus, womit die Gewaltmaßnahmen erneut verschärft wurden. Sie richteten sich auch gegen sozialdemokratische Funktionäre und Mitglieder, die zentristische Auffassungen vertraten, sich gegen die Politik der rechtsopportunistischen Mehrheit des Parteivorstands wandten und auf einen energischeren Kampf gegen den Krieg drängten. Mit besonderem Argwohn verfolgten die Militärbehörden den wachsenden Einfluß der Spartakusgruppe auf die Arbeiterjugend, die im Frühjahr 1916 ihre Kräfte verstärkt zu sammeln begann. Trotz alledem gelang es den Gewaltorganen des imperialistischen Staates nicht, die revolutionäre Tätigkeit der Spartakusgruppe zum Erliegen zu bringen. An die Stelle der Eingekerkerten oder an die Front Abgeschobenen traten neue Funktionäre, die den Antikriegskampf kompromißlos fortsetzten. Als sich herausstellte, daß es unmöglich ist, den Durchhaltewillen des Volkes allein mit Repressivmaßnahmen aufrechterhalten zu wollen, führte das bei den stellvertretenden Generalkommandos dazu, daß diese die von der Regierung verfolgte Taktik der Zusammenarbeit mit Rechtsopportunisten in gewissem Maße unterstützten. Versammlungen, die dazu dienen sollten, zum Durchhalten aufzurufen, die Politik der Rechtsopportunisten im Kriege zu rechtfer-

5

6

tigen und den Arbeitsfrieden zu garantieren, wurden häufiger als zuvor geduldet. Gleichzeitig mit dem verschärften Vorgehen gegen die Linken und gegen zentristische Funktionäre ergriff die herrschende Klasse neue Unterdrückungsmaßnahmen gegen die bürgerlich-pazifistische Bewegung, besonders gegen den Bund Neues Vaterland und die Deutsche Friedensgesellschaft.

Die zunehmenden außenpolitischen, militärischen und wirtschaftlichen Krisenerscheinungen wirkten sich auch auf die Innenpolitik aus, die im ersten Halbjahr 1916 immer widersprüchlicher wurde. Einerseits war die innere Geschlossenheit der Nation mit verschärften Verboten und Zensurmaßnahmen sowie zunehmenden Verhaftungen von Kriegsgegnern nicht aufrechtzuerhalten. Andererseits führte die um sich greifende revolutionäre Antikriegsbewegung zu verschärften Unterdrückungsmaßnahmen, wie sie in den Leitsätzen zur Streikabwehr festgelegt waren. Seit Frühjahr 1916 wurde der Ruf nach dem »starken Mann« von seiten der konservativen wie auch der flexiblen Machtgruppe immer vernehmlicher. Nach diesem wurde nicht nur angesichts der besorgniserregenden außenpolitischen und militärstrategischen Lage, sondern vor allem auch des Zerbrechens der »nationalen Einheitsfront« verlangt. Bethmann Hollwegs Innenpolitik war an dem entscheidenden Widerspruch zwischen antidemokratischer Unterdrückungspolitik der herrschenden Minderheit und dem wachsenden Streben der Volksmassen nach Frieden und Demokratie ebenso gescheitert wie an dem hartnäckigen Widerstand der konservativen Machtgruppe schon gegen unwesentliche Reformen. Dieser Widerspruch wurde vorübergehend verhüllt, als sich die Kanzlerfronde im Sommer 1916 angesichts der bedrohlichen Lage zum zeitweiligen Rückzug entschloß.

Lage der Volksmassen

Während sich Politiker und Militärs zu immer abenteuerlicheren Expansionsplänen hinreißen ließen und dem Volk mit Gewalt oder Demagogie immer neue Opfer abverlangten, begann sich unter den Volksmassen Kriegsmüdigkeit auszubreiten. Zunächst gelang es den herrschenden Kreisen mit Hilfe der Opportunisten noch, die große Mehrheit der Werktätigen mit der Lüge vom Vaterlandsverteidigungskrieg irrezuführen. Aber bereits an der Jahreswende 1915/16 zeichnete sich ab, daß sich ein Prozeß des Umdenkens anbahnte. Die ständige Verschlechterung der Lebenslage beschleunigte die Desillusionierung der Volksmassen. Im Kriegsjahr 1915 wurde immer deutlicher, auf wessen Kosten der Krieg geführt wurde. Während sich Rüstungsgewinnler und Spekulanten schamlos bereicherten und im Überfluß lebten, wuchs die Not unter den Massen von Tag zu Tag. Die Absicht staatlicher Behörden, zur Sicherung von Arbeitskraft und Burgfrieden die Versorgung der Volksmassen in erträglichen Grenzen zu halten, mußte den Profitinteressen der Großagrarier, der Nahrungsmittelindustriellen und der Großhändler zuwiderlaufen, die sich staatlichen Eingriffen zur Gewährleistung der Versorgung entschieden widersetzten, so daß diese wirkungslos blieben.

Der Mangel an Lebensmitteln ließ deren Preise

1

2

3

4

1/2 Die starken Männer als Leitfiguren bei der Eintreibung der Kriegskosten. Jeder eingeschlagene Nagel kostete ein »Geldopfer«
3 Vormilitärische Ausbildung für den Krieg
4 Deutsche Jung-Annexionisten in Brüssel

Psychologischer Krieg gegen das eigene Volk
5 Die Mär vom barmherzigen Soldaten
6 Die Mär vom Fest des Friedens
7 Die Lüge: Das Volk hungert nicht
8 Die Lüge von den französischen Heckenschützen

5

84 Die Wochenschau. Nr. 3

Deutsche Weihnachten in Feindesland

Weihnachtsfeier für französische Kinder, veranstaltet von einer deutschen Feld-Luftschiffer-Abteilung.

Weihnachtsbescherung bei einer Telegraphen-Abteilung auf dem westlichen Kriegsschauplatz.

Die Liebesgabensendungen, die pünktlich zu den Festtagen im Felde ankamen, ermöglichten es unsern wackern Feldgrauen, Weihnachten auch in Feindesland in echt deutscher Weise unter dem brennenden Tannenbaum zu feiern.

6

7

8

erheblich steigen. Hunderttausende Arbeiterfamilien waren nicht mehr imstande, regelmäßig Fleisch und Butter zu kaufen. Die Kosten für Ernährung lagen in Berlin im Dezember 1915 um 72 Prozent höher als von Januar bis Juli 1914. Spekulanten kauften Nahrungsmittel auf, um sie zu horten und bei weiterer Verknappung zu Höchstpreisen abzusetzen. Die steigenden Lebenshaltungskosten resultierten nicht nur aus steigenden Lebensmittelpreisen, sondern auch aus steigenden Preisen für Bekleidung, Mieten, Heizung und dergleichen mehr.

Mit der zunehmenden Verschlechterung der Ernährung der werktätigen Bevölkerung ging deren ständig steigende Ausbeutung in der Rüstungsindustrie einher. Die Unternehmer nutzten die ihnen gesetzlich eingeräumten Möglichkeiten hemmungslos aus, den Arbeitern die im Klassenkampf

Kriegsnummer 15 Pf.

Die Wochenschau

Nr. 29 Verlag W. Girardet, Essen, Düsseldorf, Berlin 17. Juli 1915

Kriegstrauung der einzigen Tochter des Reichskanzlers in Hohenfinow.

Der Reichskanzler eröffnet den Hochzeitszug zur Dorfkirche mit der Braut Isa v. Bethmann Hollweg. Dahinter der Bräutigam Oberleutnant Dr. jur. Graf Zech v. Burkersroda mit seiner Mutter.

1

2

3

4

Das in der Osternummer unserer Zeitschrift erschienene Bild

Der letzte Marsch

von Oskar Detering ist jetzt auch in besserer Ausführung zum Einrahmen durch uns zu beziehen. Bildgröße 25,5×37,5 cm, Papiergröße 47×58 cm. Preis M. 5,— zuzüglich 40 Pf. Porto- und Verpackungskosten. Versand, soweit der Vorrat r..ht, gegen vorherige Einsendung des Betrages oder gegen Nachnahme. In letzterem Falle 30 Pf. Nachnahmegebühr besonders. Das Bild, in Kupfertiefdruck hergestellt, bildet einen vornehmen Wandschmuck für jedes deutsche Haus und eine bleibende Erinnerung an die große Zeit.

Die Wochenschau / Verlag W. Girardet, Essen

5

Mit 15 Jahren Leutnant und Inhaber des Eisernen Kreuzes:

Helmut Billert aus Hagenau i. Els., geboren am 14. Dezember 1899, der jüngste Offizier des deutschen Heeres.

Ein jugendlicher Held.

Ein fünfzehnjähriger Jüngling, der sich das Eiserne Kreuz erwarb und nun zum Leutnant befördert wurde — gewiß ein einzigartiger Fall! Helmut Bille t, S. M. jüngster Offizier, stammt als Sohn des Majors Billert aus Hagenau i. E. und war, als der Krieg ausbrach, Obersekundaner in der Hauptkadettenanstalt Lichterfelde. Nachdem er als Fähnrich in Münster Rekruten ausgebildet hatte, rückte er im September mit dem Ersatz in die Argonnen. Hier wurde er am Arm verwundet. Noch während des Aufenthaltes im Lazarett ging ihm das Eiserne Kreuz II Klasse zu. Am 6. Dez. wurde er zum Leutnant befördert. Jetzt steht er mit einem Maschinengewehrzug vor Verdun. Möge dem jungen Helden das Schlachtenglück weiterhin hold sein.

6

7

Damit sollten die Schrecken des Krieges verdrängt werden

1–4 Kriegstrauung und Kriegsbraut – bevorzugtes Motiv der imperialistischen Presse

5–7 Heldenkult – das Sterben wird verherrlicht

eroberten Errungenschaften wieder zu entreißen. Die Tarifvereinbarungen mit den Gewerkschaften betrachteten sie infolge des Krieges als nicht mehr bindend. Sie senkten die Löhne, diktierten die Arbeitsbedingungen, forcierten das Arbeitstempo, verlängerten die Arbeitszeit und ignorierten den Unfallschutz.

Die Folgen der imperialistischen Kriegspolitik bekam auch der Mittelstand zu spüren. Die Mehrzahl der Handwerksbetriebe begann unter Auftragsmangel zu leiden. In zunehmender Zahl waren Kleinbetriebe des Handwerks und des Einzelhandels dem wirtschaftlichen Ruin ausgeliefert. Das Realeinkommen der kleinen Beamten und Angestellten sank mit zunehmender Teuerung. Klein- und Mittelbauern sahen sich infolge der Einberufung von familiären Arbeitskräften erheblichen Schwierigkeiten gegenüber, zumal die Regierung ausschließlich landwirtschaftlichen Großbetrieben mit Arbeitskräften aushalf. Durch den umsichgreifenden Mangel auf die eigene Versorgung bedacht, gingen sie dazu über, vorwiegend für den persönlichen Bedarf zu produzieren, was zu Erscheinungen von Naturalwirtschaft führte, die sich auf die Versorgung der Städte spürbar auswirkten.

Bittere Not infolge Teuerung und unzureichender Unterstützung zwang immer mehr Arbeiterfrauen, eine Beschäftigung aufzunehmen. Vom 1. Januar 1915 bis 1. Januar 1916 stieg die Anzahl der versicherten Arbeiterinnen von 1,5 auf 4,3 Millionen. Da mit Kriegsbeginn die Jugendschutzbestimmungen wie auch die Schutzvorschriften für Frauenarbeit aufgehoben worden waren, mußten die Frauen ihre Arbeitskraft nicht nur unter erschwerten Bedingungen, sondern zusätzlich noch für geringeren Lohn verkaufen, der oft nur die Hälfte des Männerlohnes betrug.

Die staatliche Fürsorgeunterstützung der Familien zum Kriegsdienst Einberufener war völlig unzureichend. Erst Dezember 1915 bewilligte der Reichstag 200 Millionen Mark für erweiterte Kriegsfürsorge.

Wie die Frauen wurden auch die 14- bis 18jährigen Jugendlichen rücksichtslos in der Kriegsindustrie ausgebeutet. Die noch schulpflichtigen Jugendlichen wurden im Unterricht sowie bei der vormilitärischen Ausbildung in Jugendwehren chauvinistisch vergiftet.

Die medizinische Betreuung verschlechterte sich nach Kriegsausbruch infolge Ärzte- und Krankenhausbettenmangels rapide. Im ersten Kriegsjahr verschlechterte sich die Lage der Volksmassen auf wirtschaftlichem und sozialem Gebiet zusehends. Erhöhte Ausbeutung war mit verschärfter politischer Unterdrückung gepaart. Je mehr man unter den Volksmassen über die Ursachen von Elend und Not sowie politischer Rechtslosigkeit nachzudenken begann, desto weniger verfingen dort die leeren Versprechungen vom baldigen siegreichen Ende des Krieges und von innenpolitischen Reformen, die die herrschenden Kreise und die Opportunisten ständig im Munde führten.

Unterstützung der imperialistischen Kriegspolitik durch die rechten Partei- und Gewerkschaftsführer

Die rechtsopportunistischen Partei- und Gewerkschaftsführer setzten 1915 ihre Burgfriedenspolitik verstärkt fort und verbreiteten weiterhin die Lüge, Deutschland führe einen nationalen Verteidigungskrieg. Mit ihrer Durchhaltepropaganda unterstützten sie offen die Kriegspolitik des deutschen Imperialismus. Ein typisches Beispiel hierfür war Davids Broschüre »Die Sozialdemokratie und der Krieg«, die Lenin das Hauptwerk des deutschen Opportunismus über den Krieg nannte. Die opportunistische Mehrheit der sozialdemokratischen Reichstagsfraktion und die von ihnen beherrschte sozialdemokratische Presse sagten Karl Liebknecht, der unter den Linken die proimperialistische Politik von Parteivorstand und Reichstagsfraktion am konsequentesten und eindrucksvollsten entlarvt hatte, offen den Kampf an. In Fraktion und Vorstand versuchten führende Opportunisten den Ausschluß Liebknechts aus der Partei und die Entbindung von seiner Funktion herbeizuführen. Damit entsprachen sie dem Verlangen der Regierung, Liebknecht auf das schärfste zu diskreditieren.

Die rechten Führer im Parteivorstand halfen der Regierung, nicht nur die Linken zu unterdrücken, sondern auch auf Kosten der Volksmassen weiterhin den Krieg zu finanzieren, indem sie am 7. März im Rahmen des Gesamtbudgets 10 Milliarden Mark für neue Kriegskredite bewilligten. Außerdem rechtfertigten sie weiterhin die Kriegszielpolitik der Regierung. Wenn die Rechtsopportunisten auch nicht für umfassende direkte Annexionen in Europa eintreten konnten, so billigten sie doch eine indirekte Hegemonie des deutschen Imperialismus über Mitteleuropa. Für die Unterstützung der imperialistischen Kriegszielpolitik der Regierung verlangten sie innenpolitische Reformen als Gegengabe.

Noch stärker als die Rechtsopportunisten in der Parteiführung unterstützten die rechten Gewerkschaftsführer die imperialistische Kriegspolitik. Sie halfen dem Parteivorstand, den Einfluß der Linken einzudämmen. Vor allem jedoch stellten sie den Organisationsapparat und das Vermögen der Gewerkschaften in den Dienst der imperialistischen Kriegführung. Durch Wahrung des Arbeitsfriedens sorgten sie für das Funktionieren der Rüstungsproduktion und deckten sie die verschärfte Ausbeutung der Werktätigen. Staatsmonopolistische Regulierung feierten sie als eine Errungenschaft, die selbst der kühnste Sozialist von dieser Regierung nicht erwartet hätte. Regulierung und geringfügige sozialpolitische Zugeständnisse wurden genutzt, die Illusion zu wecken, daß durch eine Zusammenarbeit mit Ausbeutern und Herrschenden Klassenkampf überflüssig geworden sei, daß man über Kriegssozialismus, der den Volksmassen gestatte, immer mehr Einfluß auf die ökonomische und soziale Entwicklung zu nehmen, friedlich in den Sozialismus gelange.

Die rechten Gewerkschaftsführer propagierten schließlich als neue Variante reformistischer Durchhaltepropaganda, daß die Arbeiterinteressen an einen siegreichen Kriegsausgang gebunden seien. Die Arbeiter müßten in Interessengemeinschaft mit den Unternehmern für Absatzmärkte und Anlagensphären kämpfen, denn ihre Existenz sei unlösbar mit der der Industrie verbunden. Hiermit wurden zwei Hauptinteressen der herrschenden Klasse wahrgenommen: erstens das Interesse an einer Versöhnung der Klassen und zweitens das Interesse an einer Identifikation mit der imperialistischen Expansion.

Als die Regierung nach Kriegseintritt Italiens gegen Österreich-Ungarn am 23. Mai eine chauvinistische Propagandaflut auslöste, erklärte Friedrich Ebert am 29. Mai von der Tribüne des Reichstages, in der Stunde gesteigerter Gefahr würden sich die Mitglieder der sozialdemokratischen Fraktion rückhaltlos zu dem bekennen, was sie am 4. August 1914 erklärt hätten. Karl Liebknecht war der einzige, der in den dieser Erklärung vorausgegangenen Debatten jede Hilfe für den deutschen Imperialismus verurteilt und betont hatte, daß man sich nicht gegen die italienische Eroberungspolitik wenden könne, ohne die Eroberungsabsichten Bethmann Hollwegs gleichermaßen zurückzuweisen. Er setzte mit dem Flugblatt »Der Hauptfeind steht im eigenen Land!« dem Widerstand gegen den imperialistischen Krieg ein klares Ziel.

Am 9. Juni richteten Karl Liebknecht, Hermann Duncker, Franz Mehring, Georg Ledebour und andere einen Offenen Brief an den Parteivorstand und die Reichstagsfraktion, den 1000 Partei- und Gewerkschaftsfunktionäre aus allen Teilen des Reiches unterzeichnet hatten. Bezug nehmend auf die Erklärung Eberts vor dem Reichstag am 29. Mai, heißt es in diesem Brief: Die übergroße Masse der Parteigenossen daheim wie im Feld erwarte, daß die Reichstagsfraktion wenigstens jetzt endlich, im Mai, nach langen 10 Monaten eines furchtbaren, in Dauer und Ausgang unübersehbaren Krieges in einer nachdrücklichen, unzweideutigen Kundgebung die schleunige Beendigung des Krieges fordere und dem entschlossenen Friedenswillen der Sozialdemokratie Ausdruck verleihe. Führende Zentristen versuchten, den sich in diesem Brief manifestierenden steigenden Einfluß der Linken mit einer Gegenmaßnahme abzufangen. Am 19. Juni veröffentlichten Haase, Kautsky und Bernstein in der »Leipziger Volkszeitung« den Aufruf »Das Gebot der Stunde«, worin sie die Annexionsforderungen der imperialistischen Kreise verurteilten, aber den imperialistischen Charakter des Krieges von Anfang an damit zu leugnen versuchten, indem sie behaupteten, erst die annexionistischen Programme hätten dem Krieg den Stempel eines Eroberungskrieges aufgedrückt. Lenin erblickte in zentristischen Friedensinitiativen insofern eine ernste Gefahr, als viele Arbeiter die Inkonsequenz der Zentristen nicht zu durchschauen vermochten. Sie erlagen den pazifistischen Illusionen der Zentristen, was sie daran hinderte, den Anschluß an die Linken zu finden und nach deren revolutionären Losungen zu handeln.

Am 16. August wurde vom Parteivorstand ein Friedensprogramm der Sozialdemokratie angenommen.

Da dieses proimperialistisch war, berührte es die Regierung nicht, weckte aber in der Bevölkerung Friedenshoffnungen. Es wirkte gewissermaßen als Ventil für die zunehmende Friedenssehnsucht der Volksmassen. Karl Liebknecht lehnte dieses Programm entschieden ab. Bei der Formulierung seines Inhalts sei vom Grundgedanken der Blockpolitik mit den bürgerlichen Parteien ausgegangen worden. Es vertrete in verhüllter Form die Position Bethmann Hollwegs. Die in ihm fixierten Friedensbedingungen seien durchweg dem kurzsichtigen national-deutschen Standpunkt untergeordnet, der weder dem des internationalen noch dem des deutschen Proletariats, sondern nur dem der deutschen Imperialisten entspreche. Die Konsequenz für die Sozialdemokratie aus diesem Programm könnte nur sein: Die Verantwortung für den Krieg ablehnen, die Kredite ablehnen, den Burgfrieden aufsagen.

Zu dieser Konsequenz war die zentristische Opposition nicht bereit. Als am 20. August über die Bewilligung der Kriegskredite abgestimmt wurde, enthielt sie sich lediglich der Stimme. Nur Karl Liebknecht stimmte offen dagegen. Er nutzte außerdem die Möglichkeit der Anfrage: Die Reichsregierung möge sich dazu äußern, ob sie auf der Grundlage des Verzichts auf Annexionen aller Art bereit sei, in sofortige Friedensverhandlungen einzutreten. Der Staatssekretär des Auswärtigen Amtes Jagow lehnte eine Antwort ab.

Sammlung der Antikriegs-bewegung durch die Gruppe »Internationale«

Um dem Protest gegen die imperialistische Kriegspolitik zum Durchbruch zu verhelfen, mußten die Linken darangehen, die oppositionellen Kräfte in der Arbeiterklasse zu sammeln und zusammenzuschließen. Sie begannen mit der Jahreswende 1914/15 mit dem Aufbau eines illegalen Netzes von Verbindungsleuten zu revolutionären Gruppen im Reichsgebiet. Mitte Mai war bereits die Verbindung zu 300 Orten hergestellt. Bedeutend schwerer war es, in der Armee Fuß zu fassen, zumal die Militärbehörden mit antimilitaristischer Propaganda und Agitation rechneten.

Am 5. März fand in der Wohnung von Wilhelm Pieck die erste Reichskonferenz der Opposition statt, an der außer Karl Liebknecht, Franz Mehring, Käthe und Hermann Duncker Vertreter der Linken aus Düsseldorf, Stuttgart, Gotha, Frankfurt am Main, Dresden und dem Kreis Niederbarnim teilnahmen. Rosa Luxemburg verbüßte eine gegen sie verhängte Gefängnisstrafe. Die Konferenz billigte Rosa Luxemburgs Plan, in Abgrenzung zum Chauvinismus eine Zeitschrift mit dem Namen »Die Internationale« herauszugeben. Ihr wichtigstes Ergebnis jedoch war, daß sich unter dem Namen dieser Zeitschrift die führenden Linken zu einer oppositionellen Gruppe zusammenschlossen und die erste lose organisatorische Verbindung zu den oppositionellen Gruppen im Lande herstellten.

Als spontane Äußerungen des Unwillens über den Kartoffelmangel in Berlin laut wurden, nutzte die Gruppe Internationale dies und organisierte die erste politische Demonstration der Frauen im Kriege, die sich am 18. März vor dem Reichstag versammelten, in dem an diesem Tage die Abgeordneten neue Kriegskredite bewilligten.

Die im Wachsen begriffene Antikriegsbewegung der Arbeiterklasse bewog auch aufrechte bürgerliche Kriegsgegner, ihre Arbeit aktiver fortzusetzen. Seit der Jahreswende hatte unter ihnen ebenfalls ein Prozeß des Umdenkens eingesetzt.

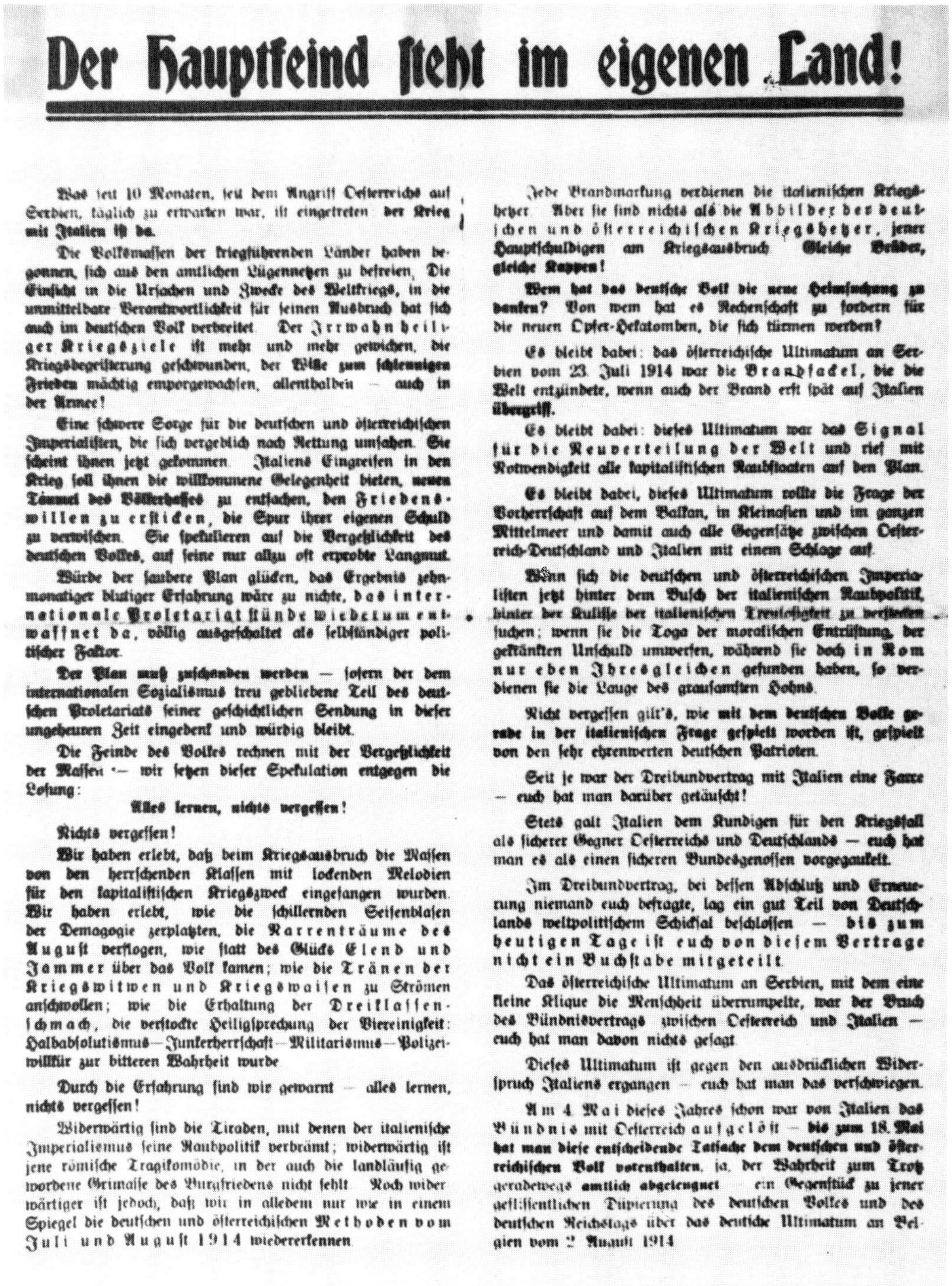

Der Hauptfeind steht im eigenen Land!

Was seit 10 Monaten, seit dem Angriff Oesterreichs auf Serbien, täglich zu erwarten war, ist eingetreten: **der Krieg mit Italien ist da.**

Die Volksmassen der kriegführenden Länder haben begonnen, sich aus den amtlichen Lügennetzen zu befreien. Die Einsicht in die Ursachen und Zwecke des Weltkriegs, in die unmittelbare Verantwortlichkeit für seinen Ausbruch hat sich auch im deutschen Volk verbreitet. Der Irrwahn heiliger Kriegsziele ist mehr und mehr gewichen, die Kriegsbegeisterung geschwunden, der Wille zum schleunigen Frieden mächtig emporgewachsen, allenthalben – auch in der Armee!

Eine schwere Sorge für die deutschen und österreichischen Imperialisten, die sich vergeblich nach Rettung umsahen. Sie scheint ihnen jetzt gekommen. Italiens Eingreifen in den Krieg soll ihnen die willkommene Gelegenheit bieten, neuen Taumel des Völkerhasses zu entfachen, den Friedenswillen zu ersticken, die Spur ihrer eigenen Schuld zu verwischen. Sie spekulieren auf die Vergeßlichkeit des deutschen Volkes, auf seine nur allzu oft erprobte Langmut.

Würde der saubere Plan glücken, das Ergebnis zehnmonatiger blutiger Erfahrung wäre zu nichte, das internationale Proletariat stünde wiederum entwaffnet da, völlig ausgeschaltet als selbständiger politischer Faktor.

Der Plan muß zuschanden werden – sofern der dem internationalen Sozialismus treu gebliebene Teil des deutschen Proletariats seiner geschichtlichen Sendung in dieser ungeheuren Zeit eingedenk und würdig bleibt.

Die Feinde des Volkes rechnen mit der Vergeßlichkeit der Massen – wir setzen dieser Spekulation entgegen die Losung:

Alles lernen, nichts vergessen!

Nichts vergessen!

Wir haben erlebt, daß beim Kriegsausbruch die Massen von den herrschenden Klassen mit lockenden Melodien für den kapitalistischen Kriegszweck eingefangen wurden. Wir haben erlebt, wie die schillernden Seifenblasen der Demagogie zerplatzten, die Narrenträume des August verflogen, wie statt des Glücks Elend und Jammer über das Volk kamen; wie die Tränen der Kriegswitwen und Kriegswaisen zu Strömen anschwollen; wie die Erhaltung der Dreiklassenschmach, die verstockte Heiligsprechung der Viereinigkeit: Halbabsolutismus – Junkerherrschaft – Militarismus – Polizeiwillkür zur bitteren Wahrheit wurde.

Durch die Erfahrung sind wir gewarnt – alles lernen, nichts vergessen!

Widerwärtig sind die Tiraden, mit denen der italienische Imperialismus seine Raubpolitik verbrämt; widerwärtig ist jene römische Tragikomödie, in der auch die landläufig gewordene Grimasse des Burgfriedens nicht fehlt. Noch widerwärtiger ist jedoch, daß wir in alledem nur wie in einem Spiegel die deutschen und österreichischen Methoden vom Juli und August 1914 wiedererkennen.

Jede Brandmarkung verdienen die italienischen Kriegshetzer. Aber sie sind nichts als die Abbilder der deutschen und österreichischen Kriegshetzer, jener Hauptschuldigen am Kriegsausbruch. Gleiche Brüder, gleiche Kappen!

Wem hat das deutsche Volk die neue Heimsuchung zu danken? Von wem hat es Rechenschaft zu fordern für die neuen Opfer-Hekatomben, die sich türmen werden?

Es bleibt dabei: das österreichische Ultimatum an Serbien vom 23. Juli 1914 war die Brandfackel, die die Welt entzündete, wenn auch der Brand erst spät auf Italien übergriff.

Es bleibt dabei: dieses Ultimatum war das Signal für die Neuverteilung der Welt und rief mit Notwendigkeit alle kapitalistischen Raubstaaten auf den Plan.

Es bleibt dabei, dieses Ultimatum rollte die Frage der Vorherrschaft auf dem Balkan, in Kleinasien und im ganzen Mittelmeer und damit auch alle Gegensätze zwischen Oesterreich-Deutschland und Italien mit einem Schlage auf.

Wenn sich die deutschen und österreichischen Imperialisten jetzt hinter dem Busch der italienischen Raubpolitik, hinter der Kulisse der italienischen Treulosigkeit zu verstecken suchen; wenn sie die Toga der moralischen Entrüstung, der gekränkten Unschuld umwerfen, während sie doch in Rom nur eben Ihresgleichen gefunden haben, so verdienen sie die Lauge des grausamsten Hohns.

Nicht vergessen gilt's, wie **mit dem deutschen Volke gerade in der italienischen Frage gespielt worden ist, gespielt von den sehr ehrenwerten deutschen Patrioten.**

Seit je war der Dreibundvertrag mit Italien eine Farce – euch hat man darüber getäuscht!

Stets galt Italien dem Kundigen für den Kriegsfall als sicherer Gegner Oesterreichs und Deutschlands – euch hat man es als einen sicheren Bundesgenossen vorgegaukelt.

Im Dreibundvertrag, bei dessen Abschluß und Erneuerung niemand euch befragte, lag ein gut Teil von Deutschlands weltpolitischem Schicksal beschlossen – bis zum heutigen Tage ist euch von diesem Vertrage nicht ein Buchstabe mitgeteilt.

Das österreichische Ultimatum an Serbien, mit dem eine kleine Klique die Menschheit überrumpelte, war der Bruch des Bündnisvertrags zwischen Oesterreich und Italien – euch hat man davon nichts gesagt.

Dieses Ultimatum ist gegen den ausdrücklichen Widerspruch Italiens ergangen – euch hat man das verschwiegen.

Am 4. Mai dieses Jahres schon war von Italien das Bündnis mit Oesterreich aufgelöst – **bis zum 18. Mai hat man diese entscheidende Tatsache dem deutschen und österreichischen Volk vorenthalten**, ja, der Wahrheit zum Trotz geradewegs **amtlich abgeleugnet** – ein Gegenstück zu jener geflissentlichen Düpierung des deutschen Volkes und des deutschen Reichstags über das deutsche Ultimatum an Belgien vom 2. August 1914.

1

Nach Gründung der Gruppe »Internationale« verstärkten die Linken ihre Bemühungen, Verbindung mit den sozialistischen Kriegsgegnern der anderen kriegführenden Länder herzustellen. Clara Zetkin bereitete eine Zusammenkunft von Vertreterinnen der internationalen sozialistischen Frauenbewegung vor, die im März in Bern stattfand. Im Manifest der Vertreterinnen aus Deutschland, Frankreich, England, Holland, Italien, Polen, Rußland und der Schweiz heißt es: Frauen des arbeitenden Volkes! Die Arbeiter haben durch diesen Krieg nichts zu gewinnen, wohl aber alles zu verlieren. Worauf wartet ihr noch, um euren Willen zum Frieden, euren Protest gegen den Krieg zu erheben? Nun gilt es für eure Männer, für eure Söhne zu handeln! Genug des Mordens! Als illegales Flugblatt in Deutschland mit mehr als 200 000 Exemplaren verbreitet, veranlaßte es viele Frauen am Kampf der Gruppe »Internationale« teilzunehmen. Clara Zetkin wurde für die internationalistische Tat trotz Krankheit eingekerkert.

Nur kurze Zeit nach der internationalen Frauenkonferenz tagte im April eine internationale sozialistische Jugendkonferenz in Bern, um eine gemeinsame und umfassende Kampffront der Jugend gegen den imperialistischen Krieg, in die sich immer größere Teile der sozialistischen Jugend einzureihen begannen, zu bilden.

Die Führer der Gruppe »Internationale« gingen noch im Frühjahr 1915 daran, ein Kampfprogramm gegen den Krieg auszuarbeiten, das einen gangbaren Ausweg aus dem Völkermord wies. Im April verfaßte Rosa Luxemburg die Schrift »Die Krise der Sozialdemokratie«, die erst im Frühjahr 1916 in Zürich unter dem Pseudonym »Junius« erscheinen konnte, jedoch für den ideologischen Klärungsprozeß in der Sozialdemokratie große

April 1915 Heft 1

Die Internationale

Eine Monatsschrift für Praxis und Theorie des Marxismus

Herausgegeben von
Rosa Luxemburg und Franz Mehring.

Inhalt des Heftes

Zur Einführung.
Der Wiederaufbau der Internationalen. Von Rosa Luxemburg.
Wer zahlt die Kriegskosten? Von Johannes Kämpfer.
„Sozialismus wohin wir blicken." Von Paul Lange.
Unsere Frauen und der nationale Frauendienst. Von Käte Duncker.
Für den Frieden. Von Klara Zetkin.
Aus den Parlamenten:
1. Der Riß in der preußischen Landtagsfraktion. Von Heinrich Ströbel.
2. Die Zersetzung der Reichstagsfraktion.
Die Geheimlehre und der Mythus. Von A. Thalheimer.
Unsere Altmeister und die Instanzenpolitik. Von Franz Mehring.
Literarische Rundschau.

Preis 30 Pfg.

Verantwortlich für Verlag und Redaktion: Peter Berten; Druck von A. Gerisch & Co., G. m. b. H., beide Düsseldorf.

1

2

3

3 Wilhelm Pieck wurde nach einer von ihm organisierten Antikriegsdemonstration zum Kriegsdienst gepreßt

Die Krise der Sozialdemokratie

Von

Junius

Anhang:
Leitsätze über die Aufgaben der internationalen Sozialdemokratie

1916

Druck und Verlag: Verlagsdruckerei Union, Zürich

4

Bedeutung hatte. Sie empfahl, dem Programm des Krieges das einer einigen großen deutschen Republik entgegenzustellen, das jedoch als Generallinie nicht mehr zureichte, weil es die Massen auf die sozialistische Revolution vorzubereiten galt. Lenin, der die Schrift als eine ausgezeichnete marxistische Arbeit bezeichnete, wies darauf hin, daß den Marxisten in Deutschland vor allem eine festgefügte, selbständige illegale Organisation fehle, die systematisch ihre Linie verfolge, revolutionäre Losungen bis zu Ende durchdenke und die Massen im Geiste der neuen Aufgaben erziehe.

Die mit dem Kriegseintritt Italiens im Mai verschärft einsetzende chauvinistische Hetze wie auch der zunehmend offen propagierte Annexionismus der bürgerlichen Parteien und der Wirtschaftsverbände veranlaßte Karl Liebknecht, eine prinzipielle Antwort auf die Frage nach dem Ausweg aus dem imperialistischen Krieg zu geben. Ende Mai verfaßte er im Auftrage der Gruppe »Internationale« das Flugblatt »Der Hauptfeind steht im eigenen Land«. Der Hauptfeind, das sei der deutsche Imperialismus, die deutsche Kriegspartei, die deutsche Geheimdiplomatie. Eben diesen Feind im eigenen Lande gelte es zu bekämpfen. Der Friede könne nur durch den Sturz der eigenen Regierung, nur durch Beseitigung der imperialistischen Herrschaft und des Militarismus errungen werden. Damit entsprach Karl Liebknecht im Wesen Lenins Forderung, den imperialistischen Krieg in Bürgerkrieg umzuwandeln und die Niederlage der eigenen Regierung herbeizuführen. Das Flugblatt war Ausdruck für entschiedenen Bruch mit der opportunistischen Burgfriedenspolitik.

Von großer Bedeutung für die weitere Herausbildung des Antikriegskampfes in Deutschland und in den anderen kriegführenden Ländern war die internationale sozialistische Konferenz in Zimmerwald bei Bern, die vom 5. bis 8. September stattfand und an der 37 Delegierte aus zwölf europäischen Ländern teilnahmen. Die Konferenzteilnehmer erzielten Übereinstimmung in der Einschätzung des Charakters des Krieges und der Rolle der rechten Führer wie auch darin, daß der Kampf gegen den Krieg zugleich als Kampf für die Revolution geführt werden müsse. Lenins Programm des Kampfes gegen Krieg und Imperialismus, die Arbeitermassen zum revolutionären Kampf gegen die kapitalistischen Regierungen um die Eroberung der politischen Macht zu führen, lehnte die Mehrheit der Konferenzteilnehmer ab. Diejenigen, die sich zu Lenins Programm bekannten, schlossen sich mit den Bolschewiki zu der internationalen Gruppe der »Zimmerwalder Linken« zusammen. Karl Liebknecht und Rosa Luxemburg, die an der Konferenz nicht teilnehmen konnten, sandten Grußadressen.

Trotz des Umstands, daß es immer häufiger zur Verhaftung von Führern und Anhängern der Gruppe »Internationale« kam, gelang es ihr, die revolutionäre Aufklärungsarbeit zu verstärken. Als am 28. Mai im Reichstag über die italienische Kriegserklärung an Österreich debattiert wurde, demonstrierten 1500 Arbeiterfrauen vor dem Reichstaggebäude. Sie erhoben den Ruf: Wir wollen Frieden und unsere Männer zurückhaben! Wir wollen Brot für unsere Kinder! Wilhelm Pieck, der diese Demonstration organisiert hatte, wurde verhaftet und später eingezogen. Im Herbst kam es in verschiedenen Teilen Deutschlands zu weiteren Kundgebungen und Demonstrationen gegen die Teuerung und die Weiterführung des Krieges. Am

21. November fand auf Initiative der Gruppe »Internationale« die erste große Friedensdemonstration Unter den Linden in Berlin statt. Die Polizei ging mit großer Brutalität gegen die Demonstranten vor, die die Beendigung des Krieges forderten und die Internationale sangen. Trotz verschärften Polizeiterrors fanden am 23. und 30. November sowie am 9. und 16. Dezember weitere solcher Demonstrationen statt.

Als am 21. Dezember über neue Kriegskredite abgestimmt wurde, lehnten Karl Liebknecht und Otto Rühle sowie 18 zentristische Fraktionsmitglieder diese ab. Weitere 22 mit der Opposition sympathisierende Abgeordnete verließen den Saal. Diese Abstimmung widerspiegelte deutlich das Anwachsen der Antikriegsbewegung.

Sturz der Zweiten Obersten Heeresleitung

Die militärischen Rückschläge, der Mißerfolg aller Bemühungen, die Entente zu sprengen, die Gefahr eines Kriegseintritts der USA, die Kriegserklärungen Rumäniens und Italiens, die sich häufenden Schwierigkeiten bei der Beschaffung von Kriegsmaterial und Arbeitskräften sowie in der Finanz- und Ernährungswirtschaft und nicht zuletzt das Umschlagen der Kriegsmüdigkeit der werktätigen Massen in erste größere Kampfaktionen ließen in der herrschenden Klasse allgemein die Überzeugung aufkommen, daß es Zeit sei, solle diese Entwicklung nicht zum Zusammenbruch Deutschlands führen, Kriegführung, Kriegspolitik und Kriegswirtschaft einschneidend zu ändern. Die militärische Führung wie auch die Führung des Reiches sollten in neue Hände gelangen. Dabei erschien den extremsten Kreisen des Finanzkapitals eine völlige Unterordnung der politischen unter die militärische Führung in Gestalt einer Personalunion von Generalstabschef und Reichskanzler wünschenswert. Je schwieriger die Lage wurde, desto mehr sympathisierten auch einflußreiche Vertreter der flexiblen imperialistischen Machtgruppe mit einem Wechsel der Führung in der Obersten Heeresleitung. Der Kanzler, der die von konservativen Kreisen und dem Oberkommando Ost geforderten Methoden der Innen- und Kriegszielpolitik wie auch der Kriegführung in vieler Hinsicht nicht für angebracht gehalten hatte, verbündete sich jetzt mit diesen Kräften, um den Sturz Falkenhayns herbeizuführen. Angesichts der außerordentlich bedrohlichen Lage sah er ebenfalls keinen anderen Ausweg als mit Hilfe einer neuen militärischen Führung eine Entscheidung des Krieges zu sichern. Nachdem seine diplomatischen Bemühungen infolge der Niederlage von Falkenhayns Strategie gescheitert waren, sollte nun das Duo Hindenburg-Ludendorff diesen Bemühungen zum Erfolg verhelfen. Die entscheidende Gelegenheit zum Sturz Falkenhayns bot sich mit dem Kriegseintritt Rumäniens am 27. August. Wilhelm II., der bisher Falkenhayns optimistischen Prognosen vertraut hatte, sah sich von diesem getäuscht und glaubte den Krieg verloren. In dieser Situation gelang es, den Kaiser endgültig zum Sturz Falkenhayns zu bewegen. Am 28. August wurde Hindenburg zum Chef des Generalstabes des Feldheeres und Ludendorff zum Ersten Generalquartiermeister ernannt.

Entstehung der Spartakusgruppe und anwachsende Massenbewegung gegen den imperialistischen Krieg von Januar bis Herbst 1916

Entstehung der Spartakusgruppe und der Sozialdemokratischen Arbeitsgemeinschaft

Am Neujahrsmorgen 1916 fanden sich im Rechtsanwaltsbüro Karl Liebknechts in der Chausseestraße in Berlin etwa 20 Frauen und Männer zur Reichskonferenz der Gruppe »Internationale« ein. Sie wollten den politischen Standpunkt der marxistischen Opposition festlegen und diesen klar von rechtsopportunistischen und zentristischen Positionen abgrenzen. Als Vertreter der linken Gruppen in Berlin, im Rhein-Ruhr-Gebiet, in Württemberg, Sachsen, Thüringen, Braunschweig, Bremen und Hamburg waren Karl Liebknecht, Franz Mehring, Wilhelm Pieck, Hugo Eberlein, Käthe Duncker, Georg Schumann, Ernst Meyer, August und Berta Thalheimer, Johann Knief und andere erschienen. Rosa Luxemburg befand sich im Gefängnis und Clara Zetkin war erkrankt, so daß beide nicht an der Konferenz teilnehmen konnten. Karl Liebknecht hatte die Aussprache mit einem Referat eingeleitet, in dem er die politische Situation in Deutschland und die innerparteiliche Lage charakterisierte. Im Mittelpunkt der Aussprache standen die »Leitsätze über die Aufgaben der internationalen Sozialdemokratie«, die Rosa Luxemburg auf der Grundlage ihrer »Junius-Broschüre« im Gefängnis abgefaßt hatte. Die Gruppe Internationale verurteilte in den Leitsätzen die Zustimmung zu den Kriegskrediten und die Proklamation des Burgfriedens durch die Führer der meisten sozialistischen Parteien, die Preisgabe des Klassenkampfes im Kriege, die Verrat an den elementaren Grundsätzen des internationalen Sozialismus, an den Lebensinteressen der Arbeiterklasse, an allen demokratischen Interessen der Völker bedeutet. Ebenso entschieden verurteilte sie die Legende vom nationalen Verteidigungskrieg und von der wirtschaftlichen und politischen Interessiertheit der Volksmassen am Krieg. Sie forderte, in breiter Front den antiimperialistischen Kampf für den Frieden als Bestandteil des Kampfes um die politische Macht der Arbeiterklasse, die Kriege ein für allemal ausschließen würde, aufzunehmen. Die pazifistische Auffassung, daß der Weltfriede durch internationale Schiedsgerichte, diplomatische Abrüstungsvereinbarungen oder andere Formen internationaler Verständigung dauerhaft gesichert werden könnte, hielt sie, solange die kapitalistischen Klassen ungehindert ihre Herrschaft ausüben konnten, für utopisch. Zur Verwirklichung dieser Politik müsse eine neue Arbeiterinternationale geschaffen werden, deren Hauptziel im Kampf gegen den Imperialismus für das sozialistische Endziel und in der Verhinderung von Kriegen bestehen müsse. Klassenkampf und internationale proletarische Solidarität müßten im Kriege wie im Frieden zwei unzertrennliche Lebenswege der Arbeiterklasse in ihrem welthistorischen Befreiungskampf sein.

Die Leitsätze kündeten von der gewachsenen politisch-ideologischen Reife der Gruppe Internationale. Sie enthielten auch einige fehlerhafte Auffassungen, wie die irrige These von der Unmöglichkeit nationaler Kriege im Imperialismus. Die redigierte Fassung der Leitsätze erschien am 3. Februar in den Politischen Briefen, die nach der Reichskonferenz mit »Spartacus« unterzeichnet waren. Seit dem 20. September wurde dieses Mitteilungsblatt der Gruppe unter dem Titel »Spartacus« herausgegeben. Dieser Name ging bald auf die Gruppe Internationale über. Die Spartakusgruppe war die Vereinigung der revolutionärsten deutschen Sozialdemokraten, die sich in Gestalt der Leitsätze eine politische Plattform gaben und sich zum Ziel setzten, die Arbeiterklasse vom ideologischen Einfluß der Bourgeoisie zu befreien und in den Kampf gegen Krieg und Imperialismus zu führen. Nach der Reichskonferenz waren die Mitglieder der Spartakusgruppe bemüht, den Arbeitern die politische Plattform der Gruppe zu erläutern. Neben den Spartakusbriefen bediente sie sich dazu der wenigen von den Linken redigierten

1
2
3

4
5
6

Die Gründer der Spartakusgruppe
1 Karl Liebknecht (1871–1919)
2 Rosa Luxemburg (1871–1919)
3 Clara Zetkin (1857–1933)
4 Franz Mehring (1846–1919)
5 Leo Jogiches (1867–1919)
6 Wilhelm Pieck (1876–1964)
7 Johann Knief (1880–1919)
8 Julian Marchlewski (1866–1925)

7
8

legalen sozialdemokratischen Presseorganen.
Karl Liebknecht nutzte auch weiter die legalen parlamentarischen Oppositionsmöglichkeiten zum Kampf gegen den Krieg und zur Aufrüttelung der Volksmassen. Die rechtsopportunistische Mehrheit der sozialdemokratischen Reichstagsfraktion reagierte auf drei parlamentarische Anfragen Liebknechts am 11. Januar mit dessen Ausschluß aus der Fraktion. Damit leiteten die Rechtsopportunisten die direkte organisatorische Spaltung der Partei ein. Am 16. März nutzte er die Debatte über den Bildungsetat im preußischen Abgeordnetenhaus, um schonungslos die verheerenden militaristischen Wirkungen auf das Schul- und Erziehungswesen anzuprangern und um die Arbeiter und Soldaten aufzufordern, die Waffen gegen den gemeinsamen Feind im Innern zu kehren. Dies war der erste offene parlamentarische Appell gegen den imperialistischen Krieg. Die revolutionären Leitsätze führten in der sozialdemokratischen Opposition zu einer schärferen Differenzierung zwischen ihrem zentrischen Flügel und den revolutionären Linken. Der Zentrismus war zum größten Hindernis für die Orientierung der Arbeiter auf den revolutionären Friedenskampf der Linken geworden.

Die Spartakusgruppe mußte sich deshalb ideologisch klar und entschieden von diesem abgrenzen und das Wesen der zentrischen Opposition enthüllen, wollte sie die Formierung einer proletarischen Opposition gegen den Krieg erreichen. Dies mußte schließlich auch zur organisatorischen Trennung vom Opportunismus führen, weil es sonst keinen organisierten revolutionären Antikriegskampf geben konnte.

Am 19. März tagte die zweite Reichskonferenz der Spartakusgruppe in Berlin. Sie zog Schlußfolgerungen aus der seit Januar währenden Auseinandersetzung mit dem Zentrismus und beriet die konkreten Aufgaben der Spartakusgruppe in der antiimperialistischen Massenagitation zur Auslösung umfassender Antikriegsaktionen. Karl Liebknecht unterbreitete hierzu in seinem Referat und in der von ihm vorgelegten Resolution ein Programm. Er betonte besonders die Notwendigkeit, die Frauen und Jugendlichen für den Antikriegskampf zu gewinnen und in diesem die Arbeiterjugendbewegung zu unterstützen. Außer den organisierten Arbeitern müsse die Propaganda der Spartakusgruppe auch die nichtorganisierten Arbeiter und die im Feld stehenden Soldaten erfassen. Das Ziel der gesamten Propaganda sollte sein, die Voraussetzungen für revolutionäre Massenaktionen großen Stils zu entwickeln, Massenaktionen, wo sie entstehen, mit politischem Inhalt und Ziel zu erfüllen, voranzutreiben und zu bewußten Auseinandersetzungen mit dem Krieg und der kapitalistischen Klassenherrschaft zu gestalten. Damit leistete die Spartakusgruppe Bedeutendes bei der politischen Formierung der beginnenden Massenbewegung gegen den Krieg. Mit der Märzkonferenz

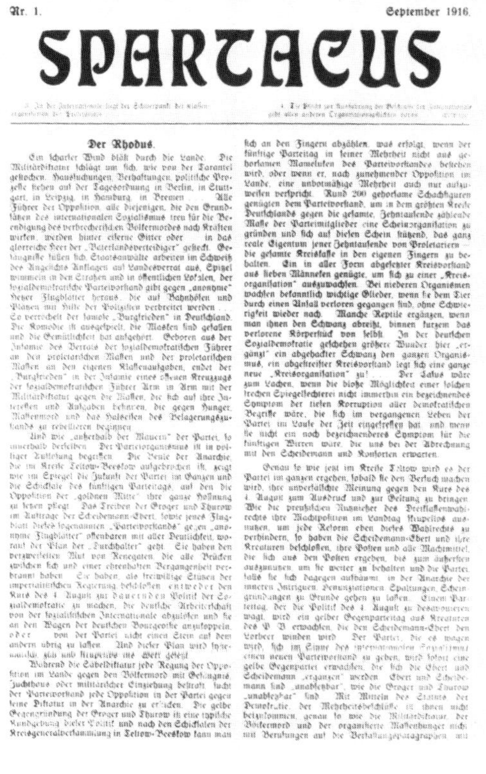

Nr. 1. September 1916.

SPARTACUS

Der Rhodus.

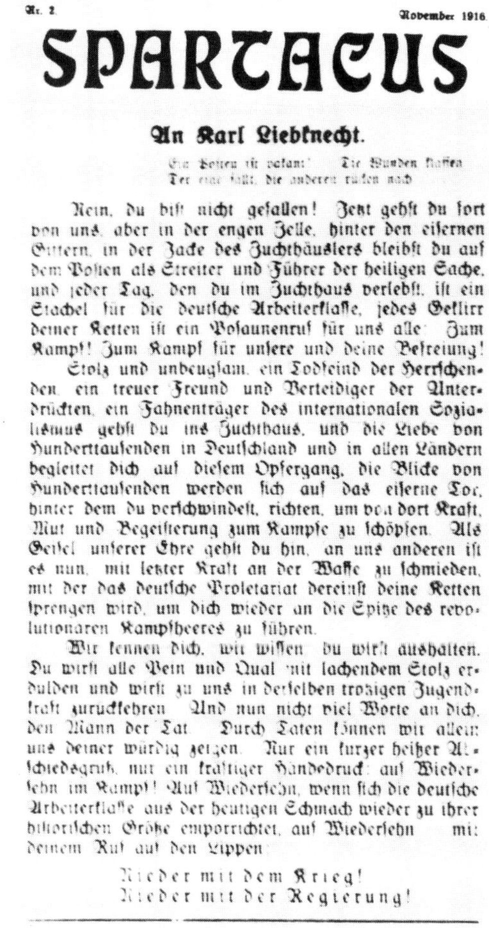

Nr. 2 November 1916.

SPARTACUS

An Karl Liebknecht.

Ein Posten ist vakant! Die Wunden klaffen
Der eine fällt, die anderen rücken nach

Nein, du bist nicht gefallen! Jetzt gehst du fort von uns, aber in der engen Zelle, hinter den eisernen Gittern, in der Jacke des Zuchthäuslers bleibst du auf dem Posten als Streiter und Führer der heiligen Sache, und jeder Tag, den du im Zuchthaus verlebst, ist ein Stachel für die deutsche Arbeiterklasse, jedes Geklirr deiner Ketten ist ein Posaunenruf für uns alle: Zum Kampf! Zum Kampf für unsere und deine Befreiung!

Stolz und unbeugsam, ein Todfeind der Herrschenden, ein treuer Freund und Verteidiger der Unterdrückten, ein Fahnenträger des internationalen Sozialismus gehst du ins Zuchthaus, und die Liebe von Hunderttausenden in Deutschland und in allen Ländern begleitet dich auf diesem Opfergang, die Blicke von Hunderttausenden werden sich auf das eiserne Tor, hinter dem du verschwindest, richten, um von dort Kraft, Mut und Begeisterung zum Kampfe zu schöpfen. Als Geisel unserer Ehre gehst du hin, an uns anderen ist es nun, mit letzter Kraft an der Waffe zu schmieden, mit der das deutsche Proletariat dereinst deine Ketten sprengen wird, um dich wieder an die Spitze des revolutionären Kampfheeres zu führen.

Wir kennen dich, wir wissen, du wirst aushalten. Du wirst alle Pein und Qual mit lachendem Stolz erdulden und wirst zu uns in derselben trotzigen Jugendkraft zurückkehren. Und nun nicht viel Worte an dich, den Mann der Tat. Durch Taten können wir allein uns deiner würdig zeigen. Nur ein kurzer heißer Abschiedsgruß, nur ein kräftiger Händedruck: auf Wiedersehn im Kampf! Auf Wiedersehn, wenn sich die deutsche Arbeiterklasse aus der heutigen Schmach wieder zu ihrer historischen Größe emporrichtet, auf Wiedersehn mit deinem Ruf auf den Lippen:

Nieder mit dem Krieg!
Nieder mit der Regierung!

9
10

Arbeiter!

Auf zum Protest

gegen das Schand Urteil im Prozeß Liebknecht!

Auf zum Kampf

gegen die Fortsetzung des Krieges!

Genug des Völkermordens! Genug des Hungerns!

Laßt die Arbeit ruhen!

Wie ein Mann verlaßt die Werkstätten und Fabriken!

Mann der Arbeit aufgewacht!
Und erkenne deine Macht!
Alle Räder stehen still,
Wenn dein starker Arm es will.

11

schloß die Spartakusgruppe ihre Konstituierung als selbständige linke Gruppe ab.

Am 24. März wurden 18 Zentristen, die gegen den Notetat gestimmt hatten, aus der sozialdemokratischen Fraktion ausgeschlossen. Die Ausgeschlossenen bildeten unter dem Namen »Sozialdemokratische Arbeitsgemeinschaft« eine selbständige Fraktion, der Haase, Ledebour und Dittmann vorstanden. Am 25. April legte Haase seine Funktion als Parteivorsitzender nieder. Die Gründung der Arbeitsgemeinschaft verstärkte den Einfluß der Zentristen auf die Massen. Doch sie nutzten diesen Einfluß und die Bereitschaft großer Teile der Arbeiterklasse zu außerparlamentarischen Aktionen gegen den Krieg nicht zum Sturz der imperialistischen Herrschaft.

Anwachsen des Massenkampfes gegen den Krieg

Am 23. und 24. April fand in Jena auf Anregung von Karl Liebknecht ein Treffen von Vertretern der Arbeiterjugendbewegung statt, in der die Spartakusgruppe zunehmend an Einfluß gewann. Die jugendlichen Arbeiter hatten unter dem Krieg besonders zu leiden. Immer mehr Jugendliche reihten sich in die Front des revolutionären Antikriegskampfes ein. Um die Polizei von dem illegalen Treffen in Jena abzulenken, führten mehr als tausend Jugendliche im benachbarten Kahla eine Friedensdemonstration durch. Karl Liebknecht erläuterte den 55 Delegierten die wichtigsten Aufgaben des antiimperialistischen Friedenskampfes. Am zweiten Tag wurden Thesen Karl Liebknechts beraten und beschlossen, die die Grundgedanken der Märzkonferenz der Spartakusgruppe enthielten. In der Resolution des Jenaer Treffens wurde die Bildung einer selbständigen zentralen politischen Jugendorganisation gefordert, die sich zur Politik der Internationalen Verbindung Sozialistischer Jugendorganisationen und ihrer Zeitschrift »Jugend-Internationale« bekennt. Auf dem Treffen wurde auch beschlossen, den ersten Mai als Friedensdemonstration zu begehen. Das Jenaer Jugendtreffen war für die Entwicklung der revolutionären Antikriegsbewegung von großer Bedeutung. Es wurde mit der Einsetzung einer provisorischen Zentrale Ausgangspunkt einer selbständigen revolutionären sozialistischen Jugendbewegung. Die Maidemonstrationen 1916 waren die größten Massendemonstrationen in Deutschland seit Kriegsbeginn. Karl Liebknecht forderte in dem von ihm verfaßten Maiaufruf der Spartakusgruppe zu einer Kundgebung für Frieden, Internationalismus und Sozialismus auf. An der Maidemonstration in Berlin nahmen etwa 10 000 Friedenskämpfer teil. Rosa Luxemburg berichtete von dieser Demonstration, daß gegen 20.00 Uhr Karl Liebknecht mitten auf dem Potsdamer Platz ausrief: Nieder mit dem Krieg! Nieder mit der Regierung! Er wurde sofort verhaftet und abgeführt. Karl Liebknechts Verhaftung am 1. Mai hatte in allen Teilen Deutschlands Proteste ausgelöst. Die Klassenjustiz verurteilte ihn zu vier Jahren und einem Monat Zuchthaus. Dieses Urteil löste die ersten politischen Massenstreiks während des Krieges aus. Am 27. Juni, dem Vorabend der Hauptverhandlung, demonstrierten 25 000 Arbeiter für seine Freilassung. Am nächsten Tag, dem Prozeßbeginn, streikten 55 000 Arbeiter der größten Rüstungsbetriebe Berlins für Liebknechts Befreiung. Damit wurde bewiesen, daß der politische Massenstreik als Kampfmittel der Arbeiterklasse auch unter den Bedingungen des Belagerungszustands angewendet werden konnte. Karl Liebknecht hatte mit seinem beispielhaften Auftreten der revolutionären Antikriegsbewegung einen mächtigen Impuls verliehen. Sein Name wurde über die Landesgrenzen hinaus zum Symbol des antiimperialistischen Friedenskampfes. Die Auswirkungen des Krieges und der wachsende Widerstand der Arbeiterklasse gegen die Kriegspolitik aktivierten auch die bürgerliche Friedensbewegung.

Die dritte Periode des Weltkrieges

Sommer 1916 bis Oktober 1917

Im Verlaufe des Sommers 1916 erkämpften die Streitkräfte der Entente die strategische Initiative in der Gesamtkriegführung. Sie leiteten damit eine Wende im Verlauf des Krieges zuungunsten der Mittelmächte ein. Wesentliches Indiz dafür waren mehrere strategische Offensiven, die die Streitkräfte der Entente in der zweiten Jahreshälfte 1916 und 1917 auf dem wichtigsten Kriegsschauplatz – dem westlichen – durchführten. Den deutschen Landstreitkräften gelang es dort, den strategischen Durchbruch ihrer Verteidigung zu verhindern. Angriffshandlungen führten sie nur im Rahmen der strategischen Verteidigung in Form örtlich begrenzter Gegenangriffe und Gegenschläge durch.

Auch auf den anderen Kriegsschauplätzen gingen die Entente-Streitkräfte zur strategischen Offensive über, während die Mittelmächte das nur noch in Südosteuropa vermochten. Aber sowohl der Feldzug gegen Rumänien (September–Dezember 1916) sowie der verstärkte Einsatz der Unterwasserkräfte gegen die Seeverbindungen der Entente im Jahre 1917 konnten nicht darüber hinwegtäuschen, daß sich die Streitkräfte der Mittelmächte in der Gesamtkriegführung in der Defensive befanden. Obwohl die Kriegsentscheidung erst 1918 fiel, gab es 1917 deutliche Anzeichen dafür, daß sich die Ressourcen der Mittelmächte für die Kriegführung in einem Maße erschöpften, die bei realistischer Beurteilung der Gesamtkriegslage zu der Erkenntnis hätte führen müssen, den Krieg auf politischem Wege in kürzester Frist zu beenden. Aber zu einer solchen Lagebeurteilung war man in Berlin und Wien nicht fähig. Statt dessen wurden die Kriegszielvorstellungen vor allem der herrschenden Kreise Deutschlands immer maßloser und die strategischen Zielstellungen immer illusionärer.

Die militärpolitische und strategische Lage der Mittelmächte im Spätsommer 1916 und die Absichten der III. OHL

Am 27.8.1916 erklärte Rumänien Österreich-Ungarn den Krieg, einen Tag später befand es sich mit Deutschland im Kriegszustand, und am 30.8. erklärte Bulgarien Rumänien den Krieg.

Unmittelbar nach der Kriegserklärung begannen rumänische Streitkräfte in Siebenbürgen einzumarschieren, dem wichtigsten Expansionsziel der herrschenden Klassen Rumäniens. Damit erreichte die Krise in der obersten politischen und militärischen Führung Deutschlands und damit in der Koalitionskriegführung der Mittelmächte ihren Höhepunkt. An der Somme war mit der Weiterführung der Offensive englischer und französischer Truppen zu rechnen. Dort bestand die reale Gefahr eines strategischen Durchbruchs der Entente-Streitkräfte durch die deutsche Verteidigung. Das gleiche galt für die Bukowina und Wolhynien, wo sich die russische Südwestfront nach der erfolgreichen Offensive im Juni/Juli 1916 erneut zum Angriff bereitstellte. In Verbindung mit der rumänischen Offensive lief die österreichisch-ungarische Heeresgruppe Erzherzog Karl Gefahr, beiderseitig umfaßt und zerschlagen zu werden. Auch am Isonzo stand eine neue italienische Offensive bevor.

Wenngleich beide Koalitionen in der ersten Jahreshälfte 1916 riesige Verluste erlitten hatten – und

1

2

4

1 Der starke Mann ist da
2 Hindenburg, Ludendorff und die Operationsabteilung des Großen Generalstabes
3 29. 08. 1916. Hindenburg und Ludendorff treten ihr neues Amt an
4 Die Offensive der Entente an der Somme ist nicht zu Ende – den drohenden Durchbruch zu verhindern ist die erste Aufgabe der III. OHL

das insbesondere bei Verdun – so zeigte sich jetzt, daß die Entente über die weitaus größeren Möglichkeiten verfügte, personelle und materielle Verluste zu ersetzen. Die strategische Konzeption Falkenhayns war gescheitert. Die Offensiven der Streitkräfte der Mittelmächte im Osten 1915 und die Verdun-Offensive 1916 hatten das jeweilige strategische Hauptziel nicht erreicht. Weder die russischen noch die französischen Streitkräfte hatten soviel Kampfkraft verloren, daß die betreffenden Staaten gezwungen gewesen wären, die Kampfhandlungen einzustellen. Auch der sogenannte eingeschränkte U-Boot-Krieg hatte England keine kriegsentscheidenden Verluste zugefügt. Dagegen hatten die Streitkräfte der Mittelmächte in einem Maße an Kampfkraft verloren, daß in den herrschenden Klassen Deutschlands ernsthafte Besorgnisse über den weiteren Kriegsverlauf entstanden. Hinzu kamen Befürchtungen über die weitere innenpolitische Entwicklung. Erstmalig hatte es in Deutschland politische Massenstreiks gegen den Krieg gegeben. Noch prekärer war die innere Lage Österreich-Ungarns, die einen Zusammenbruch der Doppelmonarchie möglich erscheinen ließ.

Angesichts dieser Situation forderten die aggressiven und reaktionärsten Kräfte des deutschen Imperialismus das militärische Potential der Koalition noch entschiedener einzusetzen, das ökonomische Potential einschließlich der Menschenreserven noch umfassender für die Kriegführung zu nutzen und innen- und außenpolitisch noch rücksichtsloser vorzugehen. Dafür hielten sie einen Wechsel an der Spitze der OHL und der Regierung für nötig. Falkenhayn wurde am 28.8.1916 angesichts der rumänischen Kriegserklärung und der rumänischen Offensive gezwungen, seinen Rücktritt einzureichen, während es Bethmann Hollweg gelang, weiter im Amt zu bleiben. Neuer Chef der OHL wurde der Generalfeldmarschall von Hindenburg. Ein Novum in der preußisch-deutschen Militärgeschichte war, daß dem Chef des Generalstabes des Feldheeres ein in allen Fragen der Kriegführung im vollen Maße entscheidungsberechtigter Erster Generalquartiermeister in Gestalt des General Ludendorffs an die Seite gestellt wurde. In diesem Doppelgespann der strategischen Führung war Ludendorff die dominierende Person, der auch sofort Einfluß auf die innen- und außenpolitischen Entscheidungen der Regierung nahm. Hindenburg war als »der Sieger von Tannenberg« im August 1914 die Symbolfigur der imperialistischen deutschen Kriegführung, die weiterhin auf Sieg setzte und die Volksmassen in diesem Sinne manipulierte.

Die militärpolitische und strategische Konzeption Ludendorffs war nicht neuartig. Sie war weder originell noch war sie weniger abenteuerlich als die seiner Vorgänger. Ludendorff hat nach dem Kriege seine Strategie selbst als »ein System der Aushilfen« bezeichnet. Im Grunde genommen wurde die Strategie, die zur Ermattung der Hauptmächte der Entente führen sollte, fortgesetzt, allerdings in der Landkriegführung mittels neuer taktischer und operativer Ansichten. Ludendorff war überzeugt davon, daß die Entente-Staaten durch aufeinanderfolgende Offensiven auf den Kriegsschauplätzen doch noch besiegt und ihnen die Friedensbedingungen entsprechend den maßlosen Kriegszielen der herrschenden Klassen Deutschlands diktiert werden könnten. Durch eine totale Mobilisierung der Menschenreserven und der materiellen Ressourcen, die den Mittelmächten zur Verfügung standen, sollten die Voraussetzungen dafür geschaffen werden. In der OHL kam man zu der Auffassung, daß strategische Offensiven auf dem westlichen Kriegsschauplatz erst im Verlaufe des Jahres 1917 durchgeführt werden könnten. Bis dahin mußten neue strategische Reserven aufgestellt werden, und man hoffte, im gleichen Zeitraum durch den sogenannten uneingeschränkten U-Boot-Krieg England zu zwingen, den Krieg zu deutschen Bedingungen zu beenden. Vor allem hatte man die Hoffnung, daß es gelingen könnte, die Truppentransporte von der englischen Insel nach Nordfrankreich zu verhindern. Die Folgen des zu erwartenden Eintritts der USA in den Krieg wurden bagatellisiert.

Die Entscheidung für die Weiterführung des U-Boot-Krieges wurde aufgeschoben, da Ende August die Kriegführung gegen Rumänien das dringlichste Problem war. Trotz der angespannten Lage an allen Fronten faßte die neue Führung der OHL im Sinne der offensiven deutschen Militärdoktrin und in Übereinstimmung mit dem österreichisch-ungarischen Generalstabschef den Entschluß, einen Angriffsfeldzug gegen Rumänien zu führen. Demzufolge konzentrierten sich die Aktivitäten Ludendorffs und der OHL im Herbst 1916 und im Winter 1916/17 darauf, Rumänien niederzuwerfen, die Lage auf den Kriegsschauplätzen – besonders auf den westlichen – zu stabilisieren, die Rüstungswirtschaft anzukurbeln, die Unterdrückung der Kriegsgegner zu verstärken, die Volksmassen politisch-ideologisch intensiver zu manipulieren sowie den Einfluß auf die politischen und strategischen Führungen der Verbündeten zu erhöhen.

Das entschlossene Handeln Ludendorffs, das von Hindenburg abgesegnet wurde, entsprach den Erwartungen des aggressiven und reaktionärsten Teils der deutschen Großbourgeoisie. In diesen Kreisen verstärkte sich das Bestreben, auch an die Spitze der Regierung einen Mann zu stellen, der entsprechend ihren Zielen entschlossener handelte.

Verschärfung der Kriegspolitik des deutschen Imperialismus im Herbst 1916

Mit der Einsetzung der III. OHL verschärfte sich die Kriegspolitik des deutschen Imperialismus. Insbesondere in der Berufung Hindenburgs und Ludendorffs kündigte sich die Tendenz eines noch skrupelloseren Einsatzes aller verfügbaren Kampfmittel, einer restlosen Ausschöpfung des Wirtschafts- und Menschenpotentials wie auch verschärfte innenpolitische Unterdrückung an. Bei allen taktischen Meinungsverschiedenheiten waren sich die maßgeblichen politischen und militärischen Kräfte darin einig, den Imperialismus aus der Krisensituation herauszuführen und rücksichtslos den Sieg über die Entente zu erzwingen. Dazu mußte die Kriegswirtschaftsorganisation weiter ausgebaut werden. Der Verbrauch an Kriegsmaterial war inzwischen derart gestiegen, daß die bisherigen Methoden der kriegswirtschaftlichen Regulierung nicht mehr genügten. Andererseits drängte die herrschende Klasse in Anbetracht der Erfolglosigkeit aller Anstrengungen, den Krieg zugunsten des deutschen Imperialismus zu entscheiden und unter dem Eindruck der bedrohlichen Lage an allen Fronten auf äußerste kriegswirtschaftliche und militärische Kräfteanspannung. Jedoch war ihre Hoffnung, durch totale Mobilisierung des Wirtschafts- und Menschenpotentials sowie durch noch rücksichtslosere Kriegführung den Sieg erringen zu können, von vornherein irreal. Wenn auch zeitweilig eine beträchtliche Erhöhung der Rüstungsproduktion erreicht wurde, führte die totale Mobilisierung infolge Erschöpfung aller Reserven alsbald zum Kräfteverfall, ohne daß damit die erstrebte Entscheidung erzwungen werden konnte.

Zur gleichen Zeit vermochte die Entente die ökonomischen Ressourcen des Großteils der Welt voll zu erschließen und damit ihre militärische Leistungsfähigkeit wesentlich zu erhöhen. Damit begann sich die materiell-technische Überlegenheit der Entente in zunehmendem Maße als Faktor auszuwirken, der entscheidend zur Niederlage der Mittelmächte beitrug. In der Kriegszielfrage nahm die III. OHL die Position derjenigen ein, die für weitgesteckte und vorwiegend direkte Annexionen waren. Auf innenpolitischem Gebiet sah sie sich zu einer gewissen Elastizität genötigt. Obwohl

Der Frontverlauf in Europa und im Nahen Osten im August 1916

Fronten, an denen sich die Streitkräfte der Mittelmächte in der Verteidigung befanden
Militärisch gesicherte Grenzen der Mittelmächte zu Rumänien
Von Deutschland als Sperrgebiet erklärte Seeräume
Englische Seeblockadelinien
Halbinsel Kola
Archangelsk
Jekaterinburg
FINNLAND
SCHWEDEN
NORWEGEN
STOCKHOLM
ST. PETERSBURG
Degö
ESTLAND
Ösel
LIVLAND
DANEMARK
OSTSEE
KURLAND
Helgoland
Stettin
BERLIN
DEUTSCHES REICH
POLEN
Frankfurt
Prag
GALIZIEN
München
ÖSTERREICH-
WIEN
BUDAPEST
SCHWEIZ
UNGARN
Mailand
BELGRAD
RUMÄNIEN
BUKAREST
Sarajevo
SERBIEN
MONTENEGRO
BULGARIEN
SOFIA
ALBANIEN
GRIECHENLAND
ITALIEN
ADRIATISCHES MEER
ROM
Sardinien
Sizilien
TUNIS
MITTELLÄNDISCHES MEER
Kreta
Zypern
TRIPOLIS
Port Said
Kairo
ÄGYPTEN
Ufa
Moskau
Samara
Orenburg
Smolensk
RUSSLAND
Kiew
Charkow
Astrachan
UKRAINE
Rostow
Krim
Kaukasus
KASPISCHES MEER
SCHWARZES MEER
Kars
Jeriwan
Trapezunt
Erzurum
türk. 3. A
ARMENIEN
Täbris
TEHERAN
KONSTANTINOPEL
Sivas
türk. 2. A
ANATOLIEN
TÜRKEI
türk. 5. A
Mosul
PERSIEN
Hamadan
türk. 6. A
MESOPOTAMIEN
SYRIEN
IRAK
Basra
Pers. Golf

1

2
3

diese Taktik eigentlich nicht den ursprünglichen Vorstellungen der beiden Generale entsprach, sollte sie dazu dienen, die verschiedenen Richtungen der herrschenden Klasse zusammenzuführen und die Rechtsopportunisten zur Mitwirkung zu gewinnen. Sie wußten aus Erfahrung, daß die Durchsetzung einer verschärften Kriegführung von einer möglichst einheitlichen Front des Volkes abhing und daß diese nicht nur mit brutaler Unterdrückung erzwungen werden konnte.

Die wichtigste Voraussetzung, den Krieg in absehbarer Zeit zugunsten des deutschen Imperialismus zu entscheiden, sah die Oberste Heeresleitung in einer rapiden Steigerung der Rüstungsproduktion. Seit Beginn des Jahres 1916 stieg infolge der großen Materialschlachten der Bedarf an Kriegsmaterial. Die monatliche Geschützproduktion war von 15 Stück bei Kriegsbeginn auf 600 Stück im Jahre 1916 gesteigert worden. Dennoch lag der reale Bedarf weit höher. Die ohnehin angespannte Kriegsmateriallage wurde durch die zunehmenden Bedürfnisse der Motorisierung und des Militärflugwesens in immer größerem Maße überfordert.

Um das eigene dem überlegenen ökonomischen Potential der Ententestaaten einigermaßen anzugleichen, entwickelte die OHL ein Rüstungsprogramm, das den Namen Hindenburg-Programm erhielt, weil man sich versprach, daß dieser Name mobilisierend wirken würde. Dieses Programm leitete also nicht nur besondere Maßnahmen auf wirtschaftlichem Gebiet ein, sondern bildete zugleich auch den Auftakt für eine verstärkte psychologische Kriegführung. Es beruhte auf Vorschlägen der Monopolherren der Rüstungsindustrie, die, wie Rathenau, Krupp und Duisberg, den Generalen versicherten, die Industrie sei imstande, ein Mehrfaches des geforderten Kriegsmaterials herzustellen. Dementsprechend forderte die OHL eine maximale Steigerung der Kriegsproduktion. Am 1. November nahm das von Ludendorff für die Durchführung des Hindenburg-Programms installierte sogenannte Kriegsamt seine Arbeit auf. In seiner Hand waren die Beschaffung der Rohstoffe, der Einsatz der Arbeitskräfte und die Auftragserteilung an die Industrie vereinigt.

Mit der Errichtung des Kriegsamtes wurde die Macht der Militärs über die Wirtschaft erhöht. Mit Zustimmung der Generalkommission der Gewerkschaften berief Groener den Vorsitzenden des Deutschen Metallarbeiterverbandes, Alexander Schlicke, in dieses Amt. Damit setzten die Rechtsopportunisten ihre direkte Mitwirkung an der reaktionären Politik des imperialistischen Regimes fort, die sie mit dem Eintritt August Müllers in das Kriegsernährungsamt aufgenommen hatten. Mit dem Hindenburg-Programm ging neben einer weiteren Militarisierung des Produktionsprozesses eine verschärfte Militarisierung der Arbeitskräftebeschaffung einher. OHL und Monopolherren waren einer Auffassung darin, daß die ins Auge gefaßte Produktionssteigerung nur erreichbar sei, wenn die Zahl der Arbeiter erhöht und deren Ausbeutung gesteigert würde. Nach Kriegsbeginn herrschte jedoch zunehmender Mangel an Arbeitskräften. Eine spürbare Erhöhung der Zahl der Arbeitskräfte war nur zu erreichen, wenn auch jene Teile der Bevölkerung in die Rüstungsproduktion einbezogen wurden, die für den Fronteinsatz untauglich waren, also Frauen, Jugendliche und ältere Männer. Da ein solcher Einsatz nicht auf freiwilliger Grundlage zu erreichen war, entschloß sich die Regierung, ein Zwangsgesetz in die Wege zu leiten.

Hindenburg hatte am 2. November vom Kanzler ein Gesetz über militärischen Arbeitszwang gefordert. Der Kanzler äußerte aus innenpolitischen Gründen hiergegen Bedenken. Insbesondere die Monopolherren wollten ein Gesetz, das ihnen und nicht der OHL die Verfügungsgewalt über alle zur Durchführung des Hindenburgprogramms herangezogenen Arbeiter einräumte. Sie setzten den zivilen Arbeitszwang durch, dem alle Männer vom 17. bis zum 60. Lebensjahr unterliegen sollten und der als Gesetz über den Vaterländischen Hilfsdienst staatlich sanktioniert wurde.

Die Auswirkungen des Hilfsdienstgesetzes trafen ausschließlich die werktätigen Klassen und Schichten, insbesondere die Arbeiterklasse, deren Ausbeutung und Unterdrückung mit Hilfe des Gesetzes erheblich verschärft wurde. Kein Arbeiter durfte fortan ohne Zustimmung des Unternehmers seinen Arbeitsplatz aufgeben. Er war verpflichtet, die ihm zugewiesenen Arbeiten auszuführen. Er konnte zwangsweise dorthin zur Arbeit verpflichtet werden, wo es die Unternehmer oder staatlichen Behörden bestimmten. An dieser Entrechtung der Arbeiterklasse hatten sich die rechten Partei- und Gewerkschaftsführer mitschuldig gemacht, obgleich sie wußten, daß dieses Gesetz nichts anderes bedeutete, als die Aufhebung jeder Arbeitsfreiheit und die Militarisierung des Arbeitsverhältnisses, verbunden mit dem Verlust aller in jahrzehntelangen Kämpfen erworbenen Arbeiterrechte.

4

5

6

In die Kriegspolitik einbezogen: Theater, Literatur, Film und Kirche
1 Das Lessing-Theater Berlin gastiert in Brüssel
4 Feldgeistliche in Straßburg
5 Filmberichterstatter in Uniform
6 Feldgottesdienst bei Brüssel

Die Kriegszielpolitik des deutschen Imperialismus im Herbst 1916

Vorrang für den deutschen Imperialismus erhielt im Herbst die Frage nach einer Umgestaltung des Bündnisses mit Österreich-Ungarn. Da die Doppelmonarchie ein immer unsicherer Bündnispartner wurde, wollte die Oberste Heeresleitung diese in viel stärkerem Maße als bisher deutscher Oberhoheit unterwerfen, um damit die sich abzeichnende Krise abzufangen, in die diese Monarchie zu geraten drohte. Dagegen fürchtete Bethmann Hollweg, daß Österreich-Ungarn einen Separatfrieden abschließen könnte und verzichtete deshalb auf allzu offensichtlichen Druck auf die Wiener Regierung. Mit Hinweis auf die zerrüttete innenpolitische Lage drängte die österreichisch-ungarische Regierung, die Mittelmächte sollten ein Friedensangebot an die Ententemächte ergehen lassen. Außerdem sollte die deutsche Regierung konkrete Kriegsziele formulieren und diese mit Österreich-Ungarn abstimmen.

Bezüglich der Kriegszielpolitik gegenüber Polen hatten sich beide Seiten darüber geeinigt, einen polnischen Staat zu schaffen, der weder eine eigene Außenpolitik betreiben noch über ein eigenes Heer verfügen und wirtschaftlich völlig von Deutschland und Österreich abhängig sein sollte. Die OHL forderte vom Kanzler, die Staatsgründung zu beschleunigen, damit sofort mit der Aufstellung einer im Dienste des deutschen Imperialismus stehenden polnischen Armee und der Nutzung des Arbeitskräftepotentials begonnen werden könnte. Das Arbeitszwangssystem wurde auf ausdrückliche Anweisung Ludendorffs auch in den polnischen Gebieten eingeführt. Das polnische Volk antwortete auf die Arbeitskräfte- und Armeeanwerbung mit Massenkundgebungen und Demonstrationen. Beide Formen der Anwerbung wurden Ende 1916 wegen Erfolglosigkeit eingestellt. Mit der Anwerbung polnischer Arbeiter für die Rüstungsindustrie ging eine verstärkte Zwangsdeportation belgischer Arbeiter nach Deutschland einher, die ihrer Brutalität wegen internationale Proteste auslöste.

Im Herbst 1916 gelang es der OHL, die Freigabe der öffentlichen Kriegszieldiskussion durchzusetzen und zugleich weitgehend die Verfügung über die Presse zu erlangen. In den ersten beiden Kriegsjahren hatte sich die Regierung dem ständigen Drängen der konservativen imperialistischen Kreise nach öffentlicher Kriegszieldiskussion mit Erfolg widersetzt, weil sie die Legende vom Verteidigungskrieg aufrechterhalten wollte. Denn durch eine solche Diskussion würde die Regierung sich, wie Bethmann noch im August erklärte, in Gegensatz zu den breiten Massen des Volkes setzen, welche wohl für das Vaterland, aber nicht für eine derartige Expansionspolitik kämpfen wollten.

1

2

3

4

Aufruf!

Frauen und Mädchen

stellt Eure Kräfte in den Dienst der Landwirtschaft! Die Sicherstellung der Ernährung unseres Volkes und unseres Heeres erheischt dringend die restlose Bebauung unserer Felder und die Einbringung der Ernte.

Dazu ist Eure Hilfe unbedingt erforderlich. Denn viele Männer, die im Frieden die heimische Erde bestellten, stehen im Felde und die Hände der auf dem Lande zurückgebliebenen Frauen reichen nicht aus, um die fehlenden Kräfte zu ersetzen. **Vaterländische Pflicht von allen Frauen und Mädchen, die nur irgendwie dazu in der Lage sind, landwirtschaftliche Arbeiten zu verrichten, ist es daher, ihre Tätigkeit im weitesten Umfange der Landwirtschaft zur Verfügung zu stellen.** Wer dies tut, trägt zu seinem Teil im hohen Grade dazu bei, den Sieg zu erringen.

Darum helfet schleunigst den Frauen auf dem Lande bei ihrer schweren, aber nutzbringenden Arbeit!

Meldungen sind zu richten an die Arbeitsnachweisstellen der Stadtgemeinden oder an die zuständigen Hilfsdienstmeldestellen, über welche die Gemeindeverwaltungen nähere Auskunft erteilen.

Cassel, den 2. März 1917.

5

1–4 Verstärkter Einsatz von Frauen in der Rüstungsindustrie
6 A. Schlicke – Stuttgart, Gewerkschaftsführer im Dienste imperialistischer Kriegführung
7 Wilhelm Groener (1867–1939), Generalleutnant und Leiter des Kriegsamtes
8 Graf Adolf von Batocki-Friebe, Leiter des Kriegsernährungsamtes
9 Dr. August Müller, Führungsmitglied der sozialdemokratischen Konsumvereine im Dienste imperialistischer Kriegführung
11 Die Rüstungsindustrie wird auf Hochtouren gebracht. In einem Geschützbohrwerk

Das Friedensangebot der Mittelmächte vom Dezember 1916

Im Sommer hatte sich die militärische Lage für den deutschen Imperialismus und seine Verbündeten außerordentlich verschlechtert. An eine Preisgabe wesentlicher Kriegsziele dachten die herrschenden Kreise auch jetzt nicht. Sie orientierten sich vielmehr darauf, die bedrohten Fronten wieder zu stabilisieren, die noch vorhandenen Menschen- und Materialreserven mit Hilfe verstärkter Regulierung der Kriegswirtschaft noch wirksamer als bisher zu mobilisieren und den Übergang zum uneingeschränkten U-Boot-Krieg vorzubereiten. Damit ging eine rege diplomatische Aktivität einher, die nach außenhin als Friedensdiplomatie getarnt wurde, ihrem Wesen nach aber den Versuch darstellte, entweder wesentliche Kriegsziele auf Dauer zu realisieren oder günstige politische Voraussetzungen für die Fortsetzung und Verschärfung des Krieges zu schaffen.

Die Möglichkeit von Friedensverhandlungen war zwar denkbar gering, jedoch auf Grund der zunehmenden Kriegsmüdigkeit wie auch der Erschöpfung der Kriegführenden nicht von vornherein völlig ausgeschlossen. In allen kriegführenden Staaten hatte sich infolge Teuerung und Verknappung der Lebensmittel, der gestiegenen Ausbeutung und der verstärkten politischen Unterdrükkung die Lage der werktätigen Massen im Jahre 1916 erheblich verschlechtert. Dies wiederum führte zu einer Verschärfung des Klassenkampfes. In Rußland, Deutschland und England wuchs im Vergleich zu 1915 die Streikbewegung beträchtlich

6
7

8
9

Zeichnet die fünfte Kriegsanleihe!

Der Krieg ist in ein entscheidendes Stadium getreten. Die Anstrengungen der Feinde haben ihr Höchstmaß erreicht. Ihre Zahl ist noch größer geworden. Weniger als je dürfen Deutschlands Kämpfer, draußen wie drinnen, jetzt nachlassen. Noch müssen alle Kräfte, angespannt bis aufs Außerste, eingesetzt werden, um unerschüttert festzustehen, wie bisher, so auch im Toben des nahenden Endkampfes. Ungeheuer sind die Ansprüche, die an Deutschland gestellt werden, in jeglicher Hinsicht, aber ihnen muß genügt werden. Wir müssen Sieger bleiben, schlechthin, auf jedem Gebiet, mit den Waffen, mit der Technik, mit der Organisation, nicht zuletzt auch mit dem Gelde!

Darum darf hinter dem gewaltigen Erfolg der früheren Kriegsanleihen der der fünften nicht zurückbleiben. Mehr als die bisherigen wird sie maßgebend werden für die fernere Dauer des Krieges; auf ein finanzielles Erschlaffen Deutschlands setzt der Feind große Erwartungen. Jedes Zeichen der Erschöpfung bei uns würde seinen Mut beleben, den Krieg verlängern. Zeigen wir ihm unsere unverminderte Stärke und Entschlossenheit, an ihr müssen seine Hoffnungen zuschanden werden.

Mit Ränken und Kniffen, mit Rechtsbrüchen und Plackereien führt der Feind den Krieg. Heuchelei und Lüge sind seine Waffen. Mit harten Schlägen antwortet der Deutsche. Die Zeit ist wieder da zu neuer Tat, zu neuem Schlag. Wieder wird ganz Deutschlands Kraft und Wille aufgeboten. Keiner darf fehlen, jeder muß beitragen mit allem, was er hat und geben kann, daß die neue Kriegsanleihe werde, was sie unbedingt werden muß:

Für uns ein glorreicher Sieg, für den Feind ein vernichtender Schlag!

10

Generaldirektor Philipp Heineken vom Norddeutschen Lloyd, Mitglied des Aufsichtsrates der Deutschen Ozean-Reederei-Gesellschaft m. b. H., deren erstes Untersee-Handelsboot „Deutschland" die Überfahrt nach Amerika mit einer Warenladung im Werte von 60 Millionen Mark glücklich vollendet hat.

12

Schafft das Gold zur Reichsbank!

Vermeidet die Zahlungen mit Bargeld!

Jeder Deutsche, der zur Verringerung des Bargeldumlaufs beiträgt, stärkt die wirtschaftliche Kraft des Vaterlandes.

Mancher Deutsche glaubt seiner vaterländischen Pflicht völlig genügt zu haben, wenn er, statt wie früher Goldmünzen, jetzt Banknoten in der Geldbörse mit sich führt oder daheim in der Schublade verwahrt hält. Das ist aber ein Irrtum. Die Reichsbank ist nämlich gesetzlich verpflichtet, für je Dreihundert Mark an Banknoten, die sich im Verkehr befinden, mindestens Hundert Mark in Gold in ihren Kassen als Deckung bereitzuhalten. Es kommt aufs gleiche hinaus, ob hundert Mark Geldmünzen oder dreihundert Mark Papiergeld zur Reichsbank gebracht werden. Darum heißt es an jeden patriotischen Deutschen die Mahnung richten:

Schränkt den Bargeldverkehr ein!

Veredelt die Zahlungssitten!

Jeder, der noch kein Bankkonto hat, sollte sich sofort ein solches einrichten, auf das er alles, nicht zum Lebensunterhalt unbedingt nötige Bargeld sowie seine sämtlichen laufenden Einnahmen einzahlt.

Die Errichtung eines Kontos bei einer Bank ist kostenfrei und der Kontoinhaber erhält sein jeweiliges Guthaben von der Bank verzinst.

Das bisher übliche Verfahren, Schulden mit Barzahlung oder Postanweisung zu begleichen, darf nicht das herrschende bleiben. Richtig sind folgende Verfahren:

Erstens — und das ist die edelste Zahlungssitte —

1

2

3

Reichstagsabgeordneter Ernst Bassermann in feldgrauer Uniform. Er beteiligt sich an der Fahrt deutscher Parlamentarier nach Konstantinopel.

Die deutschen Abgeordneten, die von der türkischen Grenze bis zur Hauptstadt durch Mitglieder der Behörden des Wilajets Adrianopel begleitet worden waren, wurden überall herzlich empfangen.

4

5

6

7

an. Während der Einfluß der revolutionären Kräfte zunahm, fiel es den opportunistischen Führern immer schwerer, ihre Politik des Paktierens mit den herrschenden Kreisen fortzusetzen. In Rußland reifte in raschem Tempo eine revolutionäre Situation heran. Der Habsburger Monarchie erwuchsen ernste innenpolitische Schwierigkeiten aus der Nationalitätenfrage.

8

2 Polnische Mädchen vor der Deportation als Arbeitssklaven nach Deutschland

Die Koalition der Mittelmächte zeigt Risse

4 Der Vorsitzende der National-Liberalen Partei, Ernst Bassermann, versucht in Konstantinopel dem geschwächten Verbündeten den Rücken zu stärken

5 Staatssekretär Dr. Helfferich und Unterstaatssekretär Dr. Wahnschaffe erkunden neue Methoden zur Nutzung des Wirtschaftspotentials in Russisch-Polen

6 Die imperialistische deutsche Presse suggeriert Waffenbrüderschaft – aber die Interessengegensätze und Meinungsverschiedenheiten bleiben

7 Ein fiktiver Verbündeter soll geschaffen werden. Offiziere der polnischen Legion am 05. 09. 1916 bei der Proklamierung eines Königreichs Polen

8 Der Reichstag debattiert die Kriegsziele der herrschenden Klassen, die immer maßloser werden, während ein Sieg der Mittelmächte immer ungewisser wird

Wenn auch auf beiden Seiten von einer raschen Beendigung des Krieges gesprochen wurde, war doch keine bereit, ihre Forderungen und Ziele so zu begrenzen, daß diese der Gegenseite annehmbar erscheinen konnten. Aber selbst aus einer Ablehnung ihres Friedensangebots wollte die deutsche Seite entscheidenden Nutzen ziehen. Sie hoffte erstens, daß ihr Angebot die Regierungen in den Ententeländern in zunehmendem Gegensatz zu den kriegsmüden Volksmassen bringen werde. Sie hoffte zweitens, daß ihr Angebot ihre Position gegenüber den Neutralen verbessern werde, woran sie vor allem wegen der ins Auge gefaßten Verschärfung des U-Boot-Krieges interessiert war. Sie hoffte schließlich, daß ihr Angebot einen Stimmungsumschwung im eigenen Volk hervorrufen werde, damit sie aus diesem das Letzte herauspressen und den Krieg fortsetzen könnte. Kennzeichnend ist, daß Regierung und OHL gleichzeitig alle Vorbereitungen trafen, um den Krieg offensiv fortzusetzen, weshalb ihr Angebot allein schon deshalb kein echter Friedensschritt sein konnte.

Das Friedensangebot wurde am 12. Dezember vom Reichstag ohne Debatte verabschiedet. Die zentristische Führung verkannte völlig die mit diesem Angebot verfolgten Absichten, in dem sie lediglich ein Angebot mit klar formulierten Friedensbedingungen forderte. Das Interesse der Arbeiterklasse und darüber hinaus der übergroßen Mehrheit des Volkes verlangte die schonungslose Entlarvung des imperialistischen Friedensmanövers. Im Spartakusbrief Nr. 3 vom Dezember hieß es deshalb, eben weil man in diesem Angebot vergebens nach einem Wort suchen würde, das irgendeine greifbare Handhabe für Friedensverhandlungen böte, sei daher nichts sicherer, als daß das Angebot keinen Frieden herbeiführen solle. Die Massen sollten endlich durch direktes Eingreifen und selbständige Aktionen eine abenteuerliche und gewissenlose Politik durchkreuzen und einen Frieden erkämpfen, dessen Gestaltung bestimmt und dessen Erhaltung gesichert werden müßte durch die Macht und den Willen der aktionsfähigen und aktionsbereiten Massen.

Wilson ließ als Vermittler den kriegführenden Regierungen eine vom 18. Dezember datierte Note zustellen, worin er sie aufforderte, die Bedingungen bekanntzugeben, unter denen sie bereit seien, in Friedensverhandlungen einzutreten. Die deutsche Antwort vom 26. Dezember, die in der Tat keine greifbare Handhabe für Friedensverhandlungen bot, kam einer Abweisung der amerikanischen Note gleich. Am 30. Dezember lehnte es die Entente ab, mit den Mittelmächten über Friedensmöglichkeiten zu verhandeln. Deren Angebot wurde als ein wohlbedachter Versuch bezeichnet, der Entente einen deutschen Frieden aufzunötigen, die öffentliche Meinung Deutschlands und seiner Verbündeten zu stärken, die der neutralen Länder zu täuschen und einzuschüchtern und im voraus neue Verbrechen zu rechtfertigen: Unterseebootkrieg, Deportation, Zwangsarbeit und gewaltsame Aushebung von Staatsangehörigen gegen ihr eigenes Land, Neutralitätsverletzung. Eine in der Tat treffende Analyse vom Zweck und Ziel des deutschen Friedensangebotes, jedoch in der Absicht unternommen, die eigene imperialistische Politik zu verschleiern und vor den eigenen Völkern eine einleuchtende Begründung für die Fortsetzung des Krieges bis zu seiner militärischen Entscheidung zu finden.

1

2

4 Rumänische Soldaten im Schützengraben
5 Von einem Granatsplitter getötet
6 Wilhelm II. und der Oberbefehlshaber der Heeresgruppe Mackensen während des Feldzuges. Mackensen wurde nach der Eroberung Rumäniens zum dortigen Militärgouverneur ernannt, d. h., er hatte die Ausplünderung der besetzten Gebiete zu sichern

Der Feldzug gegen Rumänien und die anderen Kampfhandlungen auf dem östlichen und südöstlichen Kriegsschauplatz

Dem Feldzug der Mittelmächte gegen Rumänien lagen verschiedene Motive und Zielstellungen zugrunde. Innenpolitisch ging es um die Stabilisierung des politisch-moralischen Potentials der Mittelmächte. Ein großer militärischer Erfolg sollte wesentlich dazu beitragen, die negativen Auswirkungen der Niederlagen vor Verdun, in Wolhynien und in der Bukowina auf die Moral der Streit-

Aus dem eroberten Constanza

Der Vorstoß Mackensens auf den Schwarze-Meer-Hafen Constanza erfolgte mit solcher Geschwindigkeit, daß sehr beträchtliche Vorräte in die Hände des Siegers fielen und so die an sich schon große wirtschaftliche und militärische Bedeutung des Verlustes für Rumänien noch erhöht wurde. Ursprünglich hatte man die Petroleumbehälter vernichten wollen, aber auf Einspruch der Interessenten hin davon abgesehen, um nicht das Wirtschaftsleben des Landes für alle Zukunft zu zerrütten. Die versuchte Zerstörung einiger Tanks und sonstiger Anlagen sowie der Getreidespeicher gelang infolge des schnellen Anmarsches Mackensens nur zu einem geringen Teil. Außer bedeutenden Mengen von Getreide, sonstigen Waren und Petroleum waren 500 Waggons, mehrere Lokomotiven und 70 türkische von den Rumänen festgehaltene Fahrzeuge die Beute der deutschen und bulgarischen Truppen.

Einige in Brand geschossene Petroleumtanks am Hafen.
Der größte Teil der Tanks konnte gerettet werden.

Die unversehrten Getreidespeicher, von denen jeder 750 000 Tonnen faßt.

3

4

5

6

kräfte und der Volksmassen zu überwinden. Der Glaube an den Sieg sollte neue Nahrung erhalten. Außenpolitisch sollte die Fähigkeit zu offensiver erfolgreicher Kriegführung demonstriert werden, insbesondere um Griechenland von einem Kriegseintritt gegen die Mittelmächte abzuhalten. Deutscherseits war auch der Aspekt wichtig, die Koalition der Mittelmächte, in der sich die Widersprüche verschärften, fester zusammenzuschließen. Militärisch sollte die Gefahr des Zusammenbruchs des Südflügels der Ostfront – der vorwiegend aus österreichisch-ungarischen Truppen bestand – beseitigt und die strategische Lage Bulgariens und der Türkei verbessert werden. Dem entsprach das strategische Ziel, die Masse der rumänischen Streitkräfte zu zerschlagen und große Teile Rumäniens zu besetzen. Nicht zuletzt spielten die Expansionsinteressen der herrschenden Klassen Deutschlands und Österreich-Ungarns auf dem Balkan und im Nahen Osten eine dominierende Rolle bei der Festlegung dieser strategischen Zielsetzung.

Die rumänischen Streitkräfte bestanden bei Kriegsausbruch aus 4 Armeen (mit insgesamt 23 Divisionen), der Heeresreserve (ein Armeekorps) und der Donau-Flottille. Der gesamte Personalbestand umfaßte etwa 600000 Mann. Da die Rüstungsindustrie wenig entwickelt war und die Importmöglichkeiten begrenzt waren, mangelte es den rumänischen Streitkräften an schwerer Artillerie, Flugzeugen, Kraftfahrzeugen und anderen materiellen Mitteln der Kriegführung.

Der Kriegseintritt Rumäniens kam für die Militärführungen der Mittelmächte überraschend. Vom 16.–25.8. hatte die 1. und 2. bulgarische Armee eine Angriffsoperation gegen die Orient-Armee der Entente durchgeführt, deren politisches Ziel es war, Rumänien vom Kriegseintritt abzuhalten. Die strategischen Erwägungen für den doch möglichen Kriegseintritt waren davon ausgegangen, daß der rumänische Generalstab seine Hauptkräfte an der bulgarischen Grenze bereitstellen würde. Dementsprechend wurde geplant, mit der Heeresgruppe Mackensen in der Dobrudscha offensiv zu werden, während relativ schwache Kräfte Siebenbürgen verteidigen sollten. Ende August meldete jedoch die Aufklärung, daß die 1., 2. und 4. rumänische Armee an der rumänisch-österrei-

Der Feldzug der Mittelmächte gegen Rumänien im Herbst 1916

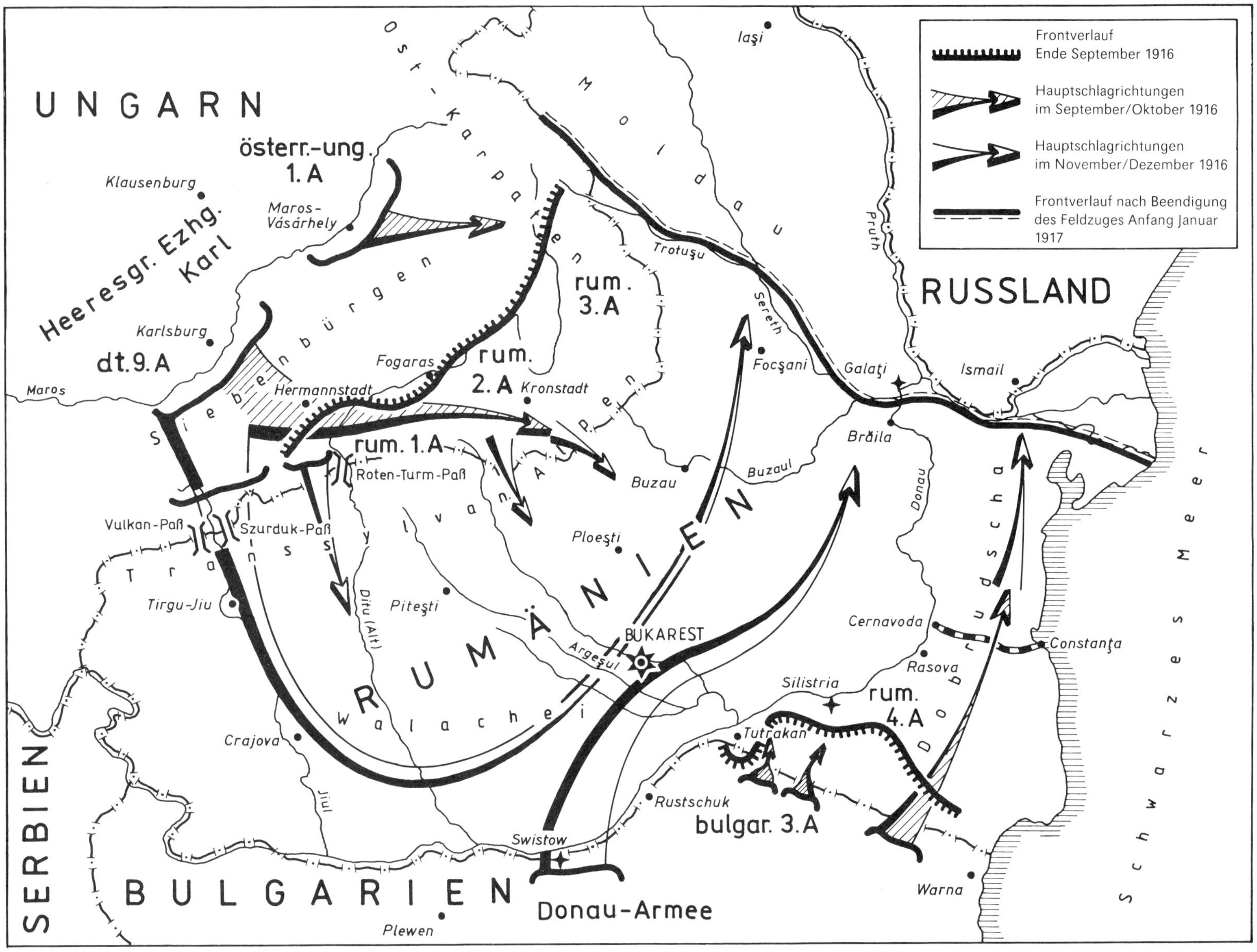

chisch-ungarischen Grenze zum Angriff entfaltet wurden. Nunmehr wurde geplant, in Siebenbürgen eine Angriffsgruppierung zu bilden und mit ihr die Offensive über die Transsylvanischen Alpen in allgemeiner Richtung auf Bukarest zu führen. Die Heranführung und Entfaltung dieser Gruppierung, bestehend aus der 1. österreichisch-ungarischen Armee und der in Aufstellung begriffenen 9. deutschen Armee, nahm einige Wochen in Anspruch.

Die Kampfhandlungen entwickelten sich an zwei Fronten. Ende August drangen die rumänischen Armeen in Siebenbürgen ein, nutzten jedoch die Anfangserfolge gegen die zur Grenzsicherung eingesetzten schwachen österreichisch-ungarischen Kräfte nicht zielstrebig aus. Mitte September gingen die 9. deutsche Armee und Teilkräfte der 1. österreichisch-ungarischen Armee zur Gegenoffensive über, in deren Ergebnis bis zum 9.10. Siebenbürgen vollständig zurückerobert wurde. Die Absicht, die Gebirgspässe über die Transsylvanischen Alpen in Besitz zu nehmen, mißlang jedoch.

Mitte November begann die zweite Etappe der Offensive an der Siebenbürgenfront. Teilen der 9. deutschen Armee gelang es, den Szurduk-Paß und den Vulkan-Paß zu erobern und im folgenden rumänische Truppen bei Tirgu-Jiu zu zerschlagen. Das erleichterte den Durchbruch an den anderen Gebirgspässen und ermöglichte, in die Walachei einzudringen.

Bereits Anfang September war eine Gruppierung der Heeresgruppe Mackensen, bestehend aus der 3. bulgarischen Armee, einem türkischen Armeekorps und einigen deutschen und österreichisch-ungarischen Truppenteilen, in Richtung auf die untere Donau zum Angriff übergegangen. Sie zwang die Dobrudscha-Armee, bestehend aus rumänischen, serbischen und russischen Truppen, bis Mitte September auf die allgemeine Linie südlich der Eisenbahnlinie Constanţa–Medgidia zurückzugehen.

Anfang Dezember waren beide Angriffsgruppierungen der Entente im Vormarsch in Richtung Bukarest, das am 6.12. kampflos eingenommen wurde. Im weiteren Verlauf der Offensive erreichten beide Angriffsgruppierungen, die nunmehr unter dem einheitlichen Befehl Mackensens standen, Ende Januar den Sereth und das Mündungsgebiet der Donau. Damit war mit Ausnahme des Moldau-Gebietes das Territorium Rumäniens von Streitkräften der Mittelmächte in Besitz genommen worden. Die Masse der deutschen Truppen wurde abgezogen, während die verbleibenden Kräfte zur Verteidigung übergingen.

Der Feldzug gegen Rumänien war einerseits ein

1 Erdölfeld bei Ploesti. Rumänien produzierte 1914 2 Mill. Tonnen Rohöl
2 Mackensen nimmt am 6.12.1916 den Vorbeimarsch der in Bukarest einmarschierenden Truppen ab
3 Zwangsdienst für die Besatzungstruppen
4 Türkische Truppen unter deutschem Oberbefehl vor Medgidia. Links der deutsche »Berater« Oberstleutnant Lehmann
5 Angreifende türkische Infanterie in der Donauebene

1

2

3

4

1

2

3

großer strategischer Erfolg der Mittelmächte und brachte ihnen letztmalig einen größeren territorialen Gewinn in diesem Krieg. Die deutschen Imperialisten begannen mit der Ausplünderung der besetzten Gebiete. Das ermöglichte ihnen – und das vor allem in bezug auf Erdöl und Getreide – die Weiterführung des Krieges auf lange Sicht. Andererseits hatte sich die Front auf dem östlichen Kriegsschauplatz um mehr als 350 km ausgedehnt, was eine weitere Zersplitterung des militärischen Potentials der Mittelmächte hervorrief. Hinzu kam, daß den rumänischen Armeen der Rückzug über den Sereth gelungen war und sie dort österreichisch-ungarische Kräfte banden.

Mitte September 1916 nahm die russische Südwestfront die Offensive in den Karpaten und Galizien wieder auf. Der Angriff erfolgte auf breiter Front und hatte das alte Ziel, die in den Karpaten und Galizien stehende operativ-strategische Gruppierung der Mittelmächte, in der Masse aus österreichisch-ungarischen Truppen bestehend, zu zerschlagen und damit den Weg in die östlichen Gebiete der Donaumonarchie zu öffnen. Die Offensive sollte zugleich eine Unterstützung der rumänischen Streitkräfte bewirken.

Die Offensive brachte nur örtliche Erfolge und wurde Ende September eingestellt. Im Oktober beginnend, war der Oberbefehlshaber der Südwestfront gezwungen, Truppen an die rumänische Front zu verlegen, um dort den Zusammenbruch zu verhindern. Bis Jahresende wurden dorthin 15 russische Armeekorps verlegt. Eine weitere Angriffsoperation der 8. und 9. russischen Armee Anfang Dezember brachte ebenfalls nur örtliche Erfolge.

An der griechisch-bulgarischen Grenze hatte die Orient-Armee der Entente unter dem Befehl des französischen Generals Sarrail Ende August 1917 eine Angriffsoperation begonnen. Ihr gegenüber verteidigte sich die 2. bulgarische und die 11. deutsche Armee. Die Angriffsoperation endete im November mit der Einnahme eines Teiles von Albanien und Mazedonien, hatte jedoch kaum Einfluß auf die Kämpfe in Rumänien. Weitere Angriffshandlungen der Orient-Armee im Dezember hatten nur noch örtliche Bedeutung.

Gegen Jahresende verstärkten die Ententemächte ihren Druck auf Griechenland, um es zu zwingen, den Mittelmächten den Krieg zu erklären. Italienische Truppen besetzten Teile Nordgriechenlands, und französische Truppen marschierten in Athen – der Hauptstadt des offiziell noch neutralen Griechenlands – ein. König Konstantin wurde gezwungen, die griechische Flotte einem Admiral der Entente zu unterstellen. Die Mittelmächte mußten nunmehr mit einer Kriegserklärung Griechenlands rechnen. Die Erwägung, auch gegen Griechenland einen Feldzug durchzuführen, wurde jedoch infolge des Mangels der dafür erforderlichen Kräfte und Mittel fallengelassen.

4

5

6

7

8

1 Rumänisches Kampfflugzeug französischer Herkunft vom Typ Nieuport
2 Österreichisch-ungarische Artillerie am Törzburger Paß in den Transsylvanischen Alpen
3 Österreichisch-ungarische Truppen überwinden die Moscovulscharte in den Transsylvanischen Alpen
4 Monitore der österreichisch-ungarischen Donau-Flottille
5/6 Nach der Schlacht bei Targoviste (16.–17.11.1916) nordwestlich Bukarest
7 Nach der Schlacht bei Rimnicul-Savat (21.–27.12.1916)
8 Rumänische Kriegsgefangene

Die militärpolitische und strategische Lage um die Jahreswende 1916/1917 und die Pläne beider Seiten

1

2

3

1 Vormarsch am Sereth. 210-mm-Mörser
2 Türkische Artillerie am Sereth
3 Rumänische Kriegsgefangene im Hof des türkischen Kriegsministeriums in Konstantinopel

Auch das Jahr 1916 hatte die Kriegsentscheidung nicht gebracht. Auf dem westlichen Kriegsschauplatz waren die deutschen Landstreitkräfte bis in den Sommer hinein bei Verdun in der Offensive gewesen, während Entente-Streitkräfte anschließend die Offensive an der Somme geführt hatten. Es war keiner Seite gelungen, die Front des Gegners im strategischen Maßstab zu durchbrechen oder ihn durch hohe Verluste kampfunfähig zu machen. Die sogenannte Ermattungsstrategie (deutscherseits als Zermürbungsstrategie bezeichnet) war gescheitert. Ihre Exponenten – in Deutschland Falkenhayn und in Frankreich Joffre – waren im August bzw. im Dezember 1916 aus ihren Funktionen abgelöst worden. Die Tatsache, daß in Deutschland und in Frankreich die Funktion des Chefs des obersten strategischen Führungsorgans neu besetzt wurden, war ein Zeichen für die Krise, in der sich die Kriegführung beider Koalitionen befand.

Auf dem östlichen Kriegsschauplatz war die Brussilow-Offensive ein bedeutender Erfolg für die Entente, der rumänische Feldzug ein bedeutender Erfolg für die Mittelmächte gewesen. Auch dort hatte keine der beiden Seiten die Kampffähigkeit verloren, wenngleich die überaus hohe Zahl der Angehörigen der österreichisch-ungarischen Streitkräfte, die in russische Gefangenschaft geraten waren, auf ernsthafte Zersetzungserscheinungen in dieser Militärmacht hinwies.

Charakteristisch war, daß sich seit Mitte des Jahres 1916 die Masse der Streitkräfte der Mittelmächte in der strategischen Defensive befanden. Vom Standpunkt des territorialen Gewinns verzeichnete ihre Kriegführung das Plus. Ihre Streitkräfte standen in Nordfrankreich, Polen, Litauen, Lettland, Serbien und Rumänien. Nur in Norditalien und im Nahen Osten hatten sie keine territorialen Gewinne erzielt. Strategisch bedeuteten die territorialen Eroberungen zugleich den Nachteil, mit unterlegenen Kräften und Mitteln die Verteidigung an Fronten von mehreren Tausend Kilometer Ausdehnung führen zu müssen.

4

5

6

7

8

4 In bulgarische Kriegsgefangenschaft geratene Franzosen
5 Englische Artillerie in Mazedonien
6 Der alliierte Kriegsrat berät in Chantilly. Mitte November 1916
7 Der Oberbefehlshaber der Orient-Armee, General Sarrail, nimmt einen Vorbeimarsch italienischer Truppen ab

8 Die Strategen der Entente Ende 1916. Von links nach rechts: Joseph Joffre (1852–1931), Marschall und Oberster Befehlshaber der französischen Streitkräfte, Earl Douglas Halg (1861–1928), Feldmarschall und Oberkommandierender der englischen Streitkräfte in Frankreich (1915–1918), Ferdinand Foch (1851–1929), General und Oberbefehlshaber einer Heeresgruppe, wurde 1917 Chef des französischen Generalstabes

Auch die außenpolitische Lage der Mittelmächte hatte sich verschlechtert. Ende 1916 gehörten bereits 14 Staaten der Entente an, und die beginnende außenpolitische Isolierung der Mittelmächte deutete sich an.

In der zweiten Jahreshälfte – da es den Streitkräften der Mittelmächte nur unter größten Anstrengungen und Verlusten gelang, die Fronten im Osten und Westen zu halten – verstärkten sich unter den herrschenden Klassen der Mittelmächte die Auffassungen, den Krieg durch einen Siegfrieden möglichst bald zu beenden. Unter einem Siegfrieden verstand man die Beendigung des Kriegszustandes und den Abschluß eines Friedensvertrages, mit dem die Entente-Staaten gezwungen werden sollten, die Kriegsziele des deutschen Imperialismus zu erfüllen. Auch in den herrschenden Klassen der Hauptmächte der Entente, vor allem Rußlands, traten ähnliche Bestrebungen zutage. Ausschlaggebender Grund dafür war die Kriegsmüdigkeit der Völker und die Sorge um die innenpolitische Stabilität. Auch häuften sich in den Streitkräften beider Seiten die Fälle von Befehlsverweigerung und Fahnenfluchten. Besonders kompliziert war die innenpolitische Lage in Rußland, in dem eine revolutionäre Situation heranwuchs.

Da die Kräfte und Mittel für strategische Offensiven zu Lande nicht vorhanden waren, sah man die strategische Hauptaufgabe im 1. Halbjahr 1917 darin, die Seeverbindungen zur englischen Insel weitestgehend zu unterbrechen und England auf diese Weise niederzuringen. Der am 9. 1. 1917 gefaßte Entschluß, den sogenannten uneingeschränkten U-Boot-Krieg zu führen sowie das Ende Dezember 1916 beschlossene Kriegszielprogramm sind wichtige Beweise dafür. Gleichzeitig wurden weitere personelle und materielle Voraussetzungen geschaffen, um zu einem günstigen Zeitpunkt zu Lande strategisch wieder offensiv zu werden.

Der Einsatz von U-Booten gegen die Handelsschiffahrt war seit Kriegsbeginn die in den Führungskreisen Deutschlands am meisten umstrittene Frage. Im Prinzip waren alle – Militärs, Politiker, Konzernherren – dafür. Einwände gab es immer wieder aus politischen Führungskreisen, an deren Spitze Bethmann Hollweg stand, wegen der zu erwartenden negativen politischen Folgen. Im Grunde genommen liefen diese Einwände jedoch darauf hinaus, Wege zu finden, diese Folgen einzudämmen bzw. zu unterlaufen.

Die neue Leitung der OHL hielt Ende des Jahres 1916 den Zeitpunkt für gekommen, ohne jede politische Rücksicht den sogenannten uneingeschränkten U-Boot-Krieg zu beginnen. Dabei fand sie sich in Übereinstimmung mit dem Admiralstab, der es für möglich hielt, monatlich Handelsschiffe mit einer Gesamttonnage von 600 000 Bruttoregistertonnen zu versenken. Daraus wurde die Folgerung gezogen, daß es in fünf Monaten gelingen könnte, fast 40 % der Gesamttonnage des zur Versorgung der englischen Insel eingesetzten Seetransportraumes zu vernichten. Der Chef des Admiralstabes, Admiral Holtzendorff, folgerte weiter, »daß wir, wie die Verhältnisse jetzt liegen, mit uneingeschränktem U-Boot-Krieg in fünf Monaten England zum Frieden zwingen können«.

Ludendorff, Hindenburg und Holtzendorff kamen am 8. 1. 1917 überein, am 1. 2. den sogenannten uneingeschränkten U-Boot-Krieg zu eröffnen und ließen sich diesen Entschluß von Wilhelm II. bestätigen. Mit der »Denkschrift der Deutschen Regierung über die Erklärung der Gewässer um Großbritannien, Frankreich, Italien sowie des östlichen Teiles des Mittelländischen Meeres zum Sperrgebiet« vom 31. 1. 1917 wurde dieser wohl folgenschwerste Schritt der obersten deutschen Führung offiziell verkündet. (Später wurden in das Sperrgebiet noch die Barentssee und Teile des Atlantiks einbezogen und die neutrale Fahrstraße im Mittelmeer aufgehoben.) Es wurde angedroht, in diesen Seegebieten »jedem Seeverkehr ohne weiteres und mit allen Waffen entgegenzutreten«. Neutralen Schiffen sollte das Verlassen kurzfristig gestattet werden.

Der Entschluß für den sogenannten uneingeschränkten U-Boot-Krieg widerspiegelt das strategische Dilemma, in der sich die Mittelmächte befanden. Fast 3 $^{1}/_{2}$ Jahre Krieg hatten zu keiner Kriegsentscheidung geführt. Noch mehr: Man mußte 1917 in der Landkriegführung in der Defensive verbleiben, aber nur durch die Landkriegführung konnte die Kriegsentscheidung erzwungen werden. Auch der Einsatz der Hochseeflotte im Sommer 1916 hatte die strategische Lage nicht verändert. Nun wurde ein Schritt unternommen, der die außenpolitische Lage der Mittelmächte verschlechtern mußte, während der militärische Erfolg unsicher war, denn die Prognosen über zu erwartende Ergebnisse waren nicht realistisch.

Die Kräfteverhältnisse auf den europäischen Landkriegsschauplätzen zeigt ein zahlenmäßiger Vergleich der im Januar 1917 an den Fronten eingesetzten Divisionen.

operationen durchzuführen, um den Mittelmächten keine Gelegenheit zu geben, gestützt auf das entwickelte Eisenbahnnetz, schnelle Truppenverlegungen zwischen den Kriegsschauplätzen vorzunehmen. Es gab erhebliche Meinungsverschiedenheiten, insbesondere über Frontabschnitte auf dem westlichen Kriegsschauplatz, an denen angegriffen werden sollte, über Angriffsrichtungen und Ziele der Offensiven sowie über einen Oberbefehlshaber auf diesem Kriegsschauplatz. Die von Joffre im Oktober geäußerte Idee einer neuen Offensive an der Somme wurde – mit dem Blick auf die riesigen Verluste der Sommeschlacht 1916 – verworfen. Auch die Idee des Oberbefehlshabers der englischen Streitkräfte in Frankreich, General Haig, eine Angriffsoperation zur Eroberung der Küste Flanderns (vor allem um die deutschen Marinebasen einzunehmen, was vorrangig im englischen Interesse lag) wurde nicht angenommen.

	Divisionen der Mittelmächte	Divisionen der Entente	Verhältnis
Westen	140	192	1 : 1,4
Osten	141	192	1 : 1,4
Griechenland/Bulgarien	13	21	1 : 1,6
Norditalien	30	62	1 : 2

Dieser Vergleich muß durch folgende Angaben ergänzt werden:
- Die Divisionen der Entente hatten größere Sollstärken als die der Mittelmächte.
- Die strategischen Reserven für den westlichen Kriegsschauplatz seitens der Entente betrugen 70 Divisionen, die der Mittelmächte 25.
- Die monatlichen Menschenverluste konnte die Entente ohne Schwierigkeiten ersetzen, die Mittelmächte nur bedingt.
- Die materiellen Verluste an Militärtechnik zu ersetzen und die erforderliche Zuführung an Munition, Verpflegung und Treibstoff zu gewährleisten waren für den weiteren Kriegsverlauf Probleme, welche die Entente besser zu lösen imstande war.

Den strategischen Absichten der Entente für das Jahr 1917 lag eine Denkschrift zugrunde, die General Joffre Mitte Oktober 1916 erarbeitet hatte. Sie ging von der Annahme aus, daß die Streitkräfte der Mittelmächte wesentlich an Kampfkraft verloren hätten und deshalb die Strategie der Ermattung fortzusetzen sei. Der westliche Kriegsschauplatz wurde als Hauptkriegsschauplatz bestimmt. Ob hier 1917 die Kriegsentscheidung fallen könnte, war in den Führungskreisen Frankreichs und Englands umstritten. Es wurde aber für möglich gehalten, Bulgarien niederzuwerfen und die Türkei zum Frieden zu zwingen.

Die Beratung der strategischen Absichten erfolgte Mitte November in Chantilly, Anfang Januar in Rom und Anfang Februar in Petrograd. Es wurde beschlossen, 1917 auf allen Kriegsschauplätzen zeitlich aufeinander abgestimmte Angriffs-

Der Oberste Befehlshaber der französischen Landstreitkräfte, General Nivelle, setzte sich mit seiner Idee durch, im Abschnitt Arras–Reims auf breiter Front anzugreifen und dort einen strategischen Durchbruch der deutschen Verteidigung zu erzielen. Er erhielt auch die Befugnis, für die Dauer der Offensive als Oberbefehlshaber aller alliierten Streitkräfte zu handeln.

Auf dem östlichen Kriegsschauplatz wurden Angriffsoperationen der russischen Südwestfront und der rumänischen Streitkräfte zur Rückeroberung Galiziens und Rumäniens vorbereitet. Die Orientarmee (ehemals als Saloniki-Armee bezeichnet) sollte erneut in Mazedonien und die italienischen Streitkräfte sollten wiederum am Isonzo angreifen. Alle Angriffshandlungen sollten im Frühjahr 1917 beginnen und bis dahin Angriffshandlungen begrenzten Maßstabes durchgeführt werden, um den Mittelmächten keine Gelegenheit zu geben, während einer längeren Pause ihre Streitkräfte planmäßig aufzufüllen.

Der Feldzug der Mittelmächte in Rumänien und noch mehr die Februarrevolution in Rußland führten jedoch zu wesentlichen Veränderungen in der strategischen Planung der Entente.

1 

1 Der Präsident der USA, Wilson, erklärt am 3.2.1917 vor dem Kongreß den Abbruch der diplomatischen Beziehungen mit Deutschland

Das Eindringen des USA-Finanzkapitals in Europa und der Kriegseintritt der USA

Für Hindenburg und Ludendorff war nach dem erfolgreichen Abschluß des Rumänienfeldzuges der Zeitpunkt gekommen, mit oder ohne diplomatische Abschirmung den uneingeschränkten U-Boot-Krieg zu beginnen. Hierin wurden sie von der Marineleitung bestärkt.

Am 8. Januar 1917 beschlossen Hindenburg, Ludendorff und Admiralstabschef Holtzendorff, daß der uneingeschränkte U-Boot-Krieg am 1. Februar 1917 aufzunehmen sei, was der Kaiser noch am selben Tag billigte. Das war der entscheidende Anlaß für die USA, in den Krieg einzutreten.

Zum Kriegseintritt der USA, von Bethmann Hollweg wiederholt befürchtet, von den aggressivsten Kreisen des deutschen Imperialismus hingegen als notwendiges Übel einkalkuliert, kam es faktisch am 3. Februar 1917, als die USA-Regierung die diplomatischen Beziehungen zu Deutschland abbrach. Seit dem 6. April betrachteten sich die USA als im Kriegszustand mit Deutschland befindlich.

Der USA-Imperialismus hatte sich außerordentlich rasch entwickelt, so daß am Vorabend des Weltkrieges der USA-Anteil an der Weltindustrieproduktion ebenso groß war wie der Deutschlands, Englands und Frankreichs zusammengenommen. Zunächst expandierte der USA-Imperialismus in Lateinamerika und im Fernen Osten. Am Vorabend des Weltkrieges sondierte man in den USA, inwieweit es gemäß dem Prinzip der »offenen Tür« möglich sei, in Kolonien und Einflußsphären anderer imperialistischer Mächte einzudringen. Doch schon bald setzte der Krieg den amerikanischen Versuchen, auf »friedlichem« Wege eine Neu- und Umverteilung der Einflußsphären zu erreichen, ein Ende. Nach Kriegsausbruch vertiefte sich noch die seit 1913 datierende Depression der amerikanischen Wirtschaft. Die alliierte Nachfrage nach kriegswichtigen Waren leitete jedoch bald eine Hochkonjunktur ein, deren hauptsächliche Nutznießer die Schwer- und Rüstungsindustrie waren. Damit ging einher, daß der amerikanische Export, insbesondere an Kriegsmaterial, immer größeren Umfang annahm. Im Vergleich zu 1914 hatte er sich 1916 in die wichtigsten alliierten Länder wertmäßig vervierfacht. Die direkte Ausfuhr nach Österreich und Deutschland dagegen schrumpfte infolge der englischen Blokkade im gleichen Zeitraum auf weniger als ein Prozent. Durch den Außenhandel mit den USA konnten die Alliierten ihre materielle Überlegenheit über die Mittelmächte noch rascher zur Geltung bringen. Der Bedarf der Alliierten wurde für die amerikanischen Monopole zur Quelle skrupelloser Bereicherung.

1

2

Es gelang dem amerikanischen Finanzkapital auf dem Wege der Bezahlung von Waren sich sowohl in den Besitz von europäischen Goldvorräten und Wertpapieren zu setzen als auch zum Gläubiger der Alliierten zu werden. Es war auf dem Wege, den ersten Platz auf dem internationalen Finanzmarkt einzunehmen und das englische Finanzkapital von diesem Platz zu verdrängen. Daneben nutzte es die angespannte Lage seiner Konkurrenten im Krieg, um in deren Märkte und Einflußsphären einzudringen. Das ökonomische Zentrum des Weltkapitalismus verlagerte sich von Europa nach Amerika. Die herrschenden Kreise in den USA wollten den Krieg in Europa nicht nur zur wirtschaftlichen Expansion, sondern auch dazu nutzen, ihren Einfluß auf die internationale Politik zu erweitern und eine dominierende Stellung in der Weltpolitik einzunehmen.

Um die erstrebte dominierende Rolle in der Weltpolitik spielen zu können, wollten sie Einfluß auf die Gestaltung der Nachkriegsbeziehungen erlangen. Solange sie nicht direkt am Kriege teilnahmen, war dies nur zu erreichen, wenn sie als Vermittler tätig wurden. Das deutsche Friedensmanöver im Dezember 1916 gab Wilson hierfür Gelegenheit.

Der uneingeschränkte U-Boot-Krieg bot die Möglichkeit, die eigenen imperialistischen Ziele zu verschleiern und mit demagogischen Losungen vom selbstlosen Kampf für Völkerrecht und Humanität das amerikanische Volk kriegsbereit zu machen. Dem leistete vor allem die berüchtigte Mexiko-Depesche Vorschub. Am 16. Januar hatte Staatssekretär Zimmermann dem deutschen Gesandten in Mexiko die Weisung depeschiert, Mexiko ein Bündnis auf der Grundlage gemeinsamer Kriegführung und gemeinsamen Friedensschlusses für den Fall anzutragen, daß die USA in den Krieg einträten. Jedoch die hinterhältige Absicht, Mexiko zu einem selbstmörderischen Angriff auf die USA zu veranlassen, erlitt Schiffbruch.

1 Der ehemalige Präsident der USA, Theodore Roosevelt, versucht das Volk von der Notwendigkeit des Kriegseintritts zu überzeugen

2 Inspiratoren des uneingeschränkten U-Boot-Krieges. Wilhelm II., Alfred von Tirpitz (1849–1930), Großadmiral und Staatssekretär des Reichsmarineamtes (1897–1916) und Henning von Holtzendorff (1853–1919), Großadmiral und Chef des Admiralstabes (1915–1918)

USA-Milliardäre und Kriegsprofiteure

3 John D. Rockefeller

4 Andrew Carnegie

5 J. Pierpont Morgan

6 Der Oberbefehlshaber der USA-Streitkräfte in Frankreich; General John Pershing (1860–1948) trifft am 13.7.1917 in Boulogne ein

7 Kriegsfreiwillige USA-Bürger warten auf den Abtransport zur Sammelstelle

8 In den USA für die englische Kriegsmarine gebaute U-Boote

3

4

5

6

7

8

1

2

3

4

5

1 Deutsche motorisierte Flak. Oktober 1916
2/3 Französische Panzer vom Typ Schneider
4 Filmtrupp des deutschen Bild- und Filmamtes in einem Ort nordwestlich Reims
5 Zerstörtes Rathaus in Péronne. Das aus dem 16. Jahrhundert stammende Gebäude war ein kulturgeschichtliches Denkmal
7 Französische Infanterie am Chemin des Dames. April 1917
8 Georges Nivelle (1856–1924), General und Oberster Befehlshaber der französischen Streitkräfte (Dezember 1916–April 1917)
9 Stift von Saint Quentin, von deutschen Truppen am 15.8.1917 in Brand gesetzt

6

7

8

9

Die Auswirkungen der Februarrevolution in Rußland auf die Kriegführung und die Kampfhandlungen auf dem osteuropäischen Kriegsschauplatz

Am 10. 3. 1917 (25. Februar) kam es in Petrograd zu einem Generalstreik, der wenige Tage später in einen bewaffneten Aufstand hinüberwuchs. Am 16. 3. mußte Zar Nikolaus II. abdanken. Rußland wurde eine bürgerlich-demokratische Republik, in der sowohl die Provisorische Regierung als auch die Sowjets die Macht ausübten.

Die Provisorische Regierung wollte den Krieg fortsetzen. Ihre Aktivitäten wurden durch die Regierungen Frankreichs und Englands rückhaltlos unterstützt, da diese befürchteten, Rußland könne einen Sonderfrieden mit den Mittelmächten abschließen und damit die Lage der Entente erschweren. Außer der politischen Unterstützung wurde auch die materielle Hilfe für Rußland verstärkt.

Die auf die Fortsetzung des Krieges gerichtete Innen- und Außenpolitik der Provisorischen Regierung stieß aber auf den Widerstand der unter dem Einfluß der Sowjets stehenden Arbeiter- und Bauernmassen, die den Krieg beenden wollten. Auch in den russischen Streitkräften – in denen es ernsthafte Zersetzungserscheinungen gab – wurde der Ruf nach Frieden immer stärker. Die Landstreitkräfte hatten seit August 1914 etwa 4,5 Millionen Mann verloren. Es mangelte an Artillerie, Infanteriewaffen, Munition und anderer Militärtechnik. Das erschwerte die Ausstattung und Ausbildung neuer Divisionen.

Neuer Oberster Befehlshaber der russischen Streitkräfte wurde General Alexejew. Er beabsichtigte, die am 1. 2. 1917 auf der Konferenz in Petrograd mit Vertretern Frankreichs und Englands vereinbarte Offensive der Südwestfront durchzuführen. Allerdings waren die politischen und ökonomischen Schwierigkeiten zu groß, um die versprochenen Termine (erst März, dann Mai) einhalten zu können. So verlief die Frühjahrsoffensive 1917 der Entente im Westen und in Italien ohne die erwünschte Entlastung durch eine russische Offensive.

Die Haltung der Regierungen und Generalstäbe Deutschlands und Österreich-Ungarns wurden durch drei Prämissen bestimmt. Erstens wurde alles unternommen, um die Auswirkungen der revolutionären Bewegung in Rußland auf die eigenen Streitkräfte und Völker einzudämmen. Signale für diese Auswirkungen waren Soldatenverbrüderun-

1

2

3

4

1 Französischer Panzer vom Typ Renault
2 Französisches Jagdflugzeug vom Typ Nieuport
3 Englische Infanterie bei Arras
4 Flammenwerfereinsatz bei Lens. September 1917
5 Gelände bei La Bassée am Yser-Kanal im September 1917
6 Reims unter deutschem Artilleriefeuer
7 Das war einst Lens

gen an der Ostfront und Streiks im Hinterland. Auch in Deutschland und Österreich-Ungarn entwickelte sich eine breite Antikriegsbewegung. Zweitens war die neue Lage geeignet, Truppen vom osteuropäischen Kriegsschauplatz abzuziehen, nicht zuletzt mit dem Zweck, sie auf anderen Kriegsschauplätzen oder im Hinterland zu »disziplinieren«. Drittens spekulierte man auf den vollständigen Zusammenbruch des russischen Staates und wollte dann als »Ordnungsmacht« billige Beute machen. Man rechnete damit, daß Rußland im Verlaufe des Jahres 1917 aus dem Krieg ausscheiden würde.

Die OHL und das österreichisch-ungarische AOK, an dessen Spitze seit dem 27. 2. 1917 General Arz von Straußenburg stand und das auf Grund der kritischen Lage in den österreichisch-ungari-

5

6

schen Streitkräften an einer Waffenruhe im Osten interessiert war, beschlossen im März 1917 auf dem osteuropäischen Kriegsschauplatz zeitweilig keine aktiven Kampfhandlungen durchzuführen. Ludendorff kam zu der Auffassung, daß es zu keiner russischen Offensive mehr kommen würde. Es wurde begonnen, Truppen nach dem Westen zu verlegen, wo die Frühjahrsoffensive der Entente im Raum Arras–Soissons–Reims in der ersten Aprildekade begonnen hatte. Gleichzeitig wurden Verhandlungen mit russischen Truppenkommandeuren in der Absicht durchgeführt, die Auflösungserscheinungen in den russischen Fronttruppen zu unterstützen.

Die Rechnung der deutschen Regierung und der OHL ging jedoch nicht auf. Gedrängt von Frankreich und England, ihren Koalitionsverpflichtungen nachzukommen und in der Hoffnung, ein militärischer Erfolg könne ihnen Ansehen im Volk schaffen und der Zersetzung der Streitkräfte entgegenwirken, hatte die Provisorische Regierung ihren Kriegsminister Kerenski beauftragt, eine strategische Offensive im Südwesten sowie Angriffsoperationen der Nord- und der Westfront so-

7

1

2

3

4

5

Deutsche Kameraden!

Im Kampfe sind die Franzosen, Ihr wißt es ja,

gefährliche und unerbittliche Gegner.

Sobald aber der Kampf vorüber ist, zeigen sie sich als

gutherzige Menschen.

Sollte Euch Euer Weg nach unseren Linien führen, weil Ihr Euch vielleicht auf Patrouille verirrt habt oder etwa aus Ekel vor dem endlosen Blutvergießen,

so fürchtet Euch nicht.

Es wird Euch kein Leid angetan!

Es sind in dieser Beziehung den französischen Truppen strenge Befehle erteilt werden.

Hier könnt Ihr sehen, wie Eure gefangenen Kameraden bei uns behandelt werden

6

7

8

1 Deutsche Infanterie in der Champagne. Juli 1917
2 Berry au Bac am Aisne-Kanal
3 Bei Cambrai abgeschossenes Flugzeug
4 Englischer Panzer Mark IV, 28 Tonnen, 4 Maschinengewehre, eine 57-mm-Kanone
5 Nebeltöpfe werden gezündet
6 Französisches Flugblatt
7 Das Schloß von Péronne
8 Massengräber für gefallene deutsche und englische Soldaten bei Vimy
9 Feldeisenbahn - wichtiges Transportmittel hinter der Front
10 Französischer Nachrichtensoldat beim Empfang eines Funkspruchs

9

10

1

2

3

4

5

1 Abschuß eines französischen Fesselballons
2 Französisches Kampfflugzeug Caudron G 4
3 Deutsche Maschinenkanone kleinen Kalibers für die Luftabwehr
4 Flakscheinwerfer
5 Deutsches Kampfflugzeug vom Typ Fokker
6 Grabenbagger für Pionierarbeiten
7 Eine vom Flugzeug abgeworfene Signalpatrone mit Aufklärungsmeldung wird aufgenommen

6

7

1

2

3

wie der Rumänischen Front umfassend vorzubereiten.

Von März bis Juni herrschte auf dem östlichen Kriegsschauplatz im wesentlichen Waffenruhe. Im Juni erkannten die militärischen Führungsorgane Deutschlands und Österreich-Ungarns die russischen Angriffsvorbereitungen und trafen Maßnahmen für eine Gegenoffensive. Die OHL begann mit der Verlegung von 6 Divisionen aus dem Westen nach Galizien.

General Brussilow, der im Juni zum Obersten Befehlshaber der russischen Streitkräfte ernannt worden war, hatte den Operationsplan seines Vorgängers Alexejew im wesentlichen übernommen und ließ die Offensive der Südwestfront am 1. 7. 1917 beginnen. Der Hauptschlag wurde von der 7. und 11. Armee in Richtung Lemberg geführt, während die 8. Armee in Richtung auf die Lomnitza angriff. Territoriales Ziel war die Eroberung des östlichen Teils Galiziens. Den größten Erfolg hatte die 8. Armee unter dem Befehl des Generals Kornilow, die die 3. österreichisch-ungarische Armee zum Rückzug zwang. Auch die 2. österreichisch-ungarische Armee mußte vor der 11. russischen Armee zurückgehen. Nur die im Zentrum der galizischen Front sich verteidigende Südarmee, bestehend aus deutschen und österreichisch-ungarischen Truppen, hielt ihre Stellungen. Der Einsatz der aus dem Westen herausgeführten deutschen Divisionen brachte die Südwestfront auf der allgemeinen Linie Brody–Brzezany (heute Bereshany)–Lomnitza zum Stehen. An einem Frontabschnitt von 80 km Breite waren 3 russische Armeen durchschnittlich 20 km vorgestoßen. Ihre Verluste betrugen 40 000 Mann.

Die Angriffsoperationen am Seret und am West- und Nordabschnitt blieben im wesentlichen ohne Erfolg. Am 25. 7. wurde die Kerenski-Offensive endgültig eingestellt, da inzwischen die Gegenoffensive der Mittelmächte in Richtung Tarnopol (heute Ternopol) begonnen hatte und die russischen Soldaten immer weniger Neigung zeigten, für die Ziele der Provisorischen Regierung zu kämpfen.

Die Gegenoffensive der Heeresgruppe Böhm-Ermolli (2. und 3. österreichisch-ungarische Armee und Südarmee) verlief erfolgreich. Nachdem sie die russische Verteidigung durchbrochen hatte, begannen die russischen Truppen, ohne weiteren ernsthaften Widerstand zu leisten, sich auf die russische Staatsgrenze zurückzuziehen. So konnte die Angriffsgruppierung der Mittelmächte bis Anfang August fast ganz Ostgalizien und die Bukowina zurückgewinnen. Ihre Kampfkraft war jedoch so gesunken und konnte kurzfristig nicht erhöht werden, daß von einer Weiterführung der Offensive – die OHL hatte eine Angriffsoperation in Richtung der unteren Moldau erwogen – Abstand genommen werden mußte. Außerdem schien es der OHL erfolgversprechender, am Nordabschnitt eine Angriffsoperation durchzuführen. So wurden die Angriffshandlungen in Galizien Ende August beendet.

Dafür begann die 8. deutsche Armee am 1. 9. 1917 einen Angriff in Richtung Riga. Dabei kamen deutsche Divisionen zum Einsatz, die aus Ostgalizien verlegt worden waren. Operatives Ziel der Angriffsoperation war die Zerschlagung der 12. russischen Armee im Raum westlich Riga, was nicht erreicht wurde. Zwar fiel Riga bereits am 3. 9. in deutsche Hand, und da auch dort die russischen Truppen sich fast ohne Widerstand zurück-

4

5

6

1 Nach jedem Angriff – Massengräber für Freund und Feind
2 Abgeschossener Pilot in den Trümmern seines Flugzeuges
3 Typisches Bild von Flandern im Herbst
4 Die letzte strategische Offensive der Entente 1917 beginnt in Flandern
5 Niederwalzen einer Drahtsperre
6 Englische Artillerie während der Angriffsvorbereitung
7 Zerstörter Wald bei Ypern

zogen, nahm die 8. Armee den Raum nördlich der unteren westlichen Dwina innerhalb weniger Tage in Besitz. Im Oktober wurden auf den Inseln Ösel (heute Saaremaa), Moon (heute Muhu) und Dagö (Hiiumaa) aufeinanderfolgend Seelandungen mit Unterstützung der deutschen Ostseeflotte durchgeführt. Damit waren die Voraussetzungen geschaffen für eine Offensive nach Estland und in Richtung Petrograd. Die angespannte Lage in Flandern veranlaßte die OHL jedoch, Divisionen der 8. Armee dorthin zu verlegen.

Im Oktober wurde die Provisorische Regierung im Ergebnis eines von den Bolschewiki geführten bewaffneten Aufstandes der Arbeiterklasse gestürzt. Die Oktoberrevolution nahm ihren Lauf. Zahlreiche russische Truppenteile verließen die Front, an der bis auf den Raum Riga seit Anfang

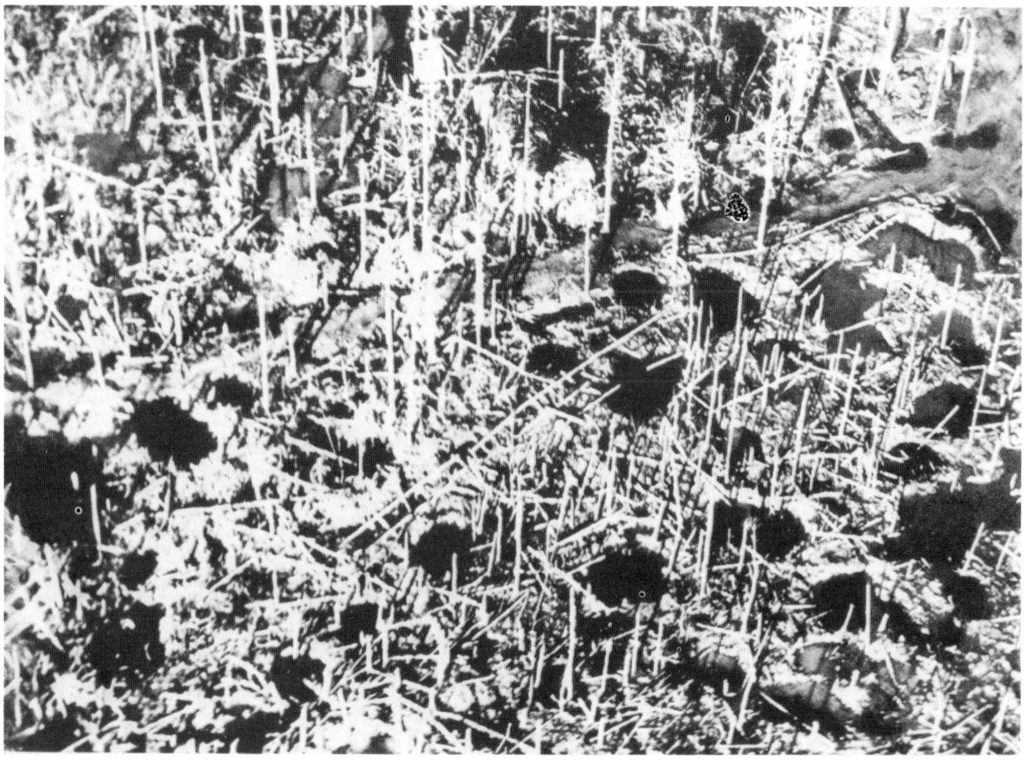
7

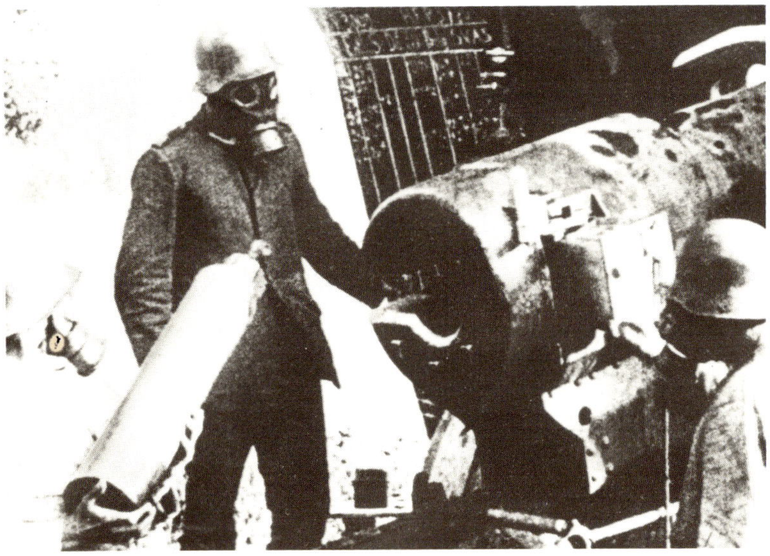
1

2

3

4

5

6

7

8

9

1 Laden von Gasgranaten
2 Gasangriff. Ein Soldat hat in Panik die Schutzmaske heruntergerissen und erleidet einen Erstickungsanfall
3 Gaswerfer
4 Sturmangriff unter Schutzmaske
5 Flandern Herbst 1917: Englische Artilleristen ziehen Munitionswagen aus dem Schlamm
6 Abgesoffener Schützengraben wird ausgepumpt
7 Die englische Infanterie erhielt im Herbst 1917 Gummianzüge
8 Abtransport eines Verwundeten
9 Englische und deutsche Sanitäter bergen Verschüttete
10 Langemark (Flandern) im Herbst 1917

10

September Waffenruhe herrschte. Eine der ersten Maßnahmen der Sowjetregierung war das Waffenstillstandsangebot an die OHL. Sowjetrußland schied aus dem Krieg aus, bis es im Frühjahr 1918 gezwungen wurde, der Intervention der deutschen Imperialisten bewaffneten Widerstand zu leisten. Aber dieser Krieg hatte einen anderen politischen Charakter als der des zaristischen Rußlands.

1

Unsere Zuversicht:
An unserem Hindenburg und seinen Soldaten werden, wie bisher, ihre „Tanks" zerschellen.
Zeichnung von Edmund Fürst.

2

Ihre Hoffnung:
Lloyd George, der starke Mann, wird wie ein „Tank" über die deutschen Armeen hinwegbrausen.
Zeichnung aus einer englischen Zeitung.

3

4

5

Der Aufschwung der Antikriegs-bewegung in Deutschland

Die wirtschaftliche Lage der Volksmassen 1916/17

1916 kam es in Deutschland zu einer rapiden Verschlechterung der wirtschaftlichen Lage der Volksmassen. Die geringen Vorräte aus der Vorkriegszeit waren inzwischen restlos erschöpft. Die englische Wirtschaftsblockade machte sich immer spürbarer bemerkbar. Es waren zwar Anstrengungen unternommen worden, das Aufkommen aus der eigenen Landwirtschaft zu erhöhen. Das gravierende Problem einer ausreichenden Fleisch- und Fettversorgung blieb nach wie vor ungelöst. In der Versorgung der Bevölkerung mit Kartoffeln war es bereits im Herbst 1915 zu schweren Störungen gekommen. Trotz der zunehmenden Verfütterung von Kartoffeln machte sich Futtermittelknappheit immer stärker bemerkbar. Hieraus folgte wiederum, daß die Milchproduktion im Herbst und Winter 1915/16 etwa um ein Drittel zurückging und damit auch die Buttererzeugung sank. Bei den Herrschenden setzte sich die Erkenntnis durch, daß außerordentliche Maßnahmen ergriffen werden müßten, um die Erfassung und Verteilung der Lebensmittel in den Händen des Staates zu konzentrieren, damit es nicht zu einem völligen Zu-

6

7

8

1 Von englischer Infanterie eingenommener deutscher Graben während der Schlacht von Cambrai
4 Englische Kavallerie vor dem Angriff bei Cambrai
5 Bei Cambrai, 21.11.1917 mittags. Die taktische Verteidigung der deutschen Truppen wurde am 20.11. durchbrochen. Erst einen Tag später wurden Kavallerie und Radfahrtruppen in die Schlacht eingeführt
6 Der Trônes-Wald bei Euillement wechselte in einem Monat 19mal den Besitzer
7 Englischer Panzer in deutscher Stellung bei Cambrai
8 Panzernahbekämpfung mit Flammenwerfer
9 Kriegsweihnachten im Schützengraben

sammenbruch der Lebensmittelversorgung komme. Dazu wurde im Mai 1916 das Kriegsernährungsamt geschaffen, dessen Ernährungspolitik, wie die Spartakusgruppe schonungslos offenlegte, nichts anderes als die Organisation des Hungers war. Eine zusätzliche Versorgung mit Lebensmitteln durch Hamsterfahrten wurde für Millionen zur Lebensfrage. Immer mehr Menschen waren auf Massenspeisungen angewiesen. Schieber und Spekulanten nutzten den Hunger skrupellos für ihre dunklen Geschäfte. Die Versorgung der Bevölkerung mit zugeteilten Lebensmitteln konnte 1917 nur noch unter großen Schwierigkeiten aufrechterhalten werden, während die Heeresverwal-

9

1

2

1 Vom März bis Juni 1917 herrschte an der Ostfront im wesentlichen Waffenruhe
2 A. F. Kerenski, Kriegsminister und später Ministerpräsident der Provisorischen Regierung, inspiziert die letzte Offensive Rußlands als Bündnispartner der Entente
3 Gefecht bei Uex Küll
4 Deutsche Truppen überwinden die Düna-Brücke bei Riga
5 Deutsche Truppen vor der Petrikirche in Riga

tung bestrebt war, den Heeresbedarf ohne Rücksicht auf die Bevölkerung aufrechtzuerhalten. Zu dem Mangel an Lebensmitteln und Bekleidung kam noch der an Heizmaterial, der im Winter 1916/17 der Bevölkerung härteste Belastungsproben auferlegte.

Die Reaktion in der Arbeiterbewegung und in der bürgerlichen Friedensbewegung auf die Februarrevolution

In den ersten Monaten des Jahres 1917 kam es zu zahlreichen Lebensmittelunruhen, Streiks und Demonstrationen, womit sich die Werktätigen gegen Nahrungsmittelnot, Kohlenknappheit und das Elend des Kohlrübenwinters wehrten. Sie waren nicht zuletzt auch Protest gegen die enttäuschten Hoffnungen auf einen Friedensschluß, die das Friedensangebot der Regierung vom Dezember 1916 geweckt hatte. Kennzeichnend für die sich entfaltende Streikbewegung war vor allem die deutlich hervortretende Tendenz zum Massenstreik.

Die Februarrevolution löste in der deutschen Arbeiterbewegung eine Welle der Begeisterung wie auch der Solidarität mit den russischen Klassenbrüdern aus. An der Ostfront kam es zu den ersten Soldatenverbrüderungen. In Kiel demonstrierten die 26 000 streikenden Werftarbeiter für die sofortige Herbeiführung des Friedens. Auch unter den bürgerlichen Friedenskämpfern fand die russische Revolution begeisterte Sympathie. Sie hofften, daß diese Revolution ein baldiges Kriegsende bringen und für die Herstellung demokratischer Verhältnisse in Deutschland beispielgebend sein werde. Am 20. April richtete der Vorsitzende der Deutschen Friedensgesellschaft, Ludwig Quidde, die Eingabe »Die Friedensfrage nach der russischen Revolution« an den Reichstag. Hierin war zum Grundsatz erhoben, daß Deutschland dem neuen freien Rußland gegenüber zu einem Frieden ohne irgendwelche Eingriffe in den territorialen Bestand des russischen Staatswesens bereit sein müsse. Dies zeugte davon, daß auch von der bürgerlichen Friedensbewegung der vom russischen Arbeiter- und Soldatenrat verfaßte Aufruf zu einem Frieden ohne Annexionen und Kontributionen akzeptiert wurde.

Angesichts dessen, daß der Appell der Sowjets der Arbeiter- und Soldatendeputierten in Rußland, Frieden ohne Annexionen und Kontributionen zu schließen, Gemeingut der deutschen Arbeiterbewegung geworden war, konnte der sozialdemokratische Parteivorstand nicht umhin, sich öffentlich ebenfalls zu einem solchen Frieden zu bekennen. Der Friede jedoch, für dessen schnelles Zustandekommen der Parteivorstand auch eine internationale

3

Konferenz der sozialistischen Parteien nutzen wollte, weil für den deutschen Imperialismus die Aussichten auf einen vorteilhaften Frieden immer geringer wurden, sollte ein imperialistischer Verständigungsfriede sein, dem im Juli auch eine Mehrheit des Reichstages durch Annahme einer Friedensresolution zustimmte.

Der Parteivorstand wollte durch Reformforderungen an die Regierung die Massen beruhigen, sich der Volksbewegung bemächtigen und auf diesem Wege die Revolution von Deutschland abwenden.

Die einzigen in Deutschland, deren Einschätzung von Inhalt und Bedeutung der Februarrevolution mit der Lenins übereinstimmte und die die deutsche Arbeiterklasse auf das russische Beispiel hinwiesen, waren die Linken. Ihr Kampf entsprach den objektiven Erfordernissen des weltgeschichtlichen Prozesses, der sich in Richtung auf die proletarische Revolution entwickelte. Die Februarrevolution ließ sie ihren Kampf verstärkt fortsetzen, den sie stets als Teil des internationalen Befreiungskampfes der Arbeiterklasse betrachtet hatten.

Die wesentlichste Schlußfolgerung, die die Linken aus den Klassenauseinandersetzungen in Rußland für die deutsche Arbeiterbewegung zogen, lautete: Die Aktion für den Frieden könne eben in Rußland wie anderwärts nur in einer Form entfaltet werden – als revolutionärer Klassenkampf gegen die eigene Bourgeoisie, als Kampf um die politische Macht im Staate. Als einzige in Deutschland begriffen sie, daß die Februarrevolution nicht das Ende, sondern erst der Anfang der großen revolutionären Umwälzung war.

Nachdem sich ihre Konstituierung bereits im Januar angekündigt hatte, fand vom 6. bis 8. April in Gotha der Gründungsparteitag der Unabhängigen Sozialdemokratischen Partei Deutschlands statt. Die Spartakusgruppe schloß sich der USPD an, was im weiteren den Parteibildungsprozeß erschwerte. Dieser Schritt zeugte davon, daß die

4

5

1

2

3

4

Kämpfe in Norditalien. Zweite Jahreshälfte 1917
1 Die Mittelmächte beginnen am 24.10.1917 die letzte Großoffensive in Norditalien bei Tolmein
2 Während der 11. Isonzoschlacht (August 1917)
3 Nach dem Durchbruch bei Tolmein; Italienische Flüchtlinge
4 Österreichisch-ungarischer Bataillonsgefechtsstand am Isonzo
5/6 Marschstraßen in den Julischen Alpen

Auffassungen der führenden Linken über Wesen und Rolle einer revolutionären Kampfpartei noch nicht ausgereift waren. Die Spartakusgruppe wahrte ihre politisch-ideologische Selbständigkeit und behielt sich eine eigene organisatorische Tätigkeit vor. Durch ihr Wirken bildete sich in der USPD ein starker revolutionärer Flügel, der sich auf die Vorbereitung von Massenaktionen orientierte. Als es im April zum Massenstreik der Arbeiter um Frieden, Brot und Demokratie kam, war es die Spartakusgruppe, die ihnen mit ihren Losungen Richtung und Weg wies.

Massenstreikbewegung im April

Die Behörden kündigten für den 15. April die Kürzung der täglichen Mehlration von 200 auf 170 Gramm und die Streichung der Zulagen für Jugendliche sowie für Schwer- und Schwerstarbeiter an. Die Empörung hierüber äußerte sich vielerorts in spontanen Unruhen. In großen Teilen der Arbeiterklasse wuchs die Bereitschaft, gegen Hunger und verschärfte Ausbeutung zu protestieren. In Betriebsversammlungen und Vertrauensleutezusammenkünften wurden Lohnforderungen beschlossen, und es wurde gegen die Verkürzung der Brotration protestiert. Die Mitglieder und Anhänger der Spartakusgruppe taten alles, damit Unruhe und Unzufriedenheit in Massenaktionen umschlugen. Sie riefen für den 15. April zu Demonstrationen und für den folgenden Tag zum allgemeinen Massenstreik auf. Sie wandten sich mit Flugblättern und Handzetteln an die Rüstungsarbeiter, um diese für die Teilnahme am Streik zu gewinnen.

Die rechten Partei- und Gewerkschaftsführer waren bemüht, die sich entwickelnde Massenbewegung zu ersticken oder zumindest in »geordnete Bahnen« zu lenken, indem sie sich an die Spitze der Bewegung stellten. Am 16. April legten Hunderttausende Arbeiter, die in der Mehrzahl in der Rüstungsindustrie beschäftigt waren, in Berlin, Leipzig, Dresden, Halle, Magdeburg, Braunschweig und anderen Städten die Arbeit nieder und protestierten gegen den Hunger und die zunehmende Verelendung. Die Spartakusgruppe warnte in einem Flugblatt die Arbeiter vor Täuschungsmanövern und leeren Versprechungen der Regierung. Sie sollten die Arbeit nicht eher wiederaufnehmen, bis folgende Forderungen erfüllt seien: Sofortige Aufhebung des Belagerungszustandes, des Hilfsdienstgesetzes, der Zensur und der Schutzhaft sowie Herstellung vollständiger Rede-, Presse-, Vereins- und Versammlungsfreiheit. Es gelang den reformistischen Führern des Berliner Metallarbeiterverbands, die Zielstellung des Kampfes auf Lebensmittelfragen zu begrenzen sowie durch Verhandlungen mit Behörden den Streik rasch zu beenden. Schon nach zwei Tagen

5

war ohne besondere Gewaltanwendung eine Viertelmillion Arbeiter erneut der imperialistischen Kriegspolitik unterworfen. Die deutschen Waffen- und Munitionsfabriken wurden unter militärische Leitung gestellt, und den Arbeitern dieser Fabriken war fortan zu streiken verboten. Die Spartakusgruppe wertete in einem Flugblatt die Erfahrungen des Aprilstreiks aus. Künftige Massenaktionen hätten nur dann Erfolg und könnten nur dann einen demokratischen Frieden erzwingen, wenn die politischen Losungen in den Mittelpunkt gestellt würden, der Einfluß der reformistischen Gewerkschaftsführer ausgeschaltet und ein Arbeiterrat zum Kampf für den Frieden gebildet würde. Sie rief die Arbeiter auf, am 1. Mai, dem traditionellen Kamftag des Proletariats, den Aprilstreik fortzusetzen. Durch Terror der Behörden, Antistreikagitation der reformistischen Gewerkschaftsführer und Passivität der zentristischen Führer wurde verhindert, daß der 1. Mai Auftakt zu neuen Massenaktionen für Frieden, Brot und Demokratie wurde. Dennoch sollten Straßenunruhen, Demonstrationen und Streiks den Sommer und Herbst über nicht aufhören. Sie erfaßten die

6

1

2

3

4

5

1 Deutsche Truppen in Tolmein
2 Österreichisch-ungarische Truppen in Udine
3 Gefangenenlager bei Cividale
4 Vorstoß zur Piave. Deutsche Truppen in Vittorio
5 Am Fuße der Julischen Alpen
6 Die deutschen Truppen von der Offensive erschöpft
7 Wilhelm II. und Karl I. genießen den letzten strategischen Erfolg der Mittelmächte. Teile Norditaliens sind in ihrer Hand

wichtigsten Industriezentren, ohne jedoch in eine geschlossene Aktion hinüberzuwachsen. Am 15. August streikten 16000 Leunaarbeiter trotz Androhung schärfster Strafen.

6

7

Die Antikriegs-bewegung in Heer und Flotte

Soldaten und Matrosen litten wie die Zivilbevölkerung unter dem Hunger und waren des Krieges längst überdrüssig. Nach der Februarrevolution glaubten nicht nur die russischen, sondern auch sehr viele deutsche Soldaten, daß das Ende des Krieges nun in greifbare Nähe gerückt sei. An der Ostfront verließen sie an vielen Abschnitten die Stellungen und besuchten einander. Es kam zu zahlreichen Soldatenverbrüderungen. Der einsetzende Zerfall des deutschen Ostheeres konnte weder mit Unterbindung der beiderseitigen Kontakte noch mit vaterländischem Unterricht verhindert werden. Weit stärker als im Heer traten oppositionelle und revolutionäre Tendenzen in der Flotte zutage. Im Kohlrübenwinter 1916/17 war der Hunger auf den Schiffen eingezogen. Beschwerden der Mannschaften über schlechte und nicht ausreichende Verpflegung wurden abgewiesen. An Bord vieler Schiffe herrschte eine gespannte Situation, als die Besatzungen Kunde von der Februarrevolution erhielten, die wie auch der Aprilstreik unter ihnen die Entstehung einer revolutionären Friedensbewegung förderte. Im März hatte auf dem Flaggschiff »Friedrich der Große« eine sozialistisch gesinnte Gruppe, der auch der Oberheizer Willi Sachse und der Matrose Max Reichpietsch angehörten, ihre agitatorische Tätigkeit aufgenommen. Auf dem Linienschiff »Prinzregent Luitpold« hatte sich ebenfalls eine Gruppe revolutionärer Matrosen gebildet, die von Albin Köbis und Hans Beckers geführt wurde. Als die sich immer mehr ausweitende Matrosenbewegung einer zentralen Leitung bedurfte, wurden damit Reichpietsch, Sachse, Weber, Köbis und Beckers betraut, die durch Verbindungsleute Einfluß auf die Bewegung auf den einzelnen Schiffen nahmen.

Am 6. Juni war auf dem Linienschiff »Prinzregent Luitpold« die Besatzung aus Protest gegen die erbärmliche Verpflegung in den Hungerstreik getreten.

Seit dem Frühsommer trugen sich die politisch fortgeschrittensten Besatzungsmitglieder mit dem Gedanken, den Massenstreik der Arbeiter durch einen allgemeinen Flottenstreik zu ergänzen, um die Regierung zu Friedensverhandlungen und zum Verzicht auf ihre imperialistischen Kriegsziele zu zwingen. Ende August/Anfang September sollte in Wilhelmshaven eine große politische Demonstration der Schiffsmannschaften für den Frieden durchgeführt werden. Als am 1. August 49 Heizer der »Prinzregent Luitpold« auf Schikane mit einem Protestausmarsch reagierten, wurden sofort 11 Heizer verhaftet und hart bestraft. Albin Köbis schlug vor, am 2. August hierauf mit einem Protestausmarsch der gesamten Mannschaft zu antworten. Am Morgen des 2. August begaben sich 600 Matrosen an Land. Das war eine unübersehbare Massenauflehnung gegen die Befehlsgewalt wie auch gegen den imperialistischen Krieg, was Albin Köbis mit den Worten unterstrich: »Wir sind die wahren Patrioten. Nieder mit dem Krieg! Wir wollen nicht mehr weiter Krieg führen!«

Die Flottenführung ging geschickt vor. Ehe die Zentrale der Matrosenbewegung entsprechende Maßnahmen beschließen konnte, war es den Schiffsführungen durch Massenverhaftungen gelungen, die Matrosenbewegung im IV. Geschwader zu zerschlagen. Albin Köbis, Willi Sachse, Hans Beckers und Wilhelm Weber wurden zum Tode verurteilt und Albin Köbis und Max Reichpietsch auf dem Schießplatz Köln/Wahn ermordet. Beckers, Sachse und Weber wurden zu Zuchthaus »begnadigt« und eingekerkert. Die revolutionäre Matrosenbewegung war nach dem Aprilstreik die zweite große Massenaktion gegen den imperialistischen Krieg.

Friedensmanöver der Opportunisten

Als das russische Proletariat nach seinem Februarsieg die Völker der Welt dazu aufrief, die Entscheidung der Frage: Krieg oder Friede? selbst in die Hand zu nehmen, gingen die Opportunisten einiger Länder daran, eine internationale Friedenskonferenz zu veranstalten. Damit wollten sie einerseits der Friedenssehnsucht der Volksmassen entgegenkommen, andererseits jedoch verhindern, daß diese den Aufruf des russischen Proletariats in die Tat umsetzten.

Ein Zustandekommen der Konferenz, die von dem holländisch-skandinavischen Einberufungskomitee für den 15. Mai festgesetzt war, scheiterte daran, daß sich die englischen, französischen und belgischen Regierungssozialisten weigerten, mit den deutschen und österreichischen Delegierten an einen Tisch zu setzen. Die Ententesozialisten waren in Übereinstimmung mit ihren Regierungen nicht daran interessiert, daß es zu einer Verständigung der deutschen und russischen Vertreter über ein Ausscheiden Rußlands aus dem Krieg kommt, worum es den deutschen Rechtsopportunisten in erster Linie ging.

Das Einberufungskomitee entschloß sich daraufhin, vorläufig mit den Delegationen, die ihre Teilnahme zugesagt hatten, Sondersitzungen durchzuführen. Am 3. Juni traf die Delegation der sozialdemokratischen Parteiführung in Stockholm ein, um ihre Vorstellungen von einem künftigen »Verständigungsfrieden«, den nach ihrer Auffassung selbstverständlich die imperialistischen Regierungen untereinander auszuhandeln und abzuschließen hätten, zu äußern.

Die USPD-Delegation traf Ende Juni in Stockholm ein. Ihre Vorstellungen unterschieden sich von denen der sozialdemokratischen Parteifüh-

1

2

3

Mazedonienfront 1917
1 Bulgarische Infanterie bei Monastir
2 Französische Infanterie bei Cerna
3 Die Angriffsoperationen der Orient-Armee im Jahre 1917 blieben ohne Erfolg
Naher Osten 1917
4 Englisches Truppenlager bei Romani auf Sinai
5 Deutsches Aufklärungsflugzeug über den Pyramiden von Gizeh

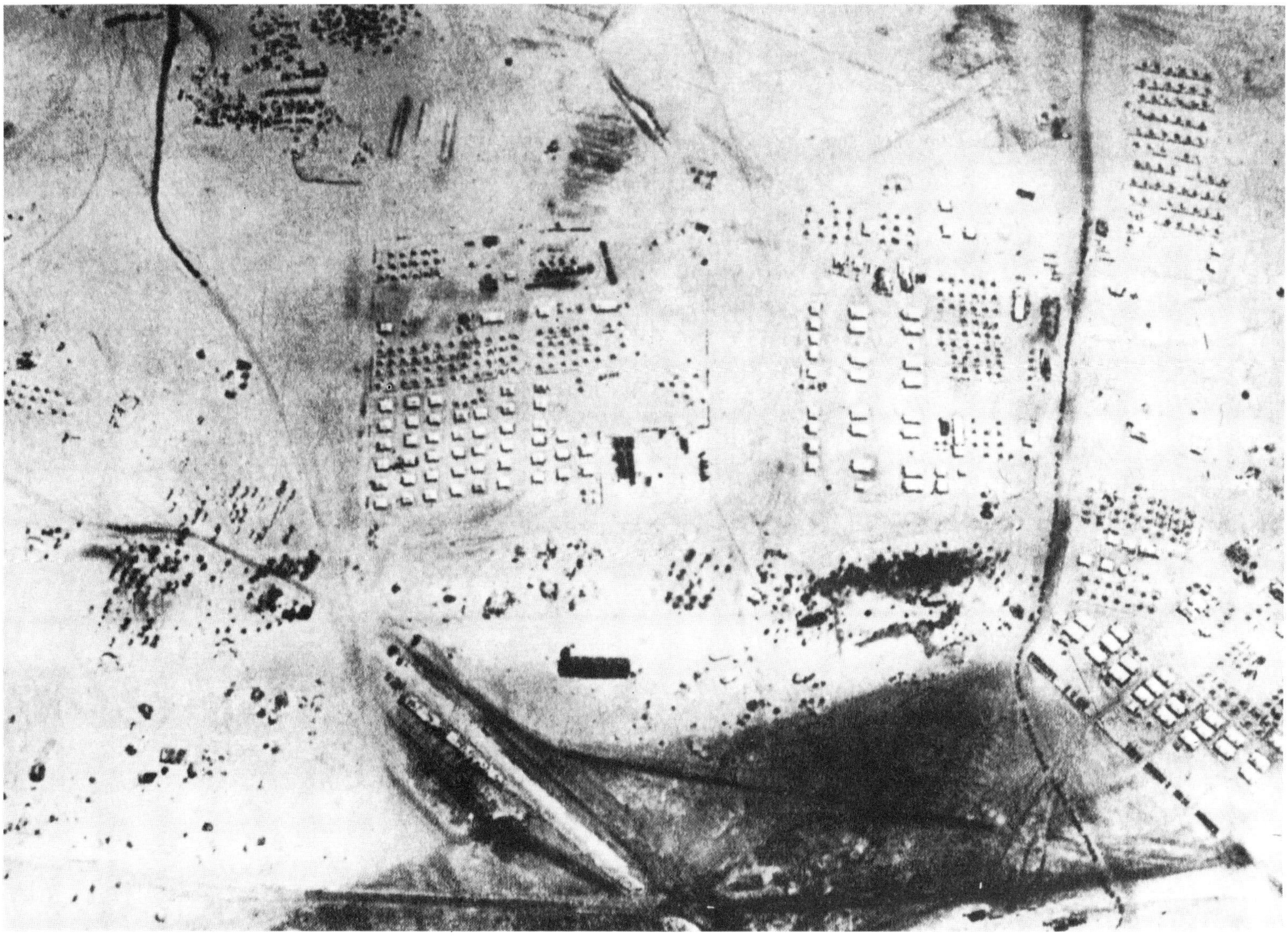
4

5

1

2

3

4

5

rung insofern, als sie wenigstens einige demokratische Forderungen enthielten. Franz Mehring hatte am 29. April im Namen der Spartakusgruppe eine Beteiligung an dieser Konferenz abgelehnt, weil auf dieser nicht die Interessen des deutschen Proletariats, sondern die der deutschen Regierung vertreten würden. Diesen Standpunkt teilten auch die Bolschewiki. Auf ihrer 7. gesamtrussischen Parteikonferenz erklärten sie, daß es prinzipiell unzulässig sei, an dieser Konferenz von Quasisozialisten teilzunehmen, die eine Komödie zur Tarnung des sich hinter ihrem Rücken abspielenden Kuhhandels von Diplomaten sei, die Annexionen gegen Annexionen auszutauschen suchten. Die Bolschewiki würden sich nur mit solchen Parteien beraten und Bündnisse schließen, die auch in ihrem eigenen Lande revolutionär für den Übergang der ganzen Staatsmacht in die Hände des Proletariats kämpften.

Die Kampfhandlungen auf dem westlichen Kriegsschauplatz 1917

Die neue Führung der OHL hatte im Herbst 1916 und im Winter 1916/1917 zahlreiche Maßnahmen unternommen, um die Standhaftigkeit und Aktivität der Verteidigung auf dem westlichen Kriegsschauplatz zu erhöhen. Die Ausbildung der Kampftruppen für die Verteidigung wurde verbessert. Dazu war am 1. 12. 1916 die Vorschrift »Grundsätze für die Führung in der Abwehrschlacht im Stellungskrieg« in Kraft gesetzt worden. Das Neue in dieser Vorschrift bestand in der Forderung, die Verteidigung beweglich zu führen und das taktisch-operative Verteidigungssystem noch tiefer aufzubauen. Um verlustreiche Kämpfe zu vermeiden, wurde den Truppenführern das Recht eingeräumt, Gelände aufzugeben und in der Tiefe vorbereitete Stellungen zu beziehen. Es wurde empfohlen, vorgeschobene Stellungen zu schaffen, die mit Beginn der Artillerievorbereitung des Gegners geräumt werden konnten. Damit sollten einerseits die Verluste der Truppen gesenkt und andererseits die Wirkung der Artillerievorbereitung des Gegners herabgemindert werden. Großer Wert wurde auf schnelle Gegenangriffe gelegt. Vergrößerte Entfernungen zwischen den Stellungen sollten den Gegner zwingen, bei Einbruch in eine Stellung, die Feuerstellungsräume der Artillerie zu wechseln.

1 Englische Truppen im Vormarsch auf Mosul
2 Englische Artillerie verläßt Bagdad in Richtung Nordosten
3 Türkische Truppen in Palästina
4 Englische Truppen marschieren in Richtung Jaffa
5 Enlisches Kamelkorps im Jordan-Tal
6 Der Oberbefehlshaber der 4. türkischen Armee, Djemal Pascha, muß sich mit seinen Truppen in Richtung Haifa (Beirut) zurückziehen

Wichtigste operativ-strategische Maßnahme war die Verkürzung der Frontlinie zwischen Arras und Soissons. Dort standen in einem weit nach Westen vorspringenden Frontbogen 3 deutsche Armeen. Ihre Zurücknahme auf eine langfristig vorbereitete Stellung – die »Siegfriedstellung« – verkürzte die Frontlinie um rund 50 km. Dadurch gewann die OHL für die strategische Reserve 13 Divisionen und 100 Batterien Artillerie. Auch an anderen Frontabschnitten des Nordflügels wurden rückwärtige Stellungen vorbereitet. Für den Verlauf der Kampfhandlungen im Frühjahr 1917 war das von entscheidender Bedeutung, da die OHL in diesem Abschnitt mit einer mächtigen Offensive der Entente rechnete.

6

Der Rückzug in die »Siegfriedstellung« wurde ohne gegnerische Einwirkung Mitte März durchgeführt. Er war unter größter Geheimhaltung vorbereitet worden und erhielt den Decknamen »Alberich«. Die sich zurückziehenden Truppen zerstörten die Infrastruktur des geräumten Gebietes, zwangen die arbeitsfähige Bevölkerung mitzugehen und transportierten Rohstoffe, Lebensmittel und Vieh nach Deutschland. So wurde durch die deutschen Imperialisten bereits im ersten Weltkrieg die »Taktik der verbrannten Erde« geboren.

In Verbindung mit dem Rückzug kam es zu einer Umgruppierung der deutschen Streitkräfte auf dem westlichen Kriegsschauplatz. Die Heeresgruppe Kronprinz Rupprecht von Bayern (4., 6. und 2. Armee) verteidigte mit 49 Divisionen den Frontabschnitt Yser-Mündung–La Fère. Hinter ihr standen 12 Divisionen der Reserve der OHL. Dieser Gruppierung gegenüber standen die belgische Armee, die englischen Streitkräfte in Frankreich (2., 1., 3., 5. und 4. Armee) und die 3. Armee der französischen Heeresgruppe Nord. Im Frontabschnitt La Fère–westlich Metz verteidigte sich die Heeresgruppe Deutscher Kronprinz (7., 1., 3.

1

2

3

Der uneingeschränkte U-Boot-Krieg 1917

2 Großadmiral Prinz Heinrich von Preußen begrüßt rückkehrende U-Boot-Besatzung

3 Ein englischer Offizier als Gefangener auf Deck eines deutschen U-Bootes

4 Torpedierung eines Handelsschiffes

5 Das deutsche U-Boot UC-61, das am 26.7.1917 in der Straße von Calais auf eine Mine lief

6 Französisches U-Boot mit 450-mm-Torpedo

und 5. Armee) mit 50 Divisionen. Die strategische Reserve in diesem Frontabschnitt bestand aus 13 Divisionen. Ihr gegenüber handelten die 1. Armee der französischen Heeresgruppe Nord, die französische Heeresgruppe Durchbruch (6., 5. Armee) und die französische Heeresgruppe Mitte (4. und 2. Armee). Hinter beiden Heeresgruppen wurde die 10. französische Armee aufgestellt. Die Heeresgruppe Herzog Albrecht von Württemberg (Armeeabteilung A, B und C) verteidigte den Frontabschnitt westlich Metz–Schweizer Grenze mit 23 Divisionen (dahinter 3 Divisionen der Reserve der OHL) gegen die französische Heeresgruppe Ost (8. und 7. Armee). Insgesamt handelten auf dem westlichen Kriegsschauplatz Ende März 1917 152 deutsche gegen 196 Divisionen der Entente.

Der Plan für die Frühjahrsoffensive der Entente war unter Federführung des Obersten Befehlshabers der französischen Streitkräfte, General Nivelle, in Zusammenarbeit mit dem Oberbefehlshaber der englischen Streitkräfte, General Haig, entstanden. Der Angriffstermin und der Operationsplan mußten – vor allem infolge des Rückzuges der deutschen Truppen – mehrfach verschoben bzw. geändert werden.

Der Operationsplan sah vor, mit den Hauptkräften des Nordflügels auf breiter Front – von der Kanalküste bis nördlich Verdun – die deutsche Verteidigung anzugreifen, die gegenüberstehenden deutschen Gruppierungen zu zerschlagen und die allgemeine Linie Brügge–Gent–Löwen–Sedan zu erreichen. Geplant wurde demzufolge ein strategischer Durchbruch mit dem Ziel, die Masse des deutschen Westheeres – zwei Heeresgruppen – zu zerschlagen. Ein solcher Erfolg hätte kriegsentscheidend sein können.

Die deutsche Verteidigung sollte an zwei Frontabschnitten – östlich Arras und zwischen Reims und Soissons – durchbrochen werden. Die an anderen Frontabschnitten geplanten Angriffsoperationen hatten zunächst eine begrenzte Zielsetzung. Sie sollten die OHL daran hindern, die dort befindlichen Reserven gegen die durchgebrochenen alliierten Angriffsgruppierungen einzusetzen. Es wurden vier Angriffsgruppierungen geschaffen, die aufeinanderfolgend angreifen sollten.

Der Angriff der englischen Angriffsgruppierung (1. und 3. Armee) aus dem Raum östlich Arras in Richtung auf Cambrai begann am 9. 4. Ihm war eine dreiwöchige Artillerievorbereitung vorangegangen, bei der mit 200 Geschützen pro Frontkilometer die höchste Rohrdichte im ersten Weltkrieg erreicht wurde. Außerdem wurden Fliegerschläge gegen Eisenbahnknotenpunkte, Flugplätze und Reserven geführt. Die Gefechtsordnungen der Armeekorps bestanden aus 2–3 Staffeln. Jedem Armeekorps war eine geringe Anzahl von Panzern zur Unterstützung zugeteilt worden.

Im Ergebnis der Artillerievorbereitung waren fast alle Kräfte und Mittel in der 1. deutschen Stellung vernichtet worden, so daß sie innerhalb 40 Minuten eingenommen wurde. Am Abend des 9. 4. waren die englischen Truppen auf 15 km Breite bis 6 km tief in die Verteidigung der 6. deut-

4 

5 

6 

Der Plan der Entente für die Offensive auf dem westeuropäischen Kriegsschauplatz im Frühjahr 1917

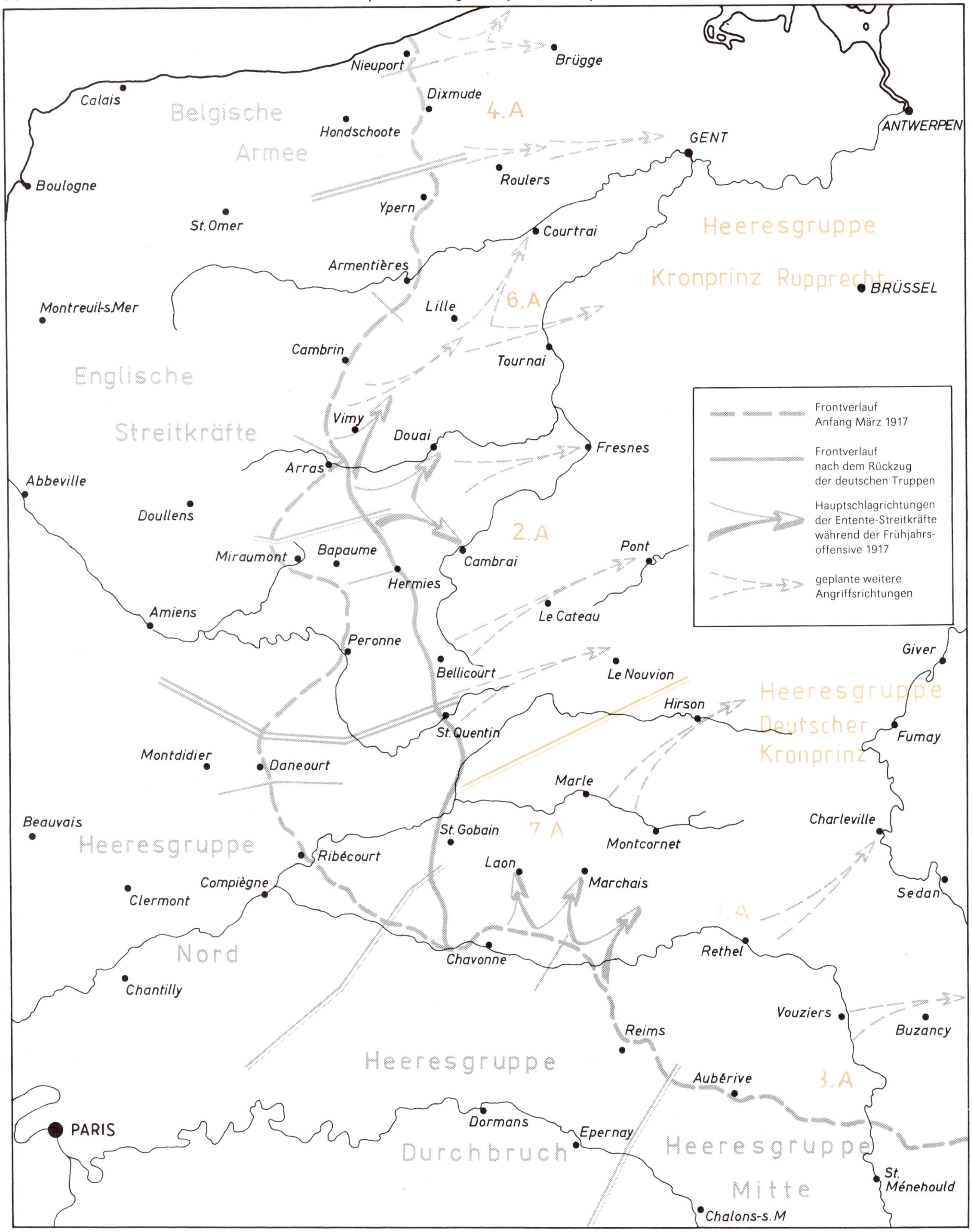

1

2

3

1 Laufender Torpedo
2 Im Maschinenraum eines deutschen U-Bootes
3 Ankertaumine

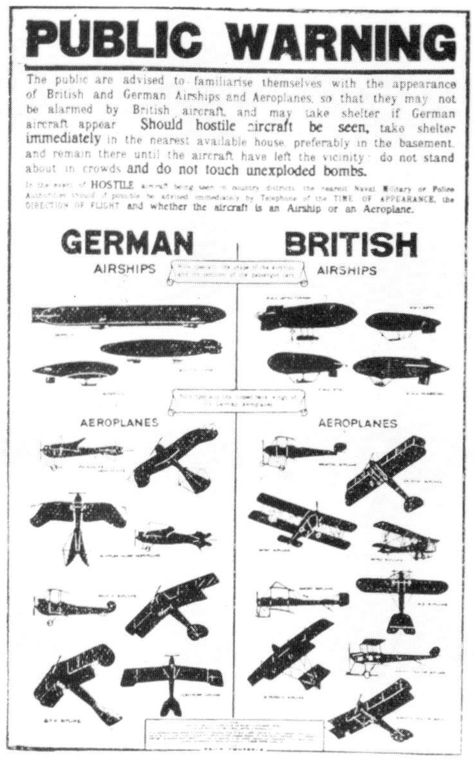

4

1

2

schen Armee eingebrochen, und die Divisionen ihrer 1. Staffel waren vollständig zerschlagen. Es bestand die reale Gefahr des Durchbruchs der Verteidigung dieser Armee. In den folgenden Tagen griffen jedoch die englischen Truppen nicht mehr mit der Entschlossenheit der Vortage an. Am 12. und 13. 4. zogen sich die deutschen Truppen auf eine rückwärtige Stellung zurück, während gleichzeitig Divisionen aus der Reserve der Armee in die Schlacht eingeführt wurden. Alle weiteren englischen Versuche, die deutsche Verteidigung zu durchbrechen, scheiterten. Am 20. 5. wurden die Angriffshandlungen eingestellt. Die englischen Verluste betrugen 140000, die deutschen 85000 Mann.

Für den Durchbruch der deutschen Verteidigung im Frontabschnitt Reims–Soissons waren 3 Angriffsgruppierungen bereitgestellt worden. Die Artillerievorbereitung hatte eine Dauer von 7–15 Tagen. Deutscherseits waren die französischen Angriffsvorbereitungen erkannt worden. Die Offensive an diesem Frontabschnitt begann am 14. 4. mit einem Angriff der 3. französischen Armee in Richtung St. Quentin, der am gleichen Tag infolge des starken Widerstands der deutschen Truppen eingestellt wurde. Am 16. 4. 06.00 Uhr begann der Angriff der Hauptgruppierung – der 5. und 6. französischen Armee – in Richtung Hirson. Ihnen folgte ab Mittag als 2. Staffel die 10. französische Armee. Auch dieser Angriff brach bereits am ersten Operationstag zusammen. Wesentliche Ursache waren ernste Mängel in der Truppenführung. Die Artillerieunterstützung des Sturmangriffs der Infanterie lief nach einem exakten Zeitplan ab. Aber in dem durch Regen aufgeweichten Gelände konnte die Infanterie der Feuerwalze der Artillerie nicht im festgelegten Tempo folgen. Die Angaben der Luftaufklärung über den Zerstörungsgrad der deutschen Stellungen erwiesen sich als unzureichend, vor allem waren die Hinterhangstellungen unversehrt. Am 17. 4. begann der Angriff der 4. französischen Armee östlich von Reims. Auch hier kam der französische Angriff an einer Hinterhangstellung zum Stehen.

Da die OHL im Frontabschnitt Reims – Soissons über die stärksten Reserven verfügte (14 Divisionen), kam es dort zu starken deutschen Gegenangriffen, die die französischen Angriffsgruppierungen fast bis auf ihre Ausgangsstellungen zurückwarfen. Statt wie von Nivelle geplant, die deutsche Verteidigung in einem Zuge zu durchbrechen, kam es nun wie 1916 bei Verdun und an der Somme zu sich ständig wiederholenden verlustreichen Angriffen. Sie dauerten bis Mitte Mai an. Am 15. 5. wurde Nivelle als Oberster Befehlshaber durch General Pétain abgelöst.

Aus der geplanten Durchbruchsschlacht war wiederum eine verlustreiche Materialschlacht geworden, die erneut Hunderttausende Menschenleben kostete. Die französischen Verluste betrugen fast 200 000, die deutschen etwa 150 000 Mann. Die Schlacht bei Arras, an der Aisne und in der Champagne war ein Höhepunkt in der Krise der Kriegskunst imperialistischer Streitkräfte. Auf einer Beratung der obersten politischen und militärischen Führungsorgane Frankreichs und Englands wurde die Schlußfolgerung gezogen, daß der Durchbruch einer gut vorbereiteten Stellungsverteidigung grundsätzlich nicht möglich sei. Es wurde befohlen, die Strategie der Ermattung der Kräfte des Gegners weiterzuführen, allerdings durch Angriffsoperationen begrenzter Zielsetzung. Dabei sollten die eigenen Kräfte geschont und dem Gegner höhere Verluste zugefügt werden.

Die französischen Landstreitkräfte erwiesen sich jedoch nicht in der Lage, in der zweiten Hälfte große Angriffsoperationen durchzuführen. Angesichts der gescheiterten Offensive bei Soissons und Reims, der riesigen Verluste und der Februarrevolution in Rußland entstand im Volk und in den Streitkräften Frankreichs eine breite Bewegung, die die Beendigung des Krieges forderte. Im Verlaufe des Monats Mai wurden in 45 französischen Divisionen Soldatenräte gebildet. Es kam zu massenhaften Befehlsverweigerungen, und es wurden Vorbereitungen für einen Marsch nach Paris getroffen, um die Regierung zu stürzen. Pétain ließ diese revolutionäre Bewegung mit drakonischen Bestrafungen (Erschießungen, Deportation, langjährige Haftstrafen) und demagogischen Versprechungen abwürgen.

Der englische Oberbefehlshaber, General Haig, nutzte den Umstand, daß hauptsächlich seine Truppen angriffsfähig geblieben waren, dafür aus, die bereits um die Jahreswende 1916/1917 erwogene Offensive in Flandern durchzuführen. Geplant und durchgeführt wurden zwei Angriffsoperationen.

Die erste Angriffsoperation hatte das Ziel, den nach Westen vorspringenden deutschen Frontbogen bei Wytschaete wegzunehmen. Die Front war in diesem Abschnitt seit 1914 unverändert. Im Januar 1916 hatten englische Pioniertruppen dort begonnen, unter die vorderen deutschen Stellungen Stollen vorzutreiben. Sie waren mit 500 Tonnen Sprengstoff gefüllt worden. Dessen Zündung am 7. 6. 04.00 Uhr führte zur Zerstörung des größten Teils dieser Stellungen. Das war zugleich das Signal für den Angriffsbeginn der 2. englischen Armee, die, unterstützt von 76 Panzern, bis 06.00 Uhr das Gelände der zerstörten Stellungen in Besitz nahm. Die englische Artillerie verhinderte einen deutschen Gegenangriff. Die deutschen Truppen benutzten eine längere taktische Pause des Angreifers, um eine vorbereitete rückwärtige Stellung zu besetzen. Damit war die Möglichkeit eines tiefen Durchbruchs vergeben. Der Angriff wurde am 8. 6. eingestellt. Durch die Beseitigung des Frontvorsprungs war für die englischen Streitkräfte die operative Voraussetzung für eine strategische Offensive in Flandern geschaffen worden.

Die Offensive in Flandern hatte kein klares operatives Ziel. Das englische Oberkommando wollte die 4. deutsche Armee etappenweise aus Flandern vertreiben, nur im günstigsten Fall rechnete man mit einem Durchbruch. Die Angriffsgruppierung erhielt die Aufgabe, aus dem Raum östlich Ypern bis Paschendaele frontal vorzudringen und dann in Richtung Ostende einzuschwenken. 4 Tage nach Angriffsbeginn sollte eine Landungsoperation bei Middelkerke durchgeführt werden. Hauptziel der Operation war demzufolge die Einnahme der deutschen Marinebasen an der flandrischen Küste und nicht die Zerschlagung der 4. deutschen Armee.

Für die Offensive wurden die 5. und 2. englische Armee sowie die 1. französische Armee bereitgestellt.

Die Breite der Angriffsfront betrug 25 km. Die in der Hauptrichtung handelnde 5. englische Armee (vier Armeekorps) wurde in 3 Staffeln aufgestellt. Die Angriffsbreiten der Divisionen betrugen durchschnittlich 1600 Meter. Dadurch war es auch den Divisionen möglich, Gefechtsordnungen mit mehreren Staffeln zu bilden. Jedes Armeekorps erhielt eine Panzerbrigade zur Unterstützung. Geplant wurden außerdem massierte Schläge mit Fliegerkräften gegen rückwärtige Stellungen. Für die Artillerievorbereitung wurden 9 Stunden vorgesehen.

Da die Taktik und die operativen Methoden des Angriffs im wesentlichen die gleichen waren, wie in den vorangegangenen Offensiven, mußte zwangsläufig auch der Verlauf prinzipiell gleich sein. Der Angriff begann am 31.7.1917. In der Hauptschlagrichtung erzielte die 5. Armee am ersten Tag einen Geländegewinn von 1–3 km. Nun wurden die Angriffe fast täglich weitergeführt. Nach 4 Wochen war der Einbruch in die deutsche

Kräfteverhältnis zu Beginn der Flandernschlacht

	Truppen der Entente	Deutsche Truppen	Kräfteverhältnis
Divisionen	32	18	1,7 : 1
Geschütze	3500	1150	3 : 1
Panzer	216	–	
Flugzeuge	680	600	1,1 : 1

1 Ankunft von USA-Truppen in Nantes (Nordfrankreich) im Spätsommer 1917
2 Deutsches U-Boot großer Wasserverdrängung mit 150-mm-Kanone

Verteidigung 7 km tief. Als Anfang November 1917 die Angriffshandlungen eingestellt wurden, war die deutsche Front auf einer Breite von 25 km bis zu 12 km zurückgedrängt worden. Für dieses bescheidene Ergebnis hatten 400000 Soldaten der Entente ihr Leben gelassen. Auf deutscher Seite gab es 200 000 Tote.

Die Flandernschlacht war die letzte strategische Offensive der Entente auf dem westlichen Kriegsschauplatz im Jahre 1917. Während der gleichen Zeit führte die Entente Angriffsoperationen begrenzter Zielsetzung bei St. Quentin, an der Aisne, bei Verdun und an anderen Frontabschnitten durch, vorzugsweise mit dem Ziel zu verhindern, daß die OHL dort Truppen zugunsten der Flandernfront abzog. Tatsächlich setzte die OHL jedoch etwa 60 % aller Divisionen des Westheeres in einer Art Austauschverfahren in Flandern ein.

Die Schlacht bei Cambrai

Von diesen Angriffsoperationen hatte die bei Cambrai eine besondere Bedeutung. Haig wollte angesichts des Mißerfolges in Flandern das Kriegsjahr 1917 mit einem begrenzten Erfolg bei geringen Verlusten beenden. Dem englischen Oberbefehlshaber stand im Herbst 1917 ein Panzerkorps mit etwa 400 Fahrzeugen zur Verfügung. Er gab dem Drängen des englischen Panzerfachmanns Fuller nach, erstmalig einen Masseneinsatz von Panzern zu erproben. Gesucht wurde ein Frontabschnitt mit vorwiegend flachem Gelände, an dem seit Monaten keine aktiven Kampfhandlungen stattgefunden hatten und an dem der Gegner nur zahlenmäßig schwache Kräfte eingesetzt hatte. Man entschied sich für den Frontabschnitt westlich Cambrai, an dem die deutsche Verteidigung allerdings pioniermäßig umfassend ausgebaut war.

Das operative Ziel der Angriffsoperation war wie in Flandern nicht exakt festgelegt. Geplant wurde auf 10 km Breite in die deutsche Verteidigung einzudringen, die Linie Bourlon–Cambrai zu erreichen und gegebenenfalls dann in die operative Tiefe vorzustoßen. Ein Durchbruch der deutschen Verteidigung wurde also nicht ausgeschlossen, es war aber nicht klar, wie er ausgenutzt werden sollte.

Im Gegensatz zu früheren Angriffsoperationen legte das englische Oberkommando höchsten Wert darauf, das Überraschungsmoment zu erreichen. Zu diesem Zweck wurde auf jegliche Artillerievorbereitung verzichtet. Alle Vorbereitungsmaßnahmen wurden streng geheimgehalten und getarnt durchgeführt. Da die deutsche Artillerie der gefährlichste Gegner der Panzer war, wurde ein großer Teil der eigenen Artillerie eingesetzt, um mit Angriffsbeginn die deutsche Artillerie niederzuhalten. Dafür wurden auch Fliegerschläge geplant.

Die Schlacht bei Cambrai im November/Dezember 1917

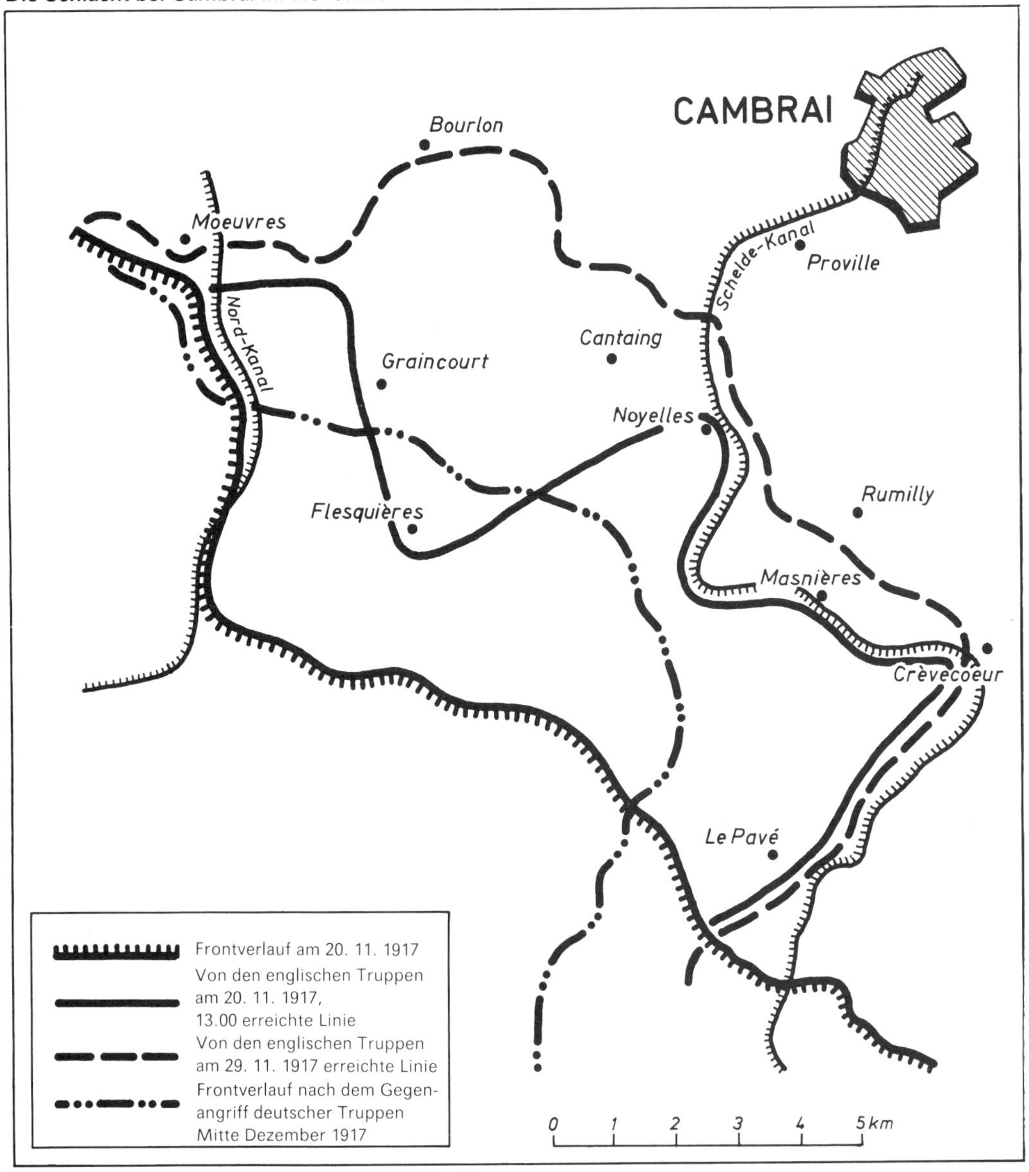

Die operative Gliederung der Angriffsgruppierung der 3. englischen Armee umfaßte in der 1. Staffel 2 Armeekorps (zu je 3 Divisionen), ein Kavalleriekorps und ein Panzerkorps und in der 2. Staffel ein Armeekorps und ein Kavalleriekorps. Außerdem wurde eine Reserve aus 2 französischen Infanteriedivisionen und 3 französischen Kavalleriedivisionen gebildet.

Das Panzerkorps, bestehend aus 3 Brigaden zu je 3 Bataillone, war auf die Armeekorps der 1. Staffel aufgeteilt. Die Aufgabe der Panzer bestand darin, die Pioniersperren (vor allem Drahthindernisse) niederzuwalzen, MG-Stellungen und lebende Kräfte in den Gräben zu vernichten und somit der nachfolgenden Infanterie den Weg zu bahnen. Weitere Aufgaben waren die Unterstützung der Infanterie bei der Einnahme der Feuerstellungen der Artillerie und bei der Einnahme der Ortschaften. Die Kavalleriekorps sollten nach dem Durchbruch der taktischen Verteidigungszone eingeführt werden.

In der 1. Staffel der englischen Armeekorps handelten 7 Infanteriedivisionen, denen etwa 3 deutsche Infanteriedivisionen der 2. deutschen Armee gegenüberstanden, so daß das taktische Kräfteverhältnis 2:1 betrug. Am Angriff nahmen 376 Kampfwagen vom Typ Mark IV teil.

Der Angriff begann am 20. 11. 1917 07.06 Uhr mit einem Feuerüberfall aus 1160 Rohren Artillerie, während die Panzer gleichzeitig die Bereitstellungsräume verließen. Nach dem Überrollen der Sturmausgangslinie folgte die Infanterie in Abständen von 200–300 Meter, während die Artillerie die übliche Feuerwalze schoß.

Der massierte Panzerangriff kam für die deutschen Truppen in den vorderen Stellungen überraschend. Bereits gegen 12.00 Uhr hatten die angreifenden englischen Truppen auf 10 km Breite die taktische Zone in einer Tiefe von 7 km durchstoßen, 7000 Gefangene gemacht und 100 Geschütze erbeutet. Die dann in die Schlacht eingeführten Kavalleriekorps erweiterten den Erfolg nur unwe-

1

2

Die Verleihung des erblichen Adelsstandes an die Fabrikbesitzer Dr. Wilhelm Opel und Heinrich Opel wird in den Kreisen der deutschen Industrie besonderes Interesse erwecken. Die beiden Herren von Opel sind Mitbesitzer der bekannten Automobilwerke und haben diese seltene Auszeichnung ihren großen Verdiensten um den Automobilismus, besonders auch ihren Leistungen auf dem Gebiete des Kraftfahrwesens im Kriege, zu verdanken. Die

3

Rumänische Petroleumbohrtürme wieder im Betrieb

4

August Thyssen.

Der große Industrielle am Niederrhein hat in Mülheim (Ruhr) im Jahre 1868 seine Unternehmertätigkeit eröffnet. An das kleine Walzwerk schlossen sich immer neue Betriebe der Eisenindustrie an. Die Werke des Thyssenschen Konzerns gehören heute zu den größten Unternehmungen Europas. Hochöfen, Walzwerke, Stahlwerke aller Art, Kokereien, Steinkohlengruben, Erzgruben, Schiffahrts-Unternehmungen, Maschinenfabriken, alles von der modernsten Form technischer und wirtschaftlicher Entwicklung durchzogen, verknüpfen sich mit dem Organisationssinn Thyssens. Der scharfe Verstand dieses seltenen Führers unseres Wirtschaftslebens und seine ungeheure Arbeitskraft, auch noch im hohen Alter, sind charakteristisch für die neueste Form der deutschen Groß-Wirtschaft.

5

sentlich. Gegen 17.00 Uhr wurde der Angriff eingestellt und erst gegen Mittag des 21. 11. wieder aufgenommen. Wie bei vorangegangenen Angriffsoperationen hatte die deutsche Truppenführung die Möglichkeit, Reserven heranzuführen und den operativen Durchbruch ihrer Verteidigung zu verhindern. Alle weiteren englischen Angriffe in den folgenden Tagen brachten keinen wesentlichen Erfolg. Am 30. 11. und 1. 12. führte das Oberkommando der 2. deutschen Armee mit 18 Divisionen einen starken Gegenschlag, in dessen Ergebnis ein Teil des Geländes wieder eingenommen und südlich davon in die englische Verteidigung eingebrochen werden konnte. Im Gesamtergebnis der Schlacht bei Cambrai verloren die englischen Truppen 45 000, die deutschen 41 000 Mann.

Diese Schlacht hatte – trotz ihrer Erfolglosigkeit – grundsätzliche Bedeutung für die Entwicklung der Kriegskunst. Erstmalig war es im Zusammenwirken zwischen Infanterie, Panzern und Artillerie in einem für damalige Verhältnisse hohem Angriffstempo gelungen, eine pioniermäßig gut ausgebaute taktische Verteidigungszone zu durchbrechen. Die Auswertung in beiden Koalitionen verlief allerdings in unterschiedlicher Richtung. Obwohl es unter den Militärs Englands und Frankreichs weiterhin Skepsis gegenüber der neuen Waffe gab, setzte sich nunmehr die Erkenntnis durch, daß sie ein brauchbares Mittel der Kriegführung war. In England und Frankreich wurden die Arbeiten zur technischen Verbesserung der Panzer intensiviert, und es wurde zur Massenproduktion übergegangen. In Deutschland wurden zwar die Arbeiten an einem fronteinsatzfähigen Panzer beschleunigt; die Hauptaufmerksamkeit der OHL galt jedoch der Entwicklung der Panzerabwehr.

1

2

1 Lebensmittelschlange

Prof. Dr. Backhaus, Phot. Berl. Illustr. Ges.
Erfinder der Fett- und Eiweiß-Herstellung aus Getreide.

Die Gewinnung von Fett und Eiweiß aus Getreide

ist eines der wichtigsten Forschungsergebnisse dieser schweren Kriegszeit, das seinen Teil dazu beitragen wird, Deutschland vom Auslande unabhängig zu machen. Da gerade Fett und Eiweiß für eine genügende Volksernährung am notwendigsten sind und deren Beschaffung in den Ländern Mitteleuropas auf dem bisher üblichen Wege nicht in ausreichendem Maße möglich war, so darf in dem neuen Verfahren, beide Grundstoffe der menschlichen Nahrung aus dem Getreide zu gewinnen, ohne dieses selbst seiner Bestimmung entziehen zu müssen, ein wesentlicher Erfolg erblickt werden. Die deutsche Wissenschaft hat damit aufs neue die auf sie gesetzten Hoffnungen glänzend gerechtfertigt.

Aus dem Getreidekeim, der sich aus dem gequollenen Korn in der bei den Brauereien üblichen Weise entwickelt, und der in seiner Zusammensetzung dem Hühnerei ähnelt, wird auf Grund der Angaben des Professors Dr. Backhaus ein brauchbares Speiseöl und Rohstoff für die Erzeugung von Margarine gewonnen. Die Entkeimung ist den deutschen Mühlen übertragen worden, und in fünf Ölwerken soll die Weiterverarbeitung erfolgen. Durch die Entkeimung der Körner erfolgt außerdem eine Verbesserung des aus ihnen gewonnenen Mehles, denn es werden ihnen die Fettsäuren entzogen, auf deren Anwesenheit häufig Ranzigkeit, Bitterkeit und Muffigkeit beruhen.

Das Eiweißmehl, welches aus den Keimen erzeugt wird, ist außerordentlich nahrhaft, es ersetzt die dreifache Menge Fleisch; zwanzig Gramm haben den Nährwert eines Hühnereies. Da sich der Maiskeim durch besonderen Fettreichtum auszeichnet, kommen auch die Ergebnisse der immer sehr erheblichen Maisernte unserer Bundesgenossen für diesen neuen Sieg deutschen Geistes mit in Frage. Mais liefert 2 % Fett, so daß man aus einem Waggon dieser Frucht fünf Zentner Margarine herstellen kann.

Seife aus Braunkohle.

Die heutige Kriegswirtschaft hat die chemische Technologie gezwungen, alle nur möglichen Rohstoffe heranzuziehen, um aus ihnen diejenigen Bestandteile zu gewinnen, die unserm Wirtschaftsleben durch den Abschluß vom Welthandel zu einem guten Teile fehlen. Der berühmte Chemiker Prof. Harries, dessen Name bekannt ist als Entdecker eines Verfahrens zur Herstellung von künstlichem Kautschuk, hat nun mit großem Erfolg Versuche angestellt, um aus Teerölen, die bei der Destillation von Braunkohlen entstehen, durch die Behandlung mit Ozon und Wasserdampf nutzbare Fettsäuren zu gewinnen, die nach der Behandlung mit Kalilauge zur Herstellung von Seifen benutzt werden können, und zwar nicht nur zu Schmierseifen, sondern auch zu Hartseifen, den sogenannten Toilettenseifen. Die Schmierseife läßt sich in die feste Natronseife durch die Behandlung mit Benzol und Natronlauge umwandeln; die Seife soll sehr gut schäumen und findet neuerdings auch in der Industrie Verwendung. Von erheblicher Bedeutung ist ein solches Verfahren auch für unsere Nahrungsmittel, denn große Fettmengen dienen der Herstellung von Seife. Braucht man diese Fettmengen in der Herstellung von Seife nicht mehr, so werden sie für Nahrungszwecke frei. Wenn auch naturgemäß dieser Zustand wohl erst nach einer Reihe von Jahren eintreten wird, so ist heute schon zu erkennen, wie mit Hilfe der Heranziehung aller sonst wohl als wertlos betrachteten Stoffe eine Umwandlung in der Verteilung der Rohstoffe erfolgt, und wie der Handel immer mehr abhängig wird von den technischen Fortschritten in der Industrie. Die Braunkohlenindustrie hat gerade in der Kriegszeit einen außerordentlichen Aufschwung genommen. Deutschland verfügt über ganz bedeutende Braunkohlenlager in Mitteldeutschland, deren Verarbeitung auf Nebenprodukte naturgemäß gleichfalls im großen Umfange erfolgt und noch mehr erfolgen wird. Die großen Braunkohlenbergwerke richten heutzutage gewaltige Fabriken ein, um mit Hilfe von Generatoren oder Vergasern, die Kohle in ihre Bestandteile zu zerlegen und durch die weitere Behandlung dieser einzelnen Bestandteile Öle und Fette verschiedener Art zu erzeugen. Übrigens werden heutzutage in verschiedenen Gegenden Deutschlands auch gewisse ölhaltige Schiefer zur Erzeugung von Ölen herangezogen.

Prof. Dr. C. Harries, Berlin, Berl. Illustr. Ges.
Erfinder der Seifenherstellung aus Braunkohle-Teeröl.

3

1

2

Die Regierungskrise im Juli 1917 und der Sturz des Reichskanzlers Bethmann Hollweg

Seit der Jahreswende 1916/17 verstärkte die imperialistisch-konservative Machtgruppe ihren Kampf gegen Bethmann Hollweg. Sie erblickte im Friedensangebot vom Dezember 1916 den Beweis für den Verzicht des Kanzlers auf »positive« Kriegsziele.

Davon konnte natürlich keine Rede sein. Mit Hilfe der von ihm verfolgten Separat-Friedenstaktik wollte Bethmann Hollweg eine Verschiebung des Kräfteverhältnisses zugunsten Deutschlands herbeiführen, den Sieg über die Entente gewährleisten und das Kriegszielprogramm so weit verwirklichen, wie dies unter den gegebenen Bedingungen überhaupt möglich war. Zusammen mit der OHL, die bereits Anfang Januar den Rücktritt Bethmann Hollwegs gefordert hatte, organisierte die imperialistisch-konservative Machtgruppe eine Verschwörung, die den Sturz des Reichskanzlers sowie die Verbindung von politischer und militärischer Führung in Personalunion Hindenburgs zum Ziel hatte, jedoch vertagt werden mußte.

Die OHL faßte ins Auge, jetzt den Kanzler auf dem Wege über eine Kriegszieldiskussion zu stürzen. Am 5. April forderte Hindenburg den Kanzler auf, gemeinsam mit der OHL ein Minimal- und Maximalprogramm zu formulieren und anschließend auch Kriegszielvereinbarungen mit den Bundesgenossen zu treffen. Bethmann Hollweg lehnte dies am 16. April ab. Am 21. April forderte Hindenburg vom Kaiser erneut die Entlassung Bethmann Hollwegs. Wilhelm II. stellte sich hinter die Forderung des Generals und befahl den Kanzler für den 23. April zu einer Kriegszielkonferenz mit der OHL nach Kreuznach. Als Ergebnis der Kreuznacher Beratung wurden folgende Kriegsziele festgelegt:

Im Osten: Annexion Kurlands und Litauens, möglichst Erwerb von Teilen der übrigen Ostseeprovinzen einschließlich der Inseln Dagö (Chiumaa), Moon (Muhu) und Ösel (Saaremaa); militärische, politische und wirtschaftliche Oberhoheit über Polen, Annexion und Germanisierung eines Grenzstreifens mindestens bis zur Linie Narew–Ostrolenka–Mława einschließlich eines »Sicherungsgeländes« für das oberschlesische Industriegebiet; Vergrößerung Polens nach Osten; Entschädigung Rußlands in Ostgalizien und in der Moldau, Kompensation für Österreich in Serbien und Rumänien; Übergabe Mazedoniens und der Dobrudscha an Bulgarien; Sicherung der deutschen Erdölinteressen in Rumänien.

Im Westen: Militärische Kontrolle Belgiens bis zum Abschluß eines Schutz- und Trutzbündnisses; Annexion oder erzwungene Pacht Lüttichs und der flandrischen Küste mit Brügge; deutsche Oberhoheit über die belgischen Eisenbahnen; Annexion des Gebietes von Arlon wegen der dortigen Erzlager; Verwandlung Luxemburgs in einen deutschen Bundesstaat; Annexion des Erzgebietes von Longwy-Briey und Grenzkorrekturen gegen Frankreich. Damit hatten die politischen und militärischen Führer des deutschen Imperialismus in der Tat ein Maximalprogramm aufgestellt, das in seinen Dimensionen denen des Programms vom 9. September 1914 entsprach.

Da sie die Niederlage und den Zerfall der Donaumonarchie befürchtete, aber auch aus Mißtrauen, Deutschland werde sein Kriegszielprogramm ohne Berücksichtigung der österreichischen Wünsche durchsetzen, hatte die österreichisch-ungarische Regierung Anfang 1917 eigene Separatfriedenssondierungen eingeleitet. Kaiser Karl wollte hinter dem Rücken Deutschlands über seinen Schwager, den Prinzen Sixtus von Bourbon-Parma, mit den Westmächten zu einem Sonderfrieden gelangen. Die vom französischen Präsidenten Poincaré als Verhandlungsgrundlage gebilligten Forderungen des Prinzen an Kaiser Karl lauteten: 1. Rückgabe Elsaß-Lothringens an Frankreich in den Grenzen von 1914; 2. Wiederherstellung Belgiens in voller Souveränität und mit unverletzten Grenzen (einschließlich des Kongo); 3. Verzicht Österreichs auf Ansprüche in Konstantinopel und an den Meerengen und 4. Wiederherstellung Serbiens in voller Souveränität und mit seinem ganzen Territorium. Dieser Versuch, im wesentlichen auf Kosten der Ansprüche des deutschen Imperialismus zu einem Frieden zu kommen, scheiterte.

Während sich das konservative Lager einschließlich der OHL nach wie vor gegen innenpolitische Reformen und einen imperialistischen Verständigungsfrieden wandte, forderten die Parteien der Reformmehrheit im Reichstag nicht nur die so-

3

Kriegsministerium
Kriegsamt

An die Rüstungsarbeiter!

Im Westen bei Arras, an der Aisne und in der Champagne stehen unsere feldgrauen Brüder in der schwersten und blutigsten Schlacht der Weltgeschichte.

Unser Heer braucht Waffen und Munition. Habt Ihr nicht Hindenburgs Brief gelesen?

„Eine unsühnbare Schuld nimmt derjenige auf sich, der in der Heimat feiert statt zu arbeiten. Für Eure Schuld müßten unsere Feldgrauen bluten."

Wer wagt es, dem Rufe Hindenburgs zu trotzen? **Ein Hundsfott, wer streikt, solange unsere Heere vor dem Feinde stehen!**

Hiermit ordne ich an, daß unverzüglich in den Rüstungsbetrieben aller Art vorbestimmte Arbeiter, mutige Männer und Frauen sich zusammentun und ihre Kameraden aufklären, was die Not der Zeit und die Zukunft des Vaterlandes von uns Allen fordert:

Arbeit und wiederum Arbeit bis zum glücklichen Ende des Krieges.

Diese mutigen Arbeiter sollen rücksichtslos gegen alle diejenigen vorgehen, die hetzen und aufreizen, um dem Heere die Waffen und die Munition zu entziehen. Lest Hindenburgs Brief immer wieder und Ihr werdet erkennen, wo unsere schlimmsten Feinde stecken. Nicht draußen bei Arras, an der Aisne und in der Champagne — mit diesen werden Eure feldgrauen Brüder und Söhne fertig. Nicht drüben in London! Mit diesen werden unsere Blaujacken auf den Unterseebooten gründliche Abrechnung halten. **Die schlimmsten Feinde stecken mitten unter uns — das sind die Kleinmütigen und die noch viel schlimmeren, die zum Streik hetzen. Diese müssen gebrandmarkt werden vor dem ganzen Volke, diese Verräter am Vaterlande und am Heere. Ein Feigling, wer auf ihre Worte hört. Lest im Reichsstrafgesetzbuch, was § 89 über den Landesverrat sagt. Wer wagt es, nicht zu arbeiten, wenn Hindenburg es befiehlt?**

Der Brief Hindenburgs und dieser Aufruf sind in allen Rüstungsbetrieben so anzuschlagen, daß jeder Arbeiter tagtäglich sie vor Augen hat als dauernde Mahnung zur Überwindung des Kleinmutes, zur Erfüllung der Pflichten gegen unser geliebtes deutsches Vaterland. **Wir sind nicht weit vom Ziel. Es geht ums Dasein unseres Volkes.**

Glückauf zur Arbeit!

Der Chef des Kriegsamtes. Groener, Generalleutnant.

— 1565 A — Berlin, im April 1917.

4

Bekanntmachung.

3000 Mark

Belohnung!

Von unbekannter Seite wird ein Flugblatt mit der Ueberschrift

Die Lehren des großen Massenstreiks

das zur Arbeitsniederlegung am 1. Mai 1917 auffordert, ohne Angabe des Druckers und Verlegers verbreitet.

Selbstverständliche Pflicht jedes Deutschen ist es, zur Entlarvung der Landesverräter, die hinter diesem Erzeugnisse stehen, beizutragen.

Wer den Verfasser oder Hersteller des Flugblattes zur Strafverfolgung bringt, erhält obige Belohnung. Einen angemessenen Teil der Belohnung erhält ferner jeder, der den oder die Verbreiter des Flugblattes zur Strafverfolgung bringt.

Berlin, den 30. April 1917.

Oberkommando in den Marken.

5

1 Abgeordnete des Deutschen Reichstages im Hinterland der Westfront, darunter der Sozialdemokrat Dr. David
2 Deutsche Hafenpolizei
3 Streik der Leuna-Arbeiter 1917
4 Generalleutnant Groener beschimpft die streikenden Arbeiter

fortige Umgestaltung des preußischen Wahlrechts, sondern auch eine Beteiligung von Parlamentariern an der Regierung. Nach Auffassung Stresemanns, der als Vertreter der Nationalliberalen Partei beide Forderungen erstmals am 29. März erhob, bot ein parlamentarisches System durch Mißtrauensvotum des Reichstages die Möglichkeit der Entlassung des Kanzlers. Müsse infolge der inneren Krise und weiterer militärischer Schlappen ein »ehrenvoller Friede« gesucht werden, könne diesen nur ein Ausschuß parlamentarischer Minister bringen. Hieraus kann entnommen werden, worum es in Wahrheit bei allen folgenden Debatten um eine »Parlamentarisierung« ging: nicht um die Demokratisierung des Staates, sondern um ein Manöver zur Erhaltung des monarchisch-imperialistischen Regimes, zur Täuschung des Volkes, zur Aufweichung der gegnerischen Front sowie zur Beseitigung Bethmann Hollwegs. Schließlich deutete sich hierin bereits an, was angesichts der militärischen Niederlage im Herbst 1918 voll offenbar wurde: Für den Fall eines Scheiterns der imperialistischen Kriegspolitik die Voraussetzungen zu schaffen, daß »demokratische« Kräfte in die

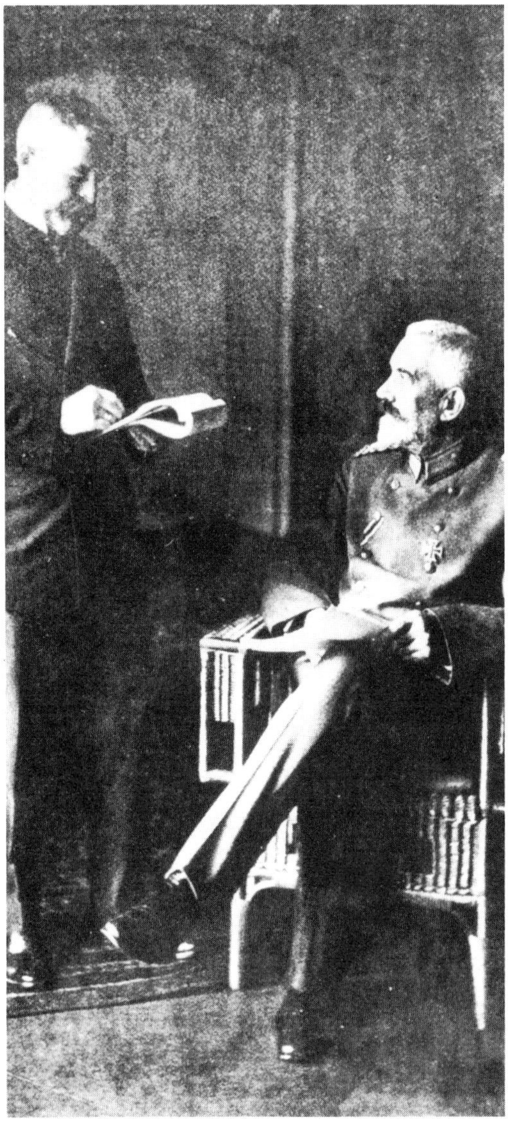

1

Bresche springen und das imperialistische Herrschaftssystem retten konnten. Bethmann Hollweg lehnte eine »Parlamentarisierung« mit dem Bemerken ab, daß in Preußendeutschland die Ernennung von Parlamentariern zu Ministern und ein parlamentarisches System überhaupt undurchführbar seien.

Große Teile der herrschenden Klasse hielten es für dringend geboten, den Krieg durch einen möglichst ertragreichen imperialistischen Verständigungsfrieden zu beenden, bevor sich die Lage Deutschlands noch weiter verschlechterte. Zudem hofften sie, durch eine entsprechende Friedensresolution auch das Anwachsen der Antikriegsbewegung aufhalten zu können. Hatte die Sozialdemokratie bereits Ende Juni auf eine solche Erklärung der Reichsregierung gedrängt, ging jetzt die Initiative zu einer Reichstagsresolution von Erzberger aus. Die Rede Erzbergers war für die OHL das Signal zum direkten Angriff auf den Reichskanzler, dessen Sturz den Weg für die Einsetzung eines gefügigeren Kanzlers und damit für die Fortsetzung des Krieges bis zu einem solchen Diktatfrieden freimachen sollte, der die Verwirklichung des maximalen Kriegszielprogramms gestattete. Als der Kanzler die Resolution der Parteien der Reichstagsmehrheit zurückwies, bezweifelten sie seine Bereitschaft, der von ihnen gewünschten Reichstagserklärung überhaupt zuzustimmen. Sie verloren endgültig ihr Interesse an diesem Kanzler. Nachdem der Kronprinz auf Initiative Hindenburgs und Ludendorffs sich am 12. Juli der Zustimmung der Fraktionsführer der im Reichstag vertretenen Parteien zur Entlassung Bethmann Hollwegs versichert hatte, drohten am Abend des gleichen Tages beide Generale erneut mit Rücktritt, falls der Kanzler nicht entlassen werde, was der Kaiser diesmal mit Wirkung vom 13. Juli tat.

Bethmann Hollweg fiel, wie im Spartakusbrief vom August 1917 aufgedeckt wurde, nicht, weil er der Mehrheit zu reaktionär, sondern weil er den Konservativen und Alldeutschen zu liberal war. Seinen Sturz hatten die Konservativen schon seit Herbst 1914 angestrebt. Er war erst jetzt möglich geworden, als auch Sozialdemokratie und linke bürgerliche Parteien den einzigen Ausweg aus der Krise in einem Kanzlerwechsel erblickten. Nicht die Politik dieses Kanzlers, sondern die Politik des deutschen Imperialismus war aussichtslos. Daran konnte auch ein Kanzlerwechsel nichts ändern, wie sich bald herausstellen sollte.

Das Scheitern der Bemühungen um eine Stabilisierung der Lage und der Sturz des Reichskanzlers Michaelis

Der Kaiser ernannte am 14. Juli den bisherigen Unterstaatssekretär und preußischen Staatskommissar für Volksernährung Georg Michaelis zum Reichskanzler und preußischen Ministerpräsidenten. Im Unterschied zu seinem Vorgänger war er in der Tat ein willfähriges Werkzeug der Generale. Das hatte zur Folge, daß die Regierungspolitik stärker als je zuvor über die OHL von der imperialistisch-konservativen Machtgruppe bestimmt wurde. Jedoch konnten sich weder Michaelis noch die OHL völlig dem objektiven Zwang entziehen, Bethmann Hollwegs Politik fortzusetzen. Hierin zeigte sich, daß mit der Auswechslung des Reichskanzlers die Krise des deutschen Imperialismus keinesfalls überwunden war. Vom ersten Tag an sah sich Michaelis gezwungen, zwischen OHL und Konservativen einerseits und den Parteien der Reichstagsmehrheit andererseits zu lavieren.

Da sich Hindenburg und Ludendorff inzwischen vergewissert hatten, daß die Vertreter der Parteien der Reichstagsmehrheit mit der Friedensresolution keinen Verzicht auf Kriegsziele, sondern vor allem eine propagandistische Wirkung nach innen und außen bezweckten, stimmten sie schließlich diesem Propagandamanöver zu. Die Resolution wurde am 19. Juli von einer Reichstagsmehrheit angenommen.

Wie es die Regierung Michaelis mit einem Verständigungsfrieden in der Praxis hielt, zeigte sich an ihrer Haltung zur Friedensnote des Papstes Benedikt XV., die er am 1. August an die kriegführenden Staaten richtete. Der Vatikan wollte mit dieser Note sowohl den Zusammenbruch der katholischen Macht der Habsburger als auch einen von den Volksmassen erzwungenen Friedensschluß verhindern. Der Papst empfahl den Kriegführenden Vereinbarungen über Abrüstung, Herstellung der Freiheit der Meere, vollständigen Verzicht auf Schadenersatz und Kriegskosten sowie Rückgabe der okkupierten Gebiete. Ausdrücklich wurde die Unabhängigkeit Belgiens und die Räumung französischen Gebiets verlangt. Der Papst kam den Mittelmächten insofern entgegen, als er die Erörterung der territorialen Fragen zwischen Österreich und Italien sowie Deutschland und Frankreich den streitenden Parteien anheimstellte und die Rückgabe aller deutschen Kolonien empfahl.

Am 9. August hatte in Kreuznach eine neue Kriegszielkonferenz der Regierung und der OHL stattgefunden, auf der folgende Kriegsziele festgelegt wurden:

1. Abtretungen von Elsaß-Lothringen sind unmöglich. Allenfalls könnten einige Ortschaften im Oberelsaß als Kompensationsobjekte in Frage kommen.
2. Kurland und Litauen müssen in enger Form an Deutschland angeschlossen werden. Die Form bleibt vorläufig unbestimmt.
3. Dem englischen Einfluß im Baltikum und in Finnland muß entgegengearbeitet werden.
4. Die Ukraine ist an Deutschland anzuschließen.
5. Anschluß eines äußerlich selbständigen Polens an Deutschland. Annexion eines Grenzstreifens.
6. Rumänien: Kompensationen für Österreich; Übergabe der Dobrudscha an Bulgarien; Sicherung der deutschen Erdölinteressen.
7. Belgien muß als besonderer Staat in deutscher Hand bleiben. Sonst muß wenigstens Lüttich mit seinem nördlichen Vorland annektiert werden.
8. Anschluß Luxemburgs an Deutschland.
9. Angliederung Longwy-Brieys. Bei der Art der Angliederung kann auf französische Empfindlichkeit Rücksicht genommen werden.

Damit hielten Regierung und OHL bis auf geringfügige Modifikationen an den Kreuznacher Beschlüssen vom 23. April fest. Diese neuerliche

2

3

1 Bethmann Hollweg mußte gehen
2 Der neue Reichskanzler und preußischer Ministerpräsident Dr. Georg Michaelis
3 Das Kabinett Michaelis
4 Papst Benedikt XV. (1854–1922)

Festschreibung maximaler Kriegsziele bestimmte auch die Beantwortung der Papstnote.

Die päpstliche Friedensinitiative wie auch eine deutsche Separatfriedenssondierung in London scheiterten vor allem daran, daß der deutsche Imperialismus an seinem Expansionsprogramm gegenüber Belgien und Frankreich sowie an seiner auf eine Spaltung der Entente gerichteten Politik festhielt. Aber auch die englischen und französischen Imperialisten wollten nach wie vor den Krieg bis zur Verwirklichung ihrer Expansionsziele fortsetzen.

Nach dem Sturz Bethmann Hollwegs spitzten sich die inneren Widersprüche des deutschen Imperialismus weiter zu. Während des mitteldeutschen Antikriegsstreiks im August legten 12000 Leunawerker die Arbeit nieder. Mit dem Aufstand der Matrosen der Hochseeflotte Anfang August griff die Antikriegsbewegung auch auf die Armee über. Trotz drakonischer Unterdrückungsmaßnahmen konnte die herrschende Klasse die Streikbewegung nicht mehr aufhalten, zumal sich der Einfluß der opportunistischen Führer auf die Arbeiterklasse zusehends verringerte. Deshalb sah sich die Reichsregierung auch auf innenpolitischem Gebiet gezwungen, die Politik Bethmann Hollwegs fortzusetzen. Dies führte Ende Oktober zu einer neuen Kanzlerkrise, die die gleichen Ursachen wie die Krise im Juli hatte. Auch die neue Regierung vermochte nicht, die Lage des deutschen Imperialismus grundlegend zu verändern. Da sich seitdem die Antikriegsbewegung der Volksmassen noch verstärkt hatte, entschloß sich die herrschende Klasse, die Leitung der Reichsgeschäfte einem neuen Mann anzuvertrauen. Die Krise wurde akut, als am 9. Oktober Admiral Capelle und Michaelis vor dem Reichstag die USPD beschuldigten, die revolutionäre Bewegung in der Hochseeflotte angezettelt zu haben. Die Parteien der Reichstagsmehrheit wiesen diesen Versuch des Kanzlers, den Reichstag für ein Vorgehen gegen die USPD zu gewinnen, als Burgfriedensbruch scharf zurück.

In der Sitzung des Interfraktionellen Ausschusses am 22. Oktober faßten SPD, FVP, Zentrum und Nationalliberale Partei den Beschluß, Michaelis zum Rücktritt aufzufordern, damit der Burgfriede wiederhergestellt werde. Zwei Tage darauf erhoben sie diesen Beschluß zur Forderung und wandten sich mit dieser an den Kaiser. Am 28. Oktober bot Wilhelm II. dem bayerischen Ministerpräsidenten und ehemaligen Führer des Zentrums Hertling das Reichskanzleramt an.

Am 31. Oktober enthob der Kaiser Michaelis aller seiner Staatsämter und ernannte am 1. November Hertling zum Reichskanzler und preußischen Ministerpräsidenten. Um nach innen und außen der neuen Regierung einen demokratischen Anschein zu verleihen, hatte der Kaiser dem Drängen der Parteien nachgegeben und einer Beteiligung einiger bürgerlicher Parlamentarier an den Regierungen in Preußen und im Reich stattgegeben.

Die Regierung Hertling setzte den expansiven Kurs fort und kehrte zur Konzeption eines Diktatfriedens zurück. Anfang November wurde das Kriegszielprogramm erneut erörtert. Regierung und OHL hielten ohne Rücksicht auf die Einsprüche des österreichischen Bundesgenossen an den Kriegszielen im Westen und im Osten fest.

4

1

Die Kampfhandlungen auf den Nebenkriegsschauplätzen 1917

In Norditalien kam es in der 1. Jahreshälfte 1917 nur zu örtlichen Kämpfen. Der italienische Oberbefehlshaber General Cadorna hatte sich zwar Anfang Januar 1917 in Rom verpflichtet, im Frühjahr eine weitere Offensive am Isonzo durchzuführen, wartete aber – nicht zuletzt wegen der Antikriegsstimmungen im italienischen Volk und in den Streitkräften – den Beginn der Frühjahrsoffensive der Entente in Nordfrankreich ab. Gleichzeitig wurden jedoch Verhandlungen in der Schweiz mit Vertretern Österreich-Ungarns über einen möglichen Friedensbeschluß geführt, die aber scheiterten, da Österreich-Ungarn den italienischen Gebietsforderungen nicht zustimmte. Diese Verhandlungen hatten italienischerseits auch den Sinn, das österreichisch-ungarische AOK von einer Offensive in Tirol und am Isonzo abzuhalten.

Vom 12. 5.–5. 6. wurde dann die versprochene Angriffsoperation am Isonzo (die 10. Isonzoschlacht) durchgeführt, die keinerlei Erfolg brachte. Die 11. Isonzoschlacht vom 18. 8.–13. 9. erbrachte einen geringfügigen Raumgewinn bei Görz. Das eigentliche Ergebnis beider Schlachten waren die Verluste. Italien verlor 300000 und Österreich-Ungarn 250000 Mann. In beiden Staaten hatte das Rückwirkungen auf die Haltung der Bevölkerung und auch der Angehörigen der Streitkräfte zum Krieg. Die Sinnlosigkeit dieser Kriegführung wurde offenbar.

Das österreichisch-ungarische AOK hatte im Verlaufe des Jahres 1917 die Idee einer Offensive in Norditalien erwogen, war aber bei der OHL auf Ablehnung gestoßen. Der Nachfolger des 1916 verstorbenen Kaisers Franz Josef II., Kaiser Karl, hatte die geheime Absicht, einen Verständigungsfrieden mit der Entente zu erreichen. Eine erfolgreiche Offensive in Norditalien – nur mit österreichisch-ungarischen Truppen geführt – sollte eine starke Verhandlungsbasis schaffen. Letzten Endes ging es um die Existenz der Doppelmonarchie, die bereits in allen Fugen krachte.

Für eine solche Offensive benötigte man jedoch Divisionen, die in Galizien standen, und diese konnten nur durch deutsche ersetzt werden. Nach der 11. Isonzoschlacht beschäftigte sich das österreichisch-ungarische AOK erneut mit den Problemen einer Offensive in Norditalien. Erstmalig entstand die Idee an einem Frontabschnitt anzugreifen, der pioniermäßig von den italienischen Truppen schwach ausgebaut war und an dem bisher

1 Die Delegation der USPD in Stockholm
2 W. I. Lenin analysierte als erster Marxist die neue Epoche in ihrer Gesamtheit
3 Albin Köbis (1892–1917)
4 Max Reichpietsch (1894–1917)
5 Der Staatssekretär des Reichsmarineamtes, Capelle, meldet dem Reichskanzler, daß das Mordurteil vollstreckt wurde
6 Capelle, der Schreibtischmörder
7 Kesselmannschaft der aufständischen Besatzung der »Prinzregent Luitpold«

Н. ЛЕНИНЪ (ВЛ. ИЛЬИНЪ).

ИМПЕРІАЛИЗМЪ,

КАКЪ НОВѢЙШІЙ ЭТАПЪ

КАПИТАЛИЗМА.

(Популярный очеркъ).

СКЛАДЪ ИЗДАНІЯ:
Книжный складъ и магазинъ „Жизнь и Знаніе"
Петроградъ, Поварской пер., 2, кв. 9 и 10. Тел. 227-42.
1917 г.

2

3

4

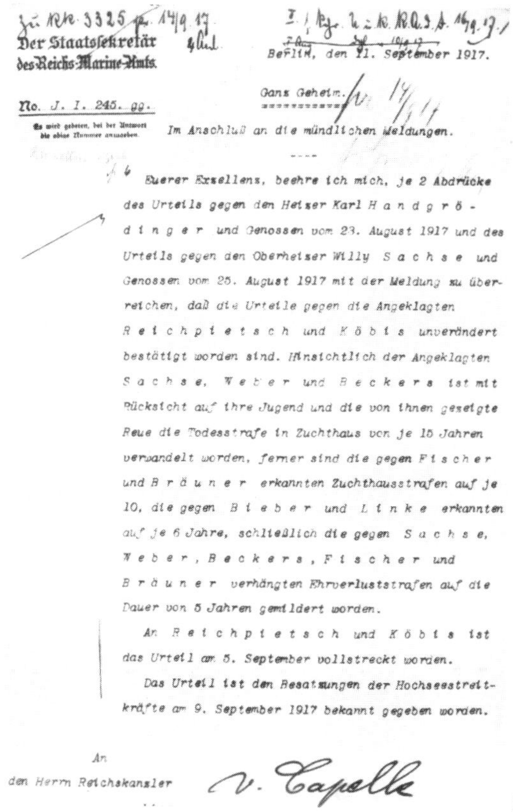

Der Staatssekretär des Reichs-Marine-Amts.

No. J. I. 245. gg.

Es wird gebeten, bei der Antwort die obige Nummer anzugeben.

Berlin, den 11. September 1917.

Ganz Geheim.

Im Anschluß an die mündlichen Meldungen.

Euerer Exzellenz, beehre ich mich, je 2 Abdrücke des Urteils gegen den Heizer Karl H a n d g r ö - d i n g e r und Genossen vom 23. August 1917 und des Urteils gegen den Oberheizer Willy S a c h s e und Genossen vom 25. August 1917 mit der Meldung zu überreichen, daß die Urteile gegen die Angeklagten R e i c h p i e t s c h und K ö b i s unverändert bestätigt worden sind. Hinsichtlich der Angeklagten S a c h s e, W e b e r und B e c k e r s ist mit Rücksicht auf ihre Jugend und die von ihnen gezeigte Reue die Todesstrafe in Zuchthaus von je 15 Jahren verwandelt worden, ferner sind die gegen F i s c h e r und B r ä u n e r erkannten Zuchthausstrafen auf je 10, die gegen B i e b e r und L i n k e erkannten auf je 6 Jahre, schließlich die gegen S a c h s e, W e b e r, B e c k e r s, F i s c h e r und B r ä u n e r verhängten Ehrverluststrafen auf die Dauer von 5 Jahren gemildert worden.

An R e i c h p i e t s c h und K ö b i s ist das Urteil am 5. September vollstreckt worden.

Das Urteil ist den Besatzungen der Hochseestreitkräfte am 9. September 1917 bekannt gegeben worden.

An den Herrn Reichskanzler

v. Capelle

5

keine größeren Kampfhandlungen stattgefunden hatten. Die Wahl fiel auf den Abschnitt Tolman-Flitsch (heute Torviso), obwohl in dieser Gebirgszone die Heranführung und Entfaltung einer starken Angriffsgruppierung schwierig war. Hindenburg und Ludendorff erklärten ihr Einverständnis und faßten den Entschluß – trotz der angespannten Lage im Westen – über die Teilnahme der in Aufstellung begriffenen 14. deutschen Armee (Oberbefehlshaber General von Below). Zusammen mit der operativen Gruppe des österreichisch-ungarischen Generals Krauß bildete sie die Angriffsgruppierung, die in Richtung Udine anzugreifen hatte. Eine zweite Angriffsgruppierung sollte aus den Dolomiten in Richtung Venedig angreifen. Strategisch-operatives Ziel war die Zerschlagung der italienischen Truppen zwischen Isonzo und Piave.

6

Die Angriffsoperation der östlichen Gruppierung begann am 24. 10. 1917 und führte bereits am ersten Operationstag zum Durchbruch der italienischen Verteidigung. Die italienischen Truppen zogen sich – zum Teil panikartig – zurück, so daß die gesamte Front zwischen Flitsch und Adriaküste ins Wanken kam. Am 28. 10. marschierten deutsche Truppen in Udine ein und erreichten wenige Tage später den Tagliamento. Damit war die erste Angriffsoperation beendet. Die zweite Angriffsoperation begann am 5. 11. mit dem Forcieren des Tagliamentos und endete am 11. 11. an der Piave. Die westliche Gruppierung, deren Angriff am 10. 11. begann, stieß auf stärkeren Widerstand, der sich verstärkte, als französische und englische Divisionen zum Einsatz kamen. Sie erreichte die allgemeine Linie Asiago–südlich Feltre.

Im Ergebnis der österreichisch-ungarisch-deutschen Offensive in Norditalien wurde die 2. italienische Armee vernichtet, und die 4. italienische Armee verlor einen großen Teil ihrer Kampftruppen. Cadorna wurde aus seiner Funktion als Oberbefehlshaber abgelöst. Von der mangelnden Kampfmoral der italienischen Streitkräfte zeugt

7

die Tatsache, daß 300 000 italienische Soldaten in Gefangenschaft gerieten.

In Mazedonien verlief die Front seit dem Herbst 1916 von der Ägäis bis an die Adria etwa in Höhe der bulgarisch-griechischen und serbisch-griechischen Grenze. Dort standen im Frühjahr 1917 die 2. und 1. bulgarische Armee, die 11. deutsche Armee, ein österreichisch-ungarisches Armeekorps sowie einige türkische Divisionen. Das bulgarische Truppenkontingent war das zahlenmäßig stärkste, jedoch wurden die am meisten gefährdetsten Abschnitte durch deutsche Truppen verteidigt. Der Gesamtbestand dieser Koalitionsgruppierung der Mittelmächte, die unter keinem einheitlichen Oberbefehl stand, betrug 380000 Mann. Ihr gegenüber handelte die Orientarmee der Entente, bestehend aus 8 französischen, 6 englischen, 6 serbischen Divisionen, je einer italienischen und russischen Division sowie einigen griechischen Truppenteilen. Mit einem Kampfbestand von 22 Divisionen und 470 000 Mann war dieser als Armee bezeichnete strategisch-operative Verband stärkemäßig eine Heeresgruppe, die unter dem einheitlichen Befehl des französischen Generals Sarrail stand.

Die Aufgabe der Orientarmee war im November 1916 in Chantilly festgelegt worden. Sie sollte die ihr gegenüberstehende Gruppierung der Mittelmächte zerschlagen und dann im Zusammenwirken mit der russischen Südwestfront und rumänischen Streitkräften die bulgarischen Streitkräfte endgültig vernichten, um Bulgarien zu zwingen, den Krieg zu beenden. Mit dieser Zielstellung wurden im Verlaufe des Jahres 1917 mehrere Angriffsoperationen (im März, im Mai, im September und im Oktober) durchgeführt. Jede Angriffsoperation erfolgte mit Teilkräften und endete erfolglos. Im Einsatz dieser Armee kamen die unterschiedlichen Interessen Englands und Frankreichs zum Ausdruck. Die englische Führung zog im Verlaufe des Sommers 1917 ein Teil ihrer Kräfte von der mazedonischen Front ab, weil ihr ein militärischer Erfolg im Nahen Osten wichtiger erschien.

Am 12. 6. 1917 wurde der deutschfreundliche griechische König Konstantin gestürzt. Die Führung übernahm der Premierminister Venizelos, der am 26. 6. den Mittelmächten den Krieg erklärte.

Im Nahen Osten gab es 1917 nach wie vor 3 Fronten. An der Kaukasusfront wurde allerdings seit der Februarrevolution nicht mehr gekämpft. Beide Seiten zogen dort ihre Truppen ab und ließen nur schwache Kräfte zur Grenzsicherung zurück.

In Mesopotamien führte ein englisches Armeekorps im Februar–März 1917 einen Angriff beiderseits des Tigris gegen die 6. türkische Armee. Am 26. 4. wurde Kut-al-Amara zurückgewonnen und am 11. 3. Bagdad eingenommen. Die OHL bildete ein sogenanntes Asienkorps (mit 4500 Mann einer Brigade vergleichbar), das im Zusammenwirken mit türkischen Truppen Bagdad zurückerobern sollte. Truppen der 6. türkischen Armee verweigerten jedoch den Befehl zum Angriff, und das Asienkorps traf erst ein, als die Engländer in Palästina zum Angriff übergingen.

Im Raum des heutigen Gazastreifens führte ein englisches Armeekorps im März und April 1917 Angriffshandlungen ohne Erfolg durch. Nach der Verstärkung dieser Kräfte im Verlaufe des Sommers wurde die dritte Angriffsoperation im November/Dezember 1917 ein voller Erfolg. Am 7. 11. wurde Jaffa (heute Tel Aviv) und am 9. 12. Jerusalem eingenommen. Die türkischen Truppen zogen sich in Richtung Haifa (heute Beirut) zurück.

Der uneingeschränkte U-Boot-Krieg Deutschlands 1917

Am 1. 2. 1917 begann der sogenannte uneingeschränkte U-Boot-Krieg Deutschlands gegen die Entente. Dem Wesen nach war es der Kampf gegen die Seeverbindungen der Entente in den festgelegten Sperrgebieten – die später erweitert wurden – mit Unterwasserkräften (es wurden aber auch Überwasserkräfte und Seefliegerkräfte dafür eingesetzt) unter Anwendung völkerrechtswidriger Methoden. Jedes Handelsschiff, das in Verdacht stand, der Versorgung der Entente-Staaten zu dienen oder Truppentransporte für sie durchzuführen, konnte ohne vorangegangene Kontrolle seiner Ladung und ohne Warnung versenkt werden. Ziel war, England ökonomisch in die Knie und damit zu einem Friedensschluß entsprechend den Interessen der deutschen Imperialisten zu zwingen.

Die Regierung der USA reagierte auf diese Maßnahme der deutschen Kriegführung sofort. Am 3. 2. brach sie die diplomatischen Beziehungen zu Deutschland ab und am 12. 3. gab der Präsident der USA, Wilson, die Anweisung, die Handelsschiffe der USA zu bewaffnen. Mitte März wurden einige US-amerikanische Handelsschiffe durch deutsche U-Boote versenkt. In einer daraufhin angesetzten Debatte des USA-Kongresses charakterisierte Wilson das als eine de facto Kriegserklärung Deutschlands an die USA und forderte das Parlament auf, diesen Zustand auch de jure anzuerkennen. Die entsprechende Resolution des Kongresses wurde von ihm am 6. 4. in Kraft gesetzt. Damit waren die USA in den Krieg gegen Deutschland eingetreten.

Die Mehrheit der politischen und militärischen Führungskräfte Deutschlands hatte mit einem solchen Schritt der USA gerechnet. Sie gingen dabei von der richtigen Annahme aus, daß ein massenhafter Einsatz von US-amerikanischen Landstreitkräften – da diese erst über einen längeren Zeitraum aufgebaut werden mußten – nicht vor dem Frühjahr 1918 zu erwarten sei. Das Heer der USA hatte im April 1917 eine Personalstärke von 220 000 Mann. Im Mai beschloß der Kongreß den Aufbau einer millionenstarken Landstreitmacht, und im gleichen Monat verfügte Wilson die Entsendung eines Expeditionskorps nach Europa. Bis Ende 1917 wurden 4 Divisionen nach Frankreich übergeführt. Insofern war die Prognose der OHL richtig. Die Absicht jedoch, bis Ende des Jahres 1917 den Krieg zugunsten der Mittelmächte entschieden zu haben, erwies sich als eine schwerwiegende Fehlkalkulation. Eine zweite Fehlkalkulation bestand darin, daß die Auswirkungen des USA-Kriegseintrittes auf die Seekriegführung unterschätzt worden waren. Während die USA sich bei der Mobilmachung und Vergrößerung der Landstreitkräfte Zeit ließen, setzten sie ihre Seestreitkräfte sofort zum Schutz der Seeverbindungen der Entente ein. Im April 1917 hatten die Seestreitkräfte der USA 14 Schlachtschiffe, 25 ältere Linienschiffe, 26 Kreuzer, eine bedeutende Zahl leichter Überwasserkräfte sowie 66 U-Boote in ihrem Bestand. Bereits im April 1917 wurden 6 Zerstörer der USA-Seestreitkräfte in englische Häfen verlegt, denen in der 2. Jahreshälfte 30 weitere Schiffseinheiten folgten, die zum Geleitschutz in den Sperrgebieten eingesetzt wurden. Außerdem wurden Schlachtschiffe in englische Häfen und Minenräumkräfte in Häfen der französischen Atlantikküste übergeführt.

Die deutsche Seekriegsleitung begann den uneingeschränkten U-Boot-Krieg mit 105 einsatzfähigen U-Booten. Sie waren in drei taktisch-operative Verbände und 2 taktische Gruppen aufgeteilt. Der stärkste Verband mit etwa 50 U-Booten hatte seine Basen an der deutschen Nordseeküste. Sein Einsatzraum war die Nordsee und der Nordatlantik, später auch die Barentssee. Dieser Verband erhielt auch die Masse der Neuindienststellungen. Diese U-Boote waren in ihrer Leistungsfähigkeit gesteigert. Darunter befanden sich auch einige sogenannte U-Kreuzer mit einer Unterwasserverdrängung von 1900 ts. Ausgerüstet mit 2 Geschützen, 18 Torpedos, 1700 Granaten, 200 Sprengladungen und in der Lage, über Wasser 13 000 sm zu fahren, waren sie insbesondere für den Einsatz im Atlantik bestimmt.

Der zweitstärkste Verband mit etwa 35 U-Booten hatte seine Basis in Ostende und die spezielle Aufgabe, die Truppen- und Versorgungstransporte zwischen der englischen Insel und der französischen Landküste zu verhindern. Zu ihrem Einsatzraum gehörten die Zugänge zu den Häfen der Südwestküste Englands, die Irische See und die Biskaya. Er wurde später bis zu den Azoren und der Karibischen See ausgedehnt.

1

2

3

Deutsche Vaterlands-Partei.

Während draußen im Felde sich Heldenmut und Opfertum unserer Brüder in immer hellerem Glanze zeigen, während die militärische Ohnmacht unserer Feinde immer sichtbarer und nach zuverlässigen Nachrichten die Wirkung unserer U-Boote und Luftwaffen immer vernichtender wird, zeigt sich in den letzten politischen Erörterungen das traurigste Gegenbild.

In der deutschen Vaterlands-Partei bricht sich **eine gewaltige Volksbewegung** Bahn, die hoch über allen inneren Gegensätzen die Fahne des Sieges als einigendes Symbol erhebt, die allem Unverstand und aller Zwietracht zum Trotz der Erkenntnis zum Durchbruch verhilft, daß es jetzt darauf ankommt, mit eisernere Zähigkeit einen Frieden zu erkämpfen, der unsere Zukunft wirklich sichert!

Die Furcht, daß sich diese Volksbewegung mit elementarer Kraft weiter entwickeln und politischen Parteien zum Schaden gereichen konnte, hat diese zu den äußersten Anstrengungen angespornt. Sie fühlen sich in ihrer **erträumten Übermacht** gefährdet. Daher der Versuch, an der Hand mühsam zusammengesuchter Einzelfälle die jetzt unser Volk ergreifende Bewegung als eine von oben eingeleitete und geförderte hinzustellen. Aus den eigenen Reihen dieser Parteien strömen ihre Mitglieder in hellen Scharen der Vaterlandspartei zu und können beredtes Zeugnis dafür ablegen, daß die Vaterlands-Partei keinerlei innerpolitische Ziele verfolgt. **Es ist unwahr, daß die deutsche Vaterlandspartei die Zeiten des Klassenkampfes wieder aufleben lassen** und hierfür das Wort „vaterländisch“ mißbrauchen will. **Wir sind weder konservativ noch liberal, weder agrarisch noch schwerindustriell, weder Wehrverein noch alldeutsch:**

Jeder, der helfen will, Deutschland zu erretten, ist uns willkommen!

Nein, wir sind eine Vaterlands-Partei, weil wir das höchste Interesse des Vaterlandes in dem Getümmel des inneren Streits wieder zu Ehren bringen und alle Deutschen einigen wollen auf das eine große Ziel: Den Sieg und den Frieden, den Deutschland für seine Entwicklung nach dem furchtbaren Aderlaß braucht.

Schon beginnt man im **feindlichen Ausland** ängstlich zu werden, daß die Hoffnung, durch deutschen Unverstand zu erreichen, was den Waffen versagt geblieben ist, am Ende doch noch zerflattert! Gegen **englische Friedensfühler** müssen wir hart sein, denn in absehbarer Zeit werden wir England ganz anders gegenüberstehen!

Schon spricht man von der Zersetzungspartei, die die Mehrheit des Reichstags zersetzen will. Ja, **wir wollen aufdecken,** daß die Mehrheit vom 19. Juli innerlich zerfallen ist, daß die Urheber des erneuten Friedensangebots die irregeführte Gefolgschaft immer mehr verlieren.

Wir wollen zeigen, **wo die wahre Mehrheit des deutschen Volkes steht!** Wir wollen beweisen, daß nach drei Kriegsjahren im deutschen Volk die Entschlossenheit ungebrochen ist, sich den Frieden zu erkämpfen, den Deutschland braucht! Die Deutsche Vaterlands-Partei wird jede Reichsleitung freudig unterstützen, die einen zu Deutschlands Niedergang führenden Verzichtfrieden ablehnt und die Fahne des Sieges hochhält!

Elsaß-Lothringens Zugehörigkeit zum Deutschen Reich ist keine Frage, sondern **eine endgültig abgeschlossene Tatsache.** Elsaß-Lothringen ist keine **Kulisse**, um hinter ihr die **belgische Frage**, die eine Lebensfrage für Deutschland ist, verschwinden zu lassen!

Deutsche Männer, deutsche Frauen, welchen Standes und welcher politischen Partei Ihr sein mögt, schart Euch einmütig in der Vaterlandspartei zusammen! **Deutsches Volk, laß dich in den großen Fragen, die jetzt zur Entscheidung stehen, nicht irre machen!** Glaube an dich selbst und an Deutschlands Zukunft! Die Stimme des Gewissens muß dir sagen, welchen Weg du zu gehen hast.

Berlin W 10, Viktoriastraß 30, den 12. Oktober 1917.

4

Deutsche Presseberichte 1917
1 Wilhelm II. in der Türkei
2 Hindenburg im Familienkreise
3 Mata Hari (wegen Spionage für Deutschland) erschossen
4 Neue Partei gegründet

Ein etwa 25 U-Boote umfassender Verband handelte gemeinsam mit österreichisch-ungarischen U-Booten in der Adria und im Mittelmeer und war in Cattaro und Pola basiert. Jeweils eine Gruppe von 6–8 U-Booten hatte ihre Versorgungshäfen in Libau und Konstantinopel und war für die Unterwasserkriegführung in der Ostsee bzw. im Schwarzen Meer bestimmt, die nicht zu den Sperrgebieten gehörten.

Im Verlaufe des Jahres 1917 waren monatlich 60–70 U-Boote in See, d. h., der deutsche Admiralstab führte den Kampf gegen die Seeverbindungen der Entente mit großer Intensität. Im Juni erreichte der Bestand der deutschen U-Boot-Kräfte 130 Schiffseinheiten. Er konnte trotz steigender Verluste durch Neuindienststellungen in dieser Größe aufrechterhalten werden.

Da die U-Boot-Abwehr der Seestreitkräfte der Entente schwach entwickelt war, führte der uneingeschränkte U-Boot-Einsatz zu hohen Verlusten in der Handelsschiffahrt der Entente. In den Monaten Februar–Juni 1917 wurden über 1800 Schiffe mit etwa 3,2 Millionen Bruttoregistertonnen versenkt. Rechnet man die Schiffsverluste durch Minen und leichte Flottenkräfte (vor allem Torpedoboote) hinzu, so betrug das vernichtete Tonnagevolumen sogar rund 4,5 Millionen Bruttoregistertonnen.

Diese Verluste an Seetransportraum führte zu einigen ernsthaften Schwierigkeiten für die Entente. In England mangelte es im Frühjahr 1917 an Öl für Treib- und Schmierstoffe, in Frankreich an Kohle, in Italien an Stahl. Diese kritische Lage entspannte sich, als das Geleitsystem aufgebaut und die englische U-Boot-Abwehr wirksamer organisiert wurde sowie USA-Seestreitkräfte in den Sperrgebieten zum Einsatz kamen. Ab Juli sanken die Schiffsverluste der Entente, während die deutschen U-Boot-Verluste stiegen.

Ausschlaggebend dafür, daß die Versorgung der englischen Insel nicht zusammenbrach, dürfte das Gesamtpotential an Seetransportraum gewesen sein, das der Entente – erweitert durch die USA und die Hinzuziehung neutraler Länder – zur Verfügung stand. Insgesamt übertrafen die Neuindienststellungen und Zuführungen von Handelsschiffen aus anderen Bereichen seitens der USA und Englands die Schiffsverluste beträchtlich. In der zweiten Jahreshälfte wurden durch deutsche U-Boote etwa 1150 Schiffe mit rund 2,5 Millionen Bruttoregistertonnen vernichtet. Unter Hinzurechnung der Verluste mit anderen Waffen wurden etwa 4,1 Millionen Bruttoregistertonnen Seetransportraum der Entente vernichtet.

Zur Suche und Aufklärung der deutschen U-Boote kamen zunehmend Flugzeuge und kleine Luftschiffe sowie mit Unterwasserhorchgeräten ausgerüstete leichte Schiffseinheiten zum Einsatz. Ihre Bekämpfung erfolgte mit Wasserbomben und (im nichtgetauchten Zustand) mit Schiffsartillerie. Englischerseits wurden verstärkt Minensperren angelegt, vor allem in der Deutschen Bucht und im Kanal. Das System der Minensperren zwischen Folkestone und Kap Gris-Nez erreichte Ende 1917 eine solche Dichte, daß deutsche U-Boote, deren Einsatzraum die Irische See, der Kanal und weiter südlich liegende Seegebiete waren, die englische

Insel umrunden mußten. Als wirksame Methode erwiesen sich auch die sogenannten U-Boot-Fallen, d. h. Handelsschiffe mit getarnt untergebrachter Schiffsartillerie, die gegen aufgetauchte U-Boote plötzlich das Feuer eröffnen konnten. Im Verlaufe des Jahres 1917 verloren die deutschen Seestreitkräfte 63 U-Boote, 18 durch Minen.

Das Gesamtfazit des uneingeschränkten U-Boot-Krieges Ende 1917 war eindeutig: Die englische Regierung war nicht bereit, mit der deutschen in Friedensverhandlungen einzutreten. Da es auch nicht gelungen war, die Truppen- und Materialtransporte über den Kanal empfindlich zu stören, kam es nicht zu der von der OHL erhofften Entlastung der Westfront.

Die anderen Kampfhandlungen zur See 1917

Die schweren Überwasserkräfte beider Seiten befanden sich 1917 vorwiegend in den Häfen oder auf der Reede in der Bereitschaft, die Handlungen leichter Flottenkräfte zu sichern. Weder die deutsche noch die englische Seekriegsleitung waren nach den negativen Erfahrungen der Seeschlacht am Skagerrak im Mai 1916 – die beide Seiten als Sieg verbuchten – bereit, beim Einsatz der Schlachtschiffe, schweren Kreuzer und anderen schweren Überwasserkräften ein Risiko einzugehen. Auch die Flottenführungen Rußlands, Frankreichs, Italiens und Österreich-Ungarns zeigten Zurückhaltung bei ihren diesbezüglichen Entscheidungen, zumal die Hochseeflotten sich als die Zentren der revolutionären Antikriegsbewegung erwiesen. Es kam deshalb 1917 zu keinem nennenswerten Seegefecht schwerer Überwasserkräfte.

Sieht man vom Einsatz der deutschen U-Boote gegen die Seeverbindungen der Entente ab, dem strategische Bedeutung zukam, so wurden die anderen Hauptaufgaben der Seekriegführung im Jahre 1917 durch leichte Flottenkräfte und Seefliegerkräfte und Luftschiffe erfüllt. Ihrem Charakter nach waren das Aufgaben der Sicherung und Sicherstellung. Dabei kam es zwar nicht selten zu Gefechtsberührungen zwischen Artillerieträgern, aber die Schiffsverluste waren dabei relativ gering.

Die Hauptaufgaben der Seestreitkräfte der Entente waren der Schutz ihrer Seeverbindungen in den von Deutschland als Sperrgebieten erklärten Seeräumen, die U-Boot-Abwehr und die Blockierung der Nordseeausgänge, der Adriaausgänge sowie der Dardanellen und des Bosporus.

Wichtigste Maßnahme zum Schutz der Seeverbindungen war die Schaffung des Geleitsystems, im Sommer 1917 zunächst in den Seegebieten um die englische Insel, im Herbst 1917 im Mittelmeer. Ein Geleitzug bestand in der Regel aus 20–30 Transportschiffen, die von 6–8 Zerstörern und leichten Kreuzern gesichert wurden.

Die englische Seekriegsleitung intensivierte die U-Boot-Abwehr im Verlauf des Jahres 1917 in bedeutendem Maße. Ende 1917 wurden dafür 2700 speziell ausgerüstete Schiffseinheiten und 200 Flugzeuge eingesetzt. Zur U-Boot-Abwehr gehörte auch die systematische Verminung der Zugänge zu den deutschen U-Boot-Stützpunkten.

Die Blockierungsaufgaben wurden von Teilen der schweren Überwasserkräfte erfüllt und durch passive Sperrsysteme (Minensperren, Fangnetze) ergänzt. Für die Schaffung von Minensperren wurden umfangreiche Flottenkräfte eingesetzt, außer Minenlegbooten auch Zerstörer, leichte Kreuzer, U-Boote und Fischereifahrzeuge. Da deutscherseits erhebliche Aufwendungen unternommen wurden, die Zugänge zu den englischen Häfen zu verminen, wurden auch die englischen Minenräumkräfte vergrößert.

Der deutsche Admiralsstab war bemüht, für den Einsatz der U-Boote im Küstenvorfeld ein günstiges operatives Regime zu schaffen. Leichte Flottenkräfte und Seeflieger waren ununterbrochen im Einsatz, um die Handlungen englischer leichter Flottenkräfte bei der Anlage von Minensperren aufzuklären bzw. zu stören. In der Deutschen Bucht und vor der Straße von Dover wurden über 250 Schiffe zum Minenräumen eingesetzt. Weitere Aktivitäten der deutschen Seekriegsleitung galten der Unterbrechung der Handelsschiffahrt zwischen der englischen Insel und Norwegen bzw. Dänemark mittels leichter Flottenkräfte. Dabei kamen auch Torpedoboote zum Einsatz. Im Oktober und Dezember 1917 gelang es solchen Schiffskräften, zwei englische Geleitzüge auf der Route Lerwich (Shetland Inseln) – Norwegen mit Erfolg anzugreifen. Des weiteren wurden wie 1916 Luftangriffe gegen englische Städte und Häfen durchgeführt.

Auch im Mittelmeer kam es zu Kampfhandlungen um die Seeverbindungswege. Schwerpunkte waren das Ionische, das Ägäische und das Tyrrhenische Meer. Das im Herbst 1917 von den Seestreitkräften der Entente geschaffene Geleitsystem führte zu einer spürbaren Senkung der Schiffsverluste. Hauptaugenmerk richtete die Flottenführung Italiens und Frankreichs 1917 darauf, die bisher nur für Überwasserkräfte gesperrte Straße von Otranto auch für U-Boote zu sperren. Obwohl dafür bis zu 200 Schiffe und auch Flugzeuge eingesetzt wurden, gelang es nicht, diese Aufgabe völlig zu erfüllen. Die Mittelmächte verloren 1917 im Mittelmeer lediglich 2 U-Boote.

Die Dardanellenausgänge ins Mittelmeer wurden wie 1916 durch einen englischen Flottenverband gesperrt. Erstmalig führten englische Fliegerkräfte aus den Basierungsraum dieses Verbandes Luftangriffe auf Konstantinopel und militärische Objekte an den Dardanellen durch. Im Gegenzug bombardierten türkische Fliegerkräfte englische Flugplätze auf griechischen Inseln.

In der Ostsee konnten die deutschen Seestreitkräfte die Seeverbindungen nach Schweden ohne wesentliche Kampfhandlungen aufrechterhalten. Das ermöglichte Deutschland den Import von etwa 5 Millionen Tonnen Eisenerz.

Die russische Baltische Flotte war in der ersten Jahreshälfte 1917 infolge der Auswirkungen der Februarrevolution kaum in See. In der zweiten Jahreshälfte wurde von beiden Seiten wieder begonnen, die Minensperren zu erneuern und zu erweitern. Ein Teil der Baltischen Flotte lag nach wie vor in der Rigaer Bucht, deren südlicher Ausgang durch deutsche Flottenkräfte blockiert wurde. Beide Seiten setzten in diesem Raum auch Fliegerkräfte gegen Küstenobjekte ein.

Die deutsche Seelandungsoperation auf den baltischen Inseln wurde durch die deutschen Ostseestreitkräfte mit etwa 300 Schiffen und Booten seeseitig sichergestellt. Darunter befanden sich 11 schwere Überwasserschiffe, 9 kleine Kreuzer und 55 Torpedoboote sowie etwa 110 Luftangriffsmittel. Die wichtigsten Aufgaben lösten die Minensuch- und -räumkräfte beim Durchbruch durch die russischen Minensperren an den südlichen Ausgängen der Rigaer Bucht. Das war die Voraussetzung für Niederhaltung der russischen Küstenartillerie mittels schwerer Schiffsartillerie.

In der Rigaer Bucht standen den deutschen Flottenkräften 2 Linienschiffe, 2 Panzerkreuzer sowie 33 leichte Schiffseinheiten und etwa 50 Flugzeuge der Baltischen Flotte entgegen. Während des Kampfes um die Irbestraße kam es Mitte Oktober 1917 zu einigen Feuergefechten zwischen den Flottenkräften, in deren Ergebnis das russische Linienschiff Slawa verlorenging. In den folgenden Tagen unternahmen die russischen Flottenkräfte keine entschiedenen Anstrengungen, die deutsche Seelandeoperation zu verhindern.

Die Bedeutung der erfolgreichen Seelandeoperation bestand darin, daß der Baltischen Flotte die vorgeschobenen Basen verlorengingen. Im Ergebnis des Oktoberaufstandes in Petrograd stellte sie ihre Kampftätigkeit völlig ein.

Die Seekampfhandlungen im Schwarzen Meer 1917 beschränkten sich russischerseits auf die Blockade des Bosporus und die Störung der türkischen Seeverbindungen entlang der Schwarzmeerküste. Im April gelang es einer deutschen Minenräumgruppe, die russischen Minensperren am Bosporus zu räumen. Im Juni verlegte der türkische Kreuzer Miditti vor der Donaumündung eine Minensperre. Dabei kam es mit dem russischen Schlachtschiff Svobodnaja Rossija zu einem Feuergefecht. Es war das letzte Seegefecht auf dem Schwarzen Meer. In den folgenden Monaten verminte die russische Schwarzmeerflotte erneut den Bosporusausgang. Anfang November beendete diese Flotte die Kampfhandlungen.

Die vierte Periode des Weltkrieges
November 1917 bis November 1918

Der Kriegsverlauf im Jahre 1917 war einerseits durch die Offensiven der Entente auf dem westlichen Kriegsschauplatz und andererseits durch den sogenannten uneingeschränkten U-Boot-Krieg Deutschlands maßgeblich geprägt worden. Demgegenüber hatten die Kampfhandlungen auf anderen Kriegsschauplätzen einen geringeren Beitrag für die Realisierung der Strategie beider Seiten geleistet. Aber weder die Entente-Offensiven noch der verstärkte Einsatz deutscher U-Boote auf den Seeverbindungswegen der Entente hatten die Entscheidung im Kriege herbeigeführt. Wesentlichen Einfluß auf den Kriegsverlauf hatte die Februarrevolution, da die russischen Streitkräfte danach nur noch eine strategische Offensive im Juli unternahmen und nach deren Scheitern kaum noch aktive Kampfhandlungen durchführten. Noch nachhaltiger waren die Folgen der Oktoberrevolution für die Kriegführung der Mittelmächte und der Entente.

Deutschland und die Große Sozialistische Oktoberrevolution

Mit dem Sieg der Großen Sozialistischen Oktoberrevolution begann die Epoche der allgemeinen revolutionären Erneuerung der Welt – die Epoche des Übergangs vom Kapitalismus zum Sozialismus. Mit der Errichtung des ersten sozialistischen Staates hörte der Kapitalismus ein für allemal auf, das weltbeherrschende System zu sein. Die Welt wurde in zwei Lager gespalten und der Kampf zwischen ihnen, das entscheidende Merkmal der allgemeinen Krise des Kapitalismus, die 1914 begonnen hatte, bildete von nun an den Hauptinhalt der Weltgeschichte.

Der staatsmonopolistische Kapitalismus, nach Lenin die unmittelbare Vorstufe des Sozialismus, hatte in Deutschland den damals höchsten Entwicklungsstand erreicht. Auch hier waren die objektiven Voraussetzungen für die sozialistische Revolution herangereift.

Als die sozialistische Revolution in Rußland gesiegt hatte, steckte das imperialistische Deutschland in einer permanenten politischen Krise, die sich in mehrfachem Regierungswechsel manifestierte. Diese Krise wurde nicht zuletzt durch die Erbitterung der Volksmassen über die Fortdauer des Krieges und das Ausbleiben von Friedensverhandlungen genährt.

Auch für Deutschland eröffnete sich mit der Friedensinitiative Sowjetrußlands die Möglichkeit, den Krieg zu beenden. Die Spartakusgruppe setzte deshalb als Ziel: Ein Ende mit dem Völkermord, ein Anfang mit der Verwirklichung des Sozialismus – auch für das deutsche Proletariat schlägt nunmehr die Stunde der Entscheidung. Sie warnte vor Friedensintrigen der deutschen Regierung, die gerade in bezug auf die Verhandlungen mit Sowjetrußland dem Volk Sand in die Augen streuen wolle. Sie versuche dem Volk einzureden, daß ein Teilfriede im Osten den allgemeinen Frieden näherbrächte. Dies sei Lug und Trug. Vielmehr müsse durch den Kampf der deutschen Arbeiter der Separatfrieden in einen allgemeinen Frieden verwandelt werden, den die russischen Arbeiter nicht allein herbeiführen könnten. Bevor sich die kaiserliche Regierung zu Waffenstillstandsverhandlungen bereitfand, begann in den Schützengräben die Verbrüderung der Soldaten. Die auf Weisung der Sowjetregierung von Truppenformation zu Truppenformation geschlossenen Waffenstillstandsabkommen lösten unter den deutschen Soldaten Begeisterung, aber Unwillen unter den kaiserlichen Truppenführern aus. Als Regierung und OHL Nachricht von dem sowjetischen Friedensangebot erhielten, hofften sie im Osten nachhaltig militärisch entlastet zu sein wie auch einen Frieden zu erreichen, der die Verwirklichung der Kriegsziele in Rußland und den Sieg über die Westmächte ermöglichen würde. Sie verfolgten drei Ziele: Erstens den Abschluß der Kampfhandlungen an der Ostfront; zweitens die Durchsetzung der deutschen Friedensbedingungen und drittens die Überführung des bisher in Rußland gebundenen Millionenheeres an die Westfront zur Entscheidungsschlacht. Zunächst hielten es Regierung und OHL jedoch für angebracht, dem sowjetischen Friedens- und Waffenstillstandsangebot offiziell mit Zurückhaltung zu begegnen.

1

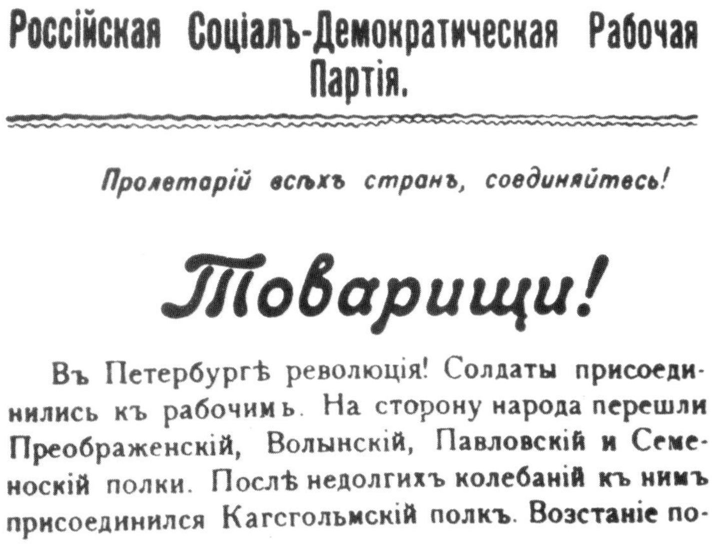

Российская Соціалъ-Демократическая Рабочая Партія.

Пролетарій всѣхъ странъ, соединяйтесь!

Товарищи!

Въ Петербургѣ революція! Солдаты присоединились къ рабочимъ. На сторону народа перешли Преображенскій, Волынскій, Павловскій и Семеноскій полки. Послѣ недолгихъ колебаній къ нимъ присоединился Кагсгольмскій полкъ. Возстаніе по-

2

3

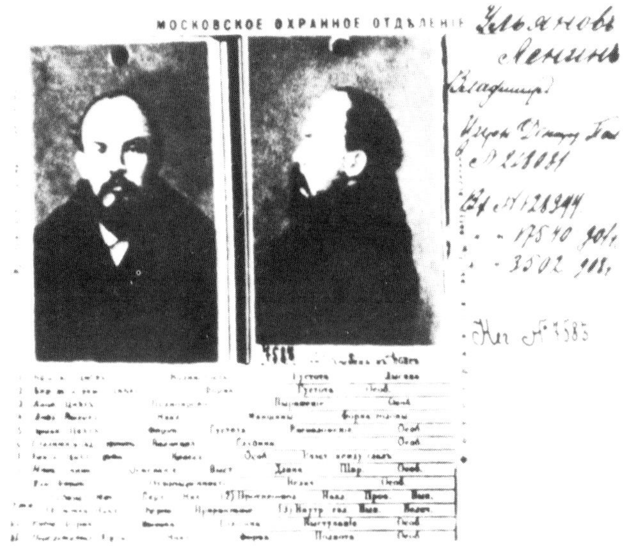

4

5

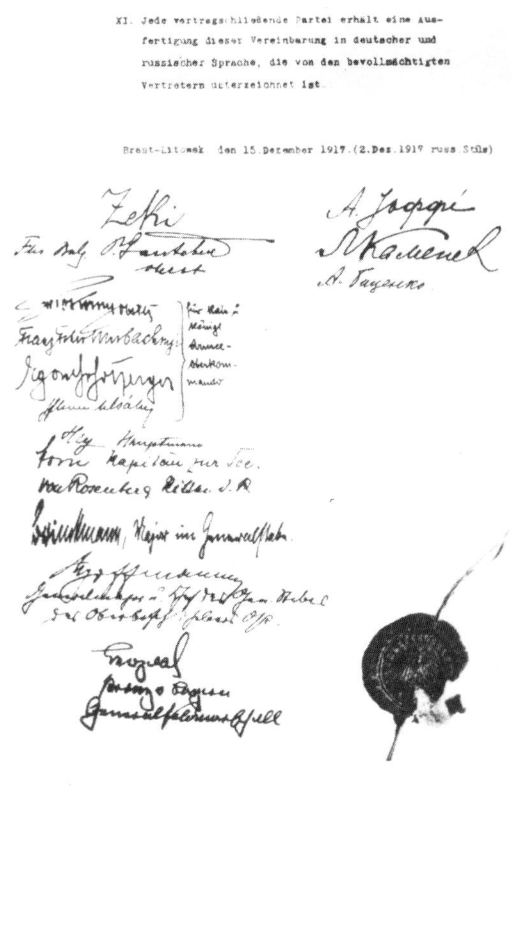

XI. Jede vertragschließende Partei erhält eine Ausfertigung dieser Vereinbarung in deutscher und russischer Sprache, die von den bevollmächtigten Vertretern unterzeichnet ist.

Brest-Litowsk den 15.Dezember 1917.(2.Dez.1917 russ.Stils)

6

7

Товарищи

РАБОЧІЕ и СОЛДАТЫ ПЕТРОГРАДА!

Послѣ того какъ контръ-революціонная буржуазія явно вступила противъ революціи, пусть Всероссійскій Совѣтъ Рабочихъ, Солдатскихъ и Крестьянскихъ Депутатовъ возьметъ всю власть въ свои руки.

Такова воля революціоннаго населенія Петрограда, который имѣетъ право довести эту свою волю путемъ мирной и организованной демонстраціи до свѣдѣнія засѣдающаго сейчасъ Исп. Комитетовъ Всер. С. Р. С. и К. Д.

Да здравствуетъ воля революціонныхъ рабочихъ и революціонныхъ солдатъ!

Да здравствуетъ власть совѣтовъ.

Коалиціонное правительство потерпѣло крахъ: оно распалось, не будучи въ состояніи выполнить тѣхъ задачъ, ради которыхъ оно было создано. Грандіозныя труднѣйшія задачи стоятъ передъ революціей. Нужна новая власть, которая въ единеніи съ революціоннымъ пролетаріатомъ, революціонной арміей и революціоннымъ крестьянствомъ рѣшительно взялась бы за укрѣпленіе и расширеніе завоеваній народа. Такой властью можетъ быть только власть Совѣтовъ Рабочихъ, Солдатскихъ и Крестьянскихъ Депутатовъ.

Вчера революціонный гарнизонъ Петрограда и рабочіе выступили, чтобы провозгласить этотъ лозунгъ: вся власть Совѣту. Это движеніе, вспыхнувшее въ полкахъ и на заводахъ, мы зовемъ превратить въ мирное организованное выявленіе воли всего рабочаго, солдатскаго и крестьянскаго Петрограда.

Центральный Комитетъ Россійской Соц.-Дем. Рабочей Партіи.
Петербургскій Комитетъ Р. С.-Д. Р. П.
Межрайонный Комитетъ Р. С.-Д. Р. П.
Военная Организація при Центр. Ком. Р. С.-Д. Р. П.
Коммиссія Рабочей Секціи Совѣта Рабочихъ и Солдатскихъ Депутатовъ.

8

1 Niederholung des Zarenadlers
2 Bolschewistisches Flugblatt der Februartage
3 März 1917 in Petrograd. Patrouillierende revolutionäre Soldaten
4 Aus der Suchkartei der Moskauer Geheimen Staatspolizei
5 Dezember 1917: Waffenstillstand an der Ostfront
6 Letzte Seite des Waffenstillstandsvertrages
7 Revolutionäre Soldaten in Moskau
8 Aufruf des ZK der SDAPR (B) vom 4.7.1918. An diesem Tag demonstrierten 500 000 Arbeiter, Soldaten und Matrosen in Petrograd für die Beendigung des Krieges
9 Ministerpräsident Kerenski (im Moskauer Kreml) will den Krieg verlängern
10 Bekanntgabe der Verhaftung der Provisorischen Regierung
11 Sturm auf das Winterpalais

9

ОТЪ ВОЕННО-РЕВОЛЮЦІОННАГО КОМИТЕТА.

АРЕСТЪ Временнаго Правительства.

25 октября въ 2 часа 10 м. ночи арестованы членомъ Времен. Революціон. К-та И. К. С. Р. и С. Д. Антоновымъ по постановленію К-та контръ-адмир. Вердеревскій, мин. гос. призрѣнія Кишкинъ, мин. пром. Коноваловъ, земледѣлія Масловъ, мин. путей сообщ. Ливеровскій, управляющій военнымъ мин. Маниковскій, министры: Гвоздевъ, Малянтовичъ, Третьяковъ, генер. для порученій Борисовъ, контролеръ Смирновъ, мин. просв. Салазкинъ, мин. фин. Бернацкій, мин. иностр. дѣлъ Терещенко, помощн. особо-уполн. Вр. Правит. Рутенбергъ, мин. почтъ и телегр. Никитинъ, мин. исповѣд. Карташевъ, инжен. Пальчинскій. Офицеры и юнкера бывшіе во дворцѣ обезоружены и отпущены.

10

11

№ 208
Пятница
27 октября 1917 г.

ЦѢНА:

ИЗВѢСТІЯ

Центральнаго Исполнительнаго Комитета
и Петроградскаго Совѣта
Рабочихъ и Солдатскихъ Депутатовъ.

Декретъ о мирѣ,

принятый единогласно на засѣданіи Всероссійскаго Съѣзда Совѣтовъ Рабочихъ, Солдатскихъ и Крестьянскихъ Депутатовъ 26 октября 1917 г.

1

№ 209
Суббота
28 октября 1917 г.

ЦѢНА

ИЗВѢСТІЯ

Центральнаго Исполнительнаго Комитета
и Петроградскаго Совѣта
Рабочихъ и Солдатскихъ Депутатовъ.

Въ виду созыва въ теченіи ближайшихъ дней Второго Всероссійскаго Съѣзда Совѣтовъ Крестьянскихъ Депутатовъ, **крестьянъ-делегатовъ** пріѣхавшихъ на Второй Всероссійскій Съѣздъ Совѣтовъ Рабочихъ и Солдатскихъ Депутатовъ **просятъ остаться** для участія въ работахъ этого съѣзда.

ДЕКРЕТЪ О ЗЕМЛѢ

2

Kriegsnummer 20 Pf.

Die Wochenschau

Nr. 50 Verlag W. Girardet, Essen, Düsseldorf, Berlin

Lenin (Ulianof), Rußlands neuer Gebieter.

3

4

Die Stunde der Entscheidung!

Arbeiter und Arbeiterinnen!

In Russland hat die Stunde der Entscheidung geschlagen. Zum ersten Mal in der Weltgeschichte wird hier von einer proletarischen Masse der Versuch gemacht, die politische Macht im Staate an sich zu reissen. Mit einem Heldenmute sondergleichen, ohne Opfer zu scheuen, ohne das eigene Herzblut zu sparen, kämpfen jetzt die russischen Proletarier, auf das Bauerntum gestützt, um die Aufrechterhaltung und Befestigung ihrer soeben erlangten Herrschaft im Staat. Das Ziel, das sie dabei verfolgen, ist ein doppeltes:

Ein Ende mit dem Völkermord,
ein Anfang mit der Verwirklichung des Sozialismus.

Schwierigkeiten, Widerstände, Gefahren türmen sich um sie bergehoch von allen Seiten. Im Innern des Landes der grimmige Widerstand der russischen Bourgeoisie und des Junkertums, geheime und

5

Die Waffenstillstands- und Friedensverhandlungen in Brest-Litowsk

Mit der Errichtung der Sowjetmacht schied Rußland aus dem imperialistischen Krieg aus. Die zaristische Armee befand sich in Auflösung. Die Sowjetregierung mit Lenin an der Spitze ergriff aktive Maßnahmen, Sowjetrußland den Frieden zu sichern, indem sie allen kriegführenden Staaten sofortige Friedensverhandlungen anbot. Somit entstand die reale Möglichkeit, den Kriegsschauplatz in Ost- und Südosteuropa zu liquidieren. Daran hatten jedoch weder die Mittelmächte noch die Entente Interesse. In den herrschenden Kreisen beider Koalitionen war man zutiefst besorgt über die revolutionäre Entwicklung in Rußland und über ihre Auswirkungen auf die eigenen Völker und Streitkräfte. In beiden Koalitionen wurden deshalb umfangreiche Maßnahmen ergriffen, um zu verhindern, daß das »russische Beispiel« Schule machte.

Das Dekret über den Frieden war das außenpolitische Programm der Sowjetregierung. Mit ihrem Vorschlag, sofort Verhandlungen über einen gerechten demokratischen Frieden aufzunehmen, hatte sie sich, wie erwähnt, nicht nur an die Mittelmächte, sondern an alle kriegführenden Völker und Regierungen gewendet. Sie distanzierte sich strikt vom imperialistischen Bündnissystem der Entente, indem sie die Veröffentlichung der Geheimverträge ankündigte und deren Bestimmungen bedingungslos und sofort für ungültig erklärte. Doch war sie auch bestrebt, den Mittelmächten keine Vorteile einzuräumen und Separatfriedensverhandlungen solange wie möglich zu vermeiden. Sie wollte allgemeine Friedensverhandlungen, an denen auch die Westmächte teilnahmen, die für alle am Kriege beteiligten Staaten zu einem sofortigen Frieden ohne Annexionen und Kontributionen führten. Der Rat der Volkskommissare beauftragte am 20. November den Oberbefehlshaber des Feldheeres, General Duchonin, sich unverzüglich mit dem Vorschlag an die Heeresleitungen der Gegner zu wenden, die Kampfhandlungen sofort einzustellen, damit Friedensverhandlungen aufgenommen werden könnten. Als Duchonin sich weigerte, der Weisung des Rates der Volkskommissare nachzukommen, beauftragte dieser unmittelbar die Frontsoldaten mit der Herstellung der Waffenruhe. Im Aufruf des Rates hieß es: »Soldaten! Die Sache des Friedens ist in Euren Händen. Erlaubt den konterrevolutionären Generalen nicht, den Frieden zum Scheitern zu bringen.« Es kam zu zahlreichen Übereinkommen, so daß praktisch die Kämpfe noch vor Eröffnung von offiziellen Waffenstillstandsverhandlungen ein Ende gefunden hatten. Da sie ein Ausscheiden Rußlands aus dem Bündnis nicht wünschten, lehnten die Westmächte das Dekret über den Frieden entschieden ab und bestanden auf Einhaltung der von der Zarenregierung eingegangenen Bündnisverpflichtungen und auf weiterer Beteiligung am Krieg.

Als die Entente auch am 28. November keine

Teilnahmeabsicht erkennen ließ, wandte sich der Rat der Volkskommissare nochmals an die Völker der kriegführenden Länder. Er erklärte, sollten die verbündeten Völker keine Vertreter entsenden, würde die sowjetische Seite mit den Deutschen allein Verhandlungen führen. Sowjetrußland wolle den allgemeinen Frieden. Zwänge aber die Bourgeoisie der verbündeten Länder Sowjetrußland zum Abschluß eines Sonderfriedens, falle die Verantwortung voll und ganz auf sie. Am 3. Dezember begannen in Brest-Litowsk Waffenstillstandsverhandlungen.

Am 7. Dezember wurde ein erstes Abkommen über die Einstellung der Kampfhandlungen unterzeichnet, welches zunächst eine zehntägige Waffenruhe vorsah. Zwischen der OHL und Regierung wurde bezüglich der weiteren Verhandlungen vereinbart, daß die Räumung Livlands, Estlands und Finnlands zu fordern, aber nicht unter allen Umständen durchzusetzen sei. Am 15. Dezember kam es zur Unterzeichnung des eigentlichen Waffenstillstandsvertrages, bei der die Aufnahme der Friedensverhandlungen auf den 22. Dezember festgelegt wurde.

Bei Beginn der Kommissionsberatungen am 27. Dezember forderte Generalmajor Max Hoffmann als Interessenvertreter der Obersten Heeresleitung offiziell von der sowjetischen Seite, die sich für eine Loslösung von Rußland aussprechenden Erklärungen verschiedener Gremien von Gutsbesitzern, Industriellen und Kaufleuten in Polen, Litauen, Kurland, Estland und Livland als »Ausdruck des Willens der Völker« anzuerkennen und damit indirekt dem Anschluß von 18 russischen Gouvernements an Deutschland und Österreich-Ungarn zuzustimmen. Die sowjetische Seite erklärte, daß die Sowjetregierung jederzeit das Selbstbestimmungsrecht der Völker respektiere, daß aber der Wille der Bevölkerung in Polen und im Baltikum erst eindeutig und ohne Anwesenheit von Besatzungstruppen festgestellt werden müsse.

Czernin, der angesichts der maßlosen deutschen Forderungen selbst einen Separatfrieden mit Rußland scheitern sah, drohte in diesem Falle mit gesonderten Friedensverhandlungen zwischen Österreich-Ungarn und Sowjetrußland.

Die Entschlossenheit der Sowjetregierung zum Kriegsaustritt wie auch zu Friedensverhandlungen unter Verzicht auf Annexionen und Kontributionen widersprach den Interessen der herrschenden Kreise der Ententemächte zutiefst. Mit dem Sturz des Kapitalismus in Rußland war den vielfältigen alliierten Wirtschaftsinteressen im damaligen Zarenreich die Aussicht auf Verwirklichung genommen und eine äußerst vorteilhafte Profitquelle des internationalen Monopolkapitals versiegt. Die Regierungen der Westmächte erstrebten deshalb von Beginn an den Sturz der Sowjetmacht und bereiteten systematisch eine Intervention mit dem Ziel vor, im Zusammenwirken mit den konterrevolutionären Kräften Rußlands den ersten Arbeiter-und-Bauern-Staat zu beseitigen. Der Kapitalismus als Voraussetzung weiterer Kriegsbeteiligung des ehemaligen Bundesgenossen sollte restauriert und das mit Gewalt unterworfene Land in eine halbkoloniale Abhängigkeit von den Westmächten gebracht werden, wobei England den Norden und das Kaukasusgebiet, Frankreich den Süden sowie Japan und die USA den Fernen Osten als Einflußsphären untereinander ausgehandelt hatten. Die Verfolgung solcher Absichten setzte die Verhinderung eines deutsch-sowjetischen Friedensvertrages zwangsläufig voraus.

Am 9. Januar begann die zweite Etappe der Friedensverhandlungen, die am 18. Januar, als Hoffmann eine Karte mit der eingezeichneten Linie unterbreitete, bis zu der die deutschen Truppen zurückgenommen werden sollten, in eine Krise gerieten. Der Linienführung mußte die Annektierung von Polen, Litauen und Kurland mit

6
7

1/2 Der II. Sowjetkongreß verabschiedet das Dekret über den Frieden und das Dekret über den Grund und Boden
4 Rote Garden
5 Die Spartakus-Gruppe zieht die Schlußfolgerung aus der Oktoberrevolution
6 Staatssekretär des Auswärtigen Amtes und deutscher Delegationsleiter in Brest und Bukarest: Dr. Richard von Kühlmann (1873–1948)
7 Außenminister und österreichisch-ungarischer Delegationsleiter in Brest und Bukarest Graf Ottokar von Czernin (1872–1932)
8 Die sowjetische Delegation unter Leitung von A. A. Joffe

8

Bekanntmachung des Oberbefehlshabers in den Marken.

Zunächst sieben Großbetriebe unter militärische Leitung gestellt.

Bekanntmachung:

Die Ausstandsbewegung, in der ein Teil der Arbeiter von Groß-Berlin verharrt, beeinträchtigt die Versorgung des Heeres und der Marine mit Waffen und Munition. Ich habe daher folgende Betriebe:

1. Deutsche Waffen- und Munitions-Fabrik in Marienfelde, Lichtenberg und Wittenau,
2. Berliner Maschinenbau-Aktien-Gesellschaft vorm. L. Schwartzkopff, Berlin,
3. A. Borsig in Berlin-Tegel,
4. Allgemeine Elektrizitäts-Gesellschaft — Fabrik Hennigsdorf,
5. Argus Motor-Gesellschaft Berlin-Reinickendorf,
6. Flug-Verkehrs-Gesellschaft Johannisthal,
7. Daimler-Motoren Zweigniederlassung Marienfelde

unter militärische Leitung gestellt

und den Arbeitern dieser Betriebe aufgegeben, die Arbeit spätestens Montag, den 4. Februar 1918, bis morgens 7 Uhr wieder aufzunehmen. Zuwiderhandelnde setzen sich schwerer Bestrafung nach den Vorschriften des Belagerungszustandes aus; die Wehrpflichtigen unter ihnen werden außerdem militärisch eingezogen werden.

Der Oberbefehlshaber in den Marken.
von Kessel, Generaloberst.

1

2

2 Vor dem Gewerkschaftshaus am Engel-Ufer in Berlin. Januar 1918
3 Illegales Flugblatt gegen den Krieg
4 Die Spartakus-Gruppe ruft zum Massenstreik auf
5 Flugblatt der Spartakus-Gruppe im Sommer 1918

den Moon-Sund Inseln sowie von Teilen Livlands, Estlands und Belorußlands entnommen werden. Die Festlegung der Grenze südlich von Brest-Litowsk wurde als Angelegenheit von Verhandlungen mit der ukrainischen Zentralrada angesehen. Die sowjetische Delegation erklärte, daß sie angesichts derartiger Forderungen ihre Regierung konsultieren müßte, weshalb sie sich gezwungen sähe, auf einer Unterbrechung der Verhandlungen zu bestehen.

Am 9. Februar wurde ein Friedensvertrag zwischen den Vertretern der bürgerlichen Nationalisten der Ukraine und den Vertretern der Mittelmächte unterzeichnet. Damit glaubte man den Weg frei, die Anerkennung der deutschen Forderungen von der sowjetischen Regierung ultimativ zu erpressen.

Der Januarstreik in Deutschland

Je offensichtlicher wurde, daß die deutschen Imperialisten nicht gewillt waren, in Brest-Litowsk auf die Durchsetzung ihres maßlosen Kriegszielprogramms zu verzichten, daß sie es sogar riskieren würden, der Durchsetzung dieses Programms wegen den Krieg wieder aufzunehmen, desto mehr wuchsen Unruhe und Empörung unter den Volksmassen. Hinzu kam, daß die Lebensbedingungen für die Werktätigen, durch Belagerungszustand, Hilfsdienstgesetz, akuten Mangel an Nahrungsmitteln, Kleidung und Brennstoffen extrem zugespitzt, immer unerträglicher wurden. Unter den Arbeitern festigte sich dank der unermüdlichen Aufklärungsarbeit der Linken die Überzeugung, daß nur durch entschlossene Aktion eine politische Kursänderung erreicht und der Krieg beendet werden könne.

Die Spartakusgruppe wies mit ihrem gleichnamigen Flugblatt auch in dieser »Stunde der Entscheidung« Weg und Ziel: Nur durch Massenkampf, durch Massenauflehnung, durch Massenstreiks, die das ganze wirtschaftliche Getriebe und die gesamte Kriegsindustrie zum Stillstand bringen, nur durch Revolution und die Erringung der Volksrepublik in Deutschland durch die Arbeiterklasse könne dem Völkermord ein Ende gesetzt und der allgemeine Friede herbeigeführt werden. Mitte Januar unterbreitete die Spartakusgruppe in ihrem Flugblatt »Hoch der Massenstreik! Auf zum Kampf!« ein Kampfprogramm für den Massenstreik. Mindestforderungen und notwendige Bedingungen, den Kampf um die Macht, die Volksrepublik und einen sofortigen allgemeinen Frieden frei führen zu können seien die Aufhebung des Belagerungszustandes, der Zensur, aller Beschränkungen von Koalitions-, Streik- und Versammlungsfreiheit und die Freilassung der politischen Gefangenen. Zur Leitung des Kampfes seien Arbeiterräte nach sowjetischem Muster zu wählen.

Am 14. Januar waren aus Protest gegen die Verhandlungsmethoden der Mittelmächte in Brest-Litowsk und die katastrophale Ernährungslage die Arbeiter von Wiener Neustadt in den Streik getreten, der in wenigen Tagen auf Prag, Budapest, Brünn, Wien und andere Städte der Donaumonarchie übergriff. Der Januarstreik in Österreich-Ungarn wie auch die Erhebung der Matrosen der k. und k. Kriegsflotte in Cattaro führten noch einmal vor Augen, daß für die Donaumonarchie längst der Vorabend der proletarischen Revolution angebrochen war. Die Auswirkungen dieses Streiks auf Deutschland waren erheblich. Für die Spartakusgruppe und revolutionären Obleute war er zusätzlicher Ansporn, die Anstrengungen für die Auslösung der Massenaktion zu verstärken und den Frieden zu erzwingen. Mit dem Flugblatt »Am Montag, den 28. Januar, beginnt der Massenstreik!« gab die Spartakusgruppe

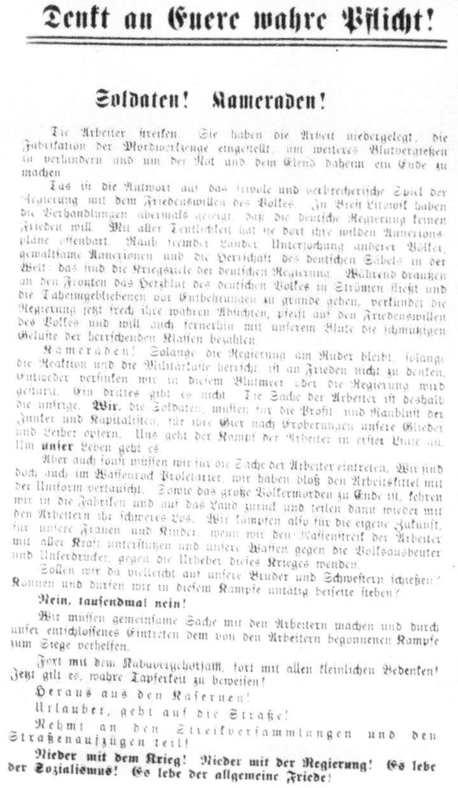

Denkt an Euere wahre Pflicht!

Soldaten! Kameraden!

Die Arbeiter streiken. Sie haben die Arbeit niedergelegt, die Fabrikation der Mordwerkzeuge eingestellt, um weiteres Blutvergießen zu verhindern und um der Not und dem Elend daheim ein Ende zu machen.

Das ist die Antwort auf das frivole und verbrecherische Spiel der Regierung mit dem Friedenswillen des Volkes. In Brest-Litowsk haben die Verhandlungen abermals gezeigt, daß die deutsche Regierung keinen Frieden will. Mit aller Deutlichkeit hat sie dort ihre wilden Annexionspläne offenbart. Raub fremder Länder, Unterjochung anderer Völker, gewaltsame Annexionen und die Herrschaft des deutschen Säbels in der Welt: das sind die Kriegsziele der deutschen Regierung. Während draußen an den Fronten das Herzblut des deutschen Volkes in Strömen fließt und die Daheimgebliebenen vor Entbehrungen zu grunde gehen, verkündet die Regierung jetzt frech ihre wahren Absichten, pfeift auf den Friedenswillen des Volkes und will auch fernerhin mit unserem Blute die schmutzigen Gelüste der herrschenden Klassen bezahlen.

Kameraden! Solange die Regierung am Ruder bleibt, solange die Reaktion und die Militärkaste herrscht, ist an Frieden nicht zu denken. Entweder versinken wir in diesem Blutmeer oder die Regierung wird gestürzt. Ein drittes gibt es nicht. Die Sache der Arbeiter ist deshalb die unsrige. **Wir**, die Soldaten, müssen für die Profit- und Raublust der Junker und Kapitalisten, für ihre Gier nach Eroberungen unsere Glieder und Leiber opfern. Uns geht der Kampf der Arbeiter in erster Linie an. Um **unser** Leben geht es.

Aber auch sonst müssen wir für die Sache der Arbeiter eintreten. Wir sind doch auch im Waffenrock Proletarier, wir haben bloß den Arbeitskittel mit der Uniform vertauscht. Sowie das große Völkermorden zu Ende ist, kehren wir in die Fabriken und auf das Land zurück und teilen dann wieder mit den Arbeitern ihr schweres Los. Wir kämpfen also für die eigene Zukunft, für unsere Frauen und Kinder, wenn wir den Massenstreik der Arbeiter mit aller Kraft unterstützen und unsere Waffen gegen die Volksausbeuter und Unterdrücker, gegen die Urheber dieses Krieges wenden.

Sollen wir da vielleicht auf unsere Brüder und Schwestern schießen? Können und dürfen wir in diesem Kampfe untätig beiseite stehen?

Nein, tausendmal nein!

Wir müssen gemeinsame Sache mit den Arbeitern machen und durch unser entschlossenes Eintreten dem von den Arbeitern begonnenen Kampfe zum Siege verhelfen.

Fort mit dem Kadavergehorsam, fort mit allen kleinlichen Bedenken! Jetzt gilt es, wahre Tapferkeit zu beweisen!

Heraus aus den Kasernen!

Urlauber, geht auf die Straße!

Nehmt an den Streikversammlungen und den Straßenaufzügen teil!

Nieder mit dem Krieg! Nieder mit der Regierung! Es lebe der Sozialismus! Es lebe der allgemeine Friede!

3

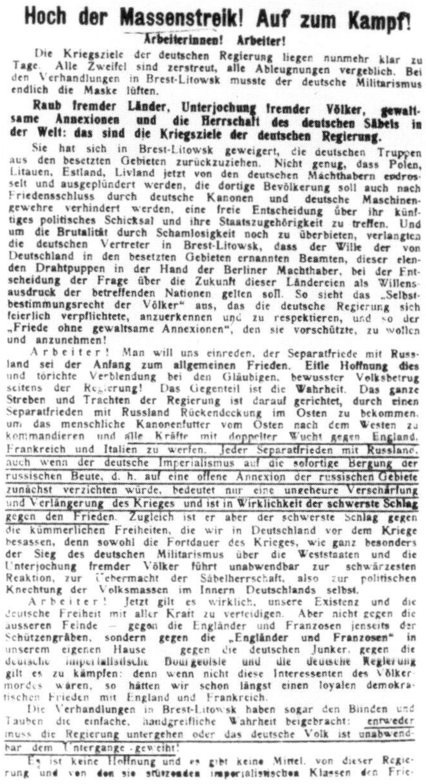

Hoch der Massenstreik! Auf zum Kampf!

Arbeiterinnen! Arbeiter!

Die Kriegsziele der deutschen Regierung liegen nunmehr klar zu Tage. Alle Zweifel sind zerstreut, alle Ableugnungen vergeblich. Bei den Verhandlungen in Brest-Litowsk musste der deutsche Militarismus endlich die Maske lüften.

Raub fremder Länder, Unterjochung fremder Völker, gewaltsame Annexionen und die Herrschaft des deutschen Säbels in der Welt: das sind die Kriegsziele der deutschen Regierung.

Sie hat sich in Brest-Litowsk geweigert, die deutschen Truppen aus den besetzten Gebieten zurückzuziehen. Nicht genug, dass Polen, Litauen, Estland, Livland jetzt von den deutschen Machthabern erdrosselt und ausgeplündert werden, die dortige Bevölkerung soll auch nach Friedensschluss durch deutsche Kanonen und deutsche Maschinengewehre verhindert werden, eine freie Entscheidung über ihr künftiges politisches Schicksal und ihre Staatszugehörigkeit zu treffen. Und um die Brutalität durch Schamlosigkeit noch zu überbieten, verlangten die deutschen Vertreter in Brest-Litowsk, dass der Wille der von Deutschland in den besetzten Gebieten ernannten Beamten, dieser elenden Drahtpuppen in der Hand der Berliner Machthaber, bei der Entscheidung der Frage über die Zukunft dieser Ländereien als Willensausdruck der betreffenden Nationen gelten soll. So sieht das „Selbstbestimmungsrecht der Völker" aus, das die deutsche Regierung sich feierlich verpflichtete, anzuerkennen und zu respektieren, und so der „Friede ohne gewaltsame Annexionen", den sie vorschützte, zu wollen und anzunehmen!

Arbeiter! Man will uns einreden, der Separatfriede mit Russland sei der Anfang zum allgemeinen Frieden. Eitle Hoffnung dies und törichte Verblendung bei den Gläubigen, bewusster Volksbetrug seitens der Regierung! Das Gegenteil ist die Wahrheit. Das ganze Streben und Trachten der Regierung ist darauf gerichtet, durch einen Separatfrieden mit Russland Rückendeckung im Osten zu bekommen, um das menschliche Kanonenfutter vom Osten nach dem Westen zu kommandieren und alle Kräfte mit doppelter Wucht gegen England, Frankreich und Italien zu werfen. Jeder Separatfrieden mit Russland, auch wenn der deutsche Imperialismus auf die sofortige Bergung der russischen Beute, d. h. auf eine offene Annexion der russischen Gebiete zunächst verzichten würde, bedeutet nur eine ungeheure Verschärfung und Verlängerung des Krieges und ist in Wirklichkeit der schwerste Schlag gegen den Frieden. Zugleich ist er aber der schwerste Schlag gegen die kümmerlichen Freiheiten, die wir in Deutschland vor dem Kriege besassen, denn sowohl die Fortdauer des Krieges, wie ganz besonders der Sieg des deutschen Militarismus über die Weststaaten und die Unterjochung fremder Völker führt unabwendbar zur schwärzesten Reaktion, zur Uebermacht der Säbelherrschaft, also zur politischen Knechtung der Volksmassen im Innern Deutschlands selbst.

Arbeiter! Jetzt gilt es wirklich, unsere Existenz und die deutsche Freiheit mit aller Kraft zu verteidigen. Aber nicht gegen die äusseren Feinde – gegen die Engländer und Franzosen jenseits der Schützengräben, sondern gegen die „Engländer und Franzosen" in unserem eigenen Hause – gegen die deutschen Junker, gegen die deutsche imperialistische Bourgeoisie und die deutsche Regierung gilt es zu kämpfen: denn wenn nicht diese Interessenten des Völkermordes wären, so hätten wir schon längst einen loyalen demokratischen Frieden mit England und Frankreich.

Die Verhandlungen in Brest-Litowsk haben sogar den Blinden und Tauben die einfache, handgreifliche Wahrheit beigebracht: entweder muss die Regierung untergehen oder das deutsche Volk ist unabwendbar dem Untergange geweiht!

Es ist keine Hoffnung und es gibt keine Mittel, von dieser Regierung und von den sie stützenden imperialistischen Klassen den Frie-

4

Auf zum Kampf um den Frieden!

Die Lage ist klar. Der Staatssekretär v. Kühlmann hat im Reichstag am 25. Juni offen gesagt: **von militärischen Siegen ist ein Ende des Krieges nicht zu erwarten.** Kühlmann hat zwar für sein Bekenntnis von Hindenburg und Ludendorf, den wahren Herrschern in Deutschland, gleich einen Fußtritt bekommen, aber das Bekenntnis bleibt bestehen und das Volk muß es sich merken.

Genau dasselbe hat mit anderen Worten ja auch der Staatssekretär der Marine v. Capelle am 25. April, also gleich nach der großen siegreichen Offensive, im Hauptausschuß des Reichstags gesagt:

„Wir müssen uns unter allen Umständen auf einen langen Krieg vorbereiten!

Bedenkt man, was das bedeutet?

Das bedeutet, daß die herrschende Bande der Imperialisten fest in der Patsche sitzt. Sie haben uns in den Völkermord hineingehetzt, sie wissen aber nicht, wie aus ihm herauskommen. Und ist das nicht begreiflich? Je mehr die deutschen Machthaber im Osten Länder und Völker erdrosseln, knechten und aussaugen, je schamloser sie den Besiegten das Joch auferlegen, wie den Russen, Ukrainern, Rumänen, umso mehr müssen sich die Völker im Westen sagen: nun gilt es, sich bis zum äußersten zu wehren!

Und brodelt es nicht auch im Osten, bereiten sich nicht auch dort trotz formalen Frieden neue Kriege? Die Ermordung des deutschem Gesandten in Moskau war eine Quittung des russischen Volkes für die unerhörten Bedrückungen in der Ukraine, für die schurkische Henkerarbeit der Deutschen in Finnland, in den Baltenländern, in der Krim. Diese Mordtat war ein Zeichen der Wut und Verzweiflung, die in der russischen Volksseele kochen. Wer Wind sät, wird Sturm ernten. So sät die deutsche Reaktionsherrschaft allenthalben Verzweiflung, Empörung, Wiederstand. Und deshalb geht die Völkerschlachterei weiter und ist ihr kein Ende abzusehen.

Jetzt noch, nach 4 Jahren, sagt der Marineminister: wir müssen uns auf einen langen Krieg einrichten! Das heißt also: jetzt steht uns **der fünfte Kriegswinter** bevor, dann wird der **sechste** folgen, der **siebente** ... Wer weiß wie viele noch ...

Und derweil fallen täglich Tausende an der Front. Derweil hungern wir daheim. Derweil gehen unsere Frauen und Kinder an Entkräftung, an Unterernährung zu Grunde!

Wer errettet uns aus dieser Hölle? Von allen Seiten kann man diesen Seufzer hören. Doch uns kann weder Gott noch Teufel helfen, außer wir selbst.

Die militärischen Siege können das Ende des Krieges nicht herbeiführen, sagte ein Minister. Hört Ihr's Arbeiter? Das heißt doch! das Morden wird trotz aller Siege kein Ende nehmen, **wenn Ihr dem Kriege kein Ende macht.**

Nur die Arbeitermassen können durch einmütige Erhebung den Schluß des wahnsinnigen

5

im Einverständnis mit den revolutionären Obleuten den Termin für die Arbeitsniederlegung bekannt. Besonders nachdrücklich warnte sie noch einmal vor Abwiegelungsmanövern der rechten Partei- und Gewerkschaftsführer. In Berlin bot der Streikbeginn in den Morgenstunden des 28. Januar ein eindrucksvolles Bild der Kampfkraft und Geschlossenheit der Arbeiter. In den großen Rüstungsbetrieben kam die Produktion schlagartig zum Stillstand. Hunderttausende strömten aus den Werkhallen und wählten auf Belegschaftsversammlungen Räte als Kampforgane. Der aus 414 Mitgliedern bestehende Großberliner Arbeiterrat lehnte einen auf drei Tage befristeten Demonstrationsstreik, wie ihn die zentristischen USPD-Führer empfohlen hatten, ab. Sein Streikaufruf lautete: »Wir richten aber auch an die Proletarier Deutschlands wie der anderen kriegführenden Länder insgesamt die dringende Aufforderung, wie schon die Arbeitskollegen Österreich-Ungarns erfolgreich uns vorangegangen sind, so nunmehr gleichfalls in Massenstreiks einzutreten; denn erst der gemeinsame internationale Klassenkampf schafft uns endgültig Frieden, Freiheit und Brot.«

Im Streikprogramm der Berliner Arbeiter widerspiegelten sich die großen Fortschritte, die die revolutionäre Bewegung in Deutschland seit Frühjahr 1917 gemacht hatte. Das Programm ging von der Erkenntnis aus, daß eine Änderung der Lebensbedingungen von der Durchsetzung der politischen Forderungen, insbesondere von der Wiederherstellung des Friedens, abhing. Der Bezug auf das sowjetische Friedensprogramm, die Ablehnung von Annexionen und Kontributionen, künden von der proletarischen Solidarität der streikenden Arbeiter mit ihren sowjetischen Klassenbrüdern und der Ablehnung der Kriegsziele des deutschen Imperialismus. Noch während der Wahl der Leitungsorgane setzte eine fieberhafte Suche der rechten sozialdemokratischen Führer nach Wegen und Methoden ein, sich in die Streikbewegung einzuschleichen, um diese abzuwürgen. Sein größtes Ausmaß und seine größte Wirkung erreichte der Januarstreik in Berlin. Das Flugblatt »Der Massenstreik« schätzte die Zahl der Streikteilnehmer mit insgesamt 2 Millionen ein, davon 650000 in Berlin, 40000 in Kiel, 25000 in Hamburg, 20000 in Mannheim, 15000 in Danzig, 10000 in Schweinfurt, 7000 in Jena, 6000 in Leipzig, 5000 in Halle, 4000 in Essen, 3000 in Gotha, 200000 im Regierungsbezirk Düsseldorf, 100 000 im Industriegebiet Nürnberg-Fürth usw.

Nachdem die von rechten SPD-Führern systematisch sabotierte Streikbewegung langsam abgeflaut war, gab am 3. Februar die Leitung der Obleute ohne Verhandlungen mit der Regierung die Parole zur Arbeitsaufnahme aus. Es überstieg die Möglichkeiten der Spartakusgruppe, die Streikbewegung vor dem zersetzenden Einfluß der Rechtsopportunisten zu bewahren wie auch gegen die Schwankungen der Zentristen zu wappnen. 40000 bis 50000 Streikteilnehmer wurden einberufen und 200 eingekerkert. In den kommenden 10 Monaten fielen nach offiziellen Angaben noch 349461 Soldaten, weil der Friede im Januar nicht erzwungen wurde. Die »Prawda« würdigte am 1. Februar die große Klassenschlacht am Beginn des Jahres 1918 mit den Worten: »Unser älterer Bruder – das österreichisch-ungarische und deutsche Proletariat – hat auf unseren Ruf geantwortet. Man hat in unserer Sprache gesprochen, und die Solidarität der Arbeiter der ganzen Welt beginnt zu triumphieren.« Der Januarstreik, der das imperialistische Deutschland erschütterte, war die größte Friedensaktion der deutschen Arbeiterklasse während des ersten Weltkrieges.

Die deutsche Intervention gegen Sowjetrußland

Die OHL hatte bereits im Januar begonnen, Pläne für diese Intervention auszuarbeiten. Die 8. deutsche Armee sollte Estland erobern, die Armeeabteilung D bis auf die allgemeine Linie Polozk-Pleskau vormarschieren, die 10. deutsche Armee über Minsk den Dnepr erreichen, die Hauptkräfte der Heeresgruppe Linsingen die Ukraine besetzen und die Heeresgruppe Mackensen entlang der Schwarzmeerküste angreifen. Insgesamt wurden 50 Divisionen für die Intervention bereitgestellt. In Danzig wurde die sogenannte Ostsee-Division aufgestellt, um die konterrevolutionären Truppen des Barons Mannerheim im Kampf gegen die Roten Garden in Finnland zu unterstützen.

Die österreichisch-ungarische Regierung lehnte

zunächst eine Beteiligung an der Intervention ab, entschied aber dann doch, sich mit der 2. und 7. österreichisch-ungarischen Armee zu beteiligen.

Die deutsche Intervention begann am 18. Februar 1918 und stieß in einigen Richtungen auf den Widerstand der Roten Garden. In die Geschichte eingegangen ist die erfolgreiche Verteidigung der Zugänge nach Petrograd durch Rote Garden und Matrosen der Baltischen Flotte. Am 23. Februar stoppten sie den Vormarsch der 8. deutschen Armee bei Narwa und Pskow. Die Reste der zaristischen Armee leisteten jedoch kaum Widerstand, so daß es den Interventen bis Anfang März gelang, Estland, das östliche Lettland sowie Teile Belorußlands und der Ukraine zu besetzen. Die sowjetische Regierung stand nunmehr vor einer Doppelaufgabe. Erstens mußte unverzüglich Frieden mit den Interventen geschlossen werden. Zweitens sah sie sich gezwungen, Verteidigungsmaßnahmen zu ergreifen.

1

Obwohl Deutschland und Österreich-Ungarn auch nach dem Abschluß des Brester Friedensvertrages die Intervention fortsetzten – im März/April besetzten deutsche und österreichisch-ungarische Truppen die gesamte Ukraine und die Krim, und im April/Mai zerschlugen deutsche und weißgardistische russische Truppen die Sowjetmacht in Finnland –, war dieser Vertrag für die junge Sowjetmacht von Nutzen. Sie gewann die notwendige Atempause, um sich im Innern zu stabilisieren, und die Verhandlungen zeigten den werktätigen Massen Europas ihren friedlichen Charakter.

Angesichts der deutschen Intervention hatte die Sowjetregierung am 21. Februar den von Lenin redigierten Aufruf »Das sozialistische Vaterland ist in Gefahr« erlassen. Bereits am 18. Januar hatte der Rat der Volkskommissare ein Dekret über die Schaffung einer Roten Arbeiter-und-Bauern-Armee und am 11. Februar über den Aufbau einer Roten Arbeiter-und-Bauern-Flotte erlassen. Es wurden die ersten Einheiten auf der Basis der Freiwilligkeit aufgestellt. Da die Intervention andauerte und das Wüten der Konterrevolution zunahm, sah sich die Sowjetregierung im Mai dann gezwungen, die Wehrpflicht einzuführen.

Im Mai landeten japanische Truppen in Wladiwostok, während deutsche Truppen am 8. Mai Rostow am Don besetzten. Englische und französische Truppen begannen aus dem Raum Murmansk nach Süden vorzudringen. Im Juni marschierten deutsche und türkische Truppen in Transkaukasien ein und besetzten die Gebiete um Poti, Tiflis und Baku. England, Frankreich und die USA versuchten die Sowjetregierung zu veranlassen, erneut in den Krieg mit Deutschland einzutreten, allerdings ohne Erfolg. Gleichzeitig unterstützten sie die weißgardistischen Streitkräfte, deren Zentrum der untere Don und die mittlere Wolga war.

Interventen und Weißgardisten übten in den von ihnen besetzten Gebieten ein erbarmungsloses Terrorregime aus. Erschießungen und Folterungen standen auf der Tagesordnung. Die deutschen Imperialisten plünderten die besetzten Gebiete aus, stießen allerdings auf den wachsenden Widerstand der Bevölkerung. Vor allem die sowjetischen Partisaneneinheiten in der Ukraine setzten den Besatzungstruppen wirksamen Widerstand entgegen. Der bewaffnete Kampf gegen die Interventen entflammte aber auch in anderen besetzten Gebieten.

Die deutschen Imperialisten bemäntelten ihre Intervention mit der Lüge, »das bolschewistische Chaos zu überwinden und Ordnung zu schaffen«. Tatsächlich entfesselten sie jedoch – unter Ausnutzung konterrevolutionärer Kräfte – einen neuen Krieg. Die Handlungen der Entente in und gegen Sowjetrußland müssen ebenso eingeschätzt werden. Jede Seite versuchte die schwierige Lage des neuen Staates im imperialistischen Interesse auszunutzen und die Sowjetmacht letzten Endes zu stürzen. Sowjetischerseits waren die Verteidigungsmaßnahmen ein gerechter Kampf, dessen Ziele sich diametral zu den imperialistischen Kriegszielen verhielten.

Die Diktatfriedensverträge von Brest-Litowsk und Bukarest

Das Brester Diktat

Am 20. Januar schätzte Lenin in seinen »Thesen über den sofortigen Abschluß eines annexionistischen Separatfriedens« ein, daß in der deutschen Regierung die Kriegspartei die Oberhand gewonnen habe und täglich mit der Übergabe eines Ultimatums folgenden Inhalts gerechnet werden müsse: Entweder Fortsetzung des Krieges oder ein annexionistischer Friede, d. h. ein Friede unter der Bedingung, daß Sowjetrußland das ganze von ihm besetzte Territorium abtrete und Deutschland das ganze von ihm besetzte Territorium behalte und Sowjetrußland eine Kontribution auferlege. Für den Erfolg des Sozialismus in Sowjetrußland sei eine gewisse Zeitspanne notwendig, in der die sozialistische Regierung völlig freie Hand haben müsse für den Sieg über die Bourgeoisie im Lande sowie um eine breit angelegte und gründliche organisatorische Arbeit unter den Klassen in Angriff zu nehmen. Deshalb sei grundsätzlich für den Abschluß eines Friedens einzutreten. Im Gegensatz zu Lenin wollte eine starke Gruppe »linker Kommunisten« den Abbruch der Friedensverhandlungen. Erst nachdem der Januarstreik niedergeschlagen war, erlangte Lenin die Zustimmung der bolschewistischen Parteiführung zur Unterzeichnung eines Friedens. Er vereinbarte mit Trotzki, sich bis zum Ultimatum der Deutschen zu halten und nach dem Ultimatum zu kapitulieren. Ludendorff hatte inzwischen alle Vorbereitungen für einen militärischen Überfall auf Sowjetrußland und die Sowjetukraine getroffen. Nachdem die Verhandlungen wieder aufgenommen worden waren, verlangte am 9. Februar der deutsche Delegationsleiter, daß von sowjetischer Seite nicht nur auf Kongreßpolen, Litauen und Lettland, sondern auch auf Teile Estlands und Lettlands zu verzichten sei. Auf telegrafische Rückfrage Trotzkis hatte Lenin noch einmal unterstrichen: »Unser Standpunkt ist ihnen bekannt.« Damit war Trotzki verpflichtet, die deutschen Bedingungen anzunehmen. Aus linkem Abenteurertum hielt er sich jedoch nicht an Lenins Weisung. Er unterzeichnete nicht, erklärte den

2

3

4

5

Kriegszustand mit den Mittelmächten für beendet, befahl die völlige Demobilisierung der russischen Truppen an allen Frontlinien und verließ mit der Delegation den Ort der Verhandlungen. Anstatt sieben Tage vorher kündigte die deutsche Regierung erst am 16. Februar die Beendigung des Waffenstillstandes für den 18. Februar an. An diesem Tage überschritten 50 Divisionen die Demarkationslinie. Am 21. Februar, der Vormarsch war indessen fortgesetzt worden, teilte die deutsche Regierung endlich ihre erpresserischen Bedingungen mit, unter denen sie die Kampfhandlungen einstellen würde. Sie verlangte, daß das deutsche Ultimatum binnen 48 Stunden angenommen und der Friedensvertrag drei Tage später in Brest-Litowsk unterzeichnet werden müßte. Am Nachmittag des 3. März wurde ein Vertrag unterzeichnet, dessen Bedingungen das räuberische Programm der Mittelmächte vom Januar erheblich übertrafen. Im einzelnen setzten die Mittelmächte durch, daß Sowjetrußland auf Litauen, Lettland, Kongreßpolen und einen Teil Belorußlands sowie auf die transkaukasischen Bezirke Ardakun, Kars und Batum verzichtete, das Heer demobilisierte und die Kriegsflotte in Häfen festlegte oder desarmierte, verschleierte Kontributionen beglich, das ukrainische Nationalistenregime anerkannte sowie Estland und Livland räumte. Damit wurde ein Territorium mit einer Fläche von einer Million Quadratkilometer und einer Bevölkerung von 50 Millionen Menschen annektiert.

Zur Sicherung und Ausbeutung des Baltikums und der Ukraine mußte die OHL 40 Divisionen mit insgesamt einer halben Million Mann im Osten belassen, was für sie nicht nur erhebliche militärische, sondern auch politische Folgen mit sich brachte, weil die Truppen im Osten unmittelbar dem revolutionären Einfluß ausgesetzt waren. Karl Liebknecht schrieb: »Das Fazit von Brest ist nicht Null ... Es brachte die Entlarvung der Mittelmächte, die Entlarvung der deutschen Raubgier, Verlogenheit, Hinterlist und Heuchelei ... Es hat in verschiedenen Ländern bedeutsame Massenbewegungen zu entfesseln vermocht. Und sein tragischer Schlußakt – die Interventionen gegen die Revolution ... – hat jede sozialistische Fiber aufgewühlt. ... Es wird sich zeigen, welche Ernte den heutigen Triumphatoren aus dieser Saat reifen wird. Sie sollen ihrer nicht froh werden.«

1 7.5.1918. Der rumänische Ministerpräsident Marghiloman unterzeichnet in Bukarest das Friedensdiktat
2 Österreichisch-ungarische Truppen in der Ukraine
3 Der Weißgardist Baron von Mannerheim zieht in Helsinki ein
4 Der Oberbefehlshaber Ost, Generalfeldmarschall Hermann von Eichhorn (1848–1918) in Minsk
5 Deutsche Truppen in Helsinki

Das Bukarester Diktat

Das deutsche Monopolkapital wollte die im Februar aufgenommenen Friedensverhandlungen dazu nutzen, die Kontrolle über das rumänische Wirtschaftspotential zu erlangen. In Österreich-Ungarn spekulierten die herrschenden Kreise besonders Anfang 1918, als Kongreßpolen für sie immer unerreichbarer wurde, darauf, Rumänien ihrem Machtbereich einzuverleiben. Die bulgarische Regierung wollte die am Ende des zweiten Balkankrieges an Rumänien abgetretene südliche Dobrudscha wiedererlangen. Seitens der Türkei wurde erklärt, daß man einem Frieden nur bei Rückgabe jenes Gebietes zustimmen könne, das die Türkei 1915 unter Druck Deutschlands und

1

2

3

1 Erschießung revolutionärer russischer Soldaten durch deutsche Interventen
2 Deutsche Interventen in Kiew
3 Österreichisch-ungarische Interventionstruppen werden in Constanza zur Überführung nach Odessa eingeschifft
4 Englische Interventionstruppen werden am 17.8.1918 in Baku ausgeschifft
5 Deutsche Interventionstruppen in Tiflis
6 Deutsche Interventionstruppen auf der grusinischen Heerstraße

Österreich-Ungarns an Bulgarien abtreten mußte. Bei dieser Interessenlage mußten die Friedensverhandlungen zwangsläufig außerordentlich schwierig werden.

In Berlin wie auch in Wien versuchte man unabhängig voneinander mit rumänischen Politikern ins Gespräch zu kommen. Auf deutscher Seite führte man Verhandlungen mit jenen Politikern, die gegen den regierenden König und die herrschenden Finanzkreise waren und sich schnell zu einem Staatsstreich bereitfanden, sobald ihnen die Friedensbedingungen zusagten. Am 9. Februar trat die Regierung Bratianu, die gegen die Aufnahme von Friedensverhandlungen mit den Mittelmächten war, zurück. Chef der neuen Regierung wurde der General Averescu, der mit Kühlmann und Czernin am 24. Februar eine erste Unterredung hatte. Die deutschen Militärs erwogen bereits einen neuen Angriff, durch den Rumänien am schnellsten zum Frieden gezwungen werden könne, als Averescu am 2. März die Verhandlungsbereitschaft der rumänischen Seite mitteilte. Den Forderungen der Mittelmächte kann entnommen werden, daß sie nicht nur die Einverleibung Rumäniens in ihren Machtbereich, sondern auch die Forcierung der Intervention gegen Sowjetrußland anstrebten, woran auch das rumänische Regime unmittelbar interessiert war. Ungeachtet der Gebietsabtretungen und ökonomischen Ausplünderung empfahl Averescu am 4. März dem Kronrat die Annahme der Bedingungen, weil er darin einen Weg sah, den Staat zu retten und Rumänien Bessarabien zu sichern. Als nach der Unterzeichnung des Vorfriedens von deutscher Seite die Forderungen immer höher geschraubt wurden, führte dies am 19. März zum Rücktritt der Regierung Averescu. Chef der neuen Regierung wurde Marghiloman, ein Freund des deutschen Imperialismus. Er unterzeichnete auch den Friedensvertrag vom 7. Mai, dessen Bestimmungen im wesentlichen mit denen des Vorfriedens identisch waren. Neben dem Friedensvertrag wurde eine Reihe von Zusatzabkommen unterzeichnet. Sie dienten der Errichtung und Festigung der Herrschaft des deutschen Monopolkapitals in Rumänien. Die Ratifizierung des Diktatfriedens wurde vom rumänischen Parlament bis zum Zusammenbruch der Mittelmächte hinausgezögert.

Die Beziehungen zu den finnischen und ukrainischen Vasallenregimes

Gleich nach der Unterzeichnung des Diktatfriedens von Brest-Litowsk wurde ein Friedensvertrag zwischen der finnischen bürgerlichen Regierung Svinhufvud und dem Deutschen Reich geschlossen. In Finnland, dessen Selbständigkeit die Sowjetregierung schon am 13. Dezember 1917 anerkannt hatte, herrschte Bürgerkrieg. Das bürgerliche Regime konnte sich ohne ausländische Unterstützung, die es vornehmlich von Deutschland erhoffte, nicht halten. Dafür bot es wirtschaftliche, politische und kulturelle Einordnung in den deutschen Machtbereich an. Zudem sah Wilhelm II. in der Stabilisierung von »Ruhe und Ordnung« im Lande das sicherste Bollwerk gegen das Übergreifen der bolschewistischen Bewegung auf Nordeuropa. Die Regierung Svinhufvud war bereit, eine deutschfreundliche Monarchie zu proklamieren. Für den Posten des Monarchen kandidierte Prinz Friedrich Karl von Hessen. Der Friedensvertrag wurde am 7. März in Berlin unterzeichnet. Er räumte in den Wirtschaftsbeziehungen beiden Seiten zwar gleiche Rechte ein, lieferte aber die finnische Wirtschaft den deutschen Monopolen aus. Während sich Deutschland die Erhebung von Zöllen vorbehielt, mußte Finnland deutsche Waren zollfrei einführen. Finnland durfte keinerlei Bündnisse mit ausländischen Mächten ohne deutsche Genehmigung schließen. Militärstützpunkte auf finnischem Territorium waren allein Deutschland gestattet. Aus Angst vor der sozialistischen Revolution, die bereits zur Ausrufung einer finnischen Arbeiterrepublik geführt hatte, war die finnische Bourgeoisie bereit, sich völlig dem deutschen Imperialismus zu unterwerfen. Unter dem Oberbefehl des Generals von der Goltz griffen deutsche Truppen in den finnischen Bürgerkrieg ein. Mit ihrer Hilfe konnte das im April und Mai fast zusammengebrochene bürgerliche Regime wieder gefestigt und die finnische Sowjetmacht durch grausamen Terror niedergeworfen werden. Die deutschen Imperialisten glaubten mit den deutsch-finnischen Abmachungen alle Voraussetzungen für eine Beherrschung des Ostseeraumes und für einen erfolgreichen Vorstoß gegen Petrograd geschaffen zu haben.

Weit schwieriger als zur finnischen Regierung gestalteten sich die Beziehungen zu der mit deutscher Waffengewalt wieder an die Macht gebrachten ukrainischen Zentralrada. Da Großgrundbesitzer und Großkapitalisten sich noch als die zuverlässigsten Verbündeten der Mittelmächte erwiesen, sah sich General Groener, als Stabschef des Feldmarschalls Eichhorn für die wirtschaftliche Ausbeutung der Ukraine verantwortlich gemacht, nach einem neuen Marionettenregime um. Die Wahl fiel auf den zaristischen General Skoropadski. Ihn hatte der Bund der Grundbesitzer zum »Hetmann der Ukraine« ausgerufen. Er vertrat den bezeichnenden Standpunkt, daß es vorteilhafter sei, den Deutschen zu billigen Preisen zu verkaufen, als den landlosen Bauern alles umsonst zu überlassen. Die Nahrungsmittel- und Rohstofflieferungen aus der Ukraine blieben weit hinter den Erwartungen zurück. Hauptursache hierfür war der aktive und passive Widerstand des ukrainischen Volkes. Das brutale Vorgehen der Besatzungstruppen, die sogar vor Massenexekutionen nicht zurückschreckten, verstärkte noch die Verbitterung der ukrainischen Arbeiter und Bauern. Bei Taganrog wurden 180 gefangene Rotarmisten von einem deutschen Exekutionskommando ermordet. Im Juli kam es zu einem Generalstreik der ukrainischen Eisenbahner, der den Abtransport von Lebensmitteln und Rohstoffen zeitweilig gänzlich ausschloß und nur mit großer Mühe und brutalster Gewalt niedergeschlagen werden

4

5

6

1

2

3

4

Die Monarchien wanken – die Monarchen repräsentieren weiter
1 Hindenburg und Ludendorff in Brüssel. Belgien soll als imperialistische Beute auf keinen Fall verloren gehen
2 Karl I. mit dem König August von Sachsen in Dresden
3/4 Wilhelm II. feiert sein 30jähriges Regierungsjubiläum

konnte. Am 16. Mai berieten in Düsseldorf die Führer der Schwerindustrie über die »Vormachtstellung Deutschlands im Osten«.

Die politische Entwicklung in Deutschland im Frühjahr 1918

Die ideologische Vorbereitung der Frühjahrsoffensive

Für die ideologische Vorbereitung der Frühjahrsoffensive an der Westfront und für die Abwiegelung des durch die Streikbewegung aktivierten Kriegsüberdrusses spielte die zentralgelenkte und von den imperialistisch-konservativen Kräften beherrschte Propaganda eine erhebliche Rolle. Allgemein wurde suggeriert, es bedürfe lediglich noch einer letzten großen militärischen Kraftanstrengung, dann sei der Widerstand der Westmächte gebrochen, dann sei der Lohn für die Mühen und Leiden nahe.

Mit Beginn der Offensive wurde ein beispielloser Siegestaumel ausgelöst und über die Operationspausen aufrechterhalten. Hauptanteil hieran hatte die speziell im Februar 1918 hierfür eingerichtete und von Vizekanzler Payer geleitete »Zentrale für Heimatdienst«. Aber auch die Kirchen beider Konfessionen trugen ihren Teil zur psychologischen Rüstung bei. Viele Bischöfe und Pfarrer hatten vom ersten Tage des Krieges mit chauvinistischen Predigten nicht gespart und waren zu zuverlässigen Propagandisten des deutschen Imperialismus geworden. Im Frühjahr 1918 wurden ihre Dienste und Fähigkeiten mehr denn je in Anspruch genommen.

Unter Hinweis auf die vermeintlichen Erfolge im Osten und die fragwürdigen Siege im Westen gelang es den Nutznießern der Siegespropaganda, bei der 8. Kriegsanleihe mit der Zeichnung von 15 Milliarden Mark einen Höchststand zu erreichen. Natürlich fiel dabei ins Gewicht, daß die großen Monopole einen Teil ihrer hohen Kriegsgewinne steuerfrei als Kriegsanleihe anlegten und, wie Karl Liebknecht treffend feststellte, wegen der damit verbundenen Vergrößerung und Befestigung ihres Einflusses auf den Staat gern zu Gläubigern wurden.

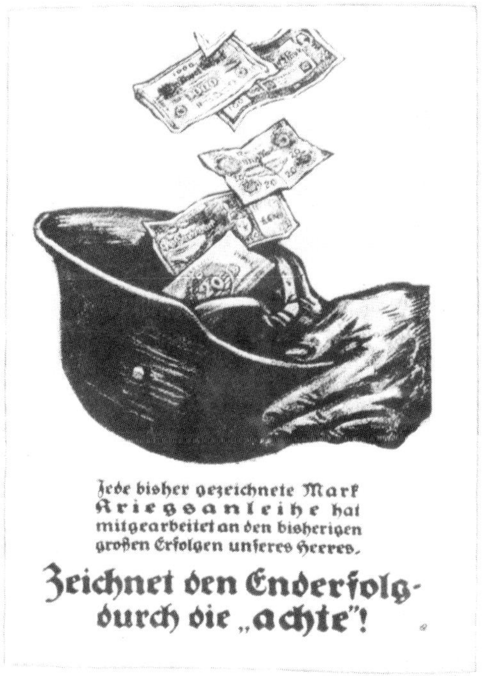

5

6

7

8

9

Die Kriegsziel-konferenz in Spa

In dem Maße, wie die Erfolgsmeldungen von der Westfront zunahmen, schwand für die herrschenden Kreise die Notwendigkeit, Rücksicht auf die Interessen der Bundesgenossen zu nehmen und Zurückhaltung bei der Festlegung der Kriegsziele zu üben. Am 2. und 3. Juli wurde im Großen Hauptquartier in Spa eine Kriegszielkonferenz durchgeführt, die die volle Gültigkeit der Kriegszielprogramme von 1914 bis 1917 offenbarte. Damit legten sich Reichs- und Heeresleitung wenige Monate vor dem politischen und militärischen Zusammenbruch auf Kriegsziele fest, die in ihrer Maßlosigkeit an die hochgeschraubten Erwartungen Bethmann Hollwegs im September 1914 erinnerten. Man ging davon aus, daß die Kriegsziele im Osten durch die Diktate von Brest-Litowsk und Bukarest zunächst erreicht seien. Unter Mißachtung der Wünsche des österreichisch-ungarischen Bundesgenossen wurde dessen polnische Lösung als tot erklärt. Der Wiener Regierung sollte mitgeteilt werden, daß sie auf die angestrebte Personalunion zu verzichten habe, daß Deutschland in dem formell selbständigen polnischen Königreich die wirtschaftliche Vorhand behalten wolle und von dem damaligen Russisch-Polen Kontributionen und einen Grenzstreifen nach den Wünschen der OHL verlangen würde. Im Westen wurde die Annexion des französischen Erzbeckens von Longwy-Briey und des Großherzogtums Luxemburg als ebenso selbstverständlich betrachtet wie der Ausbau und die Zusammenfassung des Kolonialreichs. Belgien betreffend, wurde zwischen Regierung und OHL folgende Einigung erzielt: »Belgien muß unter deutschem Einfluß bleiben, damit es niemals wieder unter französisch-englischen Einfluß kommen und Aufmarschgebiet unserer Feinde werden kann. Dazu soll die Trennung von Flandern und Wallonien in zwei getrennte Staaten, nur durch Personalunion und wirtschaftliche Abmachungen vereinigt, gefordert werden. Belgien wird durch Zollunion, Eisenbahngesellschaft und dergleichen in engste Beziehungen zu Deutschland gebracht werden. Eine belgische Armee darf vorläufig nicht bestehen. Deutschland sichert sich lange Okkupation mit allmählichem Abbau, so daß zuletzt die flandrische Küste und Lüttich zu räumen wären. Die vollständige Räumung ist davon abhängig, daß Belgien sich auf das engste an uns anschließt. Namentlich muß für den Schutz der Küste durch Flandern die Gewähr unbedingter Zuverlässigkeit bestehen.«

Da die Kriegsziele im Osten und Westen als Einheit aufgefaßt wurden, konnte die Idee, die deutsche Expansion auf Mittel- und Osteuropa zu beschränken und sich den Westmächten gegenüber mit dem territorialen Vorkriegsstand abzufinden und notfalls auch auf Belgien zu verzichten, gar nicht erst aufkommen. Die deutschen Imperialisten und Militaristen wähnten sich auf dem Höhepunkt ihrer Macht, so daß sie glaubten, in Spa ihren Weltmachtanspruch noch einmal in aller Entschiedenheit festlegen zu können.

Der Anti-bolschewismus der rechten Führer

Nach der Beendigung des Januarstreiks kam es nicht zu der politischen Friedhofsruhe, die sich die Imperialisten und Militaristen für ihre Intervention in Sowjetrußland und die militärische Offensive an der Westfront wünschten. Die Spartakusgruppe, kampfentschlossene Mitglieder der USPD, revolutionäre Obleute und klassenbewußte Arbeiter versuchten ungebrochen und mit großem persönlichem Einsatz, die Werktätigen für neue große Massenaktionen gegen den imperialistischen Krieg zu mobilisieren. Ihre Anstrengungen erlangten um so größere Bedeutung, je mehr die herrschenden Kreise mit den ersten taktischen Erfolgen der Frühjahrsoffensive ihre chauvinistische Hetze steigerten und Not und Elend des Krieges in einen nationalistischen Siegestaumel untergehen lassen wollten. Die Ausweitung des Volkskampfes war jedoch nach dem Januarstreik außerordentlich erschwert, so daß Massenaktionen zunächst ausblieben. Die Anfang Februar einsetzende große Verhaftungs- und Einberufungswelle hatte viele revolutionäre Agitatoren und Organisatoren aus ihrem Wirkungskreis herausgerissen. Auch in der Folgezeit sahen sich die revolutionären Kräfte einem ständig verfeinerten System aufeinander abgestimmter Terror- und Unterdrükkungsmaßnahmen ausgesetzt und daher mehr als zuvor in die Illegalität gedrängt.

Auch die rechten Partei- und Gewerkschaftsführer verstärkten im Frühjahr 1918 ihre Anstrengungen. Sie wollten verhindern, daß sich der Kampf gegen den Krieg und für den Sturz des imperialistischen Systems weiter verschärfte und zur Revolution führte. Sie benutzten eilfertig alle Maßnahmen, zu denen die Bolschewiki greifen mußten, um den inneren und äußeren Feinden der proletarischen Staatsmacht zu begegnen, sowie die außerordentlichen wirtschaftlichen Schwierigkeiten, in die der Krieg, die Konterrevolution und schließlich die imperialistische Intervention das Sowjetland stürzten, dazu, den ersten Arbeiter-und-Bauern-Staat als ein zur Wirtschaftsleitung unfähiges, diktatorisches Terrorregime zu diskreditieren, das seinem baldigen Zusammenbruch nicht entgehen könne. Damit war der Antibolschewismus zur ideologischen Grundlage der opportunistischen Politik gemacht worden. Zugleich wurde behauptet, daß der Sozialismus in Deutschland nicht nach »russischem Muster« und überhaupt nicht auf revolutionäre Weise, sondern nur auf einem »demokratischen«, »dritten« Weg zwischen Kapitalismus und Kommunismus verwirklicht werden könne. Am 23. Mai veröffentlichte der Vorstand der SPD den Entwurf eines »Aktionsprogramms« in der Absicht, dem von der Großen Sozialistischen Oktoberrevolution gewiesenen Weg der revolutionären Umwälzung der Gesellschaft ein politisches und soziales Reformprogramm entgegenzustellen. Dieses Reformprogramm, das ohnehin erst nach dem Kriege realisiert werden sollte, ließ die Grundlagen der bürgerlichen Ordnung unangetastet. Ihm lag die alte revisionistische These zugrunde, die Arbeiterklasse könne, ohne den revolutionären Kampf gegen die bürgerliche Staatsmacht und ohne die Errichtung der Diktatur des Proletariats, allein auf dem Wege bürgerlich-parlamentarischer Tätigkeit und der Zusammenarbeit mit den Ausbeuterklassen in den Sozialismus hineinwachsen. Im Jahr 1918 bestanden Sinn und Zweck der Konzeption des »dritten« Weges darin, die Massen von der revolutionären Erhebung abzuhalten und damit den Übergang vom imperialistischen Krieg zum imperialistischen Frieden frei von inneren Erschütterungen des monopolkapitalistischen Systems zu ermöglichen.

Die Verteidigung der Lehren der Oktoberrevolution durch die Spartakusgruppe

Die Spartakusgruppe stand nach dem Januarstreik und angesichts der antibolschewistischen Propaganda vor zwei Hauptaufgaben: Erstens mußte sie die Oktoberrevolution und ihre Lehren gegen Entstellungen und Verfälschungen der Opportunisten aller Schattierungen verteidigen und dabei zugleich ihre eigene Strategie und Taktik weiterentwickeln. Zweitens mußte sie Schlußfolgerungen aus der Niederlage im Januarstreik ziehen und die illegale Arbeit sowohl im Lande als auch an der Front verstärken, um die Massen erneut an den Kampf um eine revolutionäre Beendigung des Krieges und den Sturz des Imperialismus heranzuführen. Die ökonomische und politische Entwicklung in Deutschland zeigte, daß sich die sozialen Widersprüche immer mehr zuspitzten, daß dem Januarstreik zwangsläufig weitere große Klassenschlachten folgen mußten. Nur wenn in den Köpfen der Arbeiter Klarheit über Ziel und Mittel des Kampfes bestand, konnte der Krieg auf revolutionärem Wege beendet und das imperialistische System beseitigt werden. Im Zusammenhang damit hatte die Spartakusgruppe folgende Lehren aus dem Januarstreik gezogen: Der Kampf um den Frieden muß mit der Vorbereitung des bewaffneten Aufstandes verbunden werden. Als Organe zur Organisation und Leitung des Kampfes sind Arbeiter- und Soldatenräte zu bilden, in die Vertrauensleute aus den Betrieben und Kasernen delegiert werden sollten. Ihre Aufgabe muß zunächst sein, die Agitation unter den Arbeitern und Soldaten zu leiten. Diese Lehren bildeten die Richtschnur für die illegale Arbeit, die seit dem Sommer immer mehr in die unmittelbare Vorbereitung der Revolution überging. Die Spartakusgruppe war bereit, mit allen klassenbewußten, zu revolutionärem Handeln bereiten Kräften in der deutschen Arbeiterbewegung zusammenzuarbeiten. In der USPD begann sich nach der Großen Sozialistischen Oktoberrevolution ein proletarisch-revolutionärer Flügel herauszubilden. Aus diesem Flügel kamen die Streikagitatoren in den Betrieben, die auch nach der Niederwerfung des Januarstreiks unter erschwerten Bedingungen ihre Tätigkeit fortsetzten und allmählich die Lücken schlossen, die Verhaftungen und Einberufungen in das Verbindungssystem der revolutionären Obleute gerissen hatten. Ihnen ist es vor allem zu verdanken, daß die opportunistische Politik des Burgfriedens und des Paktierens mit der herrschenden Klasse auf wachsenden Widerstand in den Gewerkschaften stieß. Bei den revolutionären Obleuten baute die Spartakusgruppe ihre Beziehungen besonders aus. Sie ging auch daran, die Agitation unter den Soldaten, insbesondere an der Ostfront, zu verstärken. Große und unmittelbare Hilfe bei der Arbeit unter den Soldaten leisteten die Bolschewiki. Die deutsche Sektion beim ZK der KPR (B) hatte sich das Ziel gestellt, Propagandaarbeit unter den Kriegsgefangenen zu leisten, um sie über ihre eigenen Interessen aufzuklären, sie im revolutionären Geiste zu erziehen, für die Unterstützung der Sowjetmacht zu gewinnen und auf den Kampf in der Heimat vorzubereiten. Eine wichtige Rolle spielten dabei die in deutscher Sprache herausgegebenen Zeitungen »Weltrevolution« und »Die Wahrheit«.

Die Versorgung mit Rüstungsgütern 1918

Die Frühjahrsoffensive 1918 offenbarte erneut die Unterlegenheit des deutschen Heeres gegenüber den alliierten Armeen auf wichtigen Gebieten der materiellen Versorgung. Diese Unterlegenheit resultierte in erster Linie aus den beschränkten Möglichkeiten der deutschen Kriegswirtschaft. In den Streitkräften der Mittelmächte herrschte insgesamt Mangel an Waffen und Munition. Das deutsche Heer wurde, wenn auch nicht immer ausreichend, noch am besten mit Waffen und Munition versorgt. So hielt die ständig wachsende Herstellung von Karabinern und Maschinengewehren noch bis zum Herbst 1918 an. Auch die Ausrüstung des Heeres mit Artillerie hatte sich im Verlauf des Krieges erhöht. Im Juni 1918 konnte mit 2489 Feldgeschützen die höchste Ausstoßquote während des ganzen Krieges erzielt werden. Doch im September wurde nicht einmal mehr die Hälfte der Junifertigung erreicht. Die Pulvererzeugung konnte über den Sommer hinaus weiter erhöht werden, was jedoch für die Kriegführung nicht mehr von Belang war.

Die Munitionsfertigung nahm vom Juli an stark ab, nachdem sie in den Vormonaten mit einer durchschnittlichen Produktion von 11 Millionen Schuß Artillerie- und 200 Millionen Schuß Infanteriemunition ihren Höchststand erreicht hatte. Die U-Boot-Waffe, deren Wirkung noch immer als entscheidend veranschlagt wurde, stagnierte in ihrer zahlenmäßigen Entwicklung. Von Januar bis September betrug der effektive Zuwachs nur 11 Boote, so daß sich ihre Anzahl von 143 auf 154 erhöhte. Günstiger war es um die Flugzeugfertigung bestellt. Im Juli betrug der Monatsausstoß 1500 Flugzeuge. Insgesamt wurden 1918 noch 14123 Flugzeuge hergestellt. Völlig unzureichend blieb der Bau von

1

Ehrung der Firma Krupp durch den Kaiser.

Exz. Dr. Gustav Krupp von Bohlen und Halbach erhielt das Komturkreuz des Kgl. Hausordens von Hohenzollern.

Prof. Dr. Rausenberger, der Schöpfer des neuen Ferngeschützes, erhielt den Kgl. Kronenorden II. Kl. am schwarzweißen Bande.

2

Panzern, der bis Kriegsende in Deutschland nicht über das Versuchsstadium hinauskam. Die Automobilindustrie war bis an die Grenzen ihrer Leistungsfähigkeit in die Produktion von U-Boot-Teilen, Flugzeugen, Zugmaschinen und Kraftfahrzeugen eingespannt. Die Vernachlässigung des Panzerbaus, die das deutsche Heer in hoffnungslosen Rückstand zu den alliierten Armeen brachte, war nicht zuletzt zugunsten des Baus von Kraftfahrzeugen erfolgt, von denen während des Krieges 75000 hergestellt wurden, davon 12000 Lastkraftwagen. Der Kraftwagenbestand des Heeres konnte verzehnfacht werden und belief sich bei Kriegsende auf 40000 Kraftwagen. Eine Steigerung dieser Anzahl, wie sie für eine höhere Beweglichkeit des Heeres erforderlich gewesen wäre, war nicht möglich.

Die im ersten Halbjahr 1918 noch ansteigende Ausstoßquote der deutschen Rüstungsindustrie konnte nicht darüber hinwegtäuschen, daß die Gegner des deutschen Imperialismus weit höhere Produktionsleistungen zustandebrachten, so daß die materiell-technische Überlegenheit der Alliierten im letzten Kriegsjahr weiter und seit dem Sommer außerordentlich zunahm, woran das Wirtschaftspotential der USA entscheidenden Anteil hatte. Die USA produzierten im letzten Kriegsjahr fast viermal soviel Steinkohle und Rohstahl und mehr als dreimal soviel Eisenerz und Roheisen wie Deutschland.

Orden für Monopolherren – Durchhalteparolen für das Volk
1 Wilhelm II. bei Arbeitern der Krupp-Werke

Das rasche Wachstum ihres Wirtschaftspotentials machte auch gewisse Erschöpfungserscheinungen in England und Frankreich mehr als wett. Das fiel umso mehr ins Gewicht, als die wirtschaftliche Leistungsfähigkeit Deutschlands rapide zu sinken begann. Gegen Kriegsende ergab sich eine alliierte Überlegenheit bei Flugzeugen von 3:1, bei Kraftwagen von 5:1 und bei Panzern von 78:1. Die Alliierten produzierten 1918 das Vierfache an Maschinengewehren, das Doppelte an Artilleriemunition sowie das Drei- bis Vierfache an Infanteriemunition der Menge, die dem deutschen Heer zur Verfügung gestellt werden konnte. Alle Versuche des deutschen Imperialismus, mit einer um jeden Preis gesteigerten Rüstungsproduktion die Voraussetzungen für den militärischen Sieg zu schaffen, waren auf jedem Gebiet von vornherein aussichtslos.

Das Übergewicht der Alliierten an Menschen und Material war durch nichts wettzumachen. Es gestattete den alliierten Armeen nicht nur, den schweren deutschen Schlägen von März bis Juli standzuhalten, sondern in kurzer Zeit mit einer allgemeinen Offensive zu beginnen und den Krieg binnen weniger Monate zu entscheiden.

Die strategischen Absichten der Mittelmächte und der Entente für das Jahr 1918

Zu Beginn des Jahres 1918 gab es in Europa wie 1917 vier Kriegsschauplätze: den westlichen, Norditalien, Mazedonien und den östlichen. In Osteuropa und im türkisch-russischen Grenzgebiet am Kaukasus herrschte infolge der Brest-Litowsker Verhandlungen Waffenruhe. Die OHL und das österreichisch-ungarische AOK hatten bereits im Dezember 1917 begonnen, Truppen aus dem Osten nach Westeuropa bzw. Norditalien zu verlegen, um dort Angriffsoperationen vorzubereiten. Nach wie vor standen sich im Irak und in Palästina englische und türkische Truppen gegenüber.

In den Erwägungen der strategischen Führungsorgane Deutschlands, Frankreichs und Englands galt der westliche Kriegsschauplatz weiterhin als der Hauptkriegsschauplatz. Die Ententestreitkräfte waren dort – trotz der 1917 fehlgeschlagenen Offensiven – im Besitz der strategischen Initiative. In den militärischen Führungskreisen der Entente war allerdings umstritten, ob es 1918 auf dem westlichen Kriegsschauplatz möglich sei, den deutschen Armeen eine kriegsentscheidende Niederlage beizubringen. Dagegen hielten es führende Vertreter der OHL für möglich, im Frühjahr 1918 die Entente-Armeen auf diesem Kriegsschauplatz entscheidend zu schlagen. Ludendorff hatte bereits am 11. November 1917 bei einer Beratung im Stab der Heeresgruppe Kronprinz Rupprecht die Idee für eine strategische Offensive gegen die englischen Streitkräfte an der Westfront mit weitreichender Zielsetzung entwickelt. Angesichts des Kräfteverhältnisses auf diesem Kriegsschauplatz war die Durchführung einer strategischen Offensive mit großen Risiken behaftet. Ludendorff glaubte jedoch, daß der Zerfall der russischen und die Niederlage der italienischen Streitkräfte in Norditalien die Möglichkeit geben würden, eine Offensive im Westen planmäßig vorzubereiten. Er

1

2

3

4

1 Ein schottisches Regiment trifft in Frankreich ein
2 Henri Pétain (1856–1951), Oberbefehlshaber der französischen Landstreitkräfte seit Mai 1917, mit Armeebefehlshabern und Stabsoffizieren während einer Beratung
3 Ab Mai 1918 stieg der Personalbestand der USA-Streitkräfte in Frankreich sprunghaft an
4 General Pershing erläutert die Lage in seinem Frontabschnitt
5 Französisches Jagdflugzeug Spad XIII
6 USA-Leutnant Browning, Waffenkonstrukteur, führt ein neues Maschinengewehr vor, das 500–600 Schuß pro Minute verschießen kann
7 Entfernungsmessung, um die Wirksamkeit des MG-Feuers zu erhöhen
8 Erstes schweres Bombenflugzeug der Royal Air Force vom Typ Handley Page 0/400

setzte zwei Prämissen für ihre Durchführung. Erstens sollte die Offensive möglichst früh begonnen (Ende Februar/Anfang März 1918) werden, d. h. bevor eine größere Zahl von USA-Divisionen einsatzfähig waren. Zweitens sollte die erste Angriffsoperation gegen englische Truppen geführt werden, weil diese – nach Ludendorffs Auffassung – »operativ weniger wendig« und damit leichter geschlagen werden könnten und England – aufgrund seiner schwierigen Versorgungslage infolge des U-Boot-Kriegs – »wohl eher dem Frieden geneigt werden würde«.

Nach der endgültigen Bestätigung der strategischen Idee am 23. Januar 1918 wurde der Plan für die erste Angriffsoperation unter dem Decknamen »Michael« erarbeitet und mehrfach präzisiert. Seiner endgültigen Fassung im März lag das strategische Ziel zugrunde, die englische und französische Verteidigung beiderseits St. Quentin zu durchbrechen, im Raum Arras–Amiens–St. Quentin–Noyon mindestens 3 englische Armeen und eine französische Armee zu zerschlagen und damit Voraussetzungen für weitere Angriffsoperationen in auseinanderlaufenden Richtungen zu schaffen. Des weiteren wurde die Durchführung einer Angriffsoperation in Flandern unter dem Decknamen »St. Georg« geplant. Im Ergebnis der strategischen Offensive, die demzufolge mehrere aufeinanderfolgende Angriffsoperationen umfassen sollte, wollte man den Nordflügel der Ententefront zerschlagen und damit die Kriegsentscheidung herbeiführen.

Die Regierungen der Entente beschlossen am 5. November 1917 in Rapallo die Schaffung eines Obersten Kriegsrates. Die vor allem französischerseits geforderte Einsetzung eines Obersten Befehlshabers der Entente-Streitkräfte in Europa kam nicht zustande. Auf mehreren Beratungen im Winter 1916/1917 – bei denen erhebliche Meinungsverschiedenheiten zutage traten – kamen die obersten politischen und militärischen Führungsorgane Frankreichs, Englands und Italiens zu dem Schluß, 1918 auf allen Kriegsschauplätzen in der Defensive zu bleiben. Die strategische Hauptaufgabe sah man in der Abwehr der zu erwartenden deutschen Offensive an der Westfront. Über den Charakter der Defensive gab es gegensätzliche Auffassungen. Der Chef des französischen Generalstabes, General Foch, plädierte für eine aktive Verteidigung an der Westfront und in Italien. Beim Ausbleiben der deutschen Offensive schlug er die Durchführung von Angriffsoperationen begrenzter Zielsetzung vor. Die Mehrzahl der Entente-Generäle neigte jedoch zu der Auffassung, daß erst 1919 – man rechnete dann mit über 20 Divisionen der USA in Frankreich – ein günstiges Kräfteverhältnis für eine kriegsentscheidende Offensive auf dem westlichen Kriegsschauplatz geschaffen werden könnte.

5

6

7

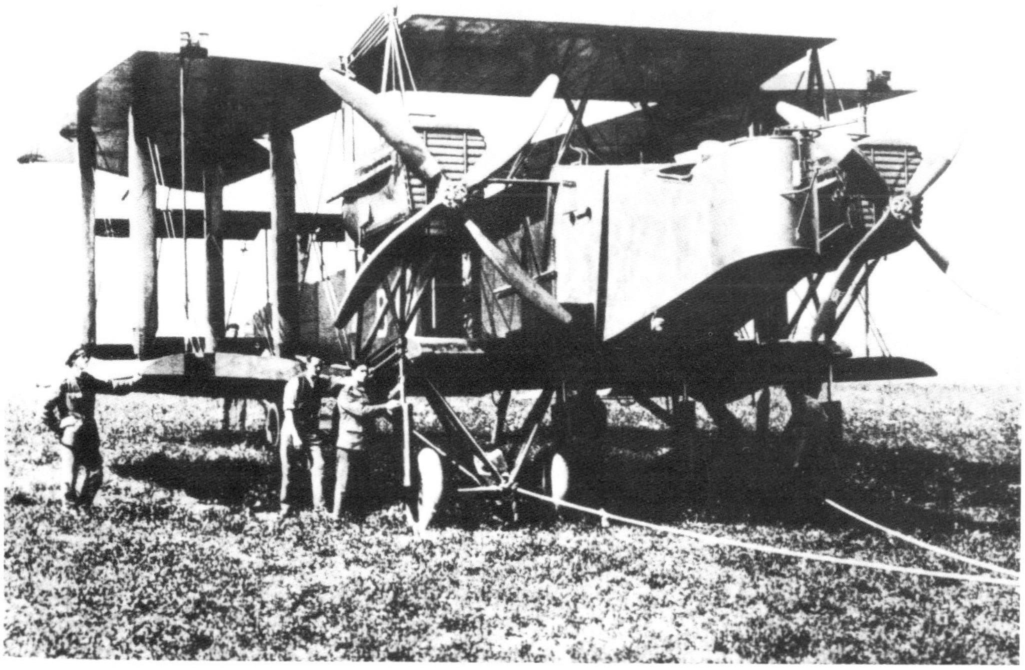

8

Die Lage auf dem westlichen Kriegsschauplatz 1918

Anfang März 1918 waren die Landstreitkräfte beider Koalitionen auf dem westlichen Kriegsschauplatz wie folgt gegliedert und eingesetzt. Die deutsche Heeresgruppe Kronprinz Rupprecht (4., 6., 17. und 2. Armee) handelte mit 83 Divisionen im Frontabschnitt westwärts Ostende–St. Quentin. Die 17. und die 2. deutsche Armee waren mit 28 bzw. 22 Divisionen die stärksten operativen Verbände des deutschen Heeres. Dieser Heeresgruppe stand im annähernd gleichen Abschnitt die belgische Armee mit 13 Divisionen sowie die englischen Streitkräfte in Frankreich (5., 3., 1. und 2. Armee) mit 63 Divisionen gegenüber.

Der Frontabschnitt St. Quentin – 20 km westlich Verdun wurde deutscherseits von der Heeres-

1

2

3

4

5

gruppe Deutscher Kronprinz (18., 7., 1. und 3. Armee) mit 61 Divisionen verteidigt. Ihr gegenüber stand die französische Heeresgruppe Nord (4., 5. und 6. Armee) mit 42 Divisionen.

Der Frontabschnitt westlich Verdun–Pont a Mousson (mittlere Mosel) war auf deutscher Seite von der Heeresgruppe Gallwitz (5. Armee und Armeeabteilung C) besetzt. Zu ihrem Bestand gehörten 24 Divisionen. Im Frontabschnitt Pont a Mousson–Schweizer Grenze handelte die Heeresgruppe Herzog Albrecht von Württemberg (19. Armee und die Armeeabteilungen A und B) mit ebenfalls 24 Divisionen. Beiden Heeresgruppen gegenüber stand die französische Heeresgruppe Ost (7., 8., 2. und 1. Armee) mit 56 Divisionen.

In der Reserve der OHL auf diesem Kriegsschauplatz befanden sich 3 Divisionen. Der oberste französische Befehlshaber verfügte über eine strategische Reserve von 11 Divisionen.

Allerdings waren auf beiden Seiten die operativen Reserven, d. h. die Reserven der Armeen und Heeresgruppen relativ stark. So befanden sich von den 63 englischen Divisionen 8 in der Reserve des obersten englischen Befehlshabers in Frankreich. Die US-amerikanischen Streitkräfte in Frankreich (Oberbefehlshaber General Pershing) hatten zu diesem Zeitpunkt einen Bestand von 4 Divisionen. Sie waren noch in der Ausbildung und nur bedingt einsatzfähig.

Somit wurde das strategische Kräfteverhältnis auf diesem Kriegsschauplatz Anfang März 1918 durch das Verhältnis von 195 deutschen Divisionen zu 185 Divisionen der Entente bestimmt. Im Verlaufe des Monats März wurden 7 deutsche Divisionen aus dem Osten und 2 Divisionen aus Italien nach dem Westen verlegt. Die Kampfstärke der deutschen Divisionen unterlag erheblichen Unterschieden. Etwa 70 Divisionen wurden seit Anfang Januar für die Offensive vorbereitet. Sie wurden aus der Front gezogen, personell und materiell voll aufgefüllt und anhand der neuen Vorschrift der OHL »Angriff im Stellungskrieg« ausgebildet. Bei größeren Truppenübungen wurde der Durchbruch von Verteidigungssystemen mit anschließender Verfolgung geübt.

Da die OHL einerseits aufgrund der versiegenden Menschenreserven keine Divisionen neu aufstellen konnte (der Gesamtbestand des deutschen Feldheeres betrug im März 1918 247 Divisionen) und andererseits die Rüstungsproduktion auf Hochtouren lief, gab es eine ausreichende Zuführung an Munition, Schützenwaffen, Granatwerfern (damals als Minenwerfer bezeichnet) und Geschützen für die Divisionsartillerie. Mangel herrschte an Panzern, Kraftfahrzeugen und schwerer Artillerie (Armeeartillerie). Das größte Problem jedoch war die Beschaffung von Pferden, da davon die Beweglichkeit der Truppen abhing. Pferde waren das wichtigste Zugmittel für schwere Feuermittel (Feldartillerie, Granatwerfer, schwere Maschinengewehre) und der rückwärtigen Dienste.

Nicht für die Offensive vorgesehene Divisionen mußten Kräfte und Mittel, vor allem Zugmittel, abgeben. Sie wurden dadurch in der Kampfkraft so geschwächt, daß sie die Bezeichnung Stellungsdivision erhielten. Das bedeutete, daß sie nur noch zu Verteidigungshandlungen fähig waren.

Da es den deutschen Armeen an schwerer Artillerie mangelte, wurden nach langwierigen Verhandlungen zwischen OHL und dem österreichisch-ungarischen AOK 46 Batterien schwerer Artillerie der österreichisch-ungarischen Armee an die Westfront verlegt. (Das AOK lehnte jedoch die Verlegung von österreichisch-ungarischen Divisionen an diese Front ab). Am kritischsten war die Lage auf dem Gebiet der Panzerproduktion. Bis zum Beginn der Offensive sollten 10 sogenannte Sturm-Panzerkraftwagen-Abteilungen mit je 5 Panzern gefechtsbereit sein. Es war vorgesehen, diese Einheiten mit dem mittleren Panzer des Typs A7V auszurüsten. Dieser Panzer war mit einer 57-mm-Kanone und 4 Maschinengewehren oder 6 Maschinengewehren und einem Flammenwerfer bewaffnet, hatte eine Masse von 33 t und einen Fahrbereich von 30 km und konnte maximal auf der Straße 15 km/h und im Gelände 4 km/h fahren. Mit diesen Parametern blieb der A7V nicht hinter den vergleichbaren Typen der Entente zurück. Im März 1918 war jedoch erst eine Abteilung mit 4 Panzern einsatzbereit, eine zweite wurde mit erbeuteten Panzern ausgerüstet.

Die englischen und französischen Streitkräfte waren den deutschen an schweren Feuermitteln und Panzern überlegen. In den französischen Streitkräften gab es Mitte März bereits etwa 400 Panzer, darunter die mit einem drehbaren Turm ausgerüsteten Typen Renault M17 und M18. Die schwere Artillerie war mit je einem neuen Typ einer 105-mm-Kanone und einer 155-mm-Haubitze ausgerüstet worden. Teile der französischen schweren Artillerie waren zu einer »General-Artillerie-Reserve«, d. h. zur Artilleriereserve des Obersten Befehlshabers zusammengefaßt worden. Die englischen Streitkräfte verfügten Mitte März über 450 Panzer, und auch ihre Artillerietruppen waren verstärkt worden.

Die Streitkräfte der Entente hatte man im Winter 1917/1918 für Verteidigungshandlungen ausgebildet. Die Breite der Verteidigungsstreifen der Divisionen lag im Durchschnitt bei 4 km. Die taktische Zone der französischen Verteidigung bestand in der Regel aus 2 Stellungen, teilweise gab es eine 3. Stellung. Die englische Verteidigung war pioniermäßig schwächer vorbereitet.

1 Erbeuteter englischer Panzer, von deutschen Truppen eingesetzt
2 Erster deutscher Panzer A7V
3 165-mm-Geschütz der französischen Küstenartillerie wird nach der Höhe gerichtet
4 Englischer Panzer Whippet, 12 km/h Marschgeschwindigkeit
5 Deutsches Fernfeuergeschütz auf Eisenbahnplattform

Die deutsche Frühjahrsoffensive 1918

Die deutsche Offensive nördlich und südlich der Somme war bei größter Geheimhaltung unter Einbeziehung von Täuschungsmaßnahmen vorbereitet worden. So erwartete das Oberkommando der französischen Landstreitkräfte lange Zeit eine deutsche Offensive bei oder nördlich von Verdun und hielt hier seine stärksten Reserven bereit. Auch der englische Oberkommandierende, Feldmarschall Haig, hatte seine stärksten Reserven in Flandern und nicht an der Somme zu stehen. Die englische Truppenaufklärung hatte jedoch am 18. März den Angriffstermin erkundet, so daß das angestrebte Überraschungsmoment teilweise verlorenging.

Der Operationsplan der OHL sah vor, mit der 17., 2. und 18. Armee die taktische Verteidigungszone der 1., 3. und 5. englischen Armee im Abschnitt östlich Arras–La Fère zu durchbrechen und im folgenden den Abschnitt Arras–Péronne–Ham–Crozatkanal einzunehmen. Bei erfolgreicher Lösung dieser Aufgabe war vorgesehen, in auseinanderlaufenden Richtungen weiter anzugreifen, die 17. Armee in Richtung St. Pol, die 2. Armee in den Richtungen Doullens und Amiens und die 18. Armee in Richtung Noyon.

Die OHL erwog des weiteren – in Abhängigkeit von den Ergebnissen der Angriffsoperationen der 17., 2. und 18. Armee –, mit der 4. und 6. Armee die englische Verteidigung in Flandern und mit der 7., 1. und 3. Armee die Verteidigung der französischen Heeresgruppe Nord zu durchbrechen. Damit wäre der strategische Durchbruch auf der gesamten Front zwischen Kanalküste und Verdun erreicht worden, und das strategische Hauptziel konnte dann nur die Zerschlagung des Nordflügels der Ententestreitkräfte sein.

Allerdings gab es in den Stäben der deutschen Heeresgruppen und Armeen Zweifel an den Möglichkeiten, die Ziele der ersten Angriffsoperationen in vollem Umfang zu erfüllen. Bereits die Tatsache, daß nicht genügend Kräfte und Mittel vorhanden waren, um gleichzeitig an mehreren Frontabschnitten anzugreifen, was das französische und das englische Oberkommando gezwungen hätte, ihre Reserven getrennt einzusetzen, war ein schwerwiegender negativer Faktor. Hinzu kam, daß die für den Angriff bereitgestellten Truppen weder auf der operativen noch auf der taktischen Ebene eine mehrfache Überlegenheit besaßen. Der Erfolg sollte sich auf die Überraschung, die Tiefenstaffelung der Angriffsgruppierung, auf ein hohes Angriffstempo und die rechtzeitige Einführung von Reserven zur Abwehr von Gegenangriffen gründen.

1

2

3

4

5

6

7

1 150-mm-Geschütz wird in die Feuerstellung gezogen
2 Deutscher Vormarsch auf Montdidier – die englischen Truppen sollen von den französischen getrennt werden
3 Eine Staffel Fokker DR I
4 Während der deutschen Frühjahrsoffensive 1918 wurden Geschütze der schweren Artillerie auf Tiefladewaggons gestellt, um die Beweglichkeit zu erhöhen
5 Kämpfe am Kemmelberg
6 Englisches Bombenflugzeug DH 4
7 Abstürzendes französisches Kampfflugzeug
8 Deutsche Truppen auf dem Chemin des Dames Ende Mai 1918

8

Die deutsche Offensive auf dem westeuropäischen Kriegsschauplatz im März/April 1918

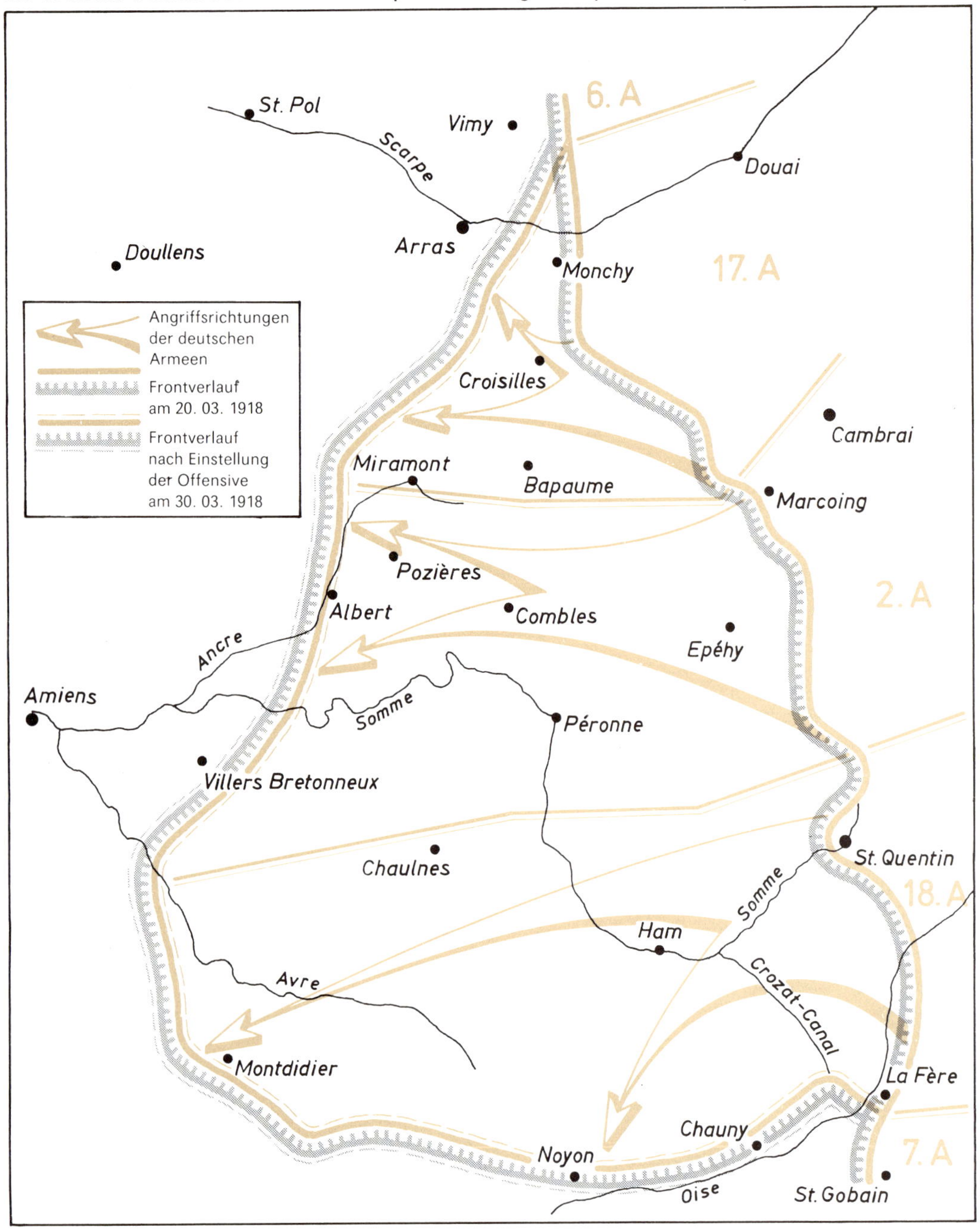

Operatives Kräfteverhältnis im Frontabschnitt östlich Arras–la Fère

	englische Streitkräfte	deutsche Streitkräfte	Verhältnis
Divisionen	35	65	1 : 1,9
Geschütze	2700	6000	1 : 2,2
Panzer	400	9	–
Flugzeuge	580	1070	1 : 2

Die taktischen Kräfteverhältnisse waren günstiger, insbesondere bei der 18. Armee. Ihr gegenüber handelte die 5. englische Armee, die mit 11 Divisionen in der 1. Staffel einen Frontabschnitt von 67 km Breite zu verteidigen hatte. Der englische Oberbefehlshaber, General Haigh, hatte mit seinen Truppen ein elastisches Verteidigungsverfahren geübt und angewiesen, mit Beginn der deutschen Artillerievorbereitung die 1. Stellung zu räumen und den Angriff der deutschen Truppen vor der 2. Stellung im Zusammenwirken aller Waffengattungen zum Stehen zu bringen. Der Befehlshaber der 5. Armee erhielt sogar die Berechtigung, auf die operative Zone der Verteidigung zurückzugehen und Verzögerungshandlungen durchzuführen.

Ludendorff hatte die Hauptschlagrichtung der Offensive nicht eindeutig festgelegt, eine Handlungsweise, die von Unsicherheiten in der Beurteilung des Gegners zeugte. Entsprechend der Grundidee, zunächst die englischen Streitkräfte zu zerschlagen und erst dann eine Offensive gegen die französischen Kräfte südlich der Somme durchzuführen, kam dem Angriff der 17. und 2. deutschen Armee die entscheidende Bedeutung zu, d. h., beide Armeen sollten im Zusammenwirken den Hauptschlag zunächst nach Westen führen, um die taktische Verteidigungszone der englischen Truppen im Abschnitt Croisilles–Bapaume–Péronne zu durchbrechen. Im folgenden sollte die 17. Armee den Angriff in nordwestlicher Richtung auf Arras führen, in die Flanke der 1. englischen Armee stoßen und damit der 6. und 4. deutschen Armee günstige Angriffsbedingungen schaffen. Die 2. Armee sollte den Angriff in westlicher Richtung auf Albert weiterführen, um einen operativen Durchbruch zu erzielen. Die Aufgabe der 18. Armee bestand darin, die linke Flanke der Hauptschlaggruppierung gegen französische Gegenangriffe zu decken und an der Naht zwischen den englischen und französischen Truppen eine Lücke in die Ententefront zu schlagen.

Da man aber in der OHL und im Stab der Heeresgruppe Kronprinz Rupprecht Zweifel am Gelingen des Durchbruchs an den für die 17. und 2. Armee festgelegten Abschnitten hatte, herrschte die Ansicht, es käme darauf an, »überhaupt irgendwo durchzubrechen« und erst in Abhängigkeit vom Ergebnis des ersten Schlages operative Schwerpunkte zu bilden. Dementsprechend sollten – so entschied Ludendorff – die stärksten Reserven dort in die Schlacht eingeführt werden, wo der größte taktische Erfolg eintrat. Somit verfügten die Befehlshaber der deutschen Armeen bei Beginn der Angriffsoperationen über keine eindeutigen operativen Zielsetzungen, und auch die Verteilung der Kräfte und Mittel zeigte keine Schwerpunktbildung. So hatte z. B. die 18. Armee, die der Grundidee nach in der Nebenrichtung angreifen sollte, die gleiche Zahl von Divisionen im Bestand wie die 17. Armee und mit 2800 Rohren die bei weitem stärkste Artilleriegruppierung.

Die bürgerliche deutsche Militärwissenschaft hat die Fehlerhaftigkeit des Entschlusses für die Michael-Offensive damit erklärt, Ludendorff habe die Taktik über die Strategie gestellt. Die Wahrheit liegt jedoch tiefer. Ludendorff und die Mehrheit der führenden Generäle und Offiziere der OHL und der Heeresgruppenstäbe vermochten

1 Kaffeeholer
2 MG-Bedienung wechselt Feuerstellung
3 Umgestürzter englischer Panzer bei Amiens. März 1918
4 Erster deutscher Panzerangriff am 24.4.1918 bei Villers-Bretonneux

1

2

3

4

1

2

3

4

5

6

7

1 Verlegung französischer Truppen, um die Frontlücke zwischen Montdidier und Noyon zu schließen
2 Kampfhandlungen im Elsaß
3 Zusammenwirken englischer und französischer Truppen bei Noyon. April 1918
4 Wilhelm II. am 5.4.1918 bei Noyon zum letzten Mal an der Front. Noch hofft er auf den Sieg
5 Englische Artillerie im April 1918 bei Bapaume in offener Feuerstellung. Die gedeckten Feuerstellungen stehen unter Wasser
6 Truppenluftabwehr mit Maschinengewehr auf provisorischer Lafette
7 Gedeckte Rast hinter steckengebliebenem Panzer

für die Frühjahrsoffensive 1918 keine strategisch-operative Konzeption zu erarbeiten, die den realen Möglichkeiten der deutschen Streitkräfte entsprach – ein Vorgang, der sich bei der Vorbereitung weiterer Angriffsoperationen wiederholte.

Der operative Aufbau der angreifenden deutschen Armeen war dreistafflig, wobei die 2. und 3. Staffeln als Reserven der Armee bzw. der Heeresgruppe bezeichnet wurden.

Die Offensive wurde am 21. März 1918 gegen 4.00 Uhr mit einer 4- bis 5stündigen Artillerievorbereitung eröffnet. Der Sturmangriff begann um 9.40 Uhr. Den größten Erfolg am 1. Operationstag errang die 18. Armee, der es gelang, die 1. und 2. Stellung der englischen Truppen einzunehmen, während die 17. und 2. Armee nur an einigen Stellen in die 2. Stellung einzubrechen vermochten. In den folgenden Tagen zog sich die 5. englische Armee planmäßig hinter die Somme und den Crozat-Kanal zurück, während die 3. englische Armee heftige Gegenangriffe durchführte. Am 26. März wies Ludendorff, da die deutschen Truppen bis in eine Tiefe von 30 km vorgestoßen waren, den Armeen neue Aufgaben zu, um den taktischen Erfolg operativ zu nutzen. Es wiederholte sich der Fehler vom Sommer 1914. Die OHL ging von der Annahme aus, der Durchbruch sei gelungen. Die Angriffsrichtungen gingen nunmehr strahlenförmig auseinander. Die 17. Armee führte den Angriff nach Nordwesten, die 2. Armee nach Westen und die 18. Armee nach Südwesten. Die Aufgaben der Armeen, vor allem der 18. Armee, wurden erweitert. Dabei waren die Mehrheit der als Reserve bezeichneten Divisionen bereits in die Schlacht eingeführt, während die Oberkommandos der Entente noch über genügend Kräfte verfügten, weitere deutsche Angriffe zum Stehen zu bringen.

Unter den militärischen Führern der Entente traten angesichts der deutschen Erfolge Meinungsverschiedenheiten über die zu ergreifenden Gegenmaßnahmen auf. Feldmarschall Haig fürchtete vor allem einen deutschen Durchbruch an der rechten Flanke seiner Streitkräfte, General Pétain den Durchbruch der 2. deutschen Armee in Richtung Amiens. Tatsächlich bestand bei einem weiteren deutschen Angriff die reale Gefahr, daß die englischen von den französischen Truppen getrennt werden würden und eine operative Lücke in der Front entstand. Am 26. März trafen sich die führenden Politiker und Militärs Englands und Frankreichs in Doullens und beauftragten den französischen Generalstabschef, General Foch, die Kampfhandlungen beider Streitkräfte zu koordinieren.

Am 3. April wurde er dann de facto zum Obersten Befehlshaber aller französischen, englischen und nordamerikanischen Truppen auf dem westlichen Kriegsschauplatz berufen. Das war ein wesentlicher Fortschritt in der Koalitionskriegführung der Entente.

Nachdem General Foch die Gesamtleitung

übernommen hatte, verstärkte sich der Widerstand der Ententetruppen beträchtlich. In den folgenden Tagen führten die 1. und 3. französische Armee Gegenangriffe aus westlicher und südwestlicher Richtung durch, und im Angriffsstreifen der 17. deutschen Armee wurden neue englische und kanadische Truppen in die Schlacht eingeführt. Damit war die Grundidee des Entschlusses für die deutsche Offensive, die englischen und die französischen Streitkräfte aufeinanderfolgend zu schlagen, nicht mehr durchführbar.

Weitere deutsche Angriffe nach dem 1. April brachten keinen wesentlichen Erfolg. Am 4. April führten 15 deutsche Divisionen einen letzten Angriff im Abschnitt zwischen der Somme und Montdidier durch. Nochmals wurde ein taktischer Erfolg erzielt, aber der Durchbruchsversuch schlug fehl. Die deutschen Armeen waren nunmehr so abgekämpft, daß Ludendorff am 5. April den Befehl gab, die Angriffsverhandlungen auf der Linie östlich Arras–Albert–Montdidier–Noyon einzustellen. Die letzte Möglichkeit, den Entente-Streitkräften eine strategische Niederlage zu bereiten, war mißglückt.

Als Ergebnis der Offensive hatte die OHL auf einer Breite von 75 km einen bis zu 60 km tiefen Frontvorsprung gewonnen, dessen Verteidigung mehr Kräfte und Mittel als an der bisherigen Frontlinie kostete. Die deutschen Verluste betrugen 240000, die der Entente 220000 Mann. War der Durchbruch der englischen Verteidigung bis zu einer Tiefe von 60 km ein operativer Erfolg, so war die nun entstandene Lage strategisch von Nachteil. Die abgekämpften drei deutschen Armeen mußten eine operative Pause erhalten, die für die Streitkräfte der Entente von Vorteil war.

Bei nüchterner Einschätzung der nach dem 5. April entstandenen Lage hätte die OHL zu der Folgerung kommen müssen, daß der Krieg nicht mit einem Sieg im Westen beendet werden konnte. Statt dessen wurde eine Propagandakampagne über den angeblich großen Sieg während der Frühjahrsoffensive gestartet und das deutsche Volk über die tatsächliche Lage irregeführt.

Um die Initiative in der Hand zu behalten, beschloß die OHL nunmehr, die geplanten Angriffsoperationen der 4. und 6. Armee in Flandern durchzuführen. Die 6. Armee hatte mit 17 Divisionen aus dem Raum La Bassée–Lille in nordwestlicher Richtung und die 4. Armee mit 5 Divisionen aus dem Raum Wervik–Moorsleede in Richtung Ypern anzugreifen. Die Reserve der OHL an diesem Frontabschnitt betrug 6 Divisionen. Die Artilleriegruppierung der 6. Armee hatte eine Stärke von etwa 1900 Rohren, die der 4. Armee von 600 Rohren. Das waren weniger Kräfte und Mittel als im März geplant. Einige der für den Angriff vorgesehenen Divisionen hatten an der Michael-Offensive teilgenommen und wiesen keine volle Gefechtsstärke auf. Der Einsatz war ungenügend ausgebildet und nicht vollständig, so daß die Personalstärke der Mehrheit der Divisionen zwischen 6000–7000 Mann lag.

Die 6. Armee begann den Angriff am 9. April 1918, die 4. Armee am 10. April. Neu war, daß während der Artillerievorbereitung erstmalig ein chemischer Kampfstoff mit der Bezeichnung Gelbkreuz verschossen wurde. Es war ein fast geruchloser, hautschädigender Kampfstoff mit Langzeitwirkung im Gelände. Den deutschen Angriffsgruppierungen gelang es in wochenlangen Kämpfen, die Verteidigung der 1. und 2. englischen Armee zu durchbrechen und die Front etwa um 20 km nach Westen zu verschieben. Wichtigstes Ergebnis war die Einnahme der Stadt Armentières und des Kemmelberges, einer taktisch bedeutsamen Höhe in der flandrischen Ebene. Aber ein strategischer Durchbruch wurde an diesem Frontabschnitt ebenfalls nicht erreicht. Ende April wurden die Angriffe eingestellt. Damit war die deutsche Frühjahrsoffensive beendet, wenngleich örtlich noch Angriffshandlungen durchgeführt wurden. Die deutschen Verluste betrugen 86000 Mann, die der Ententetruppen etwa 100 000.

Vom 6. bis 9. April hatte die 7. deutsche Armee einen Angriff mit begrenzter Zielsetzung (Frontbegradigung) entlang der Oise durchgeführt. Ein weiterer Angriff der 2. deutschen Armee in Richtung Amiens vom 24. bis 27. April blieb ohne Erfolg.

Ende April/Anfang Mai 1918 führte die OHL eine Lagebeurteilung durch, und Ludendorff faßte die Entschlüsse für weitere Angriffsoperationen. Die Auffassungen Ludendorffs von der strategischen Lage auf dem westlichen Kriegsschauplatz sind das Musterbeispiel einer Fehleinschätzung. Sie konzentrierten sich auf folgende Behauptungen:

1. Die englischen und französischen Streitkräfte haben infolge der deutschen Frühjahrsoffensive solche Verluste erlitten, die kurzfristig nicht ersetzt werden können, so daß sie auf längere Zeit nicht angriffsfähig sind.
2. Mit dem Einsatz eines stärkeren Kontingentes nordamerikanischer Truppen ist in nächster Zeit nicht zu rechnen.
3. Die deutschen Streitkräfte haben erhebliche Verluste erlitten. Trotzdem wird Ende Mai eine größere Anzahl von Divisionen so kampfkräftig sein, daß es möglich ist, weitere Angriffsoperationen durchzuführen.

Es wurde also an der Absicht festgehalten, den Krieg offensiv weiterzuführen und auf diese Weise zu entscheiden. Ludendorff kam zu dem Entschluß, mit der 7., der 1. und Teilen der 18. Armee eine Offensive im Abschnitt Montdidier–Noyon–Reims gegen die 6., 3. und 4. französische Armee durchzuführen. Grundidee des Entschlusses war, die Truppen der Entente im Raum Noyon–Reims–Soissons so zu dezimieren, daß Foch gezwungen sein könnte, französische Truppen aus dem Frontabschnitt nördlich der Somme in diesen Raum zu verlegen.

Die Aufgabe der 7. und der 1. Armee bestand darin, nach der Erstürmung des Chemin des Dames (ein mit relativ geringen Truppen besetzter Höhenrücken) die Flüsse Aisne und Vesle zu erreichen und auf deren westlichem Ufer Brückenköpfe zu bilden. Da für diese Angriffsoperation die gesamte schwere Artillerie des Frontabschnittes zusammengezogen werden mußte, wurde geplant, die Angriffsoperation der 18. Armee erst nach Erfüllung der Aufgaben der 7. und 1. Armee durchzuführen. Diese Armee hatte die Aufgabe, aus dem Abschnitt Montdidier–Noyon in Richtung Compiegne anzugreifen und dadurch eine Verbesserung des Frontverlaufs zu schaffen.

Die Offensive hatte demzufolge keine entscheidende Zielsetzung, sondern sollte günstige Bedingungen für die Zerschlagung der englischen Streitkräfte in Flandern schaffen.

Die geplante Brückenkopfbildung deutete jedoch an, daß – nach dem Prinzip, jeden taktischen Erfolg operativ auszunutzen – erwogen worden war, die räumliche Zielstellung gegebenenfalls in die Tiefe zu erweitern. Für einen operativen Durchbruch der französischen Verteidigung war der Frontabschnitt Noyon–Reims allerdings wenig geeignet, vor allem infolge des Vorhandenseins von ausreichenden Reserven des Obersten Befehlshabers der Ententestreitkräfte östlich Paris. Somit stand die Grundidee der Offensive, eine Verlegung von französischen Truppen aus Flandern in diesen Abschnitt zu erzwingen, auf schwachen Füßen.

Für den Angriff wurden 36 Divisionen bereitgestellt, denen 23 französische gegenüberstanden. Bei Geschützen wurde eine fast 4fache Überlegenheit erreicht. Die Angriffstaktik wurde vervollkommnet, vor allem das Zusammenwirken zwischen Artillerie und Infanterie verbessert. Relativ starke Fliegerkräfte (etwa 500 Flugzeuge) sollten bei der Bekämpfung von Bodenzielen zum Einsatz kommen.

Die Offensive wurde vom 27. Mai bis 14. Juni durchgeführt. Die Artillerievorbereitung hatte eine Dauer von zweieinhalb Stunden und – da sich die Masse der französischen Infanterie in der 1. Stellung befand – eine große Wirkung. Unter Ausnutzung der Überraschung und infolge des relativ schwachen Widerstandes gelang es den deutschen Truppen, innerhalb weniger Stunden die 1. Stellung zu durchbrechen und noch am 1. Operationstag die befohlene Linie zu erreichen. Nunmehr stellte Ludendorff beiden Armeen die Aufgabe, zur Marne vorzustoßen, die am 30. Mai erreicht wurde. Um die Offensive weiterzuführen, waren bereits Reserven in die Schlacht eingeführt worden, die für eine Offensive in Flandern bestimmt waren. Die kritische Lage veranlaßte General Foch, französische und englische Truppen aus Flandern abzuziehen und an der Marne einzusetzen. Infolgedessen verlangsamte sich das An-

1

2

3

4

griffstempo der deutschen Divisionen in den ersten Junitagen, und am 4. Juni mußten angesichts einer wieder stabilen Verteidigung der Ententetruppen deutscherseits die Angriffe eingestellt werden.

Die Angriffsoperation der 18. deutschen Armee wurde vom 9. bis 11. Juni durchgeführt. Die Angriffsvorbereitungen waren vom Oberkommando der 3. französischen Armee erkannt worden, insbesondere durch die in der Nacht vom 8. zum 9. Juni durchgeführte deutsche Artillerievorbereitung. Es gab eine starke französische Artilleriegegenvorbereitung. Trotzdem gelang es den deutschen Truppen bereits am 1. Operationstag, die 1. und 2. Stellung der französischen Truppen zu durchbrechen. Der Oberbefehlshaber der französischen Heeresgruppe Nord, General Fayolle, entschloß sich deshalb, einen Gegenschlag mit 5 Divisionen und 4 Panzerbataillonen (160 Panzer) durchzuführen. Unter dem Eindruck dieses erfolgreichen Gegenschlages vom 11. Juni ließ die OHL am selben Tag den Angriff der 18. Armee einstellen. Ein Angriff von Teilkräften der 7. Armee am 12. und 13. Juni blieb ohne Erfolg.

Die Ergebnisse der deutschen Juni-Offensive waren widersprüchlich. Die Grundidee, Foch zu veranlassen, starke Kräfte aus Flandern abzuziehen, wurde realisiert. Aber um das zu erreichen, hatte die OHL ebenfalls 13 Divisionen dort abziehen müssen, und die für Juni geplante Offensive, die kriegsentscheidende Bedeutung erlangen sollte, mußte auf Juli verschoben werden. Diese Terminverschiebung kam der Entente zugute. Die Bildung eines Frontvorsprungs an der Marne brachte die 7. und 1. deutsche Armee in eine ungünstige operative Lage, zumal sich die Front zwischen Noyon und Reims von 100 km auf 150 km ausgedehnt hatte.

Daß deutsche Divisionen nun 60 km vor Paris standen – was zu negativen politisch-moralischen Auswirkungen in der französischen Bevölkerung führte und auch von der imperialistischen deutschen Propaganda weidlich ausgeschlachtet wurde – hatte eine geringe militärische Bedeutung, da eine Offensive auf die französische Hauptstadt den Zusammenbruch der Ententefront nördlich der Somme zur Voraussetzung hatte. Auch die Menschen- und Materialverluste der Ententestreitkräfte führten zu keiner ernsthaften Verminderung ihrer Kampfkraft, zumal seit Mai die Anzahl der nordamerikanischen Truppen in Frankreich sich sprunghaft erhöhte. (Im Juni 1918 hatten sie bereits einen Bestand von 900000 Mann). Wesentlich positiv war nur die Erfahrung, daß sich die Taktik des Angriffs auf eine Stellungsverteidigung bewährt hatte. Damit war jedoch nicht das Problem gelöst, die Ententefront strategisch zu durchbrechen. Dazu war in erster Linie ein Kräfteverhältnis erforderlich, daß die OHL zu schaffen nicht mehr in der Lage war.

1 Englische Artillerie auf dem Rückzug bei Ham. April 1918
2 Fliegeralarm. Englische Flak bei Armentières. März 1918
3 Beim Rückzug umgestürztes englisches Geschütz
4 US-Infanterie bei Maffrecourt im Gefecht. Mai 1918

1

2

3

4

5

6

7

8

9

1 u. 3 Deutsches 380-mm-Fernfeuergeschütz beschießt Paris
2 Vorbereitung einer deutschen Bomberstaffel auf Nachteinsatz
4 Infanterieangriff in auseinandergezogener Schützenkette
5 Deutsche Artilleriebatterie in offener Feuerstellung
6 Erbeuteter Proviantzug. Die Verpflegung der Entente-Truppen ist weitaus besser
7 Minenwerfer wurde nach vorn gebracht, um die nächste Stellung zu bekämpfen
8 Hindenburg verteilt Auszeichnungen, aber die Kampfmoral der deutschen Truppen sinkt nach der Sommeroffensive spürbar ab
9 Englischer Angriff auf deutsche Stellung bei Péronne. Die deutschen Truppen nebeln sich ein

Die deutsche Sommeroffensive 1918

Nach der Juni-Offensive war die OHL immer noch nicht bereit anzuerkennen, daß ein strategischer Sieg über die Streitkräfte der Entente auf dem westlichen Kriegsschauplatz nicht möglich war. Angesichts taktischer und operativer Erfolge, wie

1

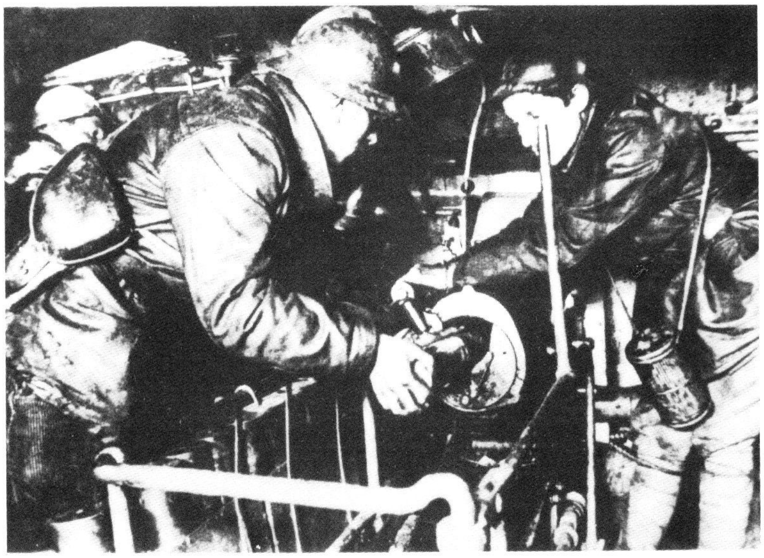
2

3

4

5

6

7

8

9

1/2 Französischer Panzer Saint Chamond M 16. Laden der 75-mm-Kanone
3 Eisenbahntransport von französischen Panzern
4 Nach dem Flammenwerfereinsatz gegen einen englischen Panzer
5 Englischer Panzerangriff
6 Aisne-Tal. In Erwartung des deutschen Angriffs
7 Französischer Panzer Renault M 17
8 Staffel englischer Jagdflugzeuge Sopwith in der Picardie. Die Entente geht zur Gegenoffensive über
9 Der erfolgreichste französische Jagdflieger Unterleutnant R. Fonck (60 Abschüsse)
10 Panzerbekämpfung mit Flammenwerfern

10

man sie seit 1914 im Westen nicht mehr errungen hatte, wollte man die im Grunde genommen hoffnungslose strategische Lage der deutschen Streitkräfte nicht erkennen. Zwar war die Zahl der Divisionen beider Seiten auf diesem Kriegsschauplatz annähernd gleich, aber die Mehrheit der Ententedivisionen hatte eine höhere Kampfkraft. Ludendorffs Prognose von Ende April erwies sich als nicht zutreffend. Zudem hatten die Streitkräfte der Entente eine deutliche Überlegenheit an Artillerie (19800 gegenüber 13100 Geschützen) und Kampfflugzeugen (5400 gegenüber 3000) sowie ein absolutes Übergewicht an Panzern.

Alles das wurde jedoch von der OHL ignoriert. Wie weit diese Ignoranz gediehen war, zeigt der Lagebericht der OHL vom 5. Juni 1918, in dem es heißt: »Zu einer größeren Offensive dürfte zur Zeit weder das französische noch das englische Heer befähigt sein. Wir werden unsere Angriffe fortsetzen und auch weiterhin dem Gegner das Gesetz des Handelns vorschreiben.«

Es kann nicht abgestritten werden, daß die deutschen Streitkräfte noch die Fähigkeit zu Offensiven mit begrenzter Zielsetzung hatten, aber deren Durchführung mußte zwangsläufig zu einer weiteren Kampfkraftverminderung jener Verbände führen, die an der Frühjahrsoffensive teilgenommen hatten. Der Mannschaftsersatz war quantitativ und qualitativ ungenügend, die Verpflegung mangelhaft, die Zuführung neuer Waffen und der anderen materiellen Mittel nicht ausreichend, und in den Truppen war die Bereitschaft zu kämpfen, deutlich abgesunken.

Die Möglichkeit, die strategische Verteidigung zu führen, wurde im Interesse der Durchsetzung der Kriegsziele nicht akzeptiert, da man bei eventuellen Friedensverhandlungen in der Position des Stärkeren auftreten wollte.

Ludendorff klammerte sich immer noch an die Hoffnung, die seit dem Frühjahr geplante Offensive in Flandern, deren Ziel die Zerschlagung der englischen Streitkräfte war, durchführen zu können. Da das Kräfteverhältnis in diesem Raum immer noch nicht als günstig genug eingeschätzt wurde, griff Ludendorff wieder zu der strategisch unwirksamen und zugleich spekulativen Methode, eine Offensive begrenzter Zielsetzung gegen die Entente-Front dort durchzuführen, wo sie am schwächsten war und dabei auf die Möglichkeit weiterer Angriffsoperationen zu hoffen.

Die Wahl fiel auf den Frontabschnitt Château Thiery (an der Marne) bis Tahure (in der Champagne). Die im Zentrum dieses Frontabschnitts liegende Stadt Reims und das umliegende Gelände sollten während der ersten Operationen nicht angegriffen werden, um Kräfte zu sparen. Der Angriff sollte durch die 7. Armee westlich und durch die 1. Armee sowie durch Teilkräfte der 3. Armee östlich Reims geführt werden. Die Breite des Angriffsstreifens beider Gruppierungen betrug jeweils 50 km. In der 1. Staffel der westlichen sollten 11 und in derjenigen der östlichen Angriffsgruppierung 15 Divisionen angreifen. Die Grundsätze für den Angriff waren durch eine Richtlinie der OHL vom 13. Juni erneut präzisiert worden. Sinn dieser Richtlinie war u. a., durch den massierten Einsatz der Artillerie in allen Angriffsphasen die Verluste der eigenen Infanterie niedrig zu halten. Der OHL unterliefen bei der Beurteilung des Gegners und den daraus zu ziehenden Schlußfolgerungen einige schwerwiegende Fehler. Die Verteidigung der 4. französischen Armee östlich Reims war außergewöhnlich tief gestaffelt (vier Stellungen mit einer Gesamttiefe von 15 bis 20 km). Die Truppen dieser Armee waren darin ausgebildet, bei Angriffsbeginn die 1. Stellung zu räumen und den Angriff vor der 2. Stellung abzuwehren. Die deutschen Führungsorgane hofften dennoch, daß es der Infanterie, gedeckt durch eine perfekt geplante Feuerwalze der schweren Artillerie, gelingen könnte, in diese Stellung einzubrechen und nach ihrer Einnahme den Angriff – nur unterstützt durch die Begleitartillerie – im hohen Tempo weiterzuführen. Man rechnete zwar mit Gegenangriffen, insbesondere gegen die 7. Armee, in deren Angriffsverlauf sich ungedeckte Flanken bilden mußten, unterschätzte jedoch die Möglichkeiten des Gegners zur Durchführung einer mächtigen Gegenoffensive.

Diese letzte deutsche Offensive verlief vom 15. bis zum 17. Juli 1918. Da die französische Artillerie unmittelbar vor dem deutschen Angriffsbeginn eine wirksame Gegenvorbereitung durchführte, wurde ersichtlich, daß die Entente-Truppen (es waren auch einige englische, italienische und nordamerikanische Divisionen in die Verteidigung eingegliedert worden) sich in voller Verteidigungsbereitschaft befanden. Der 7. Armee gelang es am 15. Juli, die 1. Stellung einzunehmen und die Marne zu überwinden. Einen Tag später mußte sie infolge französischer Gegenangriffe südlich der Marne bereits zur Verteidigung übergehen. Der Angriff der 1. und der 3. Armee wurde dagegen bereits am 1. Operationstag vor der 2. Stellung der 4. französischen Armee abgeschlagen. Beide Armeen erlitten dabei so hohe Verluste, daß weitere Angriffe scheiterten.

Am 17. Juli ließ Ludendorff – da keine Aussicht selbst auf taktische Erfolge mehr bestand – die Offensive abbrechen und befahl, die Flandernoffensive durchzuführen. Die deutsche Juli-Offensive bei Reims war die letzte deutsche Offensive im Weltkrieg, ihr Scheitern ein Beweis dafür, daß die Strategie der OHL endgültig zusammengebrochen war.

Die Gegenoffensive der Entente-streitkräfte im Marnebogen

Bereits im Juni 1918 hatte der Oberkommandierende der Entente, General Foch, die Möglichkeiten einer Offensive im Raum Soissons erwogen. Der Vorstoß der 7. und 1. deutschen Armee zur Marne bot dafür günstige operative Möglichkeiten. Anfang Juli kam man in der strategischen Führung der Entente-Streitkräfte zu der Schlußfolgerung, daß die nächste deutsche Offensive nur bei Reims oder in Flandern zu erwarten sei. Zu diesem Zeitpunkt entwickelte Foch die Idee, mit den ihm unterstellten Streitkräften noch im Jahre 1918 offensiv zu werden. Foch ging davon aus, daß genügend Kräfte und Mittel dafür vorhanden waren, darunter auch USA-Divisionen, und stellte den abgekämpften Zustand der deutschen Armeen in Rechnung. Für eine Offensive hielt er den Frontabschnitt zwischen Soissons–Reims geeignet, wo die deutsche Front eine große Ausbuchtung, den sogenannten Marnebogen, hatte. Am 13. Juli informierte der Oberbefehlshaber der französischen Landstreitkräfte, General Pétain, Foch darüber, daß eine deutsche Offensive bei Reims bevorstehe, während die eigenen Angriffsvorbereitungen nicht erkannt worden seien. Man kam zu der Entscheidung, im Marnebogen eine Gegenoffensive durchzuführen.

Für die Gegenoffensive wurden die 10. und die 6. französische Armee vorbereitet. Der Angriff sollte am Frontabschnitt östlich Vic-Château Thierry erfolgen, d. h. an einem nicht angegriffenen Frontabschnitt. Die Hauptkräfte beider Armeen wurden in dem Waldgebiet von Villers-Cotterêts bereitgestellt. Außerdem wurde geplant, die 5. französische Armee nach Abwehr des deutschen Angriffs an der Gegenoffensive teilnehmen zu lassen. Ziel der Offensive war, die deutschen Truppen im Marnebogen durch die Wegnahme von Soissons von ihren rückwärtigen Verbindungen abzuschneiden und den Raum südlich der Aisne und Vesle zurückzuerobern. Obwohl nicht als Ziel festgelegt, lief das auf die Zerschlagung der 9. und 7. deutschen Armee hinaus.

Die 10. französische Armee hatte einen Bestand von 18 Divisionen, darunter zwei nordamerikanische. In der 1. Staffel handelten 10 Divisionen. Der Bestand der 6. französischen Armee umfaßte 7 Divisionen, von denen 5 in der ersten Staffel eingesetzt waren. Der Angriff der 10. Armee wurde durch 8 Panzerbataillone (Gesamtbestand etwa 350 Panzer) und der der 6. Armee durch Panzereinheiten mit etwa 160 Panzern unterstützt. Die Masse der Panzerkräfte war den Kommandeuren der Divisionen, die in den Hauptrichtungen angriffen, unterstellt worden.

Zum Einsatz kamen die Panzertypen Renault M17, Schneider M17 und St. Chamond M16. Der St. Chamond M16 galt mit 23 t Masse, einer 75-mm-Kanone und 4 Maschinengewehren als schwerer Panzer, der Schneider M17 mit 13,5 t Masse, einer 75-mm-Kanone und 2 Maschinengewehren als mittlerer Panzer. Die maximale Geschwindigkeit beider Panzer im Gelände betrug 4 km/h, ihr Fahrbereich 60 km. Bei relativ guter Panzerung hatten sie jedoch eine geringe Geländegängigkeit. Der leichte Panzer Renault M17 hatte eine Masse von nur 7 t und war mit einer 37-mm-Kanone oder einem Maschinengewehr im Drehturm bewaffnet. Bei relativ guter Panzerung war er sehr geländegängig und erreichte 8 km/h im

Gelände. 6 Panzerbataillone handelten in den Gefechtsordnungen der Divisionen der 1. Staffel, so daß eine taktische Dichte von 13 bis 14 Panzern pro Frontkilometer geschaffen wurde.

Zur strukturellen und Verstärkungsartillerie der 10. Armee gehörten 470 Batterien, für die Luftunterstützung wurden 41 Geschwader eingesetzt.

Der Angriff begann am 18. Juli frühmorgens ohne Artillerievorbereitung mit einem kurzen Feuerüberfall. Der angreifenden Infanterie gelang es, mit Unterstützung der Panzer und Artillerie die vorderen Stellungen der überraschten deutschen Infanterie zu überrennen und bis zum Ausgang des Tages 8 km tief in die deutsche Verteidigung einzudringen. An diesem Tag wurden 12 000 Gefangene gemacht und 250 Geschütze erbeutet. Auch die Angriffe in den folgenden Tagen brachten den Entente-Truppen bedeutende taktische Erfolge, so daß sich Ludendorff am 20. Juli gezwungen sah, den Rückzug der deutschen Truppen anzuordnen, der am 4. August hinter Aisne und der Vesle endete. Französische Truppen erstürmten am 2. August Soissons und stießen am 3. August zur Vesle vor. Damit war der Marnebogen zurückgewonnen.

Mit der Schlacht zwischen Soissons und Reims hatten die Entente-Streitkräfte die strategische Initiative auf dem gesamten Kriegsschauplatz erkämpft, da gleichzeitig die OHL keine Möglichkeiten mehr sah, die Flandernoffensive erfolgreich durchzuführen. Die Entente-Offensive bewies die technische und personelle Überlegenheit ihrer Truppen und die niedrige Kampfkraft der deutschen Divisionen. Bemerkenswert waren vor allem die Mängel in der deutschen Panzerabwehr. Das Hauptmittel der Infanterie, das neueingeführte sogenannte 13-mm-Tankgewehr konnte auf 500 Meter Entfernung nur eine 20-mm-Panzerung durchschlagen, was völlig unzureichend war. Die Feldartillerie erwies sich für die Panzerabwehr als ungenügend ausgebildet. Bemerkenswert sind auch die Gefechtsstärken der deutschen Infanterie. In den Kompanien der 9. Armee lagen sie zwischen 30–50 Mann pro Kompanie.

Das Scheitern der deutschen Juni-Offensive und die erfolgreiche Gegenoffensive der Entente-Streitkräfte leiteten die Niederlage der deutschen Streitkräfte auf dem westlichen Kriegsschauplatz ein und führten in Verbindung mit der gescheiterten österreichisch-ungarischen Offensive in Norditalien im Juni zur endgültigen Wende im Kriegsverlauf zugunsten der Mittelmächte. Am 2. August befahl Ludendorff den Übergang zur strategischen Verteidigung im Westen.

1 Deutsche Kriegsgefangene im Großsammellager nach der Entente-Offensive zwischen Albert-Montdidier

1

2

3

4

6

5

7

Der militärische Umschwung an der Westfront und die politischen Auswirkungen

Bereits vor dem Scheitern der letzten deutschen Offensive im ersten Weltkrieg war offenkundig geworden, daß die deutsche Kriegführung 1918 ihr Ziel nicht erreicht hatte und die strategische Konzeption Ludendorffs gescheitert war. Die militärische Lage hatte sich grundlegend zuungunsten des deutschen Imperialismus verändert. Die hochgespannten Hoffnungen im Lager der Mittelmächte auf eine siegreiche Beendigung des Krieges hatten sich nicht erfüllt. An ihre Stelle waren Pessimismus und Resignation getreten. Auch in Deutschland gelangten immer mehr Menschen angesichts der dahinschwindenden Siegesaussichten zu der Erkenntnis, daß alle Opfer vergeblich gebracht worden und die gerühmten Eroberungen letzten Endes Fehlschläge gewesen waren. Die Kampfmoral der erschöpften und von einer Grippeepidemie heimgesuchten Truppen sank von Woche zu Woche. Augenzeugen der russischen Revolution wie auch an die Front geschickte Teilnehmer der Januarstreikbewegung trugen die Forderung nach Frieden und gesellschaftlichen Veränderungen in die vordersten Linien. Die Stimmung durch Vaterländischen Unterricht zu heben, schlug ebenso fehl, wie die Disziplin durch Verschärfung der Militärgerichtsurteile aufrechtzuerhalten. Die revolutionäre Situation resultierte aber nicht allein aus dem militärischen Umschwung an der Westfront. Die Streikbewegung im April 1917 und im Januar 1918, die revolutionäre Matrosenbewegung auf Schiffen der Hochseeflotte im Sommer 1917 und die ständig wachsende Zahl von Kriegsdienstverweigerungen im Heer zeugen vom Massenprotest gegen Imperialismus und Krieg schon vor dem Erfolg der alliierten Offensiven im Sommer und Herbst 1918. Die Ursachen der heranreifenden

1 Französische Panzerkolonne in einem Dorf an der Oise. August 1918
2 Englische MG-Bedienung
3 Marschall Foch wurde 1918 Oberster Befehlshaber aller Streitkräfte der Entente auf dem westlichen Kriegsschauplatz
4 Französische Infanterie greift in aufgelockerter Gefechtsordnung an. September 1918
5 Englische Brigade an einer Brücke bei St. Quentin
6 Bedienung einer 35-mm-Kanone der USA-Truppen in den Argonnen. September 1918
7 Der Angriff gegen die Hindenburg-Stellung wird vorbereitet. September 1918

Revolution wurzelten in der kapitalistischen Gesellschaftsordnung. Der Krieg, der selbst Produkt imperialistischer Gegensätze war, spitzte diese Widersprüche derart zu, daß das kapitalistische Gesellschaftssystem in eine allgemeine Krise geriet. Seine Auswirkungen und sein Verlauf riefen auch in Deutschland jene Erschütterung des bestehenden Herrschaftssystems hervor, aus der, wie Lenin treffend feststellte, die Revolution »herauswuchs«.

1

2

3

4

5

Die strategischen Offensiven der Entente im Sommer – Herbst 1918

Die in den zentralen Führungsorganen der Entente im Juli durchgeführten Lagebeurteilungen waren von einer Überschätzung der deutschen Möglichkeiten geprägt. Der Chef des englischen Generalstabes, General Wilson, legte in einer Denkschrift an seine Regierung dar, daß die deutschen Streitkräfte immer noch zu großen Angriffsoperationen fähig seien, und hielt es sogar für möglich, daß sie Paris einnehmen könnten. Er sprach sich für Angriffsoperationen begrenzter Zielstellung aus und hielt an der Auffassung fest, daß die Kriegsentscheidung durch eine strategische Offensive der Entente erst 1919 möglich sei.

6

7

8

1 Englische Panzer fahren in die Bereitstellungsräume. September 1918
2 Australische Soldaten
3 Artillerie des Kanadischen Korps überwindet den Kanal du Nord nördlich Cambrai. Juli 1918
4 Französische Kavallerie im Bewegungskrieg. September 1918
5 Überschwere US-Artillerie
6 Französische Bombenfliegerstaffel vom Typ Breguet
7 Einweisung in die Aufklärungsaufgabe
8 Nachtstart

Der Oberste Befehlshaber der Entente, General Foch, beurteilte die Möglichkeiten der deutschen Streitkräfte nüchterner. Eine deutsche Offensive in Flandern hielt er nicht mehr für möglich. Bei einer Beratung am 25. Juli mit den Oberbefehlshabern der französischen, englischen und nordamerikanischen Streitkräfte in Frankreich vertrat er die Auffassung, daß die Entente nunmehr die Überlegenheit an Truppen und schwerer Kampftechnik (Geschütze, Panzer, Kampfflugzeuge) habe und damit der Zeitpunkt gekommen sei, von der Defensive zur Offensive überzugehen. Zunächst sollten Angriffsoperationen begrenzter Zielsetzung an der Marne, bei Amiens und in Flandern durchgeführt werden, um damit die Voraussetzungen für eine strategische Offensive an der gesamten Front im Herbst 1918 zu schaffen. Weitere Offensiven im Frühjahr 1919 würden dann die Kriegsentscheidung bringen.

Am 2. August begannen unter größter Geheimhaltung die Angriffsvorbereitungen der 4. englischen Armee und der 1. französischen Armee im Frontabschnitt nördlich Albert–südlich Montdidier. Zur Angriffsgruppierung gehörten 26 Divisionen, davon 15 in der 1. Staffel, so daß eine starke 2. Staffel gebildet werden konnte. Der Bestand der schweren und Feldartillerie umfaßte etwa 3000 Geschütze. Die Angriffsgruppierung wurde durch etwa 550 Panzer und 1900 Kampfflugzeuge unterstützt. An Infanteriedivisionen waren beide Entente-Armeen der 2. deutschen Armee im Verhältnis 2 : 1 überlegen, an Artillerie 4 : 1 und an Kampfflugzeugen um das Vielfache. Panzer hatte die 2. deutsche Armee nicht in ihrem Bestand.

Aufgabe der englisch-französischen Angriffsgruppierung war es, die taktische Verteidigungszone zu durchbrechen, der 2. deutschen und Teilen der 18. deutschen Armee empfindliche Verluste zuzufügen und sie aus dem Raum zwischen Somme und südlich der Avre herauszuwerfen. Die Angriffsoperationen begannen am 8. August und führten bereits am 1. Operationstag zu einem großen taktischen Erfolg, vor allem der 4. englischen Armee. Es gelang dieser Armee, die vorderen deutschen Stellungen zu durchbrechen und an diesen und den folgenden Tagen zahlreiche deutsche Divisionen zu zerschlagen, wodurch die gesamte deutsche Front an diesem Abschnitt ins Wanken geriet.

Allerdings wurde wiederum – wie 1917 bei Cambrai – der taktische Erfolg nicht entschlossen ausgenutzt. Durch die beschleunigte Heranführung von OHL- und Heeresgruppen-Reserven gelang es der deutschen Führung, nach dem 10. August die Front zu stabilisieren. Bis zu diesem Tag hatten beide deutsche Armeen 48000 Mann verloren, darunter 30000 Mann als Gefangene. Die hohe Zahl der in Gefangenschaft geratenen deutschen Soldaten war ein Signal dafür, daß viele es vorzogen, am Leben zu bleiben, als – wie bisher – bis zum letzten Widerstand zu leisten. Das mag Wilhelm II.

1

2

3

bewogen haben, in einer Beratung mit Ludendorff zu erklären: »Wir sind an der Grenze unserer Leistungsfähigkeit. Der Krieg muß beendet werden.«

Ludendorff mußte zugeben, daß Deutschland den Krieg nicht mehr gewinnen könne. Nunmehr stellte sich die OHL das Ziel, die eroberten Territorien hartnäckig zu verteidigen, durch die strategische Verteidigung die Kampfkraft der Entente-Streitkräfte allmählich zu schwächen und somit Bedingungen für erfolgreiche Friedensverhandlungen zu schaffen. Dafür war es aber bereits zu spät, denn nach dem Sieg zwischen Somme und Avre war man im Lager der Entente überzeugt, den Krieg mit einem vollständigen Sieg über Deutschland beenden zu können. Nach dem 8. August, den Ludendorff als den »schwarzen Tag« des deutschen Heeres bezeichnete, wurde den Heerführern der Entente klar, daß sie die Kampfkraft der deutschen Armeen überschätzt hatten, und Foch hatte nun die Hoffnung, daß der Krieg noch 1918 mit einem Sieg der Entente beendet werden könnte. Allerdings wurde kein Plan für eine gleichzeitige Offensive an der gesamten Front entworfen, sondern weiterhin die Methode praktiziert, an wechselnden Frontabschnitten Angriffsoperationen durchzuführen. Bei der Auswahl dieser Abschnitte traten erhebliche Meinungsver-

4

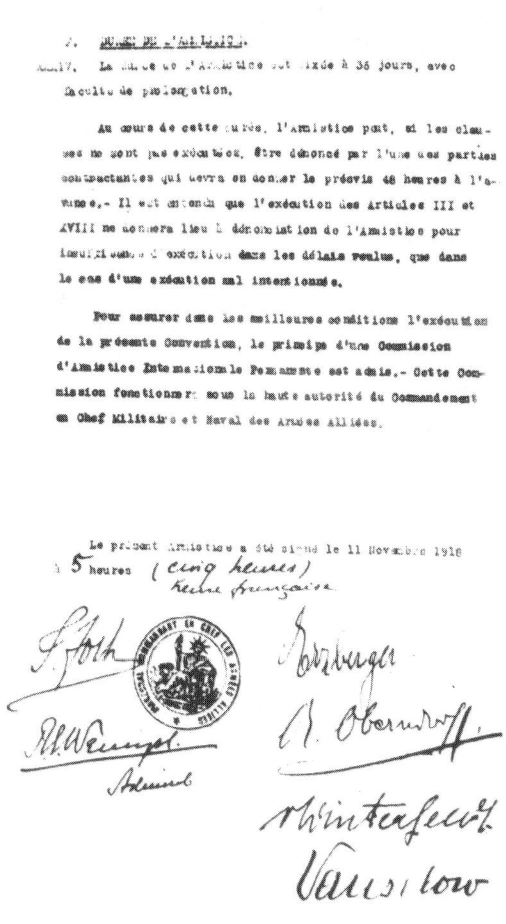

F. DURÉE DE L'ARMISTICE.

Art. XXXIV. La durée de l'Armistice est fixée à 36 jours, avec faculté de prolongation.

Au cours de cette durée, l'Armistice peut, si les clauses ne sont pas exécutées, être dénoncé par l'une des parties contractantes qui devra en donner le préavis 48 heures à l'avance.- Il est entendu que l'exécution des Articles III et XVIII ne donnera lieu à dénonciation de l'Armistice pour insuffisance d'exécution dans les délais voulus, que dans le cas d'une exécution mal intentionnée.

Pour assurer dans les meilleures conditions l'exécution de la présente Convention, le principe d'une Commission d'Armistice Internationale Permanente est admis.- Cette Commission fonctionnera sous la haute autorité du Commandement en Chef Militaire et Naval des Armées Alliées.

Le présent Armistice a été signé le 11 Novembre 1918 à 5 heures (cinq heures) heure française

F. Foch
R. Wemyss Admiral
Erzberger
A. Oberndorff
Winterfeldt
Vanselow

5

1 Deutsche Truppen auf dem Rückzug
2 Deutsche Nachhut räumt Stellung in Flandern
3 Deutsche Kavallerie klärt Vormarsch von Entente-Truppen auf
4 Im Herbst 1918 gehen Zehntausende deutsche Soldaten freiwillig in Kriegsgefangenschaft
5 Letzte Seite des Waffenstillstandsabkommens vom 11.11.1918

schiedenheiten auf, insbesondere zwischen Foch und dem Oberbefehlshaber der USA-Truppen in Frankreich, General Pershing. Um eine wesentliche Rolle der USA bei Kriegsausgang zu demonstrieren, beharrte dieser darauf, mit der 1. USA-Armee einen eigenen Frontabschnitt zu erhalten, was sich aufgrund seiner mangelnden Führungserfahrungen nicht als zweckmäßig erwies.

Unter Ausnutzung des Erfolges zwischen Somme und der Avre griff die 1. und 3. französische Armee am 16. August die Stellungen der 18. deutschen Armee beiderseits Roye und der 9. Armee bei Noyon an. Die Angriffe gegen die 2. Armee wurden fortgesetzt. Am 21. August begann die 3. englische Armee eine Angriffsoperation gegen die 17. deutsche Armee im Raum Bapaume. Am 23. August trat die 1. englische Armee in die Offensive ein. Aus einem System aufeinanderfolgender Armeeangriffsoperationen entwickelte sich so allmählich auf einer Frontbreite von 200 km eine strategische Offensive. Da die OHL mit den Reserven nur noch begrenzt manövrieren konnte, mußten die angegriffenen deutschen Armeen auf Anweisung der OHL vom 2. September den Rückzug auf die Ausgangsstellungen antreten, die sie im März 1918 vor Beginn der »Michael«-Offensive innegehabt hatten. Am 4. September verlief die Front dann auf der allgemeinen Linie Arras–St. Quentin–La Fère–Reims.

Angesichts der eigenen hohen Verluste und der eindeutigen Überlegenheit der Entente-Streitkräfte, war die OHL bestrebt, möglichst viele Truppen kampfkräftig zu erhalten und war nunmehr auch bereit, dafür Frontverkürzungen und Gebietsverluste in Kauf zu nehmen. Am 6. September gab Ludendorff den Oberbefehlshabern der drei nördlichen Heeresgruppen den Befehl, neue Stellungen vorzubereiten, die 15 bis 20 km hinter den gerade eingenommenen liegen sollten. Es wurde begonnen, die für eine eventuelle Räumung vorgesehenen Gebiete restlos auszuplündern und zu zerstören.

Vom 9. September bis 12. September räumten Truppen der 4. und 6. deutschen Armee den Frontbogen bei Armentières in Flandern. Am 11. September begann die deutsche Armeeabteilung C den Rückzug aus dem Frontvorsprung bei St. Mihiel im Raum der Mosel. Einen Tag später ging dort die 1. US-Armee mit 18 Divisionen zum langfristig vorbereiteten Angriff über, wobei das mehrstündige Artilleriefeuer auf fast nicht mehr besetzte Stellungen niederging. Allerdings gelang es den nachstoßenden USA-Truppen, die sich zurückziehenden deutschen Truppen in Gefechte zu verwickeln, die dabei beträchtliche Menschen- und Materialverluste erlitten. Am 15. September kamen die USA-Truppen vor der neuen deutschen Stellung zum Stehen.

Foch hatte nach den Augusterfolgen die Idee einer Offensive von Flandern bis an die Maas erwogen, die ihren Niederschlag in der Direktive vom 3. September fand. Mitte September wurde der konkrete Plan erarbeitet. Die Offensive sollte durch Angriffsoperationen der 1. USA-Armee und der 4. französischen Armee zwischen Maas und den Argonnen eröffnet werden. Der Hauptschlag sollte in Richtung Mézières geführt und damit die gesamte deutsche Front zwischen St. Quentin und Reims ins Wanken gebracht werden. In den folgenden Tagen hatten alle anderen Armeen des Nordflügels den Angriff aufgenommen.

Die Offensive begann am 26. September, und

1

2

3

ihre erste Etappe endete am 5. Oktober mit relativ geringen Erfolgen. Es war zwar gelungen, im Raum Ypern–Cambrai, westlich Reims und beiderseits der Argonnenrücken bis zu 10 km vorzustoßen, aber der 1. USA-Armee und der 4. französischen Armee gelang es nicht, die deutsche Front zu durchbrechen. Allerdings meldeten die Oberbefehlshaber der deutschen Heeresgruppen der OHL, daß ihre Truppen weiteren Angriffen nicht mehr standhalten würden. Deshalb wies Ludendorff am 4. Oktober an, nur »schrittweise« zurückzugehen, um Zeit zu gewinnen, in der Tiefe ein neues als »Hermann«- und »Gudrunstellung« bezeichnetes Verteidigungssystem pioniermäßig auszubauen.

Zwei Tage nach Beginn der Entente-Offensive hatte Ludendorff Hindenburg vorgeschlagen, Waffenstillstandsverhandlungen einzuleiten. Der politisch-moralische Zustand und die materielle Kampfkraft des deutschen Westheeres waren derartig abgesunken, daß die OHL seinen Zusammenbruch bzw. seine völlige Zerschlagung befürchtete. Das Anwachsen der revolutionären Stimmung im deutschen Hinterland und in den deutschen Streitkräften war unübersehbar. Das »russische Beispiel«, einschließlich des Zerfalls der zaristischen Armee im Jahre 1917, stand drohend vor den Augen der militärischen deutschen Führungskräfte. Ein Waffenstillstand sollte nicht nur der Erhaltung der Streitkräfte dienen, sondern auch die Massen beruhigen, die immer lauter die Beendigung des Krieges forderten.

Angeknüpft werden sollte an ein sogenanntes Friedensprogramm, daß der USA-Präsident Wilson am 8. Januar 1918 – um die Wirkung der Friedensvorschläge der Sowjetregierung zu vermindern – verkündet hatte. Aus innen- und außenpolitischen Gründen hatte man es für zweckmäßig gehalten, am 3. Oktober eine neue Regierung mit Prinz Max von Baden als Reichskanzler und unter Beteiligung rechter Sozialdemokraten zu bilden. Der neue Kanzler sandte in der Nacht vom 4. zum 5. Oktober über die Schweizer Regierung an Wilson eine Note mit der Bitte um Waffenstillstand und Einleitung von Friedensverhandlungen. Österreich-Ungarn schloß sich am 5. Oktober diesem Ersuchen an. (Die bulgarische Regierung hatte bereits am 29. September ein Waffenstillstandsabkommen mit dem Oberbefehlshaber der Orient-Armee in Saloniki unterschreiben lassen.) Wilson ließ am 8. Oktober auf das deutsche Waffenstillstandsersuchen antworten und stellte als wichtigste Bedingung den Abzug aller deutschen Truppen aus den von ihnen besetzten Gebieten. Es kam im Verlauf des Oktobers zu einem mehrfachen Notenaustausch zwischen der neuen deutschen und der USA-Regierung, bei denen Wilson die Bedingungen immer höher schraubte, denn inzwischen hatten die Entente-Streitkräfte die Offensive erfolgreich weitergeführt.

Mitte Oktober befanden sich alle Armeen der Entente am Nordflügel im Angriff. Vom 10. bis 14. Oktober kam es zum Rückzug der Heeresgruppe Deutscher Kronprinz auf die »Gudrun«-Stellung, und die Heeresgruppe Kronprinz Ruprecht ging vom 16. bis 22. Oktober auf die »Hermann-Stellung« zurück. Aber auch diese Stellungen konnten infolge massiver Angriffe der Entente-Streitkräfte Ende Oktober nicht mehr gehalten werden. Am 4. November wurde die deutsche Front an mehreren Stellen durchbrochen, und die deutschen Armeen zogen sich nunmehr auf eine »Antwerpen-Maas-Stellung« genannte Verteidigungslinie zurück.

Die endgültige militärische Niederlage des deutschen Imperialismus rückte immer näher. An der Westfront ließen sich ganze Einheiten ohne Widerstand gefangennehmen bzw. lösten sich auf. Truppen, die aus dem Osten an die Westfront verlegt werden sollten, verweigerten den Abtransport oder erklärten, nicht mehr kämpfen zu wollen. Bevor jedoch eine neue Offensive der Entente, diesmal gegen den Südflügel der deutschen Front losbrach, wurde am 14. November der Waffenstillstand unterzeichnet.

4

5

Die Kampfhandlungen auf den Nebenkriegsschauplätzen und der Zusammenbruch der Verbündeten Deutschlands

In Norditalien kam es in der 1. Jahreshälfte 1918 nur zu Kampfhandlungen örtlicher Bedeutung. Nach der schweren Niederlage im Herbst 1917 war das italienische Oberkommando bemüht, die Kampfkraft seiner Armeen wieder herzustellen.

Das österreichisch-ungarische AOK begann im März Erwägungen über die Durchführung einer neuen Offensive im Sommer in Norditalien anzustellen. Dagegen sprachen die ungenügende Verpflegung der Truppen als auch der Mangel an Munition. Man hoffte jedoch auf materielle Unterstützung durch Deutschland. Am 15. März forderte Hindenburg den österreichisch-ungarischen Generalstabschef, Generaloberst von Arz, auf, möglichst früh mit einer Offensive zu beginnen, um die deutschen Streitkräfte an der Westfront zu entlasten. Trotzdem vergingen 3 Monate, ehe die Vorbereitungen abgeschlossen waren. Von Arz hatte die illusionäre Vorstellung, daß im Ergebnis der Offensive Italien besiegt werden könne.

Bereits das Kräfteverhältnis sprach dagegen. 54 österreichisch-ungarische Divisionen mit etwa 6800 Geschützen standen 56 Divisionen (darunter 3 französische, 2 englische und eine tschechoslowakische) mit 7750 Geschützen gegenüber. Die österreichisch-ungarische Angriffsgruppierung wurde durch 280 Kampfflugzeuge, die Entente-Streitkräfte wurden durch 524 Kampfflugzeuge unterstützt. Die Offensive sollte am gesamten Frontabschnitt zwischen Brenta und unterer Piave aufgenommen werden, der Hauptschlag in Richtung Vicenza und ein Nebenschlag in Richtung der Etsch erfolgen.

Die Offensive wurde vom 15. Juni bis 25. Juni 1918 durchgeführt und endete mit einem Mißerfolg. Das in den ersten Angriffstagen gewonnene Gelände mußte nach italienischen Gegenangriffen wieder aufgegeben werden. Die Entente verlor 90000 Mann, Österreich-Ungarn 142000 Mann. Nach dem Scheitern der Offensive war das politisch-moralische Gefüge der österreichisch-ungarischen Streitkräfte schwer erschüttert. Fahnenfluchten und Befehlsverweigerungen wurden zur Massenerscheinung. Die Absicht des österreichisch-ungarischen AOK, im September eine weitere Offensive durchzuführen, konnte aufgrund des beginnenden Zusammenbruchs der Doppelmonarchie nicht mehr durchgeführt werden.

Am 14./15. August hatte Kaiser Karl in Spa, dem Sitz des deutschen Großen Hauptquartiers, Wilhelm II. mit der Idee konfrontiert, einen Friedensappell an alle kriegführenden Staaten zu richten, die auf Ablehnung stieß. Da sich die Lage rapide verschlechterte, veröffentlichte die österreichisch-ungarische Regierung im Alleingang am 14. September eine Note an alle kriegführenden Staaten mit der Aufforderung, an einem neutralen Ort die Voraussetzungen für die Einleitung von Friedensverhandlungen zu erörtern. Dieser Appell sollte die Völker Österreich-Ungarns beruhigen und die außenpolitische Lage der Doppelmonarchie verbessern. Die Entente-Staaten, die sich Mitte September ihres endgültigen Sieges sicher waren, lehnten den Vorschlag entschieden ab.

Die Doppelmonarchie zerfiel nun Schlag auf Schlag. Am 14. Oktober erklärte ein polnischer Nationalrat die Unabhängigkeit und Selbständigkeit der von Österreich annektierten polnischen Gebiete. Am 21. Oktober kam es in Wien zu einer revolutionären Erhebung. Am 28. Oktober wurde in Prag ein unabhängiger tschechoslowakischer Staat ausgerufen, und am 29. Oktober wurde in

1 Türkische Kamel-Kolonne auf dem Rückzug, beobachtet von deutschem Aufklärungsflugzeug
2 Englische Soldaten bei Asnif (Mesopotamien). Juni 1918
3 Offiziere des englischen Kamel-Korps vor dem Angriff auf Damaskus
4 Türkische Truppen auf dem Rückzug bei Jerusalem
5 Türkische Soldaten kapitulieren

1

2

3

1 Italienische Truppen im Isonzo-Tal 1918
2 Italienische Truppen gehen zur Offensive über, September 1918
3 Serbische Truppen der Orientarmee vor der Offensive

Serbien und anderen südslawischen Gebieten die Gründung des Staats Jugoslawien verkündet. Die neuen Staaten entstanden unter Führung bourgeoiser Kräfte, aber sie waren getragen vom Willen der Völker nach nationaler und sozialer Befreiung.

Das italienische Oberkommando nutzte die entstandene Lage und begann beiderseits der Brenta am 24. Oktober eine Offensive, die, da die österreichisch-ungarischen Truppen nur schwachen Widerstand leisteten, schnell vorankam und am 5. November im Raum Triest-Fiume endete. Auf diese Weise war es Italien – das im Kriege kaum militärische Erfolge zu verzeichnen hatte – am Kriegsende gelungen, sich aktiv am Endsieg zu beteiligen.

Bereits am 3. November war ein Waffenstillstand zwischen beiden Staaten unterzeichnet worden, der 24 Stunden später in Kraft trat. Die italienischen Armeen nutzten diese 24 Stunden, um 300000 Mann der sich bereits in Auflösung befindlichen österreichisch-ungarischen Truppen gefangenzunehmen.

Mitte November verzichtete Kaiser Karl auf den Thron, in Österreich und in Ungarn kamen neue Regierungen ans Ruder. Die Doppelmonarchie existierte nicht mehr.

Die Kampfhandlungen an der Mazedonienfront trugen nicht unwesentlich zur militärischen Niederlage Österreich-Ungarns bei. Der beginnende Zusammenbruch der Doppelmonarchie wurde von der Entente genutzt, um dort eine letzte, diesmal erfolgreiche Offensive gegen die Verbände der Mittelmächte durchzuführen. Die Orientarmee hatte im Sommer 1918 einen Bestand von 28 Divisionen (9 griechische, 8 französische, 6 serbische, 4 englische und eine italienische). Die ihr gegenüberstehende Heeresgruppe der Mittelmächte umfaßte 16 Divisionen (7 deutsche, 7 bulgarische, 2 österreichisch-ungarische).

Seit der fehlgeschlagenen Herbstoffensive der Orientarmee im Jahre 1917 hatte es an dieser Front keine größeren Kampfhandlungen mehr gegeben. Bei dem Entschluß für eine neue Herbstoffensive ging das Oberste Kommando der Entente von der Annahme aus, daß erstens die bulgarischen Truppen einem neuen Angriff nicht standhalten würden und daß zweitens die OHL keine Möglichkeit mehr hätte, Divisionen an diese Front zu verlegen. Beides erwies sich als zutreffend. Bereits am 1. Operationstag, dem 15. September, wurden die bulgarischen Stellungen westlich des Doiran-Sees durchbrochen. Die bulgarischen Truppen leisteten kaum Widerstand und traten unorganisiert den Rückmarsch in die Heimat an. Der Oberbefehlshaber der Heeresgruppe, General Scholtz, ordnete am 22. September den Rückzug an, um die noch kampfkräftigen deutschen Truppen zu erhalten. Die bulgarischen Verbände dagegen lösten sich auf. Einige Truppenteile jedoch marschierten auf Sofia, um den Zaren zu stürzen. Das war das Signal für die bulgarische Regierung unter Ministerpräsident Malinow, Waffenstillstandsverhandlungen im Alleingang (d. h. ohne Zustimmung der deutschen und österreichisch-ungarischen Regierung) mit der Entente aufzunehmen.

Das Waffenstillstandsabkommen wurde am 29. September in Saloniki unterzeichnet. Es kam einer

Kapitulation gleich, denn es legte die Demobilisierung der bulgarischen Streitkräfte bis auf 3 Divisionen fest und gab den Entente-Streitkräften das Durchmarschrecht durch Bulgarien. Wenige Tage später dankte der bulgarische Zar Ferdinand ab.

Die Orientarmee setzte ihre Offensive Anfang Oktober fort. Die Hauptkräfte führten den Angriff in Richtung Belgrad, Teilkräfte in Richtung Konstantinopel. Weitere Teilkräfte wurden durch Bulgarien transportiert, wo sie sich Mitte Oktober an der rumänischen Grenze bereitstellten, um einen Angriff gegen die Heeresgruppe Mackensen zu führen.

Der Versuch der Mittelmächte, in Serbien eine neue Verteidigung aufzubauen, mißlang. Serbische Truppen eroberten am 12. Oktober Niš zurück und marschierten am 1. November in Belgrad ein. Anfang November gab es an der Grenze zu Österreich-Ungarn keine zusammenhängende Frontlinie mehr. Die dort handelnden österreichisch-ungarischen Truppen befanden sich in voller Auflösung.

Im September/Oktober 1918 brach auch die Türkei militärisch zusammen. Am 19. September durchstießen englisch-indische Truppen die türkische Verteidigung bei Jaffa und Haifa und zerschlugen in den folgenden Wochen die dort unter deutscher Führung handelnden türkischen Streitkräfte. Am 1. Oktober eroberten sie Damaskus und am 25. Oktober Aleppo. Dadurch wurde die türkische Heeresgruppe Ost in Mesopotamien von ihren rückwärtigen Verbindungen abgeschnitten. Am 30. Oktober wurde in Muchos ein Waffenstillstandsabkommen zwischen der Türkei und den Entente-Staaten unterzeichnet.

Die Kampfhandlungen zur See 1918

Die Oktoberrevolution und der Friedensvertrag von Brest-Litowsk brachten es mit sich, daß 1918 zwei Seekriegsschauplätze in Wegfall kamen – die Ostsee und das Schwarze Meer. Dort handelten weiterhin deutsche bzw. türkische Seestreitkräfte, aber es gab keine Kampfhandlungen. Die einzig nennenswerte Aktion der deutschen Ostseestreitkräfte war im April 1918 die Überführung der sogenannten Ostseedivision nach Finnland. Die Sowjetregierung hielt sich an den Brester Vertrag – die Schiffe der ehemaligen zaristischen Flotte lagen in den Häfen. Viele Besatzungen kämpften in den Reihen der Revolution gegen Weißgardisten und Interventen.

Haupteinsatzgebiete der Flottenkräfte der Mittelmächte und der Entente blieben die Nordsee, der Kanal, Teile des Atlantiks und das Mittelmeer. Beide Seiten setzten ihre seestrategischen Konzeptionen fort. Deutscherseits hatten sie weiterhin das Ziel, die Seeverbindungen der Entente um die englische Insel und im Mittelmeer nachhaltig zu stören, seitens der Entente, das zu verhindern, d. h. die eigenen Seeverbindungen zu schützen. Die schweren Überwasserkräfte kamen nur dann zum Einsatz, wenn das Verlustrisiko gering war. Die leichten Überwasserkräfte, insbesondere die Minenleg- und -räumkräfte, erfüllten umfangreiche Sicherungsaufgaben. Außerdem wurden verstärkt Seefliegerkräfte für Aufklärungs- und Bekämpfungsaufgaben eingesetzt.

Die politische und militärische Führung Deutschlands hielt auch 1918 an der Hoffnung fest, durch den sogenannten uneingeschränkten U-Boot-Krieg nachhaltige Wirkungen zu erzielen, die die englische Führung im Sinne der deutschen Kriegsziele zu Friedensverhandlungen veranlassen könnte. Die Entwicklung des Kampfes um die Seeverbindungswege zeigte 1918 jedoch eine andere Tendenz.

Erstens wurde die U-Boot-Abwehr der Entente immer wirksamer. Das betraf insbesondere die Sperrmaßnahmen englischer Minenlegkräfte in der Deutschen Bucht, im Kanal und an den nördlichen Ausgängen der Nordsee. Die hohe Minendichte in der Deutschen Bucht zwang den deutschen Admiralstab dazu, den U-Booten die Route Kaiser-Wilhelm-Kanal-Kattegat zuzuweisen. Daraufhin verstärkte der englische Admiralstab seine Sperrmaßnahmen im Kattegat und in den nördlichen Nordseeausgängen. Im Juni 1918 wurde begonnen, dort die bis dahin größte Seeminensperre zu verlegen. Auf einer Breite von 20 Seemeilen wurden bis Oktober 1918 östlich der Orkney-Inseln 73 000 Minen verlegt. Gleichzeitig wurden die aktiven Maßnahmen der U-Boot-Aufklärung und -Bekämpfung verstärkt und dazu verbesserte Mittel (Leuchtbomben für die Aufklärung bei Nacht, Wasserbomben, Geschosse der Schiffsartillerie) eingesetzt.

Zweitens übertrafen seit dem Frühsommer 1918 auf seiten der Entente die Neuindienststellungen von Transportschiffen infolge der Umstellung der nordamerikanischen Schiffsindustrie auf die Kriegswirtschaft die Schiffsverluste. Drittens wurde das Geleitsystem noch wirksamer praktiziert. Der deutsche Admiralstab reagierte darauf mit dem gruppenweisen Einsatz von U-Booten, der sogenannten Rudeltaktik, um die Sicherungskräfte aufzusplittern. Um diese Taktik massenweise zu praktizieren, fehlte jedoch eine ausreichende Anzahl von U-Booten. Die Anstrengungen, die Zahl der Indienststellungen von U-Booten gegenüber 1916 und 1917 wesentlich zu erhöhen, brachten nicht das angestrebte Ergebnis. Wurden 1916 108 und 1917 87 U-Boote der Flotte übergeben, so waren es 1918 nur 85.

Im Verlaufe des Jahres 1918 verringerte sich die von deutschen U-Booten versenkte Transportschifftonnage der Entente deutlich. Ab April lag die Ziffer unter 300000 Bruttoregistertonnen, ab August knapp über 200 000. Mit dem deutschen Rückzug aus Flandern gingen wichtige U-Boot-Stützpunkte verloren.

Am 11. August wurde Admiral Scheer als Chef des Admiralstabes eingesetzt. Er entwickelte ein U-Boot-Bauprogramm, das – noch am 1. Oktober beschlossen – für 1919 376 Indienststellungen von U-Booten vorsah. Unabhängig davon, ob dieses Programm den realen Möglichkeiten der deutschen Schiffsbauindustrie entsprach, war es schon deshalb nicht mehr durchführbar, da zum selben Zeitpunkt die Bemühungen um einen Waffenstillstand liefen. Um ihr Waffenstillstandsersuchen nicht scheitern zu lassen, ließ die Regierung des Prinzen Max von Baden am 20. Oktober gegen den Widerstand der OHL und des Admiralstabes den U-Boot-Krieg einstellen.

Die Gesamtverluste der Entente im Jahre 1918 betrugen zu diesem Zeitpunkt 2,6 Millionen Bruttoregistertonnen. Wenngleich das auch 1918 für die Versorgung der englischen Insel eine angespannte Lage hervorgerufen hatte, so waren diese Verluste jedoch nicht entscheidend für den Kriegsverlauf. Entscheidend war, daß es den deutschen Unterwasserkräften nicht gelang, den Wasserweg zwischen der englischen Insel und Nordfrankreich zu unterbrechen und den Seetransport von etwa 2000000 USA-Soldaten sowie umfangreicher militärtechnischer Mittel nach Westeuropa zu verhindern. Auch die Versuche deutscher und österreichisch-ungarischer U-Boot-Kräfte, die Versorgung der Orientarmee und der britisch-englischen Truppen in Palästina nachhaltig zu beeinträchtigen, führten nicht zu dem angestrebten Erfolg.

Die schweren Überwasserkräfte waren selten in See. Ihre Hauptaufgabe war die Sicherung von Handlungen der leichten Flottenkräfte, deutscherseits vor allem der Minenräumkräfte in der Deutschen Bucht. Die wesentlichen Handlungen der deutschen Überwasserkräfte im Jahre 1918 waren: im Februar der Angriff der II. deutschen Torpedoflottille auf britische Sperrfahrzeuge im Kanal, wobei die britische Kanalflotte 15 leichte Schiffseinheiten verlor; im März ein gleicher, aber erfolgloser Angriff im Skagerrak und Kattegat und im April der fehlgeschlagene Versuch, mit fast der gesamten Hochseeflotte einen englischen Geleitzug vor der norwegischen Küste zu vernichten.

Im April/Mai 1918 versuchte der englische Admiralstab, die Ausfahrten von Zeebrugge und Ostende durch Versenkung eigener Schiffe zu blockieren. Die Schiffe gingen allerdings in zu großer Entfernung vor den Hafenausfahrten auf Grund, um ein ernstliches Hindernis darzustellen.

1918 brachte der englische Admiralstab erstmalig bordgestützte Kampfflugzeuge zum Einsatz. Dazu waren das Schlachtschiff Furios und das Passagierschiff Argus umgebaut worden. Die Luftangriffe richteten sich gegen deutsche Küstenobjekte. Die Luftangriffe deutscher Luftschiffe auf

1

2

3

englische Küstenobjekte und küstennahe Objekte (meist Städte) wurden im August eingestellt. Angesichts der schnell verbesserten Gefechtseigenschaften der Kampfflugzeuge hatten sich die Luftschiffe als kein effektives Luftangriffs- und Aufklärungsmittel erwiesen. Dem deutschen Admiralstab standen während des Krieges 74 Luftschiffe zur Verfügung, mit denen 196 Einsätze geflogen und 274 t Bombenlast abgeworfen wurden. Davon gingen 53 Luftschiffe verloren.

Auch im Mittelmeer kam es zu keinen größeren Kampfhandlungen der schweren Überwasserkräfte gegeneinander. Sie erfüllten im wesentlichen Sicherungsaufgaben. Neu war der Einsatz kleiner und schneller italienischer Torpedo-Motorboote (die Vorläufer der späteren Schnellboote), denen es im Dezember 1917 gelang, im Hafen von Triest das österreichische Linienschiff Wien und im Januar 1918 auf See das Schlachtschiff Szent Istvan zu versenken.

Im Februar kam es in Cattaro – der Hauptmarinebasis der österreichisch-ungarischen Flotte – zu einer revolutionären Erhebung der Matrosen, die von der Flottenführung niedergeschlagen wurde. Das war ein deutliches Zeichen dafür, daß die Hochseeflotten der Mittelmächte Zentren der revolutionären Antikriegsbewegung waren.

Als der Zusammenbruch Österreich-Ungarns offenkundig war, führte die italienische Flottenführung Anfang Oktober mit starken Flottenkräften und Fliegerkräften gegen den Hafen Puarzzo einen Angriff durch, um ihn zu zerstören, was mißlang.

Die deutsch-türkische Flottenführung durchbrach mit 2 Kreuzern im Januar 1918 das englische Sperrsystem an den Dardanellen. Beide Kreuzer hatten die Aufgabe, im Zusammenwirken mit U-Booten die Schiffstransporte der Entente nach Saloniki zu stören. Sie liefen auf Minen, ein Kreuzer sank, dem anderen gelang die Rückfahrt.

Im Oktober 1918 unternahm die deutsche Seekriegsleitung einen letzten Versuch, den Kriegsverlauf zu beeinflussen. Die gesamte deutsche Hochseeflotte sollte im Zusammenwirken mit den Unterwasserkräften eine Seeoperation gegen die englische Hochseeflotte durchführen. Die Regierung wurde über das Vorhaben nicht informiert, da es darauf hinauslief, deren Waffenstillstandsbemühungen zu durchkreuzen und den Krieg weiterzuführen. Ein klar festgelegtes operatives Ziel hatte die geplante Seeoperation nicht, es ging der Seekriegsleitung primär um die politische Wirkung. Die revolutionären Matrosen, die zunächst passiven Widerstand beim Auslaufen leisteten und dann zum Mittel des bewaffneten Aufstandes griffen, der die Novemberrevolution einleitete, verhinderten den letzten Einsatz der Hochseeflotte. Er hätte wahrscheinlich mit ihrer Vernichtung geendet, aber den Krieg verlängert.

1 Es gelang den deutschen U-Booten nicht, die Truppentransporte der Entente nach Frankreich zu unterbinden
2 Deutsches Seekampfflugzeug vom Typ Rumpler
3 Seekampfflugzeug wird an Land gebracht
4 22./23.4.1918. Englischer Blockierungsversuch der deutschen Marinebasis in Zeebrugge
5 Versenkter englischer Kreuzer »Vindictive« vor der Hafeneinfahrt Zeebrugge
6 Österreichisch-ungarisches U-Boot in einem Hafen an der Adriaküste

4

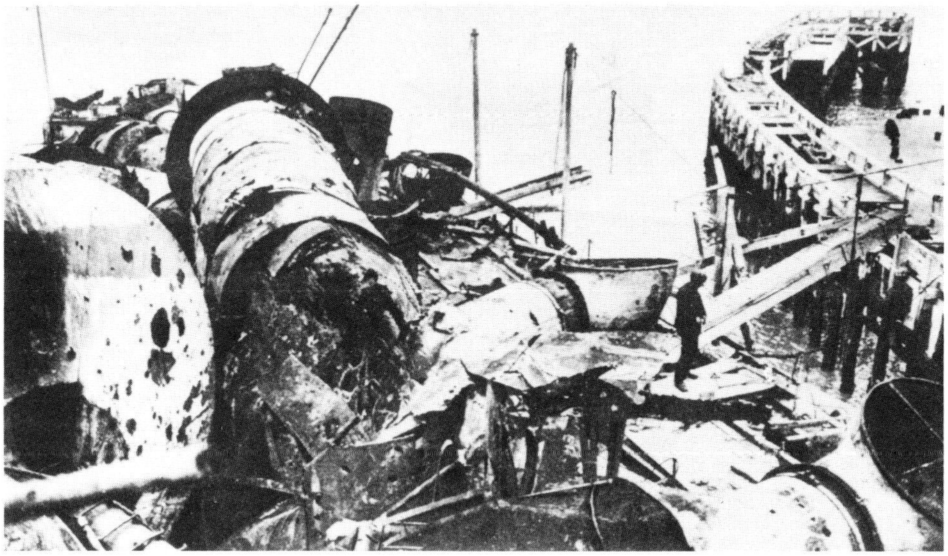

5

6

Die Krise des imperialistischen Systems in Deutschland

Der Entschluß zur Kriegsbeendigung und zur Parlamentarisierung

Im Herbst 1918 waren führende Vertreter der herrschenden Klassen entschlossen, den verlorenen Krieg zu liquidieren, die aufs äußerste bedrohte Armee zu retten und der Revolution vorzubeugen. Auch sie hatten Lehren aus der russischen Revolution gezogen. Insbesondere waren sie zu der Schlußfolgerung gelangt, daß eine weitere Fortsetzung des Krieges nicht nur zu einem immer ungünstigeren Frieden führen, sondern auch die Existenz der kapitalistischen Ordnung in Frage stellen und die Monarchie unhaltbar machen würde. Selbst Ludendorff und Wilhelm II. hatten einsehen müssen, daß es ohne Aufnahme rechter sozialdemokratischer Partei- und Gewerkschaftsführer in die Regierung und ohne baldige Beendigung des Krieges keinen Ausweg aus der offen ausgebrochenen Krise des imperialistischen Systems in Deutschland gab.

Vor seiner Abreise in das Große Hauptquartier nach Spa hatte der Staatssekretär des Äußeren Hintze, ausgehend von entsprechenden Vorschlägen Ballins, einen Plan zur Beendigung des Krieges entworfen, den er dort am 29. September dem Kaiser sowie Hindenburg und Ludendorff zur Entscheidung vortrug. Hintze war bei seinem Plan nicht nur von der hoffnungslosen militärischen und außenpolitischen Lage ausgegangen, sondern hatte auch berücksichtigt, daß der Reichskanzler das Vertrauen der Reichstagsmehrheit verloren hatte und eine Parlamentarisierung der Reichsregierung notwendig geworden war, wenn den innenpolitischen Gefahren vorgebeugt, Friedensverhandlungen zum Erfolg geführt und alle Kräfte des Volkes zur »nationalen Verteidigung« nutzbar gemacht werden sollten. Da ihm nichts anderes übrigblieb, erteilte der Kaiser seine Zustimmung, daß der amerikanische Präsident Wilson sofort um die Vermittlung eines Waffenstillstands und eines Friedens ersucht und die Parlamentarisierung der Reichsregierung in Angriff genommen würde. Als der später im Hauptquartier eintreffende Hertling hiervon unterrichtet wurde, bot er seinen Rücktritt an, da er die geplante Regierungsveränderung ablehnte. Sein Rücktritt wurde mit Wirkung vom 30. September vom Kaiser angenommen.

Ballin wie auch Stinnes waren bei ihrem Hinweis, daß die Friedensvermittlung über Wilson anzustreben sei, davon ausgegangen, daß die amerikanische Regierung kaum Interesse an einer Verschiebung des politischen Gleichgewichts in Europa besaß und auch keine territorialen Ansprüche Deutschland gegenüber erheben würde. Sie waren sich vor allem über die wirtschaftliche Stärke der USA und deren hieraus erwachsende

1/2 Für eine deutschfreundliche Monarchie in Finnland kandidierten Friedrich Karl von Hessen und die jüngste Schwester des deutschen Kaisers
3/4 Vertreter der deutschen Minderheit forderten den Anschluß des Baltikums an das imperialistische Deutschland. Graf Kaiserlingh, Reichskommissar für das okkupierte Baltikum
5 Als die Zentralrada für die deutschen Okkupanten zur Belastung wurde, sah man sich nach einem neuen Marionettenregime unter General Skoropadski um

1

2

3

4

5

Autorität im Lager der Westmächte im klaren. Sie wußten auch, daß sich die USA ohne »rasche und kluge Modernisierung des Reiches« nicht zur Friedensvermittlung bereitfänden. Daß mit ihnen Exponenten des deutschen Monopolkapitals unmittelbar Einfluß auf Krieg, Frieden und Politik nahmen, war für die staatsmonopolistische Entwicklung in Deutschland charakteristisch. Sie hatte dazu geführt, daß Entscheidungen über Grundfragen der Strategie und Taktik auf innen- und außenpolitischem Gebiet direkt von den großen Industrie- und Finanzmagnaten in Zusammenarbeit mit der OHL und den Reichsämtern vorbereitet wurden.

Durch das plötzliche Eingeständnis der militärischen Niederlage, das mit dem Ersuchen um Waffenstillstand verbunden war, wie auch durch den überstürzt vollzogenen Regierungswechsel, der dem Vermittlungsersuchen an Wilson vorausging, war in Deutschland eine völlig neue innenpolitische Situation geschaffen worden, die Lenin am 3. Oktober vorausschauend als politische Krise bezeichnete, welche entweder den Beginn der Revolution bedeute oder aber auf jeden Fall den Mas-

6

7

Mit dem Zerfall des ehemaligen Zarenreichs hat sich ein erzwungenes Gebilde in seine natürlichen Bestandteile aufgelöst. An ihm ist eigentlich das angebliche Ideal der Entente, das Selbstbestimmungsrecht der Völker, verwirklicht, und das Deutsche Reich erfüllt daher im Grunde nur eine stürmische Forderung der Herren Wilson, Lloyd George, Clémenceau und Consorten, wenn es die Auflösung des bisherigen Belgiens und seine Zerlegung in einen flandrischen (germanischen) und einen wallonischen (welschen) Staat durchsetzt. Die Wiederherstellung Belgiens widerspricht in jeder Hinsicht jenem Selbstbestimmungsrecht. Die Entente hat dieses auch nur auf ihre Fahne geschrieben, um ein Schlagwort zu haben für die Zerstückelung der Mittelmächte — wenn sie nämlich siegte. Irland, Ägypten, Indien, die Randländer des Zarenreiches usw. sollten beleibe nicht der Segnungen dieses Grundsatzes teilhaftig werden. Da hieß es: „Ja Bauer, das ist ganz etwas andres!" Nun ist alles ganz anders gekommen. Die Sieger sind wir und erlauben uns, jenes Selbstbestimmungsrecht so auszulegen, wie wir es verstehn. Schon aus Selbsterhaltungstrieb sind wir gezwungen, zwischen den Grenzen unserer gefährlichsten Feinde und den unsrigen sogenannte Pufferstaaten zu errichten. Und darum dürfen wir Belgien unter keinen Umständen mehr in seiner alten Form wiederherstellen. Dieser Staat, dessen völkerrechtlich verbriefter Neutralität wir vertrauten, hat mit seiner Neutralität Mißbrauch getrieben und hinterrücks mit unsern Feinden sich zusammengetan, um bei der geplanten Zerstückelung des Deutschen Reiches ein Stück abzubekommen. Nicht das belgische Volk freilich, denn ein belgisches Volk gibt es eigentlich gar nicht — sondern nur eine ehrgeizige, herrsch- und habgierige Clique mit dem König an der Spitze hat dieses Verbrechen begangen. Das Volk in seiner Mehrheit hat auch gar kein Interesse an der Wiederherstellung des alten und, wie gesagt, unnatürlichen Zustandes. Quer durch die Mitte des bisherigen Belgiens geht, wie unsere Karte deutlich erkennen läßt, die uralte Sprach- und Stammesgrenze, die das Volk der Flamen von den Wallonen, Flandern von den romanischen Provinzen trennt.

8

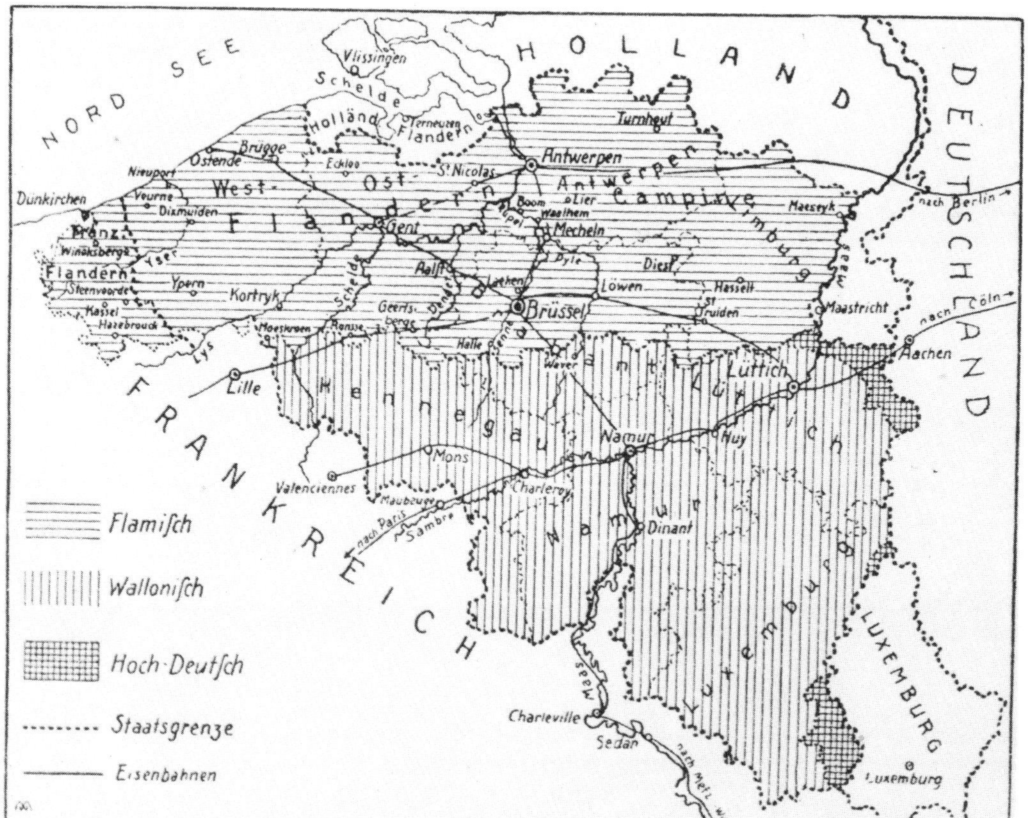

9

6 General Skoropadski im Gespräch mit Wilhelm II.
7 Das Kriegszielprogramm des deutschen Imperialismus im Osten
8/9 Das Kriegsziel des deutschen Imperialismus in Belgien

1

2

3

4

sen klarmache, daß die Revolution unvermeidlich sei und nahe bevorstehe. Weil die Bankrotterklärung der OHL völlig in Widerspruch zu den bisherigen offiziellen Verlautbarungen stand und die Richtigkeit der Gerüchte bestätigte, daß sich die Front in Auflösung befände, brach die mühsam aufrechterhaltene Widerstandskraft der von imperialistischem und militaristischem Geist angesteckten Teile des Volkes zusammen. Andererseits hatten sich die herrschenden Kreise jahrelang einer politischen Neuorientierung widersetzt, die von Bethmann Hollweg ohnehin nicht als Demokratisierung, sondern lediglich als Stabilisierung des preußischdeutschen Herrschaftsmechanismus gedacht war. Eine Parlamentarisierung der Reichsregierung war als politisch untragbar und mit der Monarchie unvereinbar abgelehnt worden. Der plötzliche politische Kurswechsel, der über die ursprünglich geplante Neuorientierung hinausführte, wurde daher ebenfalls völlig richtig als Eingeständnis aufgefaßt, daß die militärische Lage hoffnungslos war und die herrschenden Klassen von den werktätigen Massen keinerlei Unterstützung mehr erhielten. Die am 29. September eingeleitete »Revolution von oben« kam daher einer moralischen Abdankung des monarchistischen Regierungssystems gleich.

Die Bildung der Regierung des Prinzen Max von Baden und das Ersuchen um Waffenstillstand

5

6

In der Umgebung des Kaisers einigte man sich auf Max von Baden als neuen Reichskanzler. Er galt als liberal und unterhielt vielfältige Beziehungen zur Reichstagsmehrheit. Als Staatssekretär für das Auswärtige Amt wurde Wilhelm Solf berufen. Er genoß im Ausland den Ruf, Anhänger eines Verständigungsfriedens zu sein. Nachdem die Verhandlungen um die Regierungsbildung genügend weit gediehen waren, besprach Prinz Max die Waffenstillstandsforderung der OHL mit den zukünftigen Kabinettsmitgliedern. Schon vorher waren in der Sozialdemokratie Stimmen laut geworden, die es für unklug hielten, die Partei in einer solchen Situation mit Regierungsverantwortung zu belasten. Ebert erreichte jedoch, daß sich die Mehrheit der sozialdemokratischen Fraktion für eine Regierungsbeteiligung entschied und Scheidemann und Bauer ins Kabinett delegierte. Am Abend des 3. Oktober diskutierten bisherige und künftige Staatssekretäre unter Leitung des Prinzen die Note an Wilson, die über die eidgenössische Regierung noch in der Nacht zum 4. Oktober nach Washington abging.

Die Entscheidung der rechten sozialdemokratischen Führer, in die Regierung des Prinzen Max von Baden einzutreten und angesichts der aufs äußerste zugespitzten militärischen und politischen Krise des deutschen Imperialismus Regierungsfunktionen zu übernehmen, war für die deutsche Arbeiterbewegung und das gesamte deutsche Volk von folgenschwerer Bedeutung. Die Ein- und Unterordnung in das monarchistische Staats- und Gesellschaftssystem war das Ende des Weges, den die sozialdemokratische Parteiführung am 4. August 1914 beschritten hatte und dem sie seither gefolgt war. Während die rechten sozialdemokratischen Führer den Eintritt in die Regierung des Prinzen demagogisch als Beweis einer grundlegenden politischen Veränderung in Deutschland hinzustellen suchten, setzten die USPD-Führer ihre zwiespältige Politik fort. Auf der einen Seite kritisierten sie weiter mit scharfen Worten Imperialismus und Militarismus, auf der anderen bestärkten sie falsche Vorstellungen über das Wesen der politischen Veränderungen in Deutschland. Mit kompromißloser Schärfe und ohne Illusion über den bürgerlichen Parlamentarismus deckte die Spartakusgruppe das Wesen der politischen Kursänderung und die Rolle der rechtsopportunistischen Führer auf. Ende September stellte Karl Liebknecht »für den Fall, daß es zum Koalitionsministerium kommt,« fest: »Aber Scheidemann und die anderen sitzen nicht als eure Führer, sondern als eure Verführer in der Regierung! Sie sind Feigenblatt des Absolutismus, Blendwerk für euch, Schutzschild der herrschenden Klassen. Sie sitzen in der Regierung, um die wankende Klassenherrschaft zu stützen, um die kapitalistische Gewaltherrschaft euren Augen zu verbergen, um euren Zorn, um den Blitzstrahl des Volksgerichts abzulenken von euren Erzfeinden, eure Erzfeinde unter den Schutz der sozialdemokratischen Flagge zu stellen – vor euch! ... Bessert der Scheidemannsche Ministerfrack das geringste am Kern und Wesen der heutigen Zustände? Er sichert, saniert sie nur, wenn's glückt ... Die Scheidemann-Regierung, das ist eine gegenrevolutionäre Tat, ein gegen euch geführter tückischer Schlag – zur Verhinderung des Siegs, der euch jetzt winkt, den ihr jetzt in Händen haltet, wenn ihr nur zugreift; zur Verhinderung der Revolution.« Die Spartakusgruppe blieb nicht bei der Kritik stehen. Sie entwickelte auf der geheimen Reichskonferenz am 7. Oktober in Berlin ein eigenes Programm. Die Teilnehmer der Konferenz waren sich bewußt, daß die erste Regung der Revolution »schon die Konterrevolution auf ihrem Posten« findet, die mit »der Einräumung scheinbarer Rechte« die revolutionäre Bewegung einzudämmen versucht. In Anbetracht dessen enthielt das revolutionäre Kampfprogramm der Reichskonferenz, das auf die sofortige

1 Ebensowenig wie seine Vorgänger konnte er der Krise des imperialistischen Systems Herr werden. Graf Georg von Hertling (1843–1919) wurde am 30.9.1918 als Reichskanzler entlassen
2 Der neue Reichskanzler Prinz Max von Baden (1867–1929)
3 Die Koalitionsregierung des Prinzen Max von Baden
4 Der U-Boot-Krieg wurde zum Hindernis für eine Waffenstillstandsvermittlung und mußte eingestellt werden. Wilhelm II. mit U-Boot-Kommandanten

Rechte Partei- und Gewerkschaftsführer in Regierungsverantwortung sollten das imperialistische System retten
6 Das neue Reichstagspräsidium mit Scheidemann und Fehrenbach

Beendigung des Krieges, den Sturz des imperialistischen Herrschaftssystems und die Umgestaltung Deutschlands in einen demokratischen Staat ohne Monopolherren und Militaristen ausgerichtet war, folgende Forderungen:

»1. Unverzügliche Freilassung all derer, die für die Sache des Proletariats in den Gefängnissen und Zuchthäusern, sei es in Schutzhaft oder in Strafhaft, schmachten; Befreiung aller Soldaten, die wegen militärischer und politischer Verbrechen verurteilt sind; Entlassung aller Soldaten, die aus politischen Gründen eingezogen sind oder im Heer zurückgehalten werden; Aufhebung aller Beschränkungen, die aus politischen Gründen über Soldaten verhängt wurden.

2. Die sofortige Aufhebung des Belagerungszustandes.

3. Sofortige Aufhebung des Hilfsdienstgesetzes.

Darüber hinaus hat das Proletariat zu fordern:

1. Annullierung sämtlicher Kriegsanleihen ohne jede Entschädigung.

2. Enteignung des gesamten Bankkapitals, der Bergwerke und Hütten, wesentliche Verkürzung der Arbeitszeit, Festsetzung von Mindestlöhnen.«

Diese Forderungen zeigen, welche Fortschritte der ideologische und politische Klärungsprozeß unter den Linken gemacht hatte. Der Grundsatz Lenins, daß der Weg zur proletarischen Revolution über den Kampf um die Verwirklichung demokratischer Ziele führt, fand gebührenden Niederschlag. Es wurde auch kein Zweifel daran gelassen, daß mit der Durchsetzung dieser Forderungen noch nicht das Hauptziel der Arbeiterklasse erreicht sei. »Der Kampf um die wirkliche Demokratisierung geht nicht um Parlament, Wahlrecht oder Abgeordnetenminister und anderen Schwindel; er gilt den realen Grundlagen aller Feinde des Volkes: Besitz an Grund und Boden und Kapital, Herrschaft über bewaffnete Macht und über Justiz«. Obwohl die Bündnisfrage vor allem in bezug auf die Mittelbauern mit der verfehlten Forderung nach Enteignung der mittleren Grundbesitzer falsch gestellt wurde, war das Programm geeignet, breite Massen für den Kampf gegen imperialistische und militaristische Reaktion zu mobilisieren. Besondere Aufmerksamkeit wurde auf die Verstärkung der revolutionären Arbeit unter den Soldaten gerichtet, weil der Verlauf der Revolution in hohem Maße von der Haltung der Millionen Werktätigen im Waffenrock abhing. Durch sie sollte die kaiserliche Armee als das wichtigste militärische Machtinstrument der herrschenden Klasse unbrauchbar gemacht und die allgemeine Bewaffnung der revolutionären Arbeiter und Soldaten eingeleitet werden. Die militärpolitischen Leitsätze zielten darauf ab, den preußisch-deutschen Militarismus völlig zu zerschlagen und auf dem Boden neuer demokratischer Verhältnisse auch neue, ausschließlich dem Frieden, dem Schutz der Werktätigen und den wahren nationalen Interessen dienende bewaffnete Kräfte aufzubauen. Der revolutionären Aufgabenstellung entsprach die praktische Politik der Linken, die alle ihre Kräfte einsetzten, die Krise des imperialistischen Systems zu nutzen, um die sofortige Beendigung des Krieges zu erzwingen und der heranreifenden Revolution zum Durchbruch zu verhelfen.

Einerseits heuchelten die rechten sozialdemokratischen Führer Verbundenheit mit den werktätigen Massen, andererseits begannen sie direkt mit den Unternehmerverbänden zu kollaborieren. In diesen ging man davon aus, daß deutsche Wirtschaftspolitik nicht mehr allein auf die Macht dieser Verbände basiert werden dürfe, sondern daß diese Politik auch die Mitwirkung der organisierten Arbeiter und Angestellten nötig habe. Am 9. Oktober versammelte sich in Düsseldorf eine Anzahl Schwerindustrieller, die sich darin einig waren, daß die Regierung des Prinzen Max von Baden unhaltbar sei und bald gestürzt werden würde. Inmitten der allgemeinen großen Unsicherheit, angesichts der wankenden Macht des Staates und der Regierung gebe es für die Industrie nur auf seiten der Arbeiterschaft starke Bundesgenossen, das seien die Gewerkschaften. Die rechten Gewerkschaftsführer gingen sofort auf dieses Angebot ein und erklärten sich bereit, eine Arbeitsgemeinschaft zu bilden, die den Arbeitern zwar einige erhebliche soziale Verbesserungen bringen, den Unternehmern aber die Herrschaft über die Betriebe erhalten sollte. Damit waren sich die Großindustriellen endgültig sicher, daß ihrer wirtschaftlichen Machtbasis von den rechten Partei- und Gewerkschaftsführern keine Gefahr drohte, daß es ihrerseits vielmehr dringend geboten schien, das Bündnis mit den Opportunisten und Reformisten verstärkt auszubauen.

Die Außenpolitik der Regierung des Prinzen Max von Baden

Der Kanzler hatte mit seinem Namen unter dem Waffenstillstandsersuchen beabsichtigt, dem Ausland gegenüber das Eingeständnis der militärischen Niederlage abzuschwächen und die verzweifelte Lage des Heeres zu verbergen. Damit drangen die Notschreie der OHL nicht an die Öffentlichkeit, und die Rechtspresse konnte ihre Angriffe auf den »pazifistischen« Reichskanzler und die hinter ihm stehenden »defätistischen« Parteien ungehindert fortsetzen.

Am 8. Oktober antwortete der amerikanische Präsident auf das deutsche Waffenstillstandsersuchen und fragte an, ob die deutsche Regierung die amerikanischen Friedensbedingungen so vollständig annähme, daß nur noch über deren praktische Durchführung diskutiert werden brauche. In diplomatischen Kreisen, wo man Wilson für einen akzeptablen Vermittler zwischen den streitenden Großmächten hielt, fand man es bemerkenswert, daß der Präsident so schnell und bereitwillig geantwortet hatte. Das ließ erkennen, daß man in Washington weniger entschieden als in London oder gar Paris die Ausschaltung des deutschen Imperialismus wünschte, weil man um das europäische Gleichgewicht und die Auswirkungen der russischen Revolution fürchtete. Die englische Regierung beargwöhnte den mit der Maklerrolle der USA beabsichtigten Ausbau von deren Weltmachtstellung, der nicht zuletzt zu englischen Lasten ging. Die Kriegsnotwendigkeiten zwangen England und Frankreich immer wieder, sich den USA-Interessen unterzuordnen. Andererseits stellte Wilson den Sieg der Westmächte zu keiner Zeit in Frage, sondern beschleunigte ihn mit der Waffe der Diplomatie. Am 12. Oktober beantwortete Staatssekretär Solf mit vorheriger Zustimmung der OHL Wilsons Anfrage positiv. Am 16. Oktober traf die zweite in Ton und Inhalt wesentlich schärfer gehaltene Note des Präsidenten ein. Darin wurde gesagt, es gäbe keinen Waffenstillstand, solange uneingeschränkt U-Boot-Krieg geführt und die Praxis sinnloser Zerstörung beim Rückzug der deutschen Truppen fortgesetzt werde. Außerdem enthielt die Note Andeutungen, die als Aufforderung zur Absetzung Wilhelms II. und zur Beseitigung des Einflusses der OHL gedeutet werden konnten. Die Kabinettssitzung vom 17. Oktober, auf der die Antwort auf die amerikanische Note erörtert werden sollte, erlangte besondere Bedeutung. Marineleitung und Heeresleitung lehnten die Einstellung des uneingeschränkten U-Boot-Krieges vor Abschluß des Waffenstillstands ab, um dafür eine möglichst hohe Gegenleistung zu erpressen. Über die Gegensätze in dieser Frage spaltete sich vorübergehend das Kabinett. Der Kanzler bot dem Kaiser seinen Rücktritt an. Eine Intervention Ballins zugunsten eines amerikanischen Friedensdiktats gegenüber einem französischen Friedensdiktat mag ausschlaggebend gewesen sein, daß auch Wilhelm II. vom Standpunkt der Marineleitung abrückte und schließlich einstimmig beschlossen werden konnte, daß Wilsons Forderungen weitgehend entgegenzukommen sei. Am 23. Oktober teilte dieser mit, daß er nun an die Verbündeten der USA herantreten und den erbetenen Waffenstillstand vermitteln wolle. Er ließ jedoch unmißverständlich wissen, daß zumindest Ludendorff und Wilhelm II. einer Verständigung zwischen den beiden kriegführenden Koalitionen im Wege stünden. Hindenburg wandte sich auf Veranlassung Ludendorffs am 24. Oktober mit dem Appell an das Heer: Das Ansinnen Wilsons sei für Soldaten unannehmbar und könne nur als Aufforderung betrachtet werden, den Widerstand mit äußersten Kräften fortzusetzen.

Die Auseinandersetzung zwischen Kabinett und Ludendorff hatte damit zunächst einmal ihren Höhepunkt erreicht.

Der Sturz Ludendorffs und die Bemühungen um die Abdankung des Kaisers

Nachdem Wilson zu verstehen gegeben hatte, daß eine von Kaiser und OHL abhängige Reichsregierung nicht Verhandlungspartner sein könne, sollte die Parlamentarisierung der Regierung die Aufnahme von Friedensverhandlungen ermöglichen. Die zweite noch wichtigere Funktion dieser Maßnahme bestand darin, durch eine »Revolution von oben« eine Revolution von unten zu verhindern. Wie sich herausstellte, ließ sich mit der Parlamentarisierung der »Geist von 1914« ebensowenig wiederherstellen, wie dieser genügt hätte, der Empörung des Volkes über die für die Kriegführung Hauptverantwortlichen Herr zu werden.

Die »Revolution von oben«, die auf eine unmittelbare Zusammenarbeit mit den opportunistischen Partei- und Gewerkschaftsführern hinauslief, stieß auf erbitterten aktiven und passiven Widerstand der konservativen Kreise und ihrer Anhänger im Regierungsapparat. Als zur Beruhigung der Volksstimmung eine politische Amnestie beschlossen und ausdrücklich festgelegt wurde, daß in diese auch Karl Liebknecht einzubeziehen sei, leistete der Unterstaatssekretär Lewald vom Reichsamt des Innern diesem Kabinettsbeschluß nicht Folge, so daß Karl Liebknecht zunächst im Zuchthaus verblieb. Angesichts der sich zuspitzenden revolutionären Krise sah sich die Regierung zu einer Reihe von Verfassungsänderungen veranlaßt, die über das hinausgingen, was die Parteien der Reichstagsmehrheit einige Zeit vorher gefordert hatten und die auf eine Einschränkung der kaiserlichen Gewalt hinausliefen. Insbesondere von amerikanischer Seite war kritisiert worden, noch immer sei die Verfassung unverändert, die Befugnisse des Reichstags seien nicht erweitert worden, die Möglichkeit persönlichen Eingreifens des Kaisers bestehe noch immer, die Militärpartei könne jeden Augenblick wieder entscheidenden Einfluß auf die Reichsleitung gewinnen usw. Durch eine Reihe von Reformen wurden diese Beanstandungen aus der Welt geschafft und dabei vor allem die Machtbefugnisse des Militär- und Marinekabinetts Wilhelms II. eingeschränkt. Diese Verfassungsänderungen wurden am 26. Oktober vom Reichstag angenommen. Damit war der Übergang von der konstitutionellen zur parlamentarischen Monarchie vollzogen.

Als bekannt wurde, Ludendorff und Hindenburg wollten am 25. Oktober nach Berlin kommen und vom Kaiser den Abbruch der Verhandlungen mit Wilson fordern, stand für den Kanzler fest, daß diese Reise mit der Entlassung Ludendorffs enden mußte. Der Kanzler drohte dem Kaiser mit Rücktritt, falls ein Wechsel in der OHL nicht möglich wäre. Ein neuerlicher Kompromiß würde jede Aussicht auf einen Verständigungsfrieden scheitern lassen. Auch Solf betonte, als er dem Kaiser vortrug, daß er die Demission Ludendorffs zur Entspannung im Innern und nach außen für unerläßlich halte. Er schlug vor, Ludendorff abzusetzen, Hindenburg aber zu behalten. Nachdem Ludendorff entlassen war, konnte die jüngste Note Präsident Wilsons beantwortet werden, die tief in die innenpolitischen Verhältnisse Deutschlands eingegriffen hatte und praktisch dessen militärische Kapitulation verlangte. Noch immer war die Gefahr nicht gebannt, daß die Rettung des deutschen Imperialismus an der Person Wilhelms II. scheitern könnte, worauf Präsident Wilson in seiner Note vom 23. Oktober nochmals aufmerksam gemacht hatte. Die Propaganda der Westmächte schob die Hauptverantwortung für die Entfesselung des Krieges und seine vierjährige Dauer dem deutschen Kaiser zu, weil sie damit die innenpolitischen Auseinandersetzungen in Deutschland verschärfte und dessen politischen Zusammenbruch beschleunigte. Jedoch war lediglich das monarchistische Regierungssystem der Kritik ausgesetzt, nicht jedoch die ökonomischen, sozialen und politischen Grundlagen des deutschen Imperialismus. Die Hauptschuldigen an dem Völkermorden, die in den Direktionen der Konzerne und Banken saßen, und vor allem der Zusammenhang zwischen Imperialismus und Krieg, der sich keineswegs nur in Deutschland gezeigt hatte, wurde sorgsam dem Blickfeld der Weltöffentlichkeit entzogen. Als sich der Kanzler dazu durchgerungen hatte, vom Kaiser die Abdankung im Interesse von Dynastie und Reichseinheit zu fordern, kamen ihm darin Hofkreise zuvor, denen Wilhelm erklärte, daß er nicht abzudanken gedenke.

Der Ausbruch der Novemberrevolution und das Ende des Krieges

Die Zuspitzung der revolutionären Situation

Für die Gegensätzlichkeit der Interessen und Aktivitäten Mitte Oktober war charakteristisch, daß Ludendorff und Scheer den Abbruch des Waffenstillstandsersuchens forderten, und selbst in der Umgebung des Reichskanzlers waren Pläne für ein »letztes Aufgebot« zur Fortsetzung des Krieges gemacht wurden, während Lageberichte der Behörden konstatierten, daß solch ein Tiefstand der Stimmung eingetreten sei, wie er während der ganzen Dauer des Krieges nicht annähernd zu beobachten war, und daß unter diesen Umständen für die nächste Zeit Unruhen möglicherweise nicht ausgeschlossen wären. Dies schon deshalb nicht, weil die Lebensverhältnisse in der Tat unerträglich geworden waren. Scheidemann berichtete am 17. Oktober dem Kabinett: »Fleisch haben wir nicht mehr. Kartoffeln können wir nicht liefern, weil uns jeden Tag 4000 Wagen fehlen. Fett haben wir überhaupt nicht mehr. Die Not ist zu groß, daß man vor einem völligen Rätsel steht, wenn man sich fragt, wovon lebt Berlin-Nord und wovon lebt Berlin-Ost.« Die aus solcher Not seit langem entstandene Erbitterung der Bevölkerung verband sich in der zweiten Oktoberhälfte mit der wohlbegründeten Sorge, daß das Friedensersuchen sabotiert werden und der Krieg fortdauern könnte. Die Linken leisteten eine intensive revolutionäre Propagandaarbeit, bei der sie von den brennenden Problemen des Tages ausgingen und immer weitere Kreise für den Kampf gegen Imperialismus und Krieg gewannen. In einem Flugblatt zum Notenwechsel mit Wilson wurde davor gewarnt, daß die Regierung noch einmal versuchen könnte, mit patriotischen Phrasen die Leidenschaften zu wekken, den Krieg weiterzuführen und so zu Millionen Toten neue Zehntausende hinzuzufügen. Die Ehre wie auch das Lebensinteresse des Landes verlangten es, daß jene Kräfte beseitigt werden, die die Blutschuld eines vierjährigen Krieges auf sich genommen und das Volk in die Katastrophe hineingetrieben haben. Allein die Linken vermochten einen realen Ausweg aus Imperialismus und Krieg zu zeigen, eine klare Alternative zu je-

1

1 W. I. Lenin und J. M. Swerdlow bei der Enthüllung einer Gedächtnistafel zum 1. Jahrestag der Großen Sozialistischen Oktoberrevolution
2 Aufruf der Reichskonferenz der Spartakusgruppe vom 7.10.1918
3 Kriegsschiffe unter roter Flagge im Hamburger Hafen
4 Der Soldatenrat der »Prinzregent Luitpold«
5 Wilhelm II. verläßt am 28.10.1918 Berlin
6 Abdankungsurkunde vom 28.11.1918

ner Politik, die das Volk ins Unglück gestürzt hatte.

Die revolutionäre Stimmung war in vielen Teilen Deutschlands weit vorangeschritten. Allgemein war man überzeugt, daß das Signal zur Erhebung in Berlin gegeben werde. Hier fand am 23. Oktober eine Massendemonstration zum Empfang Karl Liebknechts statt, der an diesem Tage aus dem Zuchthaus Luckau entlassen wurde. Tags darauf fand zu Ehren Karl Liebknechts ein Empfang in der sowjetischen Botschaft statt, bei dem folgendes Telegramm Lenins verlesen wurde: »Übermitteln Sie unverzüglich Karl Liebknecht unseren heißesten Gruß. Die Befreiung des Vertreters der revolutionären Arbeiter Deutschlands aus dem Gefängnis ist das Zeichen einer neuen Epoche, der Epoche des siegreichen Sozialismus, die sich jetzt in Deutschland wie auch der ganzen Welt eröffnet.«

Der Beginn der Revolution in Kiel

Nach wie vor in der Illusion einer erfolgreichen Beendigung des Krieges befangen, faßte der Admiralstab Mitte Oktober den Entschluß, die englische Hochseeflotte zu einer Schlacht in der Nordsee zu provozieren. Der Ausgang einer solchen Schlacht stand bereits vor deren Beginn fest: Falls diese nicht vorzeitig wie im Skagerrak 1916 abgebrochen würde, war der Untergang der weit schwächeren deutschen Hochseeflotte gewiß. Admiral Trotha zog am 6. Oktober bei seinen »Überlegungen in ernster Stunde« einen »Todeskampf« einem »schmachvollen Frieden« vor. Auf jeden Fall erwartete der deutsche Admiralstab als Folge der Seeschlacht, daß die Verhandlungsvermittlung Wilsons wirksam durchkreuzt und der Krieg fortgesetzt würde. Das geplante Verbrechen des Admiralstabs schlug jedoch völlig fehl, da er nicht mit dem revolutionären Geist der Matrosen der Hochseeflotte gerechnet hatte. Diese, überwiegend qualifizierte Facharbeiter, standen in enger Verbindung mit der sozialistischen Arbeiterbewegung und weiterhin in Opposition zum militaristischen System. Der Beschluß revolutionär gesinnter Matrosen, zu handeln, statt sich in einen sinnlosen Tod jagen zu lassen, fand uneingeschränkte und breite Zustimmung. Als am 27. Oktober der Kreuzer »Straßburg« aus Wilhelmshaven auslaufen sollte, war das Schiff infolge unbemerkter Desertion von 45 Heizern manövrierunfähig. Die Mannschaften des Kreuzers »Moltke« verweigerten den Befehl zum Auslaufen. Die Besatzungen der Kreuzer »Derfflinger«, »Von der Tann« und »Seydlitz« leisteten passiven Widerstand. Am Abend des 29. Oktober hatte sich die revolutionäre Bewegung auf das gesamte erste Geschwader ausgedehnt. Auf den meisten Schiffen aber war beschlossen worden, höchstens bis Helgoland auszulaufen und dann die Feuer zu löschen. Die Geschwaderführung konnte nicht einmal mehr das Ankerlichten durchsetzen. Als es ihr schließlich gelang, alle Schiffe wieder unter ihre Kontrolle zu bringen, blieb im Unterschied zum Sommer 1917 die revolutionäre Bewegung auf den Schiffen ungebrochen und wurde von Land aus unterstützt. Mehr als 1000 Matrosen wurden verhaftet. Jedoch hatten die Aufständischen ihr Ziel erreicht, die Seeschlacht fand nicht statt.

Der Admiralstab versuchte die revolutionäre Bewegung, die die ganze Hochseeflotte erfaßt hatte, durch Verlegung der Geschwader an verschiedene Liegeplätze aufzusplittern und zu isolieren. Damit erreichte er nur, daß die revolutionäre Bewegung von den Schiffen auf die Hafenstädte und von diesen auf ganz Deutschland ausgedehnt wurde. Das dritte Geschwader lief am 31. Oktober Kiel an. Während der Verlegung waren auf den Schiffen zahlreiche Verhaftungen vorgenommen worden. Als am 3. November anläßlich einer Demonstration zur Befreiung der Verhafteten in die Demonstranten geschossen wurde und dabei 37 von ihnen, darunter Frauen und Kinder, ermordet wurden, kam es zum bewaffneten Aufstand. In der Nacht zum 4. November konstituierten sich auf den Schiffen und in den Kasernen Matrosen- und Soldatenräte. Gegen Mittag hatten sich 20 000 Matrosen und Soldaten den Räten unterstellt.

Die Vertrauensleute der Arbeiter riefen zum allgemeinen Streik auf. Damit ging der Flottenaufstand in Kiel in eine Volkserhebung über, die die Revolution in Deutschland einleitete.

haben nur eines zu fürchten: daß der Proletarier selbst den Willen zeige, mit eigener Tat die Quelle künftiger Kriege zu verstopfen. Um diesen Willen und diese Energie einzuschläfern, erfindet man den „Völkerbund“, in dem sich in Wirklichkeit nur die Mörder dieses Krieges verbrüdern und der nichts anderes ist, als die heilige Allianz von vor hundert Jahren, in der sich gleichfalls die Monarchen verbanden, um den Frieden zu sichern, mit dem Erfolge, daß das 19. Jahrhundert mit Blut getränkt war, wie keines zuvor.

In Anbetracht dieser Lage überhaupt, in Deutschland im besonderen ergeben sich für das Proletariat folgende Aufgaben:

I. Nachdem die Soldaten an der Front unter so viel schwierigeren Umständen — dem Druck der Kriegsjahre — den revolutionären Kampf begonnen haben, ist es Pflicht der Massen zu Hause, den Brüdern an der Front nicht nur nicht in den Rücken zu fallen, sondern mit aller Macht diesen Kampf zu unterstützen und aufzunehmen.

Das Volk hat dies umsomehr zu tun, als es von den parlamentarischen Vertretern der Arbeiterschaft,

nach deren Haltung gegenüber dem Matrosenstreik im vorigen Jahre und nach deren Haltung in der jetzigen Situation, in der sie für Parlamentarismus, Völkerbund und preußisches Wahlrecht schwärmen und sich so zu wenn auch unfreiwilligen Förderern der Reaktion machen,

nichts zu erwarten hat.

Unbekümmert um Gesetze und Verordnungen der kommandierenden Generale muß das Proletariat mit allen Mitteln verlangen:

1. unverzügliche Freilassung all derer, die für die Sache des Proletariats in den Gefängnissen und Zuchthäusern, sei es in Schutzhaft oder in Strafhaft, schmachten, Befreiung aller Soldaten, die wegen militärischer und politischer Vergehen verurteilt sind. Entlassung aller Soldaten, die aus politischen Gründen eingezogen sind oder im Heere zurückbehalten werden, Aufhebung aller Beschränkungen, die aus politischen Gründen über Soldaten verhängt wurden,
2. Die sofortige Aufhebung des Belagerungszustandes.
3. Die sofortige Aufhebung des Hilfsdienstgesetzes.

II. Darüber hinaus hat das Proletariat zu fordern:

1. Annullierung sämtlicher Kriegsanleihen ohne jede Entschädigung;
2. Enteignung des gesamten Bankkapitals, der Bergwerke und Hütten, wesentliche Verkürzung der Arbeitszeit, Festsetzung von Mindestlöhnen.
3. Enteignung alles Groß- und Mittelgrundbesitzes, Uebergabe der Leitung der Produktion an Delegierte der Landarbeiter und Kleinbauern.
4. Durchgreifende Umgestaltung des Heerwesens, nämlich:
   a) Verleihung des Vereins- und Versammlungsrechts an die Soldaten in dienstlichen und außerdienstlichen Angelegenheiten,
   b) Aufhebung des Disziplinarstrafrechtes des Vorgesetzten, die Disziplin wird durch Soldatendelegierte aufrecht erhalten,
   c) Abschaffung der Kriegsgerichte,
   d) Entfernung von Vorgesetzten auf Mehrheitsbeschluß der ihnen Untergebenen.
5. Abschaffung der Todesstrafe und der Zuchthausstrafe für politische und militärische Vergehen.
6. Uebergabe der Lebensmittelverteilung an Vertrauensleute der Arbeiter.
7. Abschaffung der Einzelstaaten und Dynastien.

Proletarier! Die Erreichung dieser Ziele bedeutet noch nicht die Erreichung Eures Zieles. Sie sind der Prüfstein dafür, ob die Demokratisierung, die die herrschenden Klassen und deren Agenten Euch vorflunkern, echt ist.

Der Kampf um die wirkliche Demokratisierung geht nicht um Parlament oder Wahlrecht oder Abgeordnetenminister und anderen Schwindel: er gilt den realen Grundlagen aller Feinde des Volkes: Besitz an Grund und Boden, an Kapital, Herrschaft über die bewaffnete Macht und über die Justiz.

Das alte Gebäude der Kapitalistenherrschaft ist morsch geworden.

Proletarier! Nach 50 Monaten des Leidens ist jetzt Eure Stunde gekommen. Zeigt Euch ihrer würdig. Seht auf Eure Brüder in Rußland! Seht auf Eure Brüder an der Front. Den Frieden und mit ihm das Brot, das Euch die Besitzenden nicht geben können, müßt Ihr selbst jetzt holen für Euch, für Eure Kinder, für Eure Brüder auf der ganzen Welt!

Es lebe die soziale Revolution!
Es lebe der Frieden der Völker!
Nieder die Regierung!
Tod dem Kapitalismus!

Die Gruppe Internationale (Spartacusgruppe).
Die Linksradikalen Deutschlands.

2

3

4

5

Ich verzichte hierdurch für alle Zukunft auf die Rechte an der Krone Preussen und die damit verbundenen Rechte an der deutschen Kaiserkrone.

Zugleich entbinde ich alle Beamten des Deutschen Reichs und Preussens sowie alle Offiziere, Unteroffiziere und Mannschaften der Marine, des Preussischen Heeres und der Truppen der Bundeskontingente des Treueides, den sie Mir als ihrem Kaiser, König und Obersten Befehlshaber geleistet haben. Ich erwarte von ihnen, dass sie bis zur Neuordnung des Deutschen Reichs den Inhabern der tatsächlichen Gewalt in Deutschland helfen, das Deutsche Volk gegen die drohenden Gefahren der Anarchie, der Hungersnot und der Fremdherrschaft zu schützen.

Urkundlich unter Unserer Höchsteigenhändigen Unterschrift und beigedrucktem Kaiserlichen Insiegel.

Gegeben Amerongen, den 28. November 1918.

6

Die politischen Rettungsversuche der rechten sozialdemokratischen Führer

Nachdem es mißlungen war, die revolutionäre Matrosenbewegung in Kiel mit Waffengewalt niederzuschlagen, und die allgemeine Volkserhebung nicht mehr zu übersehen war, mußten Regierung und Kanzler erkennen, daß an einen »Endkampf auf Leben und Tod« im Falle »unehrenhafter« Friedensbedingungen, wie ihn der Kanzler am 5. Oktober verkündet hatte, nicht mehr zu denken war. Die Absicht, die Volksmassen zu einer »nationalen Erhebung« nach dem Vorbild von 1813 anzustacheln, um das Ende des imperialistischen Kriegsabenteuers noch einige Wochen hinauszuzögern, war undurchführbar. Je kritischer die militärische und innenpolitische Lage wurde, desto stärker wurde in der herrschenden Klasse der Wunsch nach sofortiger Beendigung der Kampfhandlungen. Am 30. Oktober kamen führende Vertreter des Finanzkapitals in Berlin zusammen und wandten sich gegen eine Fortsetzung des Krieges. Besonders beunruhigt war man darüber, daß eine Antwort des amerikanischen Präsidenten auf die deutsche Note vom 27. Oktober noch immer auf sich warten ließ. In der Umgebung des Kaisers begann man zu erörtern, ob es nicht zweckmäßiger wäre, unmittelbar in Waffenstillstandsverhandlungen mit dem alliierten Oberkommando in Frankreich einzutreten. Wilhelm II. ließ Hindenburg am 5. November auffordern, unverzüglich einen deutschen Parlamentär in das Hauptquartier Fochs zu entsenden, um die Bedingungen des Waffenstillstands entgegenzunehmen. Er wollte das alliierte Oberkommando in der Hoffnung ins Spiel bringen, dadurch seinen von Wilson und der Revolution bedrohten Thron zu retten. In dieser Situation setzten die herrschenden Kreise mehr denn je ihre Hoffnungen auf die rechten Partei- und Gewerkschaftsführer. Selbst die extremsten Reaktionäre hatten begriffen, daß im Kampf gegen die Revolution die Opportunisten in der Arbeiterbewegung die wirksamste Waffe waren. Sie allein konnten noch den deutschen Imperialismus vor dem völligen Zusammenbruch bewahren. Nur sie konnten noch die Revolution nach den Wünschen der herrschenden Klasse »kanalisieren«, d. h. in politische und ökonomische Bahnen lenken, die für die kapitalistische Gesellschaft ungefährlich waren. Von ihnen hing also in hohem Maße ab, welchen Weg das deutsche Volk in der nächsten Zukunft gehen würde. Zum Unglück des Volkes haben Ebert und Scheidemann die Erwartungen der herrschenden Klassen erfüllt. Haase kam mit Noske überein, es käme jetzt darauf an, daß die Führer der beiden sozialdemokratischen Parteien einheitlich zusammenarbeiteten, weil dadurch »unabsehbares Unheil« vermieden werden könnte.

Die rechten Führer hielten aber nicht nur die revolutionären Arbeiter und Soldaten mit Versprechungen hin, sondern schlugen auch hinterhältige Maßnahmen vor, die zum Abbruch der diplomatischen Beziehungen zum ersten Arbeiter-und-Bauern-Staat führen sollten. Ihr Haß auf den Bolschewismus machte die rechten Führer zu besonders willfährigen Werkzeugen jener Kreise, die durch betont antibolschewistische Politik die Gunst der Westmächte gewinnen und durch eine Beteiligung an der Intervention die »Ostinteressen der deutschen Wirtschaft« wahren wollten. Insbesondere war diesen Kreisen die sowjetische Botschaft in Berlin im Wege, die allein schon durch ihre Existenz der revolutionären Bewegung in Deutschland Auftrieb verleihen konnte. Auf Vorschlag Scheidemanns wurde eine Einfuhr sowjetischer Flugblätter fingiert und der sowjetischen Botschaft zur Last gelegt. Botschafter Joffe wurde in der Nacht zum 6. November mitgeteilt, daß er in den Morgenstunden mit seinen Mitarbeitern das Land zu verlassen habe. Die Honorierung dieser infamen Provokation durch die Westmächte ließ nicht lange auf sich warten.

Um zu retten, was noch zu retten war, mußten sich die rechten Führer insbesondere der Kaiserfrage annehmen. Auf Grund der Intervention Wilsons spielte sie im Bewußtsein der Volksmassen eine derartige Rolle, daß die rechten Führer von Tag zu Tag mehr auf ihre Erledigung drängen mußten. Selbst in konservativen Kreisen gewann die Auffassung, daß die Abdankung des Kaisers und des Kronprinzen unerläßlich sei und viele politische Vorteile biete, immer mehr Anhänger. Die Erhaltung der kapitalistischen Gesellschaft war in der Tat nicht ohne Beseitigung jener Personen zu erreichen, die glaubwürdig als Urheber der nationalen Katastrophe vor den revolutionären Volksmassen gebrandmarkt werden konnten. Außerdem stellte eine Absetzung des Kaisers und des Kronprinzen das politische und soziale System nicht in Frage. Es waren die rechten Führer, die sich hierfür am nachdrücklichsten und zielbewußtesten einsetzten. Wilhelm II. hatte sich unter den Schutz der nach Ludendorffs Rücktritt von Groener geführten OHL gestellt. Nachdem die Verhandlungen der rechten Führer mit Groener über die Abdankung des Monarchen fehlgeschlagen waren und immer mehr Nachrichten über die Ausbreitung der Revolution einliefen, konnten sie nicht mehr umhin, am 7. November die Abdankung ultimativ beim Kanzler anzumahnen. Ebert bekannte in einem Gespräch unter vier Augen dem Kanzler: »Wenn der Kaiser nicht abdankt, dann ist die Revolution unvermeidlich. Ich will sie nicht, ja, ich hasse sie wie die Sünde.« Der Kanzler sah sich einerseits der erklärten Absicht des Kaisers, nicht abzudanken, und andererseits dem Volkswillen, Wilhelm II. abzusetzen, gegenüber. Er suchte einen persönlichen Ausweg aus diesem Dilemma und bat um seine Entlassung. Diese wurde bis nach Unterzeichnung des Waffenstillstandsabkommens aufgeschoben, jedoch die Kabinettskrise war nicht mehr zu beheben.

Die Ausbreitung der Revolution und die Proklamation der Republik

Niemand zweifelte daran, daß die Revolution in Berlin entschieden würde. Die revolutionären Matrosen sahen deshalb ihre wichtigste Aufgabe darin, die Revolution in die Reichshauptstadt zu tragen. Die Militärbehörden hatten in der Stadt die Schlagkraft der Polizei durch Truppenverbände aus ländlichen Gegenden verstärkt, zu denen die Arbeiter keine Verbindungen besaßen. Vor allem befanden sich in Berlin die leitenden Organe der Sozialdemokratischen Partei und der reformistischen Gewerkschaften, die ihren ganzen Einfluß auf die Arbeiter geltend machten, um deren revolutionäre Erhebung zu verhindern. Es kam deshalb darauf an, die Berliner Arbeiter systematisch durch Demonstrationen, Kundgebungen und Teilstreiks an die revolutionäre Erhebung heranzuführen. Diese von Karl Liebknecht und Wilhelm Pieck verfochtene Taktik wurde im Vollzugsausschuß der revolutionären Obleute, die alles von einem entscheidenden Schlag abhängig machten und deshalb immer wieder den Aufstandstermin hinausschoben, abgelehnt. Am 2. November beriet der Vollzugsausschuß in Anwesenheit von Liebknecht, Ledebour, Pieck, Müller, Barth, Haase, Däumig und Franke den Aufstandsplan, der von dem Pionierleutnant Walz ausgearbeitet worden war. Als Termin für den Aufstand wurde der 4. November in Aussicht genommen. Als jedoch Berichte ergaben, daß die Bewaffnung der Arbeiter noch nicht genügend vorangeschritten war, machten sich die anwesenden USPD-Führer diesen Umstand zunutze und setzten eine weitere Verschiebung des Aufstands durch. Die Meldungen über die Ausbreitung der Revolution in Deutschland und Berichte über die Revolutionsvorbereitungen in Berlin steigerten die Nervosität der Polizei- und Militärbehörden von Stunde zu Stunde. Der Oberbefehlshaber in den Marken verbot durch öffentlichen Anschlag die Bildung von Arbeiter- und Soldatenräten in seinem Machtbereich. Scheidemann berichtete dem Kriegskabinett, daß diese Anordnung unter den Arbeitern allgemeine Heiterkeit ausgelöst habe.

Mit Elementargewalt, die vom Bewußtsein der

Arbeiter und Soldaten!

Nun ist Eure Stunde gekommen. Nun seid Ihr nach langem Dulden und stillen Tagen zur Tat geschritten. Es ist nicht zuviel gesagt: **in diesen Stunden blickt die Welt auf Euch und haltet Ihr das Schicksal der Welt in Euren Händen.**

Arbeiter und Soldaten! Jetzt, da die Stunde des Handelns gekommen ist, darf es kein Zurück mehr geben. Die gleichen „Sozialisten", die vier Jahre lang der Regierung Zuhälterdienste geleistet haben, die in den vergangenen Wochen von Tag zu Tag Euch vertröstet haben mit der „Volksregierung", mit Parlamentarisierung und anderem Plunder, sie setzen jetzt alles daran, um Euren Kampf zu schwächen, um die Bewegung abzuwiegeln.

Arbeiter und Soldaten! Was Euren Genossen und Kameraden in Kiel, Hamburg, Bremen, Lübeck, Rostock, Flensburg, Hannover, Magdeburg, Braunschweig, München und Stuttgart gelungen ist: Das muß auch Euch gelingen. Denn von dem was Ihr erringet, von der Zähigkeit und dem Erfolge Eures Kampfes, hängt auch der Sieg Eurer dortigen Brüder ab, hängt der Erfolg des Proletariats der ganzen Welt ab.

Soldaten! Handelt wie Eure Kameraden von der Flotte, vereinigt Euch mit Euren Brüdern im Arbeitskittel. Laßt Euch nicht gegen Eure Brüder gebrauchen, folgt nicht den Befehlen der Offiziere, schießt nicht auf die Freiheitskämpfer.

Arbeiter und Soldaten! Die nächsten Ziele Eures Kampfes müssen sein:

1. Befreiung aller zivilen und militärischen Gefangenen.
2. Aufhebung aller Einzelstaaten und Beseitigung aller Dynastien.
3. Wahl von Arbeiter- und Soldatenräten, Wahl von Delegierten hierzu in allen Fabriken und Truppenteilen.
4. Sofortige Aufnahme der Beziehungen zu den übrigen deutschen Arbeiter- und Soldatenräten.
5. Übernahme der Regierung durch die Beauftragten der Arbeiter- und Soldatenräte.
6. Sofortige Verbindung mit dem internationalen Proletariat, insbesondere mit der russischen Arbeiterrepublik.

Arbeiter und Soldaten! Nun beweist, daß Ihr stark seid, nun zeigt, daß Ihr klug seid, die Macht zu gebrauchen.

Hoch die sozialistische Republik!
Es lebe die Internationale!

Die Gruppe Internationale (Spartakusgruppe)

Karl Liebknecht. Ernst Meyer.

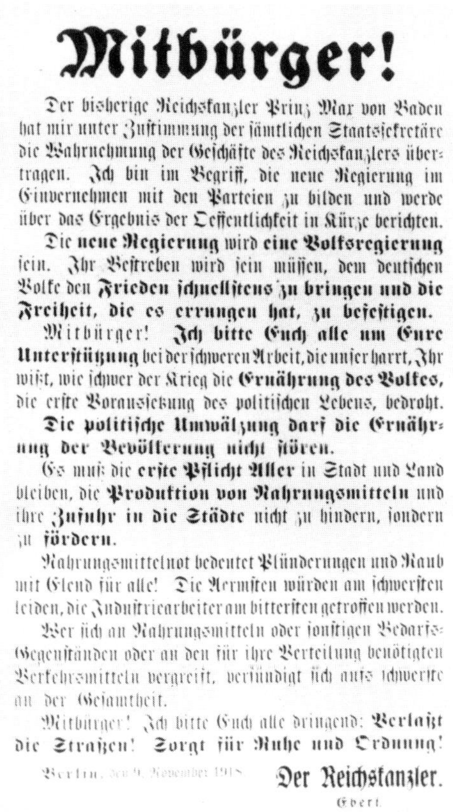

Mitbürger!

Der bisherige Reichskanzler Prinz Max von Baden hat mir unter Zustimmung der sämtlichen Staatssekretäre die Wahrnehmung der Geschäfte des Reichskanzlers übertragen. Ich bin im Begriff, die neue Regierung im Einvernehmen mit den Parteien zu bilden und werde über das Ergebnis der Oeffentlichkeit in Kürze berichten.

Die **neue Regierung** wird **eine Volksregierung** sein. Ihr Bestreben wird sein müssen, dem deutschen Volke den **Frieden schnellstens zu bringen und die Freiheit, die es errungen hat, zu befestigen.**

Mitbürger! **Ich bitte Euch alle um Eure Unterstützung** bei der schweren Arbeit, die unser harrt. Ihr wißt, wie schwer der Krieg die **Ernährung des Volkes,** die erste Voraussetzung des politischen Lebens, bedroht.

Die politische Umwälzung darf die Ernährung der Bevölkerung nicht stören.

Es muß die **erste Pflicht Aller** in Stadt und Land bleiben, die **Produktion von Nahrungsmitteln** und ihre **Zufuhr in die Städte** nicht zu hindern, sondern zu **fördern.**

Nahrungsmittelnot bedeutet Plünderungen und Raub mit Elend für alle! Die Aermsten würden am schwersten leiden, die Industriearbeiter am bittersten getroffen werden.

Wer sich an Nahrungsmitteln oder sonstigen Bedarfs-Gegenständen oder an den für ihre Verteilung benötigten Verkehrsmitteln vergreift, versündigt sich aufs schwerste an der Gesamtheit.

Mitbürger! Ich bitte Euch alle dringend: **Verlaßt die Straßen! Sorgt für Ruhe und Ordnung!**

Berlin, den 9. November 1918.

Der Reichskanzler.
Ebert.

9. November 1918 — Nr. 1 Preis 10 Pfennig

Die rote Fahne

Ehemaliger Berliner Lokal-Anzeiger – 2. Abend-Ausgabe

Berlin unter der roten Fahne.

Polizeipräsidium gestürmt. – 650 Gefangene befreit. – Rote Fahnen am Schloß.

Rote Fahnen am Schloß.

Die Uebernahme der Kasernen.

Der Sturm auf das Polizei-Präsidium.

Gefangenenbefreiung im Lazarett.

Die Kokarden.

Die Rundfahrt der Roten Flagge

Die französische Front.

Hughes' Friedensforderungen.

Aus Oesterreich.

1 Flugblatt der Spartakusgruppe vom Morgen des 9.11.1918
2 Versuch Eberts, die Revolution in bürgerlich-parlamentarische Bahnen zu lenken, nachdem ihn Prinz Max von Baden zum Reichskanzler ernannt hatte
4 Karl Liebknecht an der Spitze eines Demonstrationszuges Unter den Linden
5 Massendemonstration auf dem Potsdamer Platz

Volksmassen ausging, angesichts der katastrophalen Folgen imperialistischer Politik ihre Geschicke in die eigenen Hände nehmen zu müssen, siegte mit Ausnahme Berlins die Revolution in nahezu allen wichtigen Städten Deutschlands. Als am 8. November die Verhaftung Karl Liebknechts und Ernst Däumigs, der wichtige Unterlagen für den am 11. November geplanten Aufstand bei sich geführt hatte, befürchtet wurde, entschloß sich nunmehr der Vollzugsausschuß der revolutionären Obleute, sofort Kuriere in die Betriebe zu entsenden, um die seit Tagen auf das Signal zum Kampf Wartenden für den nächsten Morgen zum bewaffneten Aufstand aufzurufen.

Die Berliner Arbeiter folgten am Morgen des 9. November dem Aufruf »Die Entscheidungsstunde ist da!« in Massen. Am frühen Nachmittag war ganz Berlin in der Hand der revolutionären Arbeiter und Soldaten. Die sozialdemokratischen Staatssekretäre verließen die alte Regierung, um sich von der Woge der Revolution direkt ins Reichskanzlerpalais tragen zu lassen. Karl Liebknecht erklärte von einem Schloßportal gegen 16.00 Uhr unter dem Jubel Tausender Arbeiter und Soldaten Deutschland zur freien sozialistischen Republik.

1

2

3

4

Absetzung Wilhelms II. und die Unterzeichnung des Waffenstillstands

Als am Morgen des 9. November die Berliner Arbeiter ihre Betriebe verließen, um den Frieden und die sozialistische Republik zu erkämpfen, beschlossen Prinz Max von Baden und seine engsten Berater, nunmehr die Revolution auf indirektem Wege zu bekämpfen: »Wir können sie nicht niederschlagen, vielleicht aber ersticken.«

Dieser Wechsel im konterrevolutionären Vorgehen erforderte erst recht die Abdankung Wilhelms II., der dem Kanzler erklären ließ, daß er hierzu entschlossen, aber die Verzichtsurkunde noch nicht fertig sei. Der Kanzler begriff, in dieser Situation war Ebert der einzig mögliche Reichskanzler, mit dessen Hilfe die revolutionäre Energie in die legalen Bahnen des Wahlkampfes gelenkt werden konnte. Deshalb wollte er selbst die Hindernisse aus dem Weg räumen. Als dem Kanzler gemeldet wurde, daß die Rücktrittserklärungen der sozialdemokratischen Regierungsmitglieder eingegangen seien und in jeder Minute mit der Ausrufung der Republik gerechnet werden müsse, gab er von sich aus Abdankung und Thronverzicht bekannt. Zugleich kündigte er die Berufung Eberts zum Reichskanzler an und sprach sich für die baldige Wahl einer Nationalversammlung aus.

Am 6. November ging die vierte Note Präsident Wilsons ein, worin dieser mitteilte, die englische und französische Regierung hätten sich auf den Boden eines 14-Punkte-Programms und seiner späteren Erklärungen gestellt. Marschall Foch sei von der Regierung der Vereinigten Staaten und den alliierten Regierungen ermächtigt worden, ordentlich beglaubigte Vertreter der deutschen Regierung zu empfangen und sie von den Waffenstillstandsbedingungen in Kenntnis zu setzen. Noch am selben Tage hatte Max von Baden Staatssekretär Erzberger mit der Leitung der Waffenstillstandskommission beauftragt. Diese überschritt am Abend des 7. November die Frontlinie. Am Vormittag des 8. November begannen im Wald von Compiegne die Verhandlungen. Am 11. November wurde der Waffenstillstand zu folgenden Hauptbedingungen unterzeichnet:

1. Das deutsche Heer hatte die besetzten Gebiete Belgiens und Frankreichs sowie Luxemburg und Elsaß-Lothringen binnen 15 Tagen zu räumen.

2. Es mußten den Alliierten 5000 Kanonen (davon 2500 schwere und 2500 Feldgeschütze), 25000 Maschinengewehre, 3000 Minenwerfer, 1700 Jagd- und Bombenflugzeuge in gutem Zustand überlassen werden.

3. Die linksrheinischen Gebiete Deutschlands sowie drei rechtsrheinische Brückenköpfe bei Mainz, Koblenz und Köln waren ebenfalls vom deutschen Heer zu räumen und sollten von alliierten Truppen besetzt werden.

4. Deutschland hatte 5000 gebrauchsfertige Lokomotiven, 150000 Eisenbahnwaggons und 5000 Lastkraftwagen in gutem Zustand zu übergeben.

5. Alle U-Boote sowie die meisten Kriegsschiffe der Hochseeflotte sollten in alliierte oder neutrale Häfen übergeführt werden.

5

6

6. Deutschland mußte auf die Friedensverträge von Brest-Litowsk und Bukarest sowie auf die Zusatzverträge verzichten.

7. Die deutschen Truppen, die sich noch auf dem Gebiet des ehemaligen österreichisch-ungarischen Staates, der Türkei und Rumäniens befanden, waren unverzüglich hinter die deutschen Reichsgrenzen zurückzuziehen.

8. Die Blockade Deutschlands blieb bestehen. Die Waffenruhe trat am 11. November 11.55 Uhr in Kraft. Die Westmächte hatten mit der Niederwerfung der Mittelmächte ihr wichtigstes Kriegsziel erreicht und begannen, ihr Augenmerk auf die Verteilung der Beute und die Intervention gegen Sowjetrußland zu richten.

Oberkommando
in den Marken.
[illegible]

Berlin W 10, den 7. [illegible]

Bekanntmachung

In gewissen Kreisen besteht die Absicht, unter Mißachtung gesetzlicher Bestimmungen Arbeiter- und Soldatenräte nach russischem Muster zu bilden.

Derartige Einrichtungen stehen mit der bestehenden Staatsordnung in Widerspruch und gefährden die öffentliche Sicherheit.

Ich verbiete auf Grund des § 9b des Gesetzes über den Belagerungszustand jede Bildung solcher Vereinigungen und die Teilnahme daran.

Der Oberbefehlshaber in den Marken

von Linsingen,

Generaloberst.

Nr. 47 20 Pf. 23. November 1918

Die Wochenschau

Verlag W. Girardet, Essen, Düsseldorf, Berlin

Friedrich Ebert, der neue deutsche Reichskanzler.

7
8

1/2 Revolutionäre Soldaten und Matrosen am Brandenburger Tor und auf dem Opernplatz
3 Arbeiter- und Soldatenrat wird von seinem Vorsitzenden in Aufgaben eingewiesen
4 Revolutionäre Arbeiter und Soldaten patrouillieren Unter den Linden
5 Hindenburg begrüßt zurückkehrende konterrevolutionäre Truppen
6 Heimkehrende Fronttruppen
7 Ein Verbot, das bei den revolutionären Arbeitern und Soldaten Heiterkeit auslöste

Bilanz und geschichtliche Lehren

Der erste Weltkrieg hatte weitreichende Folgen politischen, ökonomischen, sozialen, geistig-kulturellen und militärischen Charakters. Während des ersten Weltkrieges entstand der erste sozialistische Staat der Welt. Die Sowjetmacht war kein Resultat des Krieges, aber der Krieg hatte die Revolutionierung der Volksmassen Rußlands beschleunigt. Auch in Deutschland und Österreich-Ungarn war es zu revolutionären Erhebungen gekommen, die aber dort aufgrund des Fehlens konsequent revolutionärer Parteien nicht zum Sieg der Arbeiterklasse geführt hatten.

Der Weltkrieg endete mit der militärischen Niederlage Deutschlands und seiner Verbündeten. Damit verschob sich das Kräfteverhältnis zwischen den imperialistischen Hauptmächten. Die politische Karte Europas veränderte sich. Es entstanden neue Staaten, in einigen anderen änderte sich infolge revolutionärer Erhebungen die Staatsform. Deutsche Kolonialgebiete und Einflußsphären gerieten in andere Abhängigkeiten.

Unübersehbar waren die sozialen Folgen. In jenen Ländern, deren Völker die Hauptlast des Krieges getragen und Millionen Tote zu beklagen hatten, war eine neue demographische Lage entstanden. In zahlreichen Ländern lebten breite Schichten in Not und Elend. Riesig waren die materiellen Zerstörungen in jenen Gebieten, die der Krieg heimgesucht hatte.

Der Krieg und seine Ergebnisse fanden ihren Niederschlag im politischen Denken, in der Philosophie und in den anderen Gesellschaftswissenschaften sowie in Kultur und Kunst, geprägt durch unterschiedliche Klasseninteressen. Auch im militärischen Bereich wurden Schlußfolgerungen für künftige bewaffnete Auseinandersetzungen gezogen. Geboren aus imperialistischen Widersprüchen, erzeugte der erste Weltkrieg – da er mit einem imperialistischen Frieden endete – neue Widersprüche. Die herrschenden Klassen der Sieger wie auch die der unterlegenen Mächte waren weit davon entfernt zu begreifen, daß Krieg kein Mittel der Politik mehr sein durfte. Nur die Sowjetmacht und die revolutionären Parteien der Arbeiterklasse in den Hauptländern des Kapitals nahmen den Kampf gegen einen neuen Völkermord auf. Wohl gab es unter bürgerlichen und kleinbürgerlichen Kräften ein Erstarken der pazifistischen Bewegung, ihre Vertreter stießen jedoch nicht – bis auf wenige Ausnahmen – zu den Wurzeln des Übels vor.

Ursachen der Niederlage des deutschen Imperialismus

Der deutsche Imperialismus hatte von Anfang an nie eine reale Chance, der Entente eine kriegsentscheidende militärische Niederlage zuzufügen. Darüber können auch nicht die zeitweiligen und teilweise nicht unbedeutenden militärischen Erfolge der deutschen Armeen auf verschiedenen Kriegsschauplätzen hinwegtäuschen. Sie fußten im wesentlichen auf einem höheren Grad der Organisiertheit des imperialistischen deutschen Militärwesens und auf der Ausnutzung der Widersprüche zwischen den Führungen der Entente-Mächte. Deutschland war es auch gelungen, seine ökonomischen Ressourcen und das Arbeitskräftepotential schneller umfassend zu nutzen als die Entente-Staaten. Aber das konnte den diametralen Gegensatz zwischen den Kriegszielen Deutschlands und seinen Potentialen und denen seiner Verbündeten nicht aufheben. Insofern war die militärische Niederlage der Mittelmächte gesetzmäßig.

Bei Kriegsende standen auf seiten der Entente 30 Staaten, darunter solche industriell entwickelten wie die USA, England und Frankreich. Zudem verfügten England und Frankreich in Gestalt ihrer Kolonialgebiete und Dominions über eine Art zweites Hinterland mit fast unbegrenzten Rohstoffvorkommen und Menschenreserven. Es war kein Zufall, daß auf dem westeuropäischen und dem nahöstlichen Kriegsschauplatz außer Europäern auch Nordafrikaner, Schwarzafrikaner, Kanadier, Australier und Inder kämpften. Die Entente war von Anfang an ökonomisch und dann auch militärisch überlegen und ihre Möglichkeiten, die riesigen Menschenverluste auszugleichen und neue Verbände aufzustellen, waren vielfach größer.

Natürlich wäre auch ein anderer Ausgang des Krieges möglich gewesen. Es hatte während des Krieges mehrere Ansatzpunkte für Friedensverhandlungen auf der Basis eines Interessenausgleiches – insbesondere Ende 1916, da sich auch die Entente in einer schwierigen Lage befand – gegeben. Sie wurden von der politischen und militärischen Führung Deutschlands nicht genutzt, da man auf die Kriegsziele nicht verzichten und die bereits eroberten Gebiete – insbesondere Belgien – nicht wiederhergeben wollte. Aber auch auf seiten der Entente gab es keine echten Bestrebungen, vor dem militärischen Sieg über Deutschland den Krieg durch einen Interessenausgleich zu beenden. Der imperialistische Konkurrent sollte ausgeschaltet werden, England wollte seine Vormachtstellung festigen und Frankreich Elsaß-Lothringen wiederhaben. So kämpften beide Seiten bis zu jenem Zeitpunkt, da Deutschland und seine Verbündeten wegen allgemeiner Erschöpfung den Krieg beenden mußten.

Die Hauptschuld dafür, daß der Krieg erst dann zu Ende ging, als Deutschland in den Möglichkeiten seiner Kriegführung erschöpft und die politischen Regimes seiner Verbündeten politisch zusammengebrochen waren, tragen die politischen und militärischen Führer des deutschen Imperialismus. Sie überschätzten bis zuletzt ihre Möglichkeiten. Ihre Handlungen waren gekennzeichnet durch politisches und militärisches Abenteurertum. Das läßt sich durch den gesamten Kriegsverlauf belegen, trat aber im Frühjahr 1918 besonders deutlich zutage. Zu diesem Zeitpunkt, da Deutschlands militärische Kräfte am Rande der Erschöpfung standen, mit Kampfkraft der Streitkräfte der Verbündeten kaum noch zu rechnen war, wurde alles auf eine Karte gesetzt, im Westen eine strategische Offensive eingeleitet, im Osten die Intervention gegen die Sowjetmacht durchgeführt und der U-Boot-Krieg weiter vorangetrieben. Diese Kräfteüberspannung führte auf direktem Wege zum militärischen Zusammenbruch im Herbst 1918. Es ist deshalb eine niederträchtige historische Fälschung, wenn deutsche Politiker, Publizisten und Historiker nach dem Kriege die Dolchstoßlegende verbreiteten, d. h. erklärten, Schuld am militärischen Zusammenbruch trugen die revolutionären Kräfte der deutschen Arbeiterbewe-

1

1 Siegesparade der Ententetruppen in Paris

gung, alle Kriegsgegner. Es war die ökonomische und militärische Überlegenheit der Entente, die im Sommer und Herbst 1918 durchschlagend zur Wirkung kam. Die Auswirkungen der Oktoberrevolution in den Streitkräften und Völkern der Mittelmächte waren lediglich ein Katalysator, d. h., sie beschleunigten den Kräfteverfall. Die deutsche Novemberrevolution besiegelte die Niederlage und verhinderte die Fortsetzung des Völkermordes.

Bilanz des ersten Weltkrieges

Der erste Weltkrieg dauerte 4 Jahre und 3 Monate. In den Krieg einbezogen waren 34 Staaten aller Erdteile. Unter Waffen standen etwa 70 Millionen Mann.

Die Menschenverluste waren riesig und ließen sich nach dem Krieg in ihrer Gesamtheit nicht mehr exakt bestimmen. Vorsichtigen Schätzungen zufolge fielen bzw. starben 8 bis 10 Millionen Angehörige der Streitkräfte. Die Zahl der Verwundeten wird mit etwa 20 Millionen angenommen.

Die Verluste der deutschen Streitkräfte betrugen 2 Millionen Tote und 4,2 Millionen Verwundete. Die Weltherrschaftsambitionen der deutschen Monopole hatten etwa jedem 7. Soldaten der deutschen Streitkräfte das Leben gekostet, und Millionen litten lebenslang unter den Verwundungen. Noch im zweiten Weltkrieg lagen in sogenannten Heilstätten Schwerstverwundete und Geistesgestörte des ersten Weltkrieges.

Nicht berechnet werden können die Gesamtverluste der Zivilbevölkerung durch direkte und indirekte Kriegseinwirkung. Insbesondere die indirekten Folgen durch Hunger, Epidemien, Mangel an Bekleidung, Heizung und Gesundheitsbetreuung, erhöhte Säuglings- und Kindersterblichkeit und durch Arbeitshetze sind quantitativ nicht meßbar. Für Deutschland läßt sich feststellen, daß unter Hinzurechnung der Gefallenen und der in den Lazaretten Verstorbenen die Bevölkerungszahl von 1914 bis 1918 um 5,6 Millionen Menschen sank.

Noch schwieriger ist es, die Gesamtkosten des Krieges zu berechnen. Sie umfassen die staatlichen Ausgaben für die Streitkräfte, die Zerstörungen von Städten, Dörfern, Verkehrseinrichtungen, Schiffsverluste u. a. m. sowie den Ausfall von landwirtschaftlicher und industrieller Produktion. Nach Schätzungen von Ökonomen liegen sie etwa bei 1,5 Billionen Deutsche Reichsmark. Allein Deutschland hat von 1914 bis 1918 über 150 Milliarden Mark an »reinen Kriegskosten« ausgegeben. In Frankreich wurden etwa 740 000 Häuser und Geschäfte zerstört. Die Volkswirtschaften der europäischen Ententemächte und der Mittelmächte litten bei Kriegsende unter Deformationserscheinungen, und ihre Finanzwirtschaft war stark geschwächt. Dagegen gingen die USA ökonomisch und finanziell gestärkt aus dem Krieg hervor. Ihre Menschenverluste betrugen 125 000 Tote und 200 000 Verwundete. Die europäischen Staaten schuldeten den USA bei Kriegsende etwa 10 Milliarden Dollar, während in Deutschland die Staatsverschuldung bei 156,4 Milliarden Deutsche Reichsmark lag. Nutznießer des Krieges waren in allen am Krieg beteiligten Ländern die Monopole.

Die Folgen des Krieges für den deutschen Imperialismus

Deutschland war bei Kriegsende außenpolitisch isoliert, und die politische Macht seiner herrschenden Klassen war durch die Novemberrevolution erschüttert. Mit Hilfe der rechten Führer der Sozialdemokratie gelang es ihnen jedoch, die Grundlagen ihrer Macht zu erhalten.

Der am 28. 6. 1919 zwischen den Entente-Staaten und Deutschland in Versailles abgeschlossene Friedensvertrag hatte für den deutschen Imperialismus schwerwiegende Folgen. Deutschland verlor etwa 12 Prozent seines Vorkriegsterritoriums und etwa 10 Prozent der Bevölkerung. Alle Gebiete mit vorwiegend polnischer Bevölkerung – das waren Teilgebiete Schlesiens, Ost- und Westpreußens sowie das Gebiet um Posen (heute Poznań) – wurden an den neugegründeten polnischen Staat übergeben. Frankreich erhielt das 1871 annektierte Elsaß-Lothringen zurück, Dänemark kam wieder in den Besitz von Nordschleswig. Belgien erhielt die Gebiete um Eupen und Malmedy sowie Moresnet, die Tschechoslowakei das Hultschiner Ländchen. Memel und das nordöstliche Ostpreußen wurden an Litauen abgetreten. Danzig wurde eine »freie Stadt«, dem Völkerbund unterstellt, dessen außenpolitische Interessenvertretung durch Polen übernommen werden sollte. Östlich des Rheins wurde eine Besatzungszone geschaffen, in der Militärbefehlshaber der Entente die staatliche Oberhoheit ausübten. Nach dem Abzug der Besatzungstruppen wurde sie zur entmilitarisierten Zone erklärt, in der keine deutschen Truppen stationiert werden durften, während sich die Entente das Recht einer Wiederbesetzung vorbehielt. Das Saargebiet wurde für 15 Jahre dem Völkerbund unterstellt, seine Kohlegruben Frankreich übergeben. Außerdem verlor Deutschland alle Kolonien.

Deutschland hatte 100 Milliarden Mark in Gold, Waren und Wertpapieren als Kriegsentschädigung an Entente-Staaten zu zahlen bzw. zu liefern. Darunter befanden sich Handelsschiffe (auch Neubauten), Binnenschiffe, Fischereifahrzeuge, 5000 Lokomotiven, 150000 Eisenbahnwaggons, 5000 LKW, Maschinen aller Art, Kohle, Treibstoffe, Baumaterialien, Chemikalien, landwirtschaftliche Erzeugnisse u. a. m. Außerdem verlor es einen großen Teil seines Staatseigentums außerhalb seines Territoriums, z. B. alle Unterseekabel und die in Verträgen festgelegten Rechte.

Die Verträge von Brest-Litowsk und Bukarest wurden faktisch annuliert. Außerdem hatte Deutschland die Kosten für alle Besatzungstruppen und Kontrollkommissionen der Entente zu zahlen. Weitere Bestimmungen betrafen die Internationalisierung großer Flüsse, Freihäfen, Zölle, Meistbegünstigung im Handel.

Am empfindlichsten waren die deutschen Imperialisten durch Bestimmungen militärischen Charakters getroffen. Deutschland durfte eine Landstreitmacht von 100 000 Mann und Seestreitkräfte in Stärke von 15000 Mann unterhalten. Der Kampfbestand der Flotte wurde auf 6 Schlachtschiffe (bis 10000 Tonnen), 6 kleine Kreuzer (bis 6000 Tonnen), 12 Zerstörer und 12 Torpedoboote begrenzt. Verboten für deutsche Streitkräfte war der Besitz von U-Booten, Kampfflugzeugen, Luftschiffen, überschwerer Artillerie, Panzern und Panzerzügen. Die Produktion von Waffen und Munition war auf die Stärke der Streitkräfte zu begrenzen. Der Ex- und Import von Militärtechnik war verboten.

Die Masse der bei Kriegsende vorhandenen Kampf- und Sicherstellungstechnik mußte an Entente-Staaten abgegeben werden. Des weiteren wurden der Generalstab des Heeres und die Kriegsakademie aufgelöst, die allgemeine Wehrpflicht aufgehoben und Mobilmachungsvorbereitungen verboten. Festungen und befestigte Räume bis 50 km ostwärts des Rheins wurden zerstört.

Der Versailler Vertrag konnte von den Imperialisten der Entente Deutschland aufgezwungen werden, weil die Novemberrevolution nicht zur Entmachtung des deutschen Imperialismus und Militarismus und zum Bündnis mit der Sowjetrepublik geführt hatte. Dieser Vertrag trug imperialistischen Charakter und die in ihm festgeschriebene Nachkriegsordnung den Keim eines neuen imperialistischen Krieges in sich.

Militärische Ergebnisse und Konsequenzen

Der erste Weltkrieg war etwas qualitativ Neues in der Geschichte der Menschheit und in der Geschichte des Militärwesens. Zwar bewies er die unveränderte Gültigkeit der Clausewitzschen Erkenntnis, daß jeder Krieg die Fortsetzung der Politik mit den Mitteln der militärischen Gewalt ist. Zugleich waren die millionenfache Vernichtung von Menschen, die riesigen materiellen Zerstörungen, die schrecklichen sozialen Folgen für die Völker, der Mißbrauch der Errungenschaften von Wissenschaft, die destruktiven Wirkungen in der Entwicklung der Produktivkräfte und die Verschleuderung der Nationaleinkommen auf den Schlachtfeldern deutliche Anzeichen, daß die Zeit reif dafür war, auf den Krieg als Mittel der Politik, als Mittel zur Lösung von Streitfragen zu verzichten. Von der KPdSU und den anderen kommunistischen Parteien wurde diese Schlußfolgerung gezogen. Sie kämpften in den 20er und 30er Jahren mit aller Konsequenz gegen den Ausbruch eines neuen Weltkrieges.

Doch die herrschenden Klassen der imperialistischen Länder waren weit davon entfernt, auf den Krieg als Mittel zur Durchsetzung ihrer Interessen zu verzichten. In den Hauptländern des Kapitals begann in den 20er Jahren eine intensive Arbeit, die militärischen Konsequenzen des ersten Weltkrieges zu ziehen, die bei Beginn des zweiten Weltkrieges noch andauerte. Der Sowjetstaat war gezwungen, seine Streitkräfte auf die Abwehr einer imperialistischen Aggression vorzubereiten.

Der erste Weltkrieg hatte bewiesen, daß ein mit millionenstarken Armeen und mit dem massenhaften Einsatz neuzeitlicher Kampftechnik geführter Krieg nicht durch das militärische Kräfteverhältnis allein entschieden wird. Die sowjetische Militärwissenschaft kam zu der Folgerung, daß der Ausgang eines solchen Krieges vom Verhältnis der Gesamtheit der Potentiale – des ökonomischen, des wissenschaftlich-technischen, des politisch-moralischen und des militärischen – beider Seiten abhängt. Die bürgerliche Militärwissenschaft in den verschiedenen imperialistischen Ländern erkannte das nicht mit aller Konsequenz. So kam die imperialistische deutsche Militärwissenschaft – die sich der wachsenden Rolle des ökonomischen und politisch-moralischen Faktors in der Kriegführung sehr wohl bewußt wurde – zu der abenteuerlichen Schlußfolgerung, daß man durch einen Vorsprung in der Kriegsvorbereitung, durch Erreichung der strategischen Überraschung (auch unter Ausnutzung völkerrechtswidriger Mittel und Methoden) und durch den konzentrierten Einsatz motorisierter Infanterie- und Panzerdivisionen sowie taktischer Fliegerkräfte auch einen starken Gegner in wenigen Wochen niederwerfen könnte. Das fand seinen Niederschlag in der Lehre vom totalen Krieg und in der Blitzkriegkonzeption.

Das Hauptproblem der Kriegskunst im ersten Weltkrieg war der Durchbruch einer tiefgestaffelten Stellungsverteidigung und seine operativ-strategische Ausnutzung. Der erste Weltkrieg brachte Ansatzpunkte und umfangreiche Erfahrungen zur Lösung dieses Problems, die insbesondere in der Militärwissenschaft Deutschlands und der Sowjetunion aufgearbeitet wurden. Wie der zweite Weltkrieg dann zeigte, wurde es von den sowjetischen Streitkräften am perfektesten gelöst.

Der Hauptvernichtungsfaktor auf dem Gefechtsfeld des ersten Weltkrieges waren die Maschinenwaffen der Infanterie und die Artillerie. Welche Rolle das Maschinengewehr spielte, zeigt allein die Tatsache, daß die deutschen Landstreitkräfte bei Kriegsbeginn über 2400 und bei Kriegsende über etwa 100000 Maschinengewehre verfügten. Außerordentlich wichtig war, daß im Verlaufe des Krieges neben das schwere Maschinengewehr, das relativ unbeweglich war, das leichte Maschinengewehr trat, das in den angreifenden Gefechtsordnungen der Infanterie mitgeführt werden konnte. Auch kamen erste Modelle von Maschinenpistolen zum Einsatz.

Im ersten Weltkrieg gab es nur zwei Teilstreitkräfte – die Landstreitkräfte und die Seestreitkräfte. Die Hauptrolle spielten die Landstreitkräfte. Sie lösten die kriegsentscheidenden Aufgaben. Im Vergleich dazu waren die strategischen Aktivitäten im Seekrieg – sieht man vom Einsatz deutscher U-Boote gegen die Seeverbindungen der Entente ab – gering.

Innerhalb der Landstreitkräfte vollzog sich ein struktureller Wandel, der nach dem ersten Weltkrieg fortgesetzt wurde. Die Infanterie behielt ihre dominierende Rolle, ihr Gesamtanteil sank jedoch zugunsten der Panzertruppen, der Artillerie und der Spezialtruppen (Pioniere, Nachrichtentruppe) ab. In den englischen und französischen Streitkräften waren die Panzertruppen am Ende des Krieges de facto eine selbständige Waffengattung. Dagegen verlor die Kavallerie an Bedeutung. Die Begleitartillerie wurde entwickelt, d. h., die Infanterie erhielt leichte Geschütze in ihren Strukturen. Die schwere Artillerie wurde qualitativ verbessert und quantitativ verstärkt. In einigen Armeen wurde eine Artilleriereserve des Obersten Befehlshabers geschaffen. Die Panzerabwehrartillerie und die Fliegerabwehrartillerie wurden eigenständige Arten der Artillerie. Im Ansatz zeigte sich die Notwendigkeit, spezielle Kräfte und Mittel für die Luftverteidigung des Landes bereitzustellen.

Die rasanteste Entwicklung durchliefen die Fliegerkräfte. Bis Kriegsbeginn ein Mittel der Aufklärung, waren sie bei Kriegsende – obwohl in der Regel den Oberbefehlshabern der Landstreitkräfte unterstellt – praktisch eine eigene Teilstreitkraft, bestehend aus mehreren Fliegergattungen – Jagdfliegerkräfte, Bombenfliegerkräfte, Aufklärungsfliegerkräfte und Transportfliegerkräfte. Auch bei den Seestreitkraften wurden Fliegerkräfte geschaffen. Die Luftschiffe verloren ihre Bedeutung.

Das Auftauchen neuer Kampfmittel auf dem Gefechtsfeld warf neue Fragen des Zusammenwirkens der Waffengattungen und Spezialtruppen sowie der Sicherstellung auf. Viele dieser Fragen wurden erst nach dem Kriege gelöst.

Im Seekrieg zeigte sich die relativ geringe Rolle schwerer Überwasserkräfte, während die U-Boote und die Seefliegerkräfte die Tendenz erkennen ließen, Hauptwaffengattungen der Seestreitkräfte zu werden. Die Kampfhandlungen in der Nordsee, im Kanal und in der Adria zeigten schließlich die Erfordernisse bei der Entwicklung verschiedener Schiffsgattungen leichter Überwasserkräfte: schnelle Torpedoboote, Artillerieträger mit Universalbewaffnung (Zerstörer) und die wachsende Bedeutung der Minenwaffe.

Geschichtliche Lehren aus zwei Weltkriegen

Bei der Alleinherrschaft des Imperialismus 1914 und noch bei dessen Vorherrschaft 1939 sowie einer politisch gespaltenen Arbeiterbewegung in den imperialistischen Ländern war es der Arbeiterklasse und ihren potentiellen Verbündeten nicht möglich, die Entfesselung der beiden imperialistischen Weltkriege zu verhindern. Diese Kriege so rasch wie möglich zu beenden, blieb ihr nur als Weg und Ziel, diese in Bürgerkriege zur Beseitigung des imperialistischen Systems umzukehren, das diese Kriege hervorgebracht hatte und, während diese noch tobten, bereits den nächsten vorbereitete. Beide Weltkriege waren für die Hauptteilnehmer völkermordend und in riesigem Ausmaße kulturzerstörend. Sie wurden bereits derzeit ob dieser Auswirkungen in Deutschland von den Linken und später von den Kommunisten, von revolutionär gesinnten Sozialdemokraten, von bürgerlichen Demokraten und Pazifisten, ja selbst von einzelnen Vertretern des Finanzkapitals als Mittel der Politik verworfen.

Heute würde ein Weltkrieg zwischen beiden sozialen Systemen zum Untergang der Menschheit führen, weshalb er für alle sozialen Klassen und Schichten seinen Sinn als Mittel der Politik verloren hat. Er muß verhindert werden, **bevor** er ausbricht, ihn **nach** Ausbruch durch Überführung in gesellschaftlichen Fortschritt liquidieren zu wollen, wäre im Unterschied zu den vorangegangenen beiden Weltkriegen nicht mehr möglich, weil hierfür keine soziale Potenz mehr existierte. Das schließt ein, jeden ausbrechenden bewaffneten Konflikt schnellstens zu beenden. Dem entspricht die Festlegung der gemeinsamen Militärdoktrin der Warschauer Vertragsstaaten, jedem Aggressor sofort eine angemessene Abfuhr zuteil werden zu lassen. Hierin besteht die erste und die wichtigste geschichtliche Lehre aus beiden Weltkriegen.

Noch immer haben diejenigen Kreise des Finanzkapitals, die nach wie vor auf Krieg als Mittel der Politik nicht verzichten wollen, ihre Vertreter an den Schalthebeln der Macht über Staat, Wirtschaft, Forschung und Massenmedien. Diese Kreise vermögen in ihrem für die Menschheit unheilvollen Einfluß noch viel. Jedoch haben sie 1917 die Alleinherrschaft über Krieg und Frieden und spätestens Mitte der 70er Jahre die Vorherrschaft darüber, in welcher von diesen beiden Daseinsformen sich die Gesellschaft bewegen soll, verloren. Entscheidend für die letzten vier Jahrzehnte erfolgreicher Friedenserhaltung zwischen beiden sozialen Systemen war, daß sich gegenüber imperialistischer militärischer Bedrohung eine Verteidigungsgemeinschaft sozialistischer Staaten herausgebildet und militärstrategische Parität erlangt hatte. Die Arbeiterklasse hatte nach der Zerschlagung des Faschismus in den von der Sowjetarmee befreiten Ländern aus ihren Niederlagen die richtigen Schlußfolgerungen gezogen und die historische Chance genutzt, den Imperialismus an den Wurzeln zu beseitigen, sich politisch und organisatorisch auf marxistisch-leninistischer Grundlage zu einigen und mit allen demokratisch und humanistisch Gesinnten im Kampf um Frieden und Sozialismus im eigenen Lande wie auch weltweit zu verbünden. Eine Ausschließung des Krieges aus dem Leben der Gesellschaft schon bei Zeiten der Koexistenz von Kapitalismus und Sozialismus bedarf, solange imperialistische militärische Bedrohung fortbesteht, paritätischer sozialistischer Militärmacht. Ideal und Ziel des Sozialismus ist Friede ohne Gewalt. Ausschließung des Krieges bedarf ebenso der Existenz und des Wirkens eines weltweiten Bündnisses der Friedenskräfte, das Koalition der Vernunft genannt wird, weil es anstatt Krieg und Konfrontation Sicherheitspartnerschaft, Wettstreit und Kooperation in der Systemauseinandersetzung anstrebt. Hierin besteht eine zweite wichtige geschichtliche Lehre aus beiden Weltkriegen.

Vorbereitung, Entfesselung und Durchführung beider Weltkriege haben gezeigt, daß darüber, ob Krieg oder Friede sein werde, neben der Politik die Ideologie ausschlaggebend war. Es ging darum, ob die Werktätigen um die Ziele des Friedens wie auch des Krieges wußten und ob sie für diese Ziele als die ihren kämpften. Solange noch die kleine, aber überaus mächtige Schicht der Rüstungs- und Kriegsgewinnler Ideologien produzieren läßt oder fördert, die das Wesen von Frieden und Krieg in der Geschichte wie auch in unserer Zeit den Werktätigen verschleiern und diese zu Gefangenen imperialistischer Machtpolitik machen, ist höchste ideologische Wachsamkeit wie auch entschiedener Wille zum Meinungsstreit und zur Aufklärung in Politik und Ideologie geboten. Eine dritte wichtige geschichtliche Lehre aus beiden Weltkriegen ist daher, daß Friede neben einer Politik auch eine Ideologie des Friedens zur Voraussetzung hat.

Dessen eingedenk verbieten die Verfassungen der sozialistischen Länder wie auch die Charta der Vereinten Nationen ideologische Kriegshetze und Kriegstreiberei jeder Art. In Politik und Ideologie dem Frieden als dem höchsten Gut der Menschheit zu dienen, ist erster Grundsatz der Staatspolitik wie auch des außenpolitischen Programms der Staaten des Warschauer Vertrages. Sie sind jeder Zeit zu beiderseitiger und gleichgewichtiger Abrüstung jeder Art und jeden Umfangs bereit. Sie haben eine zeitgemäße Militärdoktrin, die ausschließlich Verteidigungscharakter trägt, und bieten ihren Sicherheitspartnern einen Doktrinenvergleich an. Sie sind für vertrauensbildende Maßnahmen aller Art auch auf militärischem Gebiet, insofern diese auf Gegenseitigkeit beruhen. Sie sind für universelle Zusammenarbeit mit allen Staaten im Interesse gegenseitigen Nutzens wie auch zur Lösung der Menschheitsprobleme unserer Tage.

In der DDR wurden die Grundlehren aus beiden Weltkriegen gezogen. Ihre Staatsdoktrin lautet: Von deutschem Boden darf nie mehr Krieg sondern nur Frieden ausgehen.

Bildquellennachweis: „Berliner Illustrierte Zeitung" (18), Bildarchiv des Dietz Verlages (36), Bildarchiv des Militärverlages der DDR (6), „Die Wochenschau" (280), Das Volk in Waffen (10), Der große Krieg in Bildern (14), Der Weltkrieg im Bild (275), Großer Bildatlas des Weltkrieges (90), Illustrierte Geschichte des Weltkrieges 1914/18 (120), L'Album de la guerre 1914–1919 (14), Laverrenz, Deutschlands Kriegsflotte (8), Rex, Der Weltkrieg (10), 1917 (10)

Berichtigung:

S. 50, r. Sp., 13. Z. v. o.: 31. Juli
S. 71, m. Sp., 21. Z. v. u.: Generalmajor Ludendorff
S. 85, l. Sp., 7. Z. v. o.: Kriegschemikalien – AG
S. 85, l. Sp., 17. Z. v. o.: Heinrich Claß
S. 96, m. Sp., 11. Z. v. o.: strategischen Defensive
S. 96, m. Sp., 30. Z. v. o.: bat es die OHL
S. 126, m. Sp., 11. Z. v. o.: Jan Hamilton
S. 151, l. Sp., 26. Z. v. o.: Kut-el-Amara
S. 156, r. Sp., 18. Z. v. u.: 6. Januar 1916
S. 190, r. Sp., 4. Z. v. o.: Mittelmächte
S. 229, m. Sp., 22. Z. v. o.: zweiten Jahreshälfte
S. 238, r. Sp., 17. Z. v. o.: Friedensschluß
S. 264, l. Sp., 2. Z. v. u.: Feldmarschall Haig
S. 268, l. Sp., 2. Z. v. u.: Ersatz
S. 283, l. Sp., 10. Z. v. o.: 11. November
S. 298, m. Sp., 14. Z. v. o.: seines 14-Punkte-Programms

Dorst, Klaus
Der erste Weltkrieg. Erscheinung und Wesen
von Klaus Dorst und Wolfgang Wünsche. – 1. Aufl. –
Militärverlag der DDR, 1989. – 304 S.: 891 Abb. –
12 Ktn.

ISBN 3-327-00730-6

1. Auflage

Lizenz-Nr. 5
Printed in the German Democratic Republic
Lichtsatz: Druckerei Volksstimme Magdeburg
Reproduktion und Druck: Druckerei des Ministeriums für Nationale Verteidigung (VEB) – Berlin (32334-8)
Buchbinderische Weiterverarbeitung: INTERDRUCK Graphischer Großbetrieb Leipzig
Lektor: Erika Rathmann
Gesamtgestaltung: Wolfgang Ritter
Reproduktionsfotografen: Jean Molitor und Christine Maack
Karten: Klaus Ockmann
Redaktionsschluß: 4. 11. 1988
LSV: 0545
Bestellnummer: 747 162 7
04900